國學院大學研究開発推進センター編

招魂と慰霊の系譜

「靖國」の思想を問う

錦正社

『招魂と慰霊の系譜―「靖國」の思想を問う―』刊行に寄せて

本書『招魂と慰霊の系譜―「靖國」の思想を問う―』は、國學院大學研究開発推進センター研究事業「招魂と慰霊の系譜に関する基礎的研究」の成果として、既刊の『慰霊と顕彰の間―近現代日本の戦死者観をめぐって―』（錦正社、平成二十年）、『霊魂・慰霊・顕彰―死者への記憶装置―』（錦正社、平成二十二年）に続く三冊目の刊行物である。既刊二冊と同様、本書を刊行するにあたり論考をお寄せいただいた学内外の方々にまずもって感謝を申し上げたい。

そもそも、平成十八年三月に設立された國學院大學研究開発推進センターにおいて同年九月に発足させた「慰霊と追悼研究会」は、様々な著作や資料を学問的に一つひとつ共に検討していくことで、いつかは思想信条の異なる人々も互いに納得し許容し得る「正しい方向」に向えるのではないかという理想を聊か抱きながら出発した研究会である。そして、村上重良氏の『慰霊と招魂―靖国の思想―』に示されるような自らの結論を述べるための記述ではなく、基礎資料を丹念に読み込んだうえで、諸資料の厳密な批判に基づく客観的かつ実証的な研究を蓄積していくことが共同研究における前提であった。

今年で足掛け八年となる本研究会が、学内外の多種多様な学問分野の研究者たちの集う研究会やシンポジウムを開催してきたこれまでの足跡を顧みるならば、「靖國神社問題」に見られるような思想的対立を惹き起こすのではなく、お互いに尊重し合う中で、冷静かつ建設的で自由な議論を展開する学術交流を重ね得たことが、貴重な財産になったと思う。

本書は、こうした様々な研究者たちの集った共同研究の現段階における一つの締め括りとして、今一度「招魂と慰霊の系譜」を問いなおすことを意図して刊行するものであり、それゆえに『招魂と慰霊の系譜―「靖國」の思想を問う―』と題することにした。本論集を出発点として、今後改めて忌憚なく批判しあう議論がなされ、研究が蓄積されることで、それぞれの「立場性」を超えた「招魂と慰霊」についての真の意味での自由な議論が展開することを衷心より祈念するものである。

平成二十四年二月六日

國學院大學研究開発推進センター長　阪本是丸

目次

招魂と慰霊の系譜
―「靖國」の思想を問う―

靖國神社における戦没者の合祀基準の形成

——明治期に関して——

赤澤史朗

はじめに

本稿は、明治期における靖國神社への戦没者の合祀基準とその変遷を探ろうとするものである。今日までの近代日本の戦没者の靖國神社への合祀基準については、一九三七(昭和十二)年以降に関してしか公開されておらず[1]、それ以前については不明なことが多い。靖國神社への合祀についての、最もまとまった研究としては、秦郁彦『靖国神社の祭神たち』があるが、そこでは戦前期については「維新前後の国事殉難者」の合祀の問題点を探ることに力点がおかれ、数的には圧倒的に多い戦没者については、有名・特異な事例などを集積し合祀基準の変遷を帰納的に類推するという手法がとられている。それはそれで有意義な研究なのだが、同書では一九三七年以前に、軍当局が策定した戦没者の一般的な合祀基準があったか否かについては明確な言及を避けている[2]。しかし日清・日露戦争などでの大量の戦没者を前にして、その合祀の可否を決める基準が存在しなければ、その迅速な処理は不可能であったろう。

本稿では限られた史料の中から、明治期において靖國神社への戦没者の合祀基準が、いかに成立し変容したのかを、合祀基準における合祀者の身分、とりわけ国家との雇用関係の判断と、その死の態様とりわけ病死の扱いに注目して考察してみたい。また合祀基準の変遷と、戦役・事変の位置付けや遺族への扶助制度の変化がいかに関連していたのか、その対応関係や影響を推測してみたい。

一、明治初期の合祀基準の変動

維新前後の国事殉難者の合祀に関する新政府の決定は、一八六八(明治元)年五月十日付の二つの太政官布告で示される。第一の布告は「癸丑以来」、つまり開国を要求するペリーが来航した一八五三年以来の国事殉難者の「霊魂」を東山の霊山招魂社に合祀するという一般方針を示したものである。第二の布告はその具体化のための当面の措置として、さしあたり「當春伏見戦争以来引続キ東征各地ノ討伐ニ於テ忠奮戦死候者」、即ち戊辰戦争で「千辛萬苦邦家之為ニ終ニ殞命候」者を合祀しようとするものであった(3)。『靖国神社誌』ではこの戊辰戦争の祭神の身分に関しては、「維新前後殉難者職名別」の表の中で分類・整理しており、戊辰戦争の死者は国事殉難者の範疇で理解されていたことが分かる。

この表からすると、「明治二年六月第一回合祀」によって合祀された戊辰戦争の祭神の「職名」には、士の身分に属さないものも多く、例えば「雇夫卒」「軍夫」「兵夫」「歩行」「軽卒」「夫」「雇夫」「附夫」など、その内実が区別し難いものもある。これら「職名」は、幕藩体制下での身分や官軍の戦闘参加者、協力者としての役割を示すものだろうが、そこでは新政府との雇用関係は問題にされていない。しかもその「職名」すら「未詳」の者が、合祀者合計三、五八八人中で一、九二八人を占めていたのである(4)。

また、祭神となった戦没者の死の態様に関しても、明確な限定があったようにも見えない。この点に関する公式の報告としては、後の「靖国神社特別合祀者ノ件ニ付御内旨伺ノ件」（明治三十年十二月、軍務局・経理局・医務局・人事課）と題する文書の中で、「甲号　戊辰ノ役ヨリ函館ノ役ニ至ルマデ靖国神社へ合祀ノ者左ノ如シ」として記されている。それによるとその祭神の種類には、「戦死者」「負傷シ病院ニ於テ死セシ者」など十五種があったという。ただし十五種の中には内容上の重複もあり個別具体事例もあり、ここでは死の態様に関する合祀基準が類型化されているとは言い難い。

だがその中には、「征討役後病死セシ者」「同役間病死ノ者」という病死者も含まれており、「函館ノ賊松前城ヲ攻メ城内ニ於テ割腹セシモノ」「奥羽擾乱ノ際勤王ノ大義ヲ唱へ衆賊ニ制圧セラレ屠腹セシ者」などの自殺者もあり、「溺死」などの事故死者、「戊辰ノ役生死不明ノ者」など生死不明者も含まれていた。[5] 特にそこに病死者・立場上止むない自殺者・生死不明者が含まれている点は、この報告が日清戦後の特別合祀の基準策定のための参考資料として作成されたことに関連しよう。しかしともかく東京招魂社の発足に当たっての合祀基準が、勤皇の志を抱いて活動した犠牲者・戦没者というだけで、その生前の身分や死の態様を限定するものではなかったことだけは推測できる。

この合祀基準が一転して厳しくなるのは、戊辰戦争に続く二度目の国内戦争である佐賀の乱の戦没者の合祀の時からである。『靖国神社誌』の祭神の身分の分類表では、佐賀の乱で合祀された祭神の身分は、戊辰戦争の戦没者とは異なる別の「合祀者官職別」と題する明治国家成立以降の戦没者の表の中に掲載されており、そこに戊辰戦争との断絶が示されている。それによれば佐賀の乱の祭神の身分は軍人軍属など軍人中心のものとなり、[6] その死の態様は「戦死者」に限られ、病死者は含まれていない。[7] ただしごく少数だが戦死者の、「従者」五名、「傭人夫」四名、「傭夫」一名も合祀されている。[8]

この「佐賀之役陣歿者」の合祀に関し陸軍省では、戊辰戦争とは「差等ハ有之候得共王事ニ死スルハ同一ノ事ニ候」と理解して合祀すると述べていた。[9] そこには合祀基準を厳しくしたという、明確な決断や自覚があったようにも見えない。なおこれに続く台湾出兵時には、マラリアなど伝染病のために軍人と軍役夫に数多くの病死者を出したが、ここでは合祀された祭神は軍人身分の戦死者と「溺死」者の十二名であり、[10] 病死者・軍役夫は合祀対象から除かれている。

このように国事殉難者の合祀という名目は継続されながら、合祀基準と合祀の実態が大きく変わった理由はわからない。しかし一八七二（明治五）年以降、東京招魂社は陸海軍省の管理の神社となったことから、合祀対象者が当時の軍の顕彰すべき戦没者像に沿うことになったのではないかとも想像されるが、戊辰戦争とこの二つの戦争とでは、戦争そのものの位置付けの違いがあったのかも知れない。

こうした中で、これとは別に軍事扶助法制の整備が生じ、これが独自の観点で戦没者の評価を行うという事態が生まれてくる。近代国民軍の形成途上にあった軍では、傷病兵や戦没者遺族の扶助法である軍人恩給法制を、フランスのそれを模して導入するようになったのである。最初の軍人恩給法は、佐賀の乱、台湾出兵時の戦傷者、戦没者遺族に緊急的に対応しようとした一八七五（明治八）年四月に出された「陸軍武官傷病扶助料及ヒ死亡ノ者祭粢並ニ其家族扶助概則」（以下、「陸軍武官扶助概則と略記）である。そこでは死亡者について言えば、軍人軍属の身分の戦闘・公務による死亡者（それを原因として一年以内死亡者）の遺族にのみ、年金である扶助料と一時金の祭粢料を給することになっていたが（第六条七条）、公務死は事故・災害死者と「戦争中行方知レサル者死亡スルニ疑ヒナキ時」（第九条）に限られており、そこに病死者は含まれていなかった。ただ海外遠征の軍人軍属で「病ニ罹リ死ニ至ルノ類ハ、戦死ニアラスト雖モ臨時ノ詮議ヲ以テ祭粢料ヲ給ス」（第十六条）とされていた。[11] つまりここでは病死は公務死と認められずに、「海外」での病死者にのみ「臨時ノ詮議」で一時金支給が認められたに過ぎない。

しかしその後、一八七六(明治九)年二月の内務卿大久保利通からの伺に基づき、台湾出兵時に伝染病に感染死した軍人軍属にも、年金である遺族扶助料支給の適用が図られることになる。この大久保の伺では、「海外ニ従軍孤島ニ戦没ヲ遂ケ、或ハ風土病ニ感染死ヲ異邦ニ致ス等、共ニ国事ニ斃ル、モノニ付キ祭粢扶助料」を支給するとあり、「風土病ニ感染死」したのは戦死と同様の「共ニ国事ニ斃ル、モノ」という認識が示されていたのである。(12) この扶助法制の適用拡大の論理には、前述の佐賀の乱の戦没者の東京招魂社への合祀についての、「王事ニ死スルハ同一」に近い考え方があった。

台湾出兵時の風土病戦没者の遺族への一時金である祭粢料の支給は、「一時傭役」の軍役夫に対しても行われた。この問題に関し陸軍省は、これら軍役夫は蕃地事務都督府が雇った者で「軍人軍属中ニ斑列致ス可キ者ニ無之」とその身分の違いを挙げて、「扶助等ノ取扱ニ不相及」と支給に否定的だった。しかしこれに対し内務省では、「一時ニ雇役タリト雖モ、海外ニ従軍孤島ニ病没ヲ遂クル如キ、身戦死ニ非ルモ同シク国事ニ斃ル、モノニシテ、其情ニ於テ最憫諒スヘキアリ」と、「戦死」と同様の「国事ニ斃ル、モノ」との理解を示して争い、両省間の長いやり取りの末、その遺族へ祭粢料三十円が支給されることとなった。(13) その遺族からの「祭粢料御下願」の申請書を見ると、病没軍役夫は大倉組に雇われ、死亡後に遺族は大倉組より「埋葬料手当金」として五円だけを受け取っていたとのことである。しかも長崎県出身の病没者の中には、「梅ヶ崎招魂所へ合祀被仰付」たとの記載も見られ、地元招魂所には合祀された軍役夫もあった。(14)

その後軍人恩給法制は整備されて、一八七六(明治九)年十月には陸軍恩給令が太政官布告で制定される。その第十三条「寡婦扶助料」では、

第一　戦地若クハ公務ニ於テ殺害ヲ受ケタル軍人ノ寡婦
第二　内地若クハ日本外ノ軍中ニ於テ、或ハ戦争ノ事故ニ由リ或ハ伝染疫癘ニ罹リ、其他服役ノ義務ヲ奉スル為ニ死没シタル軍人ノ寡婦
第三　戦地ニ於テスルト公務ニ於テスルトヲ論セス、其傷痍ニ源因シテ終ニ死ニ至ル軍人ノ寡婦

に対し、その「生涯」にわたって扶助料を支給するとある。ここではその適用者の身分は軍人と限定されているが、死の態様に関しては、「殺害」「傷痍ニ源因シテ終ニ死ニ至ル」の場合は「戦地」だけでなく「公務ニ於テ」のそれが認められている。そして一八七五（明治八）年の「陸軍武官扶助概則」では、海外の伝染病死者だけが扶助料祭粢料の支給対象となったのに、ここでは「内地」の「軍中」で伝染病死した軍人にも拡張適用され、さらに内地・海外の「軍中」の「戦争ノ事故」「其他服役ノ義務ヲ奉スル為ニ死没シタル」軍人も適用対象となっている。なお病死ということでいえば、それは伝染病感染死だけ認められていて、その認定には流行地と罹病の事実に関する「陸軍官憲」の証明などが必要だった（第六六条）[15]。

西南戦争の戦没者遺族に適用されたのは、この陸軍恩給令であった。ただし戦病死に関していえば、この西南戦争の時には、コレラは「戦地ノミナラス各地方ニ流行」しており、コレラの感染死だからといってそれが戦病死との認定が出来るか否かは、微妙な問題だった。しかし太政官第五局の会計監督田中光顕は陸軍卿代理西郷従道に対し、病没軍人は「数月間ノ激戦ノ疲労モ甚敷」、さらに「戦地」では「自カラ身体ノ清潔ニ」保つのは「無之処」から、コレラに感染死したとの理由を付けてこれを認める伺をし、西郷もこれを了承している[16]。

ところがさらに西南戦争時には海軍省軍務局長から、これら「戦死ニ非サル者」を「招魂社へ合祀ノ儀」について陸軍省へ問い合わせる動きが生まれていた[17]。陸軍省内の省議決定が遅延する中で、海軍内ではさらに東海鎮守府司令

長官の伊東祐麿からも海軍卿川村純義宛に、「病死ノ義」も合祀対象の「戦死ニ可準哉」の問題に関しては「兵員一般之気受ニモ相関シ候」、「至急何分之御達有之度」と陸軍省の早期決定を促し、もし「病死者之如キモ於陸軍省合祭施行可相成」ことになれば海軍省でも「同様御施行相成度」との要請が出されている(18)。

こうした病死者らの東京招魂社への合祀を求める声に対し、明治十一年六月に陸軍省は「別紙」の伺を太政官に行い、「戦闘中ノ事故ニ因テ死亡之者」に限って、「戦死同様之取扱」をして「招魂社へ合祀」する方針を出すのである。陸軍省の「別紙」の内容は五款にわたるが、一般的な規定のない個別事例の集積であり、「敵ノ俘虜」として「殺害」または「死亡」が推測される者、「敵ノ障碍物ニ觸レテ死シ」、戦闘中に「溺死轉死」、「他人誤發ノ銃丸ニ觸レ」死亡、「弾薬破烈」での死亡、「放火」での死亡、「戦闘ニ因リ傷痍ヲ受ケ恩給ヲ賜ラサル前之レニ原因シテ死亡ノ者」などが列挙された後、最後にこの事例以外の「戦闘中ノ事故ニ因リ死亡」については、「前各款ニ等シキモノ」と認定された場合によることが示されている。ともあれ台湾出兵時に先行事例のあった「溺死」に限らず、「事故」死を中心に大幅に合祀範囲は拡大されたのである。それはおそらく西南戦争が、戊辰戦争以来の多くの犠牲者を出す最大の内乱であったことと無関係ではあるまい。

しかしここでは、コレラなど伝染病の病死者はハッキリ合祀から除かれていた。しかし全ての病死者が合祀から排除されているわけではなく、第四款目に「戦闘中疲労危難ヨリシテ終ニ一ヶ年内ニ死亡シタル者」という、戦争との因果関係が伝染病感染死よりも一層証明しにくいような病死者の合祀は認められているのである(19)。

なぜ陸軍省が、一般的な規定を欠いた形式で合祀の追加基準を策定したのかは分からない。しかしその合祀の事例をよく見ると、それは概ね前記の陸軍恩給令の扶助料支給の「殺害」と「事故」「其他服役ノ義務」による「死没」の具体例の範囲に止まっている。前述の、「戦闘中疲労危難ヨリシテ終ニ一ヶ年内ニ死亡シタル者」という規定も、陸軍恩給令中の「其他服役ノ義務ヲ奉スル為ニ死没シタル軍人」という規定の適用者の一部と見えないことはない。ただしここでは、陸軍恩給令中にある「伝染疫癘」による「死没」者は、病死者の合祀を望む意見が軍の一部にあったにもかかわらず、意識的に除外されていた。これは台湾出兵時に数多くの風土病戦没者が生まれたが、その合祀をしなかったこととの一貫性を重視したためであろうか。合祀に関しては、遺族に対する扶助法制も勘案しながら、独自の基準を維持しようという考えの強かったことが推察される。

もう一つの合祀基準の問題は、合祀者の身分、すなわち国家との雇用関係の認定に関してであった。『靖国神社誌』によれば西南戦争においても、二百二十三名の軍夫、区区長二名、区戸長三名、区副戸長二名、教導職試補一名などが合祀されており、軍の傭人や民間人の戦闘協力者などが少数ながら合祀されていた。[20] しかしその合祀に関し、どのような基準があったかは分からない。

この民間人の合祀をめぐっては、一八八二(明治十五)年の壬午軍乱と一八八四(明治十七)年の甲申事変で異なる決定が行われることになる。一八八二(明治十五)年の壬午軍乱の時には、軍人の死没者に続いて、外務卿井上馨の上申で巡査五名の死没者の靖國神社への合祀は「特別ノ御詮議ヲ以テ」認められる。[21] これに続いて、やはり外務卿井上馨は、同事件で公使館に「駆付ケタル途中」で殺されたり公使館で「防禦」しようとして死亡した「私費語学生」二名を「一身ヲ捨テ危難ニ當リ国家ノ為ニ捨命致シタル者」として合祀を上申するのである。[22]

しかしこの問題では、太政官第二局が陸軍省に「協議」を持ちかけ、[23] 第二局の意見を付けて参議八名の「回議ニ供」せられることになった。「第二局」の意見は、「其身語学生ニシテ官ニ奉仕セルモノニ非ス、若シ此輩ヲモ合祀相成候節ハ、終ニ一般人民ヲモ然カセサルヲ得サル様相成、涯際無之ニ至リ可申、且類例モ無之」というもので、参議の「回議」の結果、三條太政大臣によってその合祀は認められないこととなった。[24] 太政官では靖國神社の祭神は厳格に「官ニ奉仕」する者に限るべきで、「一般人民」の祀られるところではないとの考えに立っていたのである。

ところが一八八四(明治十七)年の事件に際しては、軍人らと並んで死亡した語学生徒二名の合祀の上申が認められているのである。合祀の上申は陸軍卿伯爵大山巌によるものであるが、語学生徒二名の合祀は、他からの強い働きかけによるものであったのだろうか、大山としては不本意な上申だったようである。というのはその上申書には追記があり、そこでは「是迄種々ノ名義ヲ以テ一時ノ雇役ニ係ル者ノ如キモ、合祀スルノ例有之候得共、猶、熟考スルニ甚妥當ナラサル様被存候間、自今、合祀不相成方可然、既ニ此度モ二・三名有之候へ共、取省キ申候」と、明らかに自らの本文上での上申の内容を否定して、語学生徒の合祀を取り消す意向が示されていたからである。

この上申に対して、太政官第二局では、陸軍省の追記を肯定して、「一時雇役トハ官吏ノ性質ヲ帯ヒサルモノ、即諸職工或ハ小使等ノモノヲ指シタル旨」を意味しており、その拡大解釈には反対で、陸軍省のいうように「自今、合祀不相成」という趣旨で、陸軍省の上申を認める意見を具申している。しかし語学生を含むこの陸軍省の合祀案は、参議八名の回議に付された上で太政大臣がこれを認めたのである。(25) つまり語学生二名は合祀され、その後合祀が取り消されることもなかった。

陸軍省の追記や太政官第二局の認識は、もともと全く「官」に仕えたことのない者を、「種々ノ名義ヲ以テ一時ノ雇役ニ係ル者」とみなして合祀することに反対する見解であった。しかしこの原則を強く主張すると、幕末維新期の「国事殉難者」の合祀を唱えた明治元年五月の太政官布告とは矛盾する可能性が出て来るだろう。「国事殉難者」は尊攘派などの「志士」であり、形式的には「官」に仕えた者たちではないからである。ともあれ明治国家が成立した後にも、全くの民間人を「一時雇役」の者と見なして合祀するという事例が、次第に生み出されていくことになる。

二、日清戦争時の特別合祀

一八八〇年代前半の朝鮮での二回の事変以降、日清戦争まで戦死者は出ていない。その日清戦争の戦没者の合祀では、従来からの戦闘死・戦傷死者などの合祀が一段落した後、新に一八九八（明治三十一）年十一月より始まった特別合祀が注目されてきた。ここでは合祀対象者の拡張が見られたからである。特別合祀とは、「明治二十七八年戦役中戦地ニ於テ疾病若クハ災害ニ罹リ又ハ出征事務ニ関シ死歿シタル」者を、新に「乙号」として「特旨ヲ以テ戦死者同様ニ合祀」することを意味している。[26] つまりこれまで合祀から除外されていた伝染病死者などの合祀が、初めて認められたのである。ちなみに日清戦争の戦没者は軍役夫を含めると約二万人といわれるが、軍に認められた軍人軍属雇員らの正規の戦没者一万三千四百八十八人のうち、病死者は一万一千八百九十四人を数え圧倒的であった。[27]

しかしこの特別合祀の生まれた経緯とその合祀基準については、これまで必ずしも十分には明らかにされてこなかったように思われる。この特別合祀を生み出す前提にあったのが、戦没者遺族扶助のための恩給法制や一時金の制度の拡充にあったのではないかというのがここでの推測である。

日清戦争の戦没者遺族の扶助に関しては、軍人向けの法制としては、既に一八九〇（明治二十三）年に法律第四十五号として軍人恩給法が制定されており、日清戦争の軍人死没者にはこれが適用された。この法によると、戦没軍人の遺族に寡婦扶助料が支給される条件は、「戦闘及戦時平時ニ拘ハラス公務ノ為メ傷痍ヲ受ケ」「死歿シタルトキ」、または「戦地ニ於テ流行病ニ罹リ又ハ戦時平時ニ拘ハラス公務ノ為メ健康ニ有害ナル感動ヲ受タルヲ顧ミルコト能ハスシテ勤務ニ従事シ」「死歿シタルトキ」の二つであった。[28]

この内容を詳しく見ると、次の四類型の場合に公務死認定が受けられることになっていたといえよう。第一は「戦地」での戦闘死、第二は「戦時平時」を問わないで「公務ノタメ傷痍ヲ受ケ」たことによる死没、第三は「戦地」での「流行病」感染死、第四は「戦時平時」を問わないで、いわゆる不健康業務に従事することを余儀なくされたための「公務」病死（典型的には、伝染病患者の看護に当たる看護卒の感染死など）である。

これに対して、雇員、傭人など軍に雇用された非軍人の死没者遺族に、一時金である「手当金ヲ給」する仕組みを決めたのが、一八九四（明治二十七）年九月に発せられた勅令第百六十四号である。扶助対象としてもともと想定されていたのは、船員や鉄道従事者などの輸送関係者であった。また「手当金」の内容は遺族への「扶助料」と「吊祭料」であり、その額は戦没者の生前の「身分」によって五段階に分かれている。その公務死認定がされるのは、「戦地ニ於テ公務ノ為メ傷痍ヲ受ケ若クハ疾病ニ罹リ又ハ之ニ原因シ死歿シタルトキ」だけでなく、「戦地ニ非ラサルモ出征事務ニ関シ公務ノ為メ死傷シタルトキ」であった[29]。

つまり軍人遺族の扶助に関しては軍人恩給法が適用され、非軍人の遺族の扶助には勅令第百六十四号が適用された。そして戦争が勝利に終わった後に、上記の軍人恩給法の扶助料や勅令第一六四号の手当金を給付された遺族、即ち陸海軍の「軍人軍属雇員傭人」で「今回ノ戦役ニ従事シ公務ノ為メ又ハ之ニ基因シ死歿」したと認定された者の遺族に対しては、さらに特別賜金の給付が決まる[30]。ところがこの重ねての給付に対し、全く何の給付も受けられなかった、従軍しながら平病死と認定された軍人や軍属などの遺族から、強い不満の声が上がるのである。

それは、福島県の遺族からの貴衆両院への請願という形で表面化する。請願文は「平病」死と認定された軍人軍属雇員それに軍夫などは、上記の給付を受けられた者と「情ニ於テ敢テ異ルコトナク皆等シク従軍死亡者ノ遺族」なのに、待遇に天地の格差があり「憫然ノ情ニ堪ヘサルモノアリ」、そこでこれら平病死没者の遺族への「特別法規ヲ設ケ相当ノ扶助料及ヒ一時賜金給与ノ恩典ヲ実施セラレンコトヲ」望むというものだった。貴族院では、「我国民ノ義気」を「振起」させるためにはこうした「恩典」が不可欠だとして、この請願を議決し、内閣総理大臣伊藤博文宛に一八九六(明治二十九)年二月四日その旨の意見書を送ることになる。[31] これ以外にも徳島県知事から陸軍次官宛に、何の扶助も受けられない戦没者の遺族の中には「貧困薄資」で「飢餓日ニ迫ルノ惨状ニ陥ルモノ」もあり、「相当賜金」の給付を求めて「嘆願書」を出す者もあり、当局としても対応して貰いたいとの要請が寄せられている。[32] こうした意見は全国的だったのであろう。

こういった要請に対し、陸軍省側で起案して海軍大臣に提案・協議した案は、これら平病死の「死没者ニ在テモ平時内地等ニ在テ病歿セシ者ト大ニ状情ノ異ナルベキモノアル」ので、「従軍中死没者ノ遺族ニ限リ」特別賜金を支給するというものだった。その取扱い規程案では、支給対象者は日清戦争に従軍した軍人軍属雇員傭人等のうち「傷痍ヲ受ケ又ハ疾病ニ罹リ死歿シタル者ノ遺族」で、「定規ノ扶助料祭粢料吊祭料ヲ受ケサル者」である。[33] 特別賜金の支給額の表で見ると、それは「戦地」と「内地」で「公務ニ基因セサル傷痍疾病ニ罹リ死歿」した者への給付のことである。つまり平病死とは「公務ニ基因セサル傷痍疾病」での死歿を意味しており、その給付対象には「臨時傭人」である軍役夫も含まれていた。その支給金額は、戦没者の身分と五段階の死の態様によって異なっていた。[34]

陸海軍大臣が一致して請議したこの案は、一八九六(明治二十九)年四月八日内閣批第四号として閣議決定される。ところがいかなる事情か、この閣議決定が翌一八九七(明治三十)年一月まで陸軍省側に伝わらず、[35] 日清戦争の従軍平病死者の遺族への特別賜金の支給手続きが定められたのは、一八九七(明治三十)年七月になってからであった。[36]

さて靖國神社への特別合祀に関する方針が陸軍省で起案され、海軍省にその協議案が提起されたのは、この従軍平病死者遺族への支給手続きがほぼ確定した一八九七(明治三十)年六月のことだった。[37] この案は一部字句修正の上同年十二月に決定され、翌一八九八（明治三十一年）二月九日には、天皇の「御聴許」を得て確定する。こうした合祀範囲の拡張の理由は、日清戦争が日本の歴史上「古今未曾有ノ大事件」で、展開した地域も広大にわたって、「寒熱瘴毒ヲ侵シ戦闘ニ守備ニ従事シ為メニ疾病ニ罹リ又ハ災害ニ由リ死亡シ其他戦地ニアラサルモ出征事務ニ関シ公務若クハ災害ノ為メニ死亡シタルモノ尠カラス」と、「戦死者」ではない戦没者が広範に生じたが、それらは戦死者同様「孰レモ一身ヲ犠牲ニ供シ国難ニ斃レタルモノ」であったことに求められる。つまりこれまでにない新たな合祀を行う説明として、「戦死者」以外の膨大な犠牲者を出した「古今未曾有」の戦争という位置付けがあったのである。

その特別合祀の枠組みは、まず第一に「戦時」を明治二十七年七月二十五日〜二十八年十一月十八日の間と指定し（「内地」は明治二十八年五月十三日まで）、「戦地」は「戦時」における「朝鮮国清国台湾島及澎湖島」とし、「内地港湾出発ヨリ帰着ノ往復途中ニ在ル者」も「戦地」と「同一ノ取扱」とし、この「戦地」か、非「戦地」でも「戦時」の死没者であることを条件としている。そして合祀者は、全て「陸海軍々人軍属」で「従軍記章ヲ受クヘキ資格アル者」としつつ、次の四つの基準を提示する。

一、戦地ニ於テ公務若クハ災害ノ為メニ死歿セシ者（十三例が事例として示されるが、「溺死」「焼死」などの災害死が中心で、その他に「土匪暴徒」や「強盗」に殺害など）

二、戦地ニ於テ伝染病若クハ流行病ニ罹リ又ハ公務ノ為メ傷痍ヲ受ケ若クハ疾病ニ罹リ戦地若クハ帰朝後終ニ死歿セシ者（これには、「一旦全治セシモ帰朝後三ヶ年ヲ経過シ再発ノ為メ死亡スル者ハ合祀ノ限リニアラス」と限定が付いている）

三、戦地ニ於テ死因不明ノ者若クハ生死不明若クハ公務ニ起因セル自殺又ハ平病ノ為メ死歿セシ者

四、戦地ニ非サルモ出征事務ニ関シ公務若クハ災害ノ為メ死歿シ又ハ身上有害ナル感動ヲ受クルヲ顧ミルコト能

ハスシテ勤務ニ従事シ為メニ疾病ニ罹リ若クハ傷痍ヲ受ケ終ニ死歿セシ者（内地での出征列車の「汽車顛覆」、内地での「衛生部員ノ伝染病患者ニ直接シ病毒ニ感染」死などの例[38]）

以上の特別合祀の枠組みを見てまず気付くことは、上記四項のうち第一項から第三項までは「戦地」における「死歿」者である点である。「戦地」での死者は広く特別合祀の対象とされて、公務傷病死だけでなく伝染病感染死、死因不明・生死不明・公務自殺、そして平病死者も合祀されることになっている。そして非「戦地」でも、出征事務関連の災害・公務死や、不健康業務死が、軍人と非軍人の枠を越えて合祀対象とされている。

その不健康業務死については、第四項で「身上有害ナル感動ヲ受クルヲ顧ミルコト能ハスシテ勤務ニ従事シ」「死歿」と規定されているが、これが軍人恩給法の「公務ノ為メ健康ニ有害ナル感動ヲ受タルヲ顧ミルコト能ハスシテ勤務ニ従事シ」という独特の表現を受け継いでいることは明らかであろう。この合祀範囲は、大きくは軍人恩給法の扶助料支給の戦没者、勅令第百六十四号の非軍人の戦没者、さらに特別賜金の給付対象となった戦地の平病死者に対応するが、特別賜金の給付対象者とは違って、従軍中の内地の平病死者を含まないなど細かい点での差異もある。と同時に、生死不明者・公務自殺者に関しては上記の扶助法制にはない規定で、前述した戊辰戦争で合祀された祭神の先例を踏まえての基準であったと思われる。

そしてこの合祀基準を具体例に当たって適用基準のいわば細則を定める任務を負ったのが、陸軍省の医官、歩兵、工兵、憲兵等の委員十名からなる靖國神社特別合祀者調査委員会であった。この委員会では合祀基準の適用について、各方面からの問い合わせに答えて、「乙号決議第一号」として八項を決議し、「丙号決議第二号」として二六件の合祀に関する判定を行っている。これらの決議で目立つのは第一に、合祀か否かの判断が難しい事例に関しては、「扶助料請求ニ因リ調査ノ上甲額ヲ受ケタル者ハ合祀スルコト」のごとく、恩給法の扶助料で「戦闘公務」認定の扶助料を受けていることを、事実上の合祀基準に準用していることである。言い換えれば恩給法の適用を受ける軍人・官吏に関しては、合祀基準の恩給法制への依存が見られたのである。

ただしそこで合祀が適当と判定された例には、「従軍ノ目的ヲ以テ衛戍地出発後、内地ニ於テ勤務中、雨露等ニ侵サレ又ハ行軍中炎熱降雨等ノ為メニ発病死亡セル者ニシテ、扶助料甲額ヲ受ケタル者」といった、広く従軍途上とはいえるが、内地で待機中時の「勤務」「行軍」での死亡に対し「扶助料甲額」が下された事例もあり、さらに単に「内地ニ在テ演習中、傷死溺死其他炎熱雨露等ノ為メニ発病シ死亡セルモノニシテ、扶助料甲額ヲ受ケタル者」というように、従軍途上ですらない「内地」での「演習」に起因する病死にも「扶助料甲額」が下された事例があった(39)。戦没軍人への扶助料認定そのものが、日清戦争の「戦時」にはハードルが低くなっていたようであり(40)、その結果として合祀基準のハードルも低くなる場合があったといえよう。

とはいえ死没者の中には、扶助料が受けられるか未裁定の者や、原隊が判断を留保したためであろうか、扶助料未請求の死者の場合も多かった。こうした時にも調査委員会では、「戦地」での事故死・病死者に対しては広く合祀の判断を下す傾向にあった。例えば、「戦地ニ於テ腸急性加答児病ニ罹リ躁狂病継発、帰航ノ際海中に投シ死亡セル者」で扶助料未裁定の者や、「戦地ニ於テ腸窒扶斯病ニ罹リ旅順口兵站病院ニ於テ治療中(中略)精神錯乱症ヲ併発シ戸外ニ暴出シ(中略)凍死セルモノト認定セラレタル」扶助料未請求の者などへも、合祀との判断が下されている。さらに、「戦地ニ於テ機械体操演習中、転倒左顱頂部ヲ巌石ニ打撲シ脳震盪ヲ起シ死亡セシ者ニシテ、扶助料未請求ノ者」に関しては、「機械体操演習中」とはどういう演習なのかとの疑問も湧くが、やはり合祀との判断を下している。

「戦地」での死亡については、私的理由による死亡が推測される者に対しても、合祀否との結論に慎重な姿勢をとる傾向があった。例えば、「戦地ニ於テ河豚中毒症ニ罹リ死亡セシ者」や、「戦地舎営中酩酊歩行ノ際転倒岩石ニ頭部ヲ打撲シ脳震盪症ヲ起シ死亡セル者」などの事例に対しても、「特別調査ニ附ス」としているのである。以上からすると「戦地」「戦時」での軍人の死没者に関しては、扶助料支給の範囲を越えて合祀される可能性があった。

なお一例だけ例外的に、「扶助料請求セシモ公務ニ基因セサルモノト裁定セラレタルモノ」にもかかわらず、「合祀」と判定された事例があった。それは「戦地宿営地ニ於テ他兵卒弾丸誤發ノ為メ負傷死亡シタ者」である。この問題については西南戦争後の追加合祀基準第三款において、「戦闘中他人誤發ノ銃丸ニ觸レ（中略）死亡スル者」を合祀対象者と認定しており、先例との一貫性を重視した判断であろう。

とはいえ「戦時」とされる期間が「戦地」に比べて短い内地において、職務として伝染病感染した不健康業務死者には、「戦時」の期間を越えることを理由に厳しい判断を下している。具体的には、「臨時陸軍検疫所ノ事業ハ廿八年六月一日ヨリ開始セラレタリ、故ニ職務上病毒ニ感染シ死亡セル者ハ、皆内地服務者ノ為メニ、定メラレタル期限即チ廿八年五月十三日以後ニ係ルヲ以テ、合祀スヘキ者一名モナキハ止ムヲ得サルモノトスヘキヤ」との問いに、「右ハ合祀セス」との判定を下している。[41] しかし「戦地」で伝染病感染して検疫所で引っかかり、伝染病に起因して死没した軍人軍属らは合祀対象者に含まれるのだから、検疫所の職員が「内地」との理由で合祀対象から除外されるのは、首尾一貫しない措置だったとも見える。

靖國神社特別合祀委員会でも判断し難かったのは、合祀されるべき資格者の範囲であった。前述のように合祀対象者は、賞勲局から授与される「従軍記章」を受ける資格を有する者に限られていた。明治二十八年勅令第百四十三号「明治二十七八年従軍記章条例」の第三条は、従軍記章が授与される資格者についての規程であり、「一、明治二十七年二十八年ノ戦役ニ於テ大本営ニ従属シ、又ハ出征軍ニ編入セラレ戦地ニ在リシ者、二、同役ニ於テ出征軍ニ編入セラレサルモ、戦地ニ在テ軍務ニ従事シタル陸海軍軍人軍属若クハ文官」に授与するとある。しかしその但し書きでは

「雇用人夫ノ類ハ授与ノ限ニ在ラス」とあり、明らかに死没した軍役夫をこの栄典から排除する意図があった。とはいえ同第四条では、「第三条ニ掲クル者ニ該当セスト雖、同役ノ軍務ニ従事シ若クハ之ヲ幇助シタル者ニハ、特ニ従軍記章ヲ授与スルコトアルヘシ」とあり、(42)非軍人の雇用者に関しては、それを「雇用人夫ノ類」とみなすか「軍務」を「幇助シタル者」と位置づけるかについては、争いの余地があったようである。(43)

大谷正、原田敬一らの研究によれば、日清戦争・台湾戦争での軍役夫の死没者は七千人から八千人に及ぶという。(44)軍役夫は前述のように特別合祀からは除外されて病死者は合祀されないと決まっていたが、これら「臨時傭人軍役夫等」でも「戦闘中若クハ戦闘中ニアラサルモ敵ノ所為ニ由リ負傷シ遂ニ之カ為メ死亡シタル者」に限って、合祀対象とする方針が取られていた。(45)実際に原田の集計によれば、『靖国神社忠魂史』に記載の軍役夫の合祀者は戦死者八七名だけであるという。(46)軍役夫は特別賜金の支給対象とはされても、その合祀は厳しく制限されていたのである。

ただし日清戦争の戦没者の合祀対象範囲は、臨時傭人の軍役夫を除く軍人・軍属・官吏・雇員などに関しては、戦前期の中で最も広かったと思われる。それはこの時の遺族への扶助法制の適用の緩さにも照応していた。そしてこの戦争の戦没者に対する恩給・一時金や特別合祀の方針は、その後に修正や限定を施されながらも、先例となるパターンを提供するものとなったのである。

三、北清事変と日露戦争時の特別合祀

北清事変と日露戦争の戦没者の合祀基準については、その策定過程の内情をうかがわせる史料は見つかっていない。ただし軍人軍属の戦死者・戦傷死者が靖國神社に合祀される方針は、変わることはありえなかった。従って基準が変

動する可能性があるのは、特別合祀者の範囲である。その事変・戦役ごとの特別合祀の合祀基準については、この頃から軍隊内では明示されるようになる。それは北清事変において、合祀候補者を申請する書類である「陸軍軍人軍属ニシテ靖国神社ニ特別合祀者人名簿」といった定型のフォームが作られるようになったためである。合祀基準は、その書き方に関する「注意」の一の中の「本名簿ニ記載スヘキ者」の範囲という形で、合祀を上申する部隊に対し示されるのである。

北清事変の折には、「名簿」の「注意」一で「清国事件」の戦時期間が規定され、さらに名簿記載者は「戦地ニ於テ、公務ノ為メ疾病ニ罹リ又ハ災害ニヨリ死亡シタル者、及戦地ニアラサルモ之ニ関係シタル業務ニ服シ、公務若クハ災害ノ為メ死亡シタル者ニ限ル」とされていた。つまり北清事変の特別合祀の対象者は、「戦地」では「公務疾病」「災害」による死亡者だが、非「戦地」では戦役「業務」従事者で「公務」「災害」で死亡した者である。日清戦争時と異なる点は、日清戦争時の特別合祀基準の第三項の、「戦地」での死因不明・生死不明・公務自殺・平病死者がすべて対象から除外され、非「戦地」での不健康業務に基づく「疾病」死亡者も除外されていることである。[47]

なお北清事変での死亡者の遺族への扶助法制としては、軍人には軍人恩給法が、非軍人雇用者には明治二十七年勅令第百六十四号が適用され、特別賜金も給付された。ただし特別賜金の給付範囲は、日清戦争時より大きく狭まっている。この時の給付対象者は、「北清事変ノ為メ該地ニ派遣ノ軍人軍属雇員傭人ニシテ、戦死者若クハ公務ノ為メ死歿シタル者」であった。つまり給付対象は「戦地」での「戦死者」と「公務」死亡者の二種類だけであり、「戦地」でも「公務疾病」「災害」死者を含まず、さらに「内地ニ於テ召集中死歿シタル者ノ如キハ全然之ヲ除却」されることになった。これは「成ルヘク国庫ノ負担ヲ増ササルノ方針」から出たものであった。[48] これからするとこの時は、特別合祀の対象者も特別賜金の給付対象者も狭まったことが知られ、むしろ特別合祀の基準の方が、特別賜金の給付対象よりまだ広いくらいである。

なお合祀対象者の身分に関しては、前述の「陸軍軍人軍属ニシテ靖国神社ニ特別合祀者人名簿」の「注意」の二で、「軍人軍属（軍役夫馬丁共）」と記しており、[49]もはやこの時点では「軍役夫馬丁」は合祀資格のある「軍属」視されるようになってきたことが知られる。ちなみに北清事変の従軍記章条例では、依然として「傭役人夫ノ類」は従軍記章の受給資格がない者とされていたが、[50]上記の「注意」を見る限り従軍記章条例が「特別合祀」の合祀資格と結びつけられていないし、そもそも特別合祀の実施の方が従軍記章条例の制定より早いのである。実際に「特別合祀」を申請された者の中には、「仲仕」「船子」「火夫」「石炭夫」などの「臨時傭人」が含まれていた。[51]

また戦死者の場合でも、民間会社の社員が北京滞在中に「義勇隊ニ加ハリ」戦死とか、やはり民間会社社員が事変に遭遇して「難ヲ帝国領事館ニ避ケ防戦中」に戦死とかの、民間人の合祀例が見られる。[52]積極的な戦闘参加者とはいえない民間人まで合祀しているわけで、合祀者の身分の制限が緩んでいることを思わせるものである。

続いて日露戦争の戦没者の合祀対象範囲について見ると、日露戦争の特別合祀の合祀者候補者の調査は、一九〇六（明治三十九）年八月の寺内陸相名の通牒によって開始された。そこでの合祀基準は「靖国神社臨時特別合祀陸軍軍人軍属名簿」の記載に関する「注意」の一において示されている。この「名簿」に記載すべき者は、戦時期間の「明治三十七年二月六日ヨリ同三十八年十月十六日」の間、この「戦役ニ従事シタル」軍人軍属で傷痍疾病により死歿した、以下の事項に該当する者である。それは、

一、戦地ニ於テ公務若ハ避クヘカラサル災害ノ為ニ死歿シタル者

二、戦地ニ於テ伝染病若ハ流行病ニ罹リ、又ハ公務ノ為傷痍ヲ受ケ若ハ疾病ニ罹リ死歿シタル者

三、戦地ニ於テ死因不明ノ者、又ハ自己ノ作為ニ因ラサル傷痍若ハ自己ノ不摂生ニ因ラサル疾病ノ為死歿シタル

者

四、戦地ニ在ラサルモ戦役事務ニ関シ公務上伝染病若ハ流行病ニ罹リ、又ハ避クヘカラサル災害ノ為死歿シタル者

五、戦場ニテ負傷ノ為身体自由ナラス、捕ハレテ敵地ニ護送サレテ死歿シタル者、若ハ戦地ニ於テ自殺シタル者等ニシテ、其ノ情状特別合祀ト認ムヘキ者

であった。

以上の項目を見ると、第一項から第三項と第五項後半に示されるように、「戦地」においては、公務死・災害死・伝染病死・公傷病死・死因不明・不慮の傷痍死・平病死者と特別の「情状」ある自殺者が、広く合祀の対象者とされていることが知られる。そして第四項において非「戦地」の戦役事務従事者に関し、公務上の理由で伝染病に罹患死者と災害死者が合祀対象者とされている。どちらの場合でも、北清事変時の狭い範囲とは異なって、日清戦争時の特別合祀の基準の枠組みが意識的に受け継がれているのが分かる。

ただし今回の基準では、「避クヘカラサル災害」とか「自己ノ作為ニ因ラサル傷痍」とか「自己ノ不摂生ニ因ラサル疾病」とか、日清戦争時と比べて、特別合祀の対象となる災害・傷痍・疾病の要件を厳格化しているのが特徴である。第三項では「戦地」での平病死者をも合祀対象者として認めているが、それをどこまで「自己ノ不摂生」によると判定するのかによって、合祀範囲が狭まる可能性もあった。また捕虜となった可能性を考慮したためであろうか、日清戦争時にあった「戦地」での生死不明者は除かれている。(53)

今回の合祀基準で全く新しいのは、第五項の前半の捕虜の死没者の規定が加えられた点であろう。この規程は最初の段階では、「俘虜トナリ死歿シタル者」という簡潔な規定だったのが、その後「負傷ノ為身体自由ナラス捕ハレテ

敵地ニ護送サレテ死歿シタル者」と、自由意思によらないで捕虜となった者に限定し、「俘虜」という用語も抹消する改訂をしている。[54] 日露戦争が日本軍にとって、国際法に基づいて捕虜を取り扱う戦争と意識されながら、日本軍将兵捕虜については身体的に不可避な事情の場合以外は、捕虜となることを不名誉視して合祀対象から除く判断がなされているといえよう。

また、一九〇七(明治四十)年七月に出された特別合祀の「名簿」の「注意」の中には、「軍役夫諸職工等臨時採用(募集)ノ者」についての記述があり、これらの身分の者が「特別合祀」の対象となっていることが示されている。[55] 実際に陸軍省宛に送られた「特別合祀」者の名簿を見ても、「急性腹膜炎(流行病)ニ罹リ」病死した「馬卒代用傭人」であるとか、[56]「脚気症ニ罹リ」兵站病院において「心臓麻痺」で死亡した大本営写真班の「工夫」であるとかが散見される。[57] 特別合祀の合祀者の身分に関する制限は、緩和されてきていたのであった。

日露戦争時の戦没者への扶助法制も、軍人恩給法、明治二七年勅令第百六十四号、特別賜金の給付などであった。一九〇四(明治三十七)年七月に制定された特別賜金賜与規則では、特別賜金の受給資格者を広く「陸軍軍人軍属及雇員傭人等ニシテ今回ノ戦役ニ従事シ死歿シタル者」としている。ただしそこには幾つかの限定があった。その第一は、「自ラ死ヲ企テ死歿シタル者ニハ、場合ニ依リ特別賜金ヲ給セサルコトアルヘシ」との但し書きである。[58] ただしこれも、自殺者にも原則として特別賜金を給付し、例外的に給付しない場合があると読める文面であった。そしてそれ以外の死没者に関してはその死歿の原因を問うことなく給付することになっており、[59] 平病死者を含んでいたと思われる。その点では日清戦争時の特別賜金の政策を受け継いでいた。

第二は、この「今回ノ戦役ニ従事シ」た死歿者は、「戦地」のみならず「内地」での戦役業務従事者を含むとされていたが、「内地」の受給資格者は「動員部隊ニ属シタル者及戦時増俸ヲ受ケタル者」の二種類に限定されている点である。(60) 日清戦争時よりも要件が厳格化されているのが分かる。

しかし特別合祀基準策定の過程の史料が欠けているため確定的なことは言えないが、総じて考えると、北清事変、日露戦争時の遺族への扶助法制政策は、その特別合祀基準に直接的な影響を及ぼしているようには見えない。むしろ特別賜金給付と特別合祀の対象者の範囲は、それが小さな事変か大きな戦役か、国民の負担と犠牲者数はどれほどかといった事情によって、同時に変動していたように見える。それは扶助法制が特別合祀基準に影響を与えたと思われる日清戦争の場合とは、なぜか事情が異なっているように見えるのであった。

おわりに

これまで見てきたところからすると、日清戦争時から、「戦死」によらない大量の戦没者を出す中で、幕末維新期の国事殉難者とは異なる、対外戦争の戦没者に関する独自の合祀基準が成立していったことが分かる。その合祀基準の策定に当たっては、戦没者遺族への恩給の扶助料や一時金給付の給付対象者の範囲を基準の一部に組み込み、考慮していたことがうかがわれる。なお靖國神社への合祀基準は給付金の給付範囲と並んで、戦争の国家的位置付けよって左右されるところがあり、合祀範囲と給付金の対象者が拡大されたのは、その時代では大きな戦争であった西南戦争と日清戦争と日露戦争の時であった。犠牲者の多さと戦争の意義が、その変化をもたらしたのであろう。

とはいえそこには、誰が靖國神社へ合祀されるのに相応しいかについての、考え方の違いもあった。この判断の違いを、戦没者の死の態様で見ると、その一方の極には、戦死者と災害・公務傷病死者のみが合祀対象者に相応しいという価値観が存在し、これは実際に小規模な北清事変の戦没者の合祀において見られた。これとは逆に他方では、戦時動員中・出征事務従事中の死没者を死没の原因を問わずに広く合祀対象とすべきだという考え方があり、これは典型的には初めての大がかりな対外戦争である日清戦争の戦没者の合祀において見られたものだった。また戦没者の身分についても、臨時傭人の軍役夫など国家との雇用関係が明確でない者の合祀に関し、肯定的な立場（北清事変・日露戦争）と否定的・制限的な立場（日清戦争）があった。同様に民間人の戦闘参加者の合祀に関しても、異なる考え方があった。

こうした合祀に関する考え方の違いは、究極的には靖國神社をどういう神社と位置づけるかに関連していたと思われる。靖國神社に関しては、一方でそれが陸海軍省管轄の神社であることから、軍人を中心とした国家の公的な死者を祀る神社という見方があった。それは太政官第二局の、靖國神社は「官ニ奉仕」していない「一般人民」を祀る場所ではないという見解に典型的に示される。しかし他方では賀茂百樹宮司のように、「忠君愛国」の「国民」の神社であることを重視する考え方があった。賀茂は、「世には往々靖國神社を以て軍人の殉難者を祀る神社であるかに考へてゐる者がありますす。之は誤解も甚だしいもので」あって、靖国の「祭神には男女の区別もなく、又階級的に何等の差別もなく祭祀せられてゐるのであります」と述べ、靖國神社が「実に忠君愛国の全国民精神を表現し合ふところの神」を祀った神社であることを強調している(61)。これは国事殉難者と対外戦争の戦没者の合祀基準を、根本的に一体のものとして見るべきだという考え方ともいえる。この両様の考え方が存在していたところに、合祀基準をめぐる揺れの根本的原因があったといえよう。そして靖國神社の合祀基準は、この二つの基本的な考え方に結びつき、それぞれの戦役・事変の規模と国家的な位置付けに関連して、日露戦争以降も変動し続けることになるのである。

註

(1) 国立国会図書館調査及び立法考査局編『新編靖国神社問題資料集』(国立国会図書館、二〇〇七年)。

(2) 秦郁彦『靖国神社の祭神たち』(新潮社、二〇一〇年)。秦はこの中で、西南戦争後の追加合祀、日清戦争後の特別合祀の基準についても、その内容を要約・大きく省略してふれるに止めており、その時々の小さな方針の変化としか位置づけていないように見える。

(3) 『靖国神社誌』(靖國神社、一九一一年)九頁。この点で秦郁彦前掲書二四頁では、第一の布告を「殉難者布告」と呼び、第二の布告を「戦死者布告」と呼んで、それぞれを靖国の祭神の異なる二つのカテゴリー(国事殉難者と戦死者)に対応するものと位置づけ、二つの布告を異質なもののように理解している。しかし、同日に出された二つの布告を素直に読めば二つは一体のものであり、戊辰戦争の合祀者の実態は、本文で述べるように国事殉難者の特徴を示していると思われる。

(4) 前掲『靖国神社誌』二二～二九頁。

(5) 「靖国神社特別合祀者の件」、陸軍省大日記・貳大日記・明治31年乾「貳大日記4月」(防衛省防衛研究所)、JACAR(アジア歴史資料センター)Ref. C06082834400。出典中のアラビア数字は、アジア歴史資料センターの表記による。

(6) 前掲『靖国神社誌』二九～三三頁。

(7) 前掲「靖国神社特別合祀者の件」。

(8) 陸軍大臣官房・海軍大臣官房監修『靖国神社忠魂史』第一巻(靖國神社社務所・代表賀茂百樹、一九三五年)三七七頁、三八一頁。

(9) 「佐賀之役陣歿者招魂社へ合祀」、公文別録・陸軍省衆規渕鑑抜粋・明治元年～明治八年・第二巻(国立公文書館)、JACAR: A03023108700。本史料では出典表記に略字が用いられているが、ここではアジア歴史資料センターの表記に従った。

(10) 「西郷中将ヨリ蕃地戦死ノ者招魂社合祀ノ儀来柬並同件陸海軍へ達」、単行書・処蕃始末・乙亥一月之五・第九十七冊(国立公文書館)、JACAR: A03030414500。

(11) 『恩給百年』(総理府恩給局編、一九七五年)「資料編」一～三頁。

（12）「台湾ノ役鹿児島県下死傷ノ者へ扶助祭粢料給与方伺」、公文録・明治九年・第百五巻・明治九年三月・内務省伺一（国立公文書館）、JACAR: A01100148500。なお読み易さを考慮して、引用文中には読点を付した。以下の引用文でも同様である。

（13）「台湾ノ役一時雇傭者病歿遺族扶助料内務省ニテ調査後チ祭粢料ノ名義ニ改ム附祭粢料下賜・其二六條」、太上類典・雑部（草稿）・明治七年～明治九年・第四巻・台湾部四（国立公文書館）、JACAR: A01000085500。

（14）前掲「台湾ノ役一時雇傭者病歿遺族扶助料内務省ニテ調査後チ祭粢料ノ名義ニ改ム附祭粢料下賜・其二六條」中、長崎県からの鬼塚岩吉らの「奉歎願候口上書」、高比良兼松らの「奉歎願候口上書」など参照。なお「死骸は長崎梅ヶ崎へ埋葬相成」と記された例も散見する（荒木亀松ら「願」参照）ので、梅ヶ崎招魂所は墓所でもあったのかも知れない。

（15）前掲『恩給百年』「資料編」六～一八頁。

（16）「5よりコレラ病に罹り死没する者扶助料の義伺」、陸軍省大日記・明治十年・「大日記　省内各局参謀近衛病院　教師軍馬局十一月水　陸軍省第一局」（防衛省防衛研究所）、JACAR: C04027318900。なお「5より」に始まるこの文書の原文のタイトルには「5より」の記載はないが、アジア歴史資料センターの表記に従った。「5より」とは、太政官第五局より発信された文書であることを示しているようである。また、アラビア数字でのタイトルの表記についても、アジア歴史資料センターの表記に従った。

（17）「6月20日　林軍務局長　西南役従軍将校以下処分方非戦死者の招魂社合祀の件決定の回報依頼」、陸軍省大日記・各省各県文書・各省雑・簿冊明治十一年五月六月各省五（防衛省防衛研究所）、JACAR: C09120466400。

（18）「往入2146　西南賊徒征討中戦病死者招魂社へ合祭等の件東海鎮守府伺」、海軍省公文備考類・公文類纂・明治十一年後編巻4本文公文礼典類三止（防衛省防衛研究所）、JACAR: C09112955300。

（19）「陸軍々人軍属死亡之者招魂社へ合祀之儀ニ付伺及び別紙」、陸軍省大日記・陸軍省雑・明治十一年・簿冊明治十一年本省文移（防衛省防衛研究所）、JACAR: C10072213800。

（20）前掲『靖国神社誌』二九～三三頁。

(21)「故広戸一等巡査外五名靖国神社へ合祀」、公文別録・朝鮮事変始末・明治十五年・第五巻・明治十五年(国立公文書館)、JACAR: A03023647000。

(22)「同国ニ於テ戦死ノ私費語学生近藤道堅外一名靖国神社へ合祀ヲ請フ件」、公文録・明治十五年・第十九巻・明治十五年十月~十二月・外務省(国立公文書館)、JACAR: A01100224000。

(23)「太政官より朝鮮国に於て戦死者合祀に付照会」、陸軍省大日記・太政官・明治十五年従七月至十二月「太政官」(防衛省防衛研究所)、JACAR: C07073045000。

(24)「朝鮮国ニ於テ戦死セシ語学生靖国神社へ合祀ヲ許サス」、公文別録・朝鮮事変始末・明治十五年・第五巻(国立公文書館)、JACAR: A03023647100。

(25)「陸軍省稟告故磯林歩兵大尉外五名靖国神社へ合祀ノ件」、公文別録・朝鮮事変始末・明治十七年・第二巻(国立公文書館)、JACAR: A03023658800。なおこの文書の末尾には、「参照」として「十五年十月陸軍省上申」と題する書類(その原本は別の編冊にあるという)が添付されていて、二年前の壬午軍乱の時に「語学生徒」二名を含む者が、陸軍省の上申に基づいて合祀決定をされたように書かれている。しかしもし註(22)~(24)の文書が正しいならこの書類とは矛盾し、この「参照」書類の存在には疑問がある。

(26)前掲『靖国神社誌』九八頁。

(27)中塚明「日清戦争」、『歴代首相・内閣事典』(吉川弘文館、二〇〇九年)「第二次伊藤博文内閣」。

(28)前掲『恩給百年』「資料編」四二~五二頁。

(29)「御署名原本・明治二十七年・勅令第百六十四号」、御署名原本・明治二十七年・勅令第百六十四号(国立公文書館)、JACAR: A03020185400。

(30)「明治二十七、八年ノ戦役ニ従事シ公務ノ為メ死歿シ又ハ傷痍ヲ受ケ疾病ニ罹リタル者ニ特別賜金取扱ノ方法ヲ定ム」、公文類纂・第十九編・明治二十八年・第二十九巻(国立公文書館)、JACAR: A01200842200、「戦死者等ノ遺族及負傷者ニ対スル特別賜金支給ノ方法ヲ定ム」、公文類纂・第十九編・明治二十八年・第二十九巻(国立公文書館)、JACAR:

A01200842500。

(31) 「明治27年戦役間死亡者遺族へ一時賜金ノ件」、陸軍省大日記・壱大日記・明治二十九年「壱大日記編冊補遺壱」(防衛省防衛研究所)、JACAR: C03031043700中の、「軍人軍属従軍病死者遺族扶助料及ヒ一時賜金ニ関スル請願」(請願人吉田扶、明治二九年一月十六日)、「意見書　軍人軍属従軍病死者遺族扶助料及ヒ一時賜金ニ関スル件」(貴族院議長侯爵蜂須賀茂韶、明治二九年二月四日)。

(32) 「特別賜金給与方に関する件」、陸軍省大日記・壱大日記・明治三十年七月「壱大日記」(防衛省防衛研究所)、JACAR: C04013420700。

(33) 前掲「明治27年戦役間死亡者遺族へ一時賜金ノ件」中、「海軍大臣へ協議按」、「請議按」。

(34) 「人事局　清国事件に関する特別賜金の件」、陸軍省大日記・清国事件・清国事件書類編冊明治三三年九月臨清(防衛省防衛研究所)、JACAR: C08010111600、中の「清国事変ニ関スル特別賜金ト廿七八年役特別賜金ノ対照表」。

(35) 「従軍病死者遺族扶助料並一時賜金の件(2)」、海軍省公文備考類・⑪戦役等・日清戦書・明治二七・八年戦時書類巻二明治二九年(防衛省防衛研究所)、JACAR: C08040758300。

(36) 「7月2日　軍人軍属及雇員傭人死没者賜金の件」、陸軍省大日記・陸軍省雑・明治30年分省令告示訓令甲日記(防衛省防衛研究所)、JACAR: C10061425900。

(37) 「靖国神社へ特別合祀の件」、陸軍省大日記・貳大日記・明治三十年乾「貳大日記」七月(防衛省防衛研究所)、JACAR: C06082605600。

(38) 「靖国神社特別合祀者の件」、陸軍省大日記・貳大日記・明治三十一年乾「貳大日記四月」(防衛省防衛研究所)、JACAR: C06082834400中、「乙号　靖国神社ニ特別合祀スヘキ死者ノ種類」、ただし「戦時」の終わりの日付は、戦地内地とも「海軍大臣へ御照会按」に基づいて訂正した。

(39) 「戦死者合祀の件(1)」、陸軍省大日記・貳大日記・明治三十一年乾「貳大日記十一月」(防衛省防衛研究所)、JACAR: C06082922500中の「特別合祀調査方法及経過報告」。非「戦地」での死没軍人の事例は、「丙号決議第二号」の12、14。

なお14の問い合わせには、但し書きがついており、そこでは「従軍ノ目的ヲ以テ衛戍地出発後、待命間ニ係ル者ト区別スヘキヤ」との問いが付されていた。つまりこれは特別合祀の対象者を、出征途上の部隊の死者のみに限定すべきかどうかという問い合わせである。しかしこの問い合わせに対しても、特別合祀者調査委員会では「但書、区別ヲ要セス」と回答しており、特別合祀の対象者は広く取られていたことが分かる。

(40)「戦時」ではあっても「内地」の「営内」での軍人の「職務関連傷病」死に、恩給の公務扶助料の6割が出されるようになったのは、一九五六年の特例扶助料からであり、これには長い恩給法の原則を枉げるものだとの批判があった(拙稿「一九五〇年代の軍人恩給問題(二・完)」、『立命館法学』三四一号、二〇一二年六月)。

(41) 前掲「戦死者合祀の件(1)」中の「特別合祀調査方法及経過報告」。

(42)「御署名原本・明治二十八年・勅令第百四十三号・明治二十七、八年従軍記章条例」、国立公文書館、JACAR: A03020209200。

(43) 靖國神社特別合祀委員会では、祀発第一号で「台湾総督府民政部ノ文官雇員等ニシテ戦役中死亡シ合祀セラルヘキ相当ノ死因ヲ有スル者」が、従軍記章を受ける資格のあるか否かを陸軍省副官宛に問い合わせている。民政部の雇という点が疑問の根拠だったのだろうが、合祀可との回答を得ている(「軍属に非ざる者合祀の件」、陸軍省大日記・貳大日記・明治三十一年乾「貳大日記八月」(防衛省防衛研究所)、JACAR: C06082889700)。

(44) 大谷正『兵士と軍夫の日清戦争』(有志舎、二〇〇六年)、原田敬一『日清・日露戦争』(岩波書店、二〇〇七年)。

(45)「明治27、8年戦役における負傷死亡者の靖国合祀に関する通牒」、陸軍省大日記・陸軍省雑・明治三十一年軍務局諸達綴(防衛省防衛研究所)、JACAR: C10062007500。

(46) 原田敬一『国民軍の神話』(吉川弘文館、二〇〇一年)一八八頁、表14。

(47)「戦死者に準ずる靖国特別合祀該当者の取調送付に関する移牒」、陸軍省大日記・参謀本部雑(秘)・明治三十四年特号書類第二号三冊の内二(防衛省防衛研究所)、JACAR: C09122756200。

(48) 前掲「人事局　清国事件に関する特別賜金の件」中の、「請議案」。

(49) 前掲「戦死者に準ずる靖国特別合祀該当者の取調送付に関する移牒」。

(50)「御署名原本・明治三十五年・勅令第百四十二号・明治三十三年従軍記章条例」、国立公文書館、JACAR: A03020535700。
(51)「次長より総務長官へ清国事件関連特別合祀者人名等送付通知」陸軍省大日記・参謀本部雑(秘)・明治三十四年特号書類第2号3冊の内2(防衛省防衛研究所)、JACAR: C09122755500。
(52)「靖国神社臨時大祭施行1件付殉難者合祀(4)」、海軍省公文備考類・⑩公文備考等・明治三十四年公文備考儀制巻二(防衛省防衛研究所)、JACAR: C06091302300。
(53)「39.8.20発寺内陸相靖国神社合祀の該当者調査に関する件(2)」、陸軍省大日記・日露戦役・「死亡遺留品等に関する書類綴明治37年より明治40年まで陸軍省副官部大本営及大本営直属中隊分」(防衛省防衛研究所)、JACAR: C06040848500。
(54)「39.8.20発寺内陸相靖国神社合祀の該当者調査に関する件(1)」、陸軍省大日記・日露戦役・「死亡遺留品等に関する書類綴明治37年より明治40年まで陸軍省副官部大本営及大本営直属中隊分」(防衛省防衛研究所)、JACAR: C06040848400。
(55)「送乙第2581号官房　靖国神社合祀未済者取調方の件」、陸軍省大日記・陸軍省達書・明治四十年諸達通牒(防衛省防衛研究所)、JACAR: C09050211900。
(56)「靖国神社臨時特別合祀名簿の件　陸軍大臣」、陸軍省大日記・日露戦役・「明治39年9月10月11月12月臨号書類綴第7号参謀本部副官」(防衛省防衛研究所)、JACAR: C06041400800。
(57)前掲「39.8.20発寺内陸相靖国神社合祀の該当者調査に関する件(1)」。
(58)「戦役の遺族に特別賜金賜與の内牒の件」、陸軍省大日記・参謀本部大日記・明治三十七年自二月至八月参謀本部大日記臨号(防衛省防衛研究所)、JACAR: C07082294300。
(59)「三十七八年戦役特別賜金賜與に関する件」、陸軍省大日記・陸満普大日記・明治三十八年「満大日記9月上陸軍省」(防衛省防衛研究所)、JACAR: C10050179200、中「内地ニ於テ今回ノ戦役ニ従事シ死歿シタルモノニ対スル特別賜金下賜ノ件」。
(60)前掲「三十七八年戦役特別賜金賜與に関する件」中、「満発第七五六九号」(九月四日)。
(61)賀茂百樹「本書刊行に際して」、前掲『靖国神社忠魂史』第一巻。

招魂社から靖國神社への発展

津田　勉

一、靖國神社の起原

『靖國神社誌』では、靖國神社の前身である東京招魂社の起源は、明治元年(一八六八)六月二日に江戸城西丸大広間で行われた招魂祭とし、京都招魂社の起源は明治元年七月十日・十一日に京都河東操練場で行われた招魂祭としている。(1) しかし、なぜ東京招魂社と京都招魂社の起源を、この二つの招魂祭とするのか、実は明確な説明がされていない。そこでこの二つの招魂祭を以て、東京招魂社と京都招魂社の起源とする理由を検討しておきたい。

江戸城西丸大広間・河東操練場で行われた招魂祭は、明治政府が江戸と京都で初めて行った招魂祭で、行われた時期も江戸城西丸大広間の招魂祭が明治元年の六月二日、河東操練場が七月十日と接近し、祭祀目的も戊辰戦争の戦死者の霊を招魂祭祀するという点で共通していた。

東京招魂社の起源を、明治元年六月二日の江戸城西丸大広間で行われた招魂祭とするのは、東京招魂社の御神体(二体)の一つである御鏡が、この招魂祭の時に神籬に奉懸された鏡とされることも大きな理由になっていると思われ(2)

る。

こうした点を踏まえるならば、東京招魂社の起源を江戸城西丸大広間で行われた招魂祭に求めることは妥当と思える。しかしながら京都招魂社の起源を河東操練場の招魂祭とすることには問題がある。なぜなら京都招魂社創建と河東操練場の招魂祭とを結びつける直接的な事物（例えば、ご神体となった御鏡等の繋がり）はなく、後述するように時系列的にも無理があるからである。つまり京都招魂社の創建の起源を河東操練場の招魂祭に求めることは再検討しなければならないのである。

日本に於ける招魂社創建の契機となったのは、明治元年五月十日に出された二つの太政官布告とされる。即ち京都の東山に「癸丑（ペリーの浦賀来航）以來」の忠死者を祀る祀宇を設けるとの太政官布告（区別の為、これを［太政官布告Ⅰ］とする）と、「當春伏見戰争以來引續東征各地之討伐」に於ける戦死者の霊魂を祭祀する一社を京都東山に建立するとの太政官布告（これを［太政官布告Ⅱ］とする）の二つの太政官布告である。そして二つの太政官符が布告された時点では、二つの招魂社の建設場所は両官符とも京都東山を想定していたのであって、東京は想定されていなかったのである。

江戸城西丸大広間の招魂祭は、四月の江戸城明け渡し以降から五月までの上野・下野・上総・下総・安房・奥州各地での征討戦に於ける戦死者を対象とした招魂祭であった。

東征大総督府布告　明治元年六月一日

今般兩野、總、武、奥州數箇所ニて致㆓戰死㆒候輩、明二日巳刻御城内於㆓大廣間㆒招魂祭被㆓仰出㆒候條、諸藩隊長・司令登城拜禮被㆓仰付㆒候事。

（『靖國神社百年史』資料篇上（3））

これに対し京都河東操錬場の招魂祭は、鳥羽伏見の戦いから東征までの戦死者を対象とした招魂祭であった。

行政官達　明治元年七月六日

當春以來征討奮戰忠死の靈、來ル十日・十一日兩日、於河東操練場、祭奠式被ニ仰出一候事。
右ニ付、十日巳刻ヨリ申ノ刻迄、十一日辰ノ刻ヨリ未刻迄ノ内、諸官參詣可爲勝手事。

（『靖國神社百年史』資料篇上）

このように二つの招魂祭は共に戊辰戦争の戦死者を祭る招魂祭であったのであり、それは「當春伏見戰爭以來引續東征各地之討伐」に於ける戦死者の霊魂を祭祀する一社を京都東山に建立するとの太政官布告（「太政官布告Ⅱ」）に沿った招魂祭と位置付けることができ、その延長線上に東京招魂社の創建があったといえる。つまり二つの招魂祭は共に東京招魂社の起源といえるのである。

京都河東操錬場は七月十日・十一日に行われたのだが、京都招魂社の最初の招魂社である長州藩招魂社の落成は同年七月であり、同月十八日には神璽を霊明神社から長州藩招魂社の新社殿に遷す遷座式が行われ、遷座式は霊明神社神主の村上常陸（都平《くにひら》）が奉仕し、その遷座式には六千四百余人が参集したとされる。

慶應四年七月、當山ニ於テ長州招魂社落成ニ付、同月十八日遷座式。同日丑の刻、神璽ヲ靈明神社ヨリ宮殿ニ遷ス。靈明神社神主村上常陸勤レ之。同月十九日祭典。君公御出張、但シ若殿。參集六千四百余人。齋主・祭官前日同斷。

（村上家文書『霊明神社記録』(4)）

これを『靖國神社百年史　資料篇下』第十六護国神社（四）京都霊山護國神社　長州藩（山口藩）招魂社条には次のように記している。

明治元年正月十六日、長州藩は諸藩に先んじて霊山の霊明舎において招魂祭を執行し、つづいて招魂社の造営に着手、七月十八日竣工して、禁門の変に戦死した来島又兵衛（政久）・久坂義介（通武・玄瑞）・寺島忠三郎（昌昭）・入江九一（弘毅）をはじめ長州および他藩の殉難者一八〇名、鳥羽・伏見の戦の戦歿者四五名の神霊を奉遷した。長州藩招魂社に続いて、明治二年三月には京都府招魂社、同年九月には土佐藩招魂社、明治三年三月には筑前藩招魂社、同年九月には肥後藩招魂社が建立されたのだった

これらの史料からすると、河東操錬場の招魂祭が行われた七日後に京都招魂社が創建されたことになる。つまり長州藩招魂社の起源は、社殿が落成し遷座祭が行われた七日前の招魂祭であったことになるが、そのようなことは到底考えられないであろう。

以上のように東京招魂社の起源を江戸城西丸大広間の招魂祭とすることは適切といえるが、京都霊山の招魂社の起源を長州藩招魂社創建の僅か七日前の河東操練場で行われた招魂祭に結び付けるのでは日が近すぎ、また祭祀対象者の範囲も違っていて、その起源とすることは出来ないと思われる。また、東京招魂社が伏見鳥羽の役から函館の役に至る三千五百八十八柱の神霊を祀って、江戸城西丸大広間招魂祭から一年後の明治二年六月に創建されたことからすれば、東京招魂社は明治元年五月の布告された二つの太政官布告の内、［太政官布告Ⅱ］に基づいて創建されたといえる。そして京都招魂社は、「癸丑（ペリーの浦賀来航）以来」の忠死者を祀る祀宇を設けるとの［太政官布告Ⅰ］に基づいて創建された招魂社ということができるであろう。

二、京都東山に於ける招魂社の形成過程

京都招魂社創建の契機は、直接的には［太政官布告Ⅰ］とされるものであろう。しかしその起源となると、明治元年

の「太政官布告Ⅰ」以前に淵源するといえる。前述したように京都東山霊山に最初に建立された招魂社は、明治元年七月創建の「長州藩招魂社」であった。その長州藩が霊山に招魂社を創建したことには理由があった。

今村あゆみ氏は、(5)「神葬祭から〈招魂〉へ――京都東山霊明社における招魂の変遷――」論文に於いて、霊明舎の創始から明治初期までの祭祀や社地の変遷を詳細に跡付けられている。今村論文によれば、文化年間(一八〇四~一八一七)に村上都愷《くにやす》が正法寺《しょうぼうじ》の塔頭清林庵所有の山林一〇〇〇坪を買い受けて霊山神葬地を創設し、同十一月霊明神社を創建して神道葬祭を始めたとされる。また三代の神主村上都平《くにひら》の時、文久二年(一八六二)十一月十八日に竹御所(曇華院《どんげいん》)に仕える勤王家吉田玄蕃の志により、長州清末藩国学者船越清蔵《ふなこしせいぞう》の墓を建立し、長州藩主の使者と長州藩士の参列のもとに神道葬を営んだ。これが機縁になって長州藩をはじめ殉難志士を霊山に埋葬祭祀することになったとされるとしている。

今村氏の研究を踏まえれば、後述する『京都靈山殉難志士墳墓全圖』に描かれた長州藩・京都府招魂社(社殿建設地は高台寺領)、福岡藩招魂社・鳥取藩招魂社(社殿建設地及び墓碑は正法寺領)を除いた各藩志士の墓は、霊明神社が正法寺の塔頭清林庵から買い受けた神葬墓地一〇〇〇坪内に建てられていたことが明らかである。しかし長州藩は、明治元年七月に、長州藩墓地があった霊明社神葬地に隣接した高台寺領に霊山最初の招魂社となる長州藩招魂社を建立したのであった。霊明社の長州藩神葬地内に招魂社を建立しなかった理由を考えると、霊山の霊明社(神社)神葬墓地内の長州藩神葬地に社殿を建てるだけの土地が確保できなかった為ではないかと思われる。

今日の霊山にある墓及び墓碑群は、正に霊明社の一〇〇〇坪の神葬墓地だった地なのである。それが明治政府の上知令によって明治十年に京都府に上知され、その地は「霊山官修墳墓」となり、それが霊山護国神社の管理地として霊山護国神社に与えられ現在にいたったといえる。つまり京都招魂社の起源は、幕末の志士が埋葬された霊明社の神葬地に発するとされるものなのである。

前述したように長州藩に続いて明治二年三月には京都府招魂社、同年九月には土佐藩招魂社、明治三年三月には筑前藩招魂社、九月には肥後藩招魂社が建立されたのだが、昭和十四年に至って霊山他三カ所にあった官祭招魂社をも合併した社殿が「霊山官修墳墓」の麓に造営され、同年京都霊山護国神社と改称されて今日に至ったのである。しかし薩摩藩(鹿児島藩)招魂社は霊山にはなく、同じ京都東山区にある東福寺に墓碑が建てられ、そこが鹿児島藩招魂社とされた。

ところで『霊明神社記録』に注目される記事がある。即ち、明治二年七月十一日の次のような記事である。

明治二年七月十一日、筑後旧久留米藩墓碑出來。十七名ノ神靈主を靈明社殿前ニ置鎮メ、午前八時高松雄藏殿兩人出役、追々藩中參詣。

筑後の旧久留米藩の墓碑ができ、十七名の神霊主を霊明社殿前に置き鎮めたところ、追々久留米藩中の人々が参詣したと解釈される記事である。社殿前に置いた「神霊主」の扱いからすると、「神霊主」とは長州藩招魂社遷座祭の時に用いられたと同じく、社殿内に安置され最も重要な扱いをされる「霊璽」に当たるものではないかと思われる。しかし注目されるのは、「墓碑出來」とある点である。

『霊山祭神の研究——殉難志士履歴——』(6)によれば、[旧霊山官修墳墓」に確認される久留米藩の人々の墓碑には、天誅組の乱では「荒巻羊三郎眞刀墓」・「江頭種八國足墓」・「酒井傳次郎重威墓」・「鶴田陶司道徳墓」・「中垣健太郎幸雄墓」、禁門の変では「原道太盾雄之墓」・「半田紋吉源成久之墓」、天王山の玉砕では「池尻茂四郎懋墓」、その他の殉難者に「池尻嶽五郎墓」の九名の墓碑が見出される。「酒井傳次郎重威墓」・「半田紋吉源成久之墓」以外の七名の墓碑は図2のⒺ5地区にある(四一頁「図2」参照)(7)。

また、『霊明神社記録』明治二年三月の条には次のような記載もある。

明治二年三月、筑前招魂祭執行。靈明神社神主勤レ之。此時文久三年以來の有志輩の石碑吉田重藏良秀以下出來、明治三年ニ至テ筑前藩祠宇建設。

即ち、明治二年三月に筑前藩の招魂祭をしたのであるが、この時に吉田重藏良秀以下の石碑が出来た。そして翌明治三年に筑前藩の招魂社が建設されたというのである。

吉田重藏良秀の墓碑は福岡招魂社の地にある。図2では、Ⓐ5地区であり、墓石面には「吉田重藏良秀霊」と刻字されているとされる。『霊山祭神の研究――殉難志士履歴――』(昭和六十一年刊行)には次のようにある。

吉田《よしだ》重藏《じゅうぞう》良秀(吉田重藏良秀霊)

筑前御笠郡隅村の郷士。重吉、重次郎。少時から文武に通じ、平野国臣らと交友。文久元年から諸国を回って尊攘思想を固めた。同三年二月肥後の松田重助と京に上り、実際運動に活躍、同八月天誅組の一挙に加わる。十津川に敗れて紀州藩兵に捕えられ、元治元年七月二十日兵火迫る京都六角牢で同士とともに斬られた。三十四歳。

贈従五位。靖国。Ⓐ5

明治四十年四月五日に、京都養正社が発行した『京都靈山殉難志士墳墓全圖』[8]の「福岡招魂場」には平野次郎国臣他七名の墓碑が描かれているが、その中に墓碑の頭頂が左右削がれた吉田重藏の碑も描かれている。したがって『京都靈山殉難志士墳墓全圖』に描かれている吉田重藏良秀の墓碑は、『霊明神社記録』明治二年三月の条に記された「石碑」そのものではないかと考えられる。ところが現在の福岡県招魂社にある吉田重藏良秀を始め他の墓碑の形状は、丸い自然石に名前が彫られた墓碑で、その形状は『京都靈山殉難志士墳墓全圖』とは全く異なっている。この形状の違いの理由は、昭和四十四年に明治百年を記念して社殿が再建された際、角柱の墓碑が自然石を以て再建された為ではないかと思われ

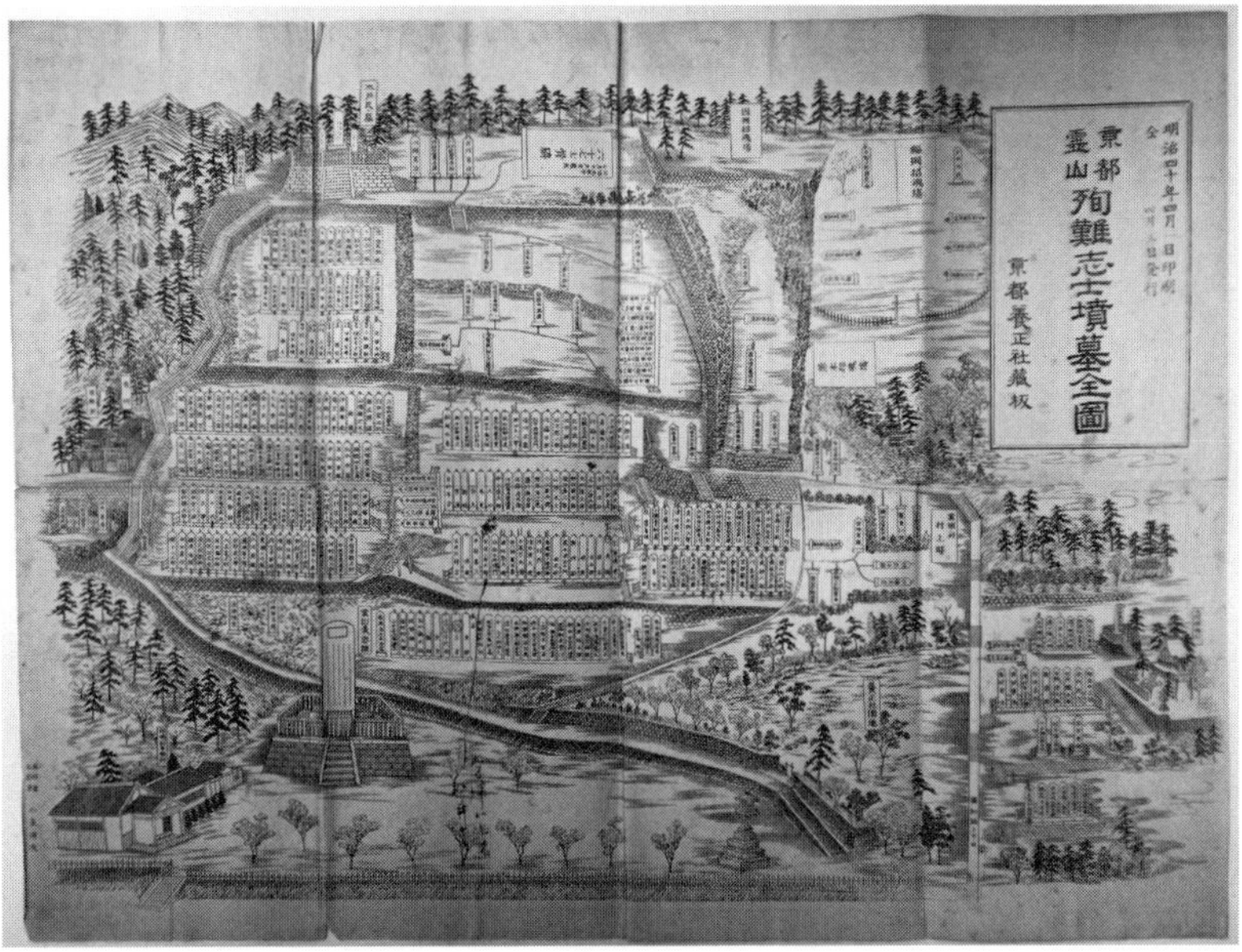

図１　[京都靈山殉難志士墳墓圖]（写真）

る。

以上のような久留米藩・福岡藩の墓碑や招魂社の建立からすると、霊山の招魂社に祀られた人々の神霊は正に「癸丑(ペリーの浦賀来航)以来の忠死者を祀る祀宇を設ける」との明治元年五月十日の「太政官符Ⅰ」の趣旨に沿っていたことが理解される。

現在の「旧霊山官修墳墓」の景観からすると、各藩の招魂社は墓碑群を囲むように建設されている。この招魂社や墓碑の配置は、明治四十年に養正社が製作した『京都靈山殉難志士墳墓全圖』と大凡のところでは同じであるが、異なっている部分が多少ある。

そこで明治四十年に発行された『京都靈山殉難志士墳墓全圖』と、『霊山祭神の研究——殉難志士履歴——』に記載されている志士履歴及びその碑の属する墓碑群を記した付録図とを比較し、霊山碑墓群の形成過程を検討することにしたい。

三、『京都靈山殉難志士墳墓全圖』と現在の霊山招魂社・墳墓群の比較

現在の霊山墳墓群と社殿の配置を記している『霊山祭神の研究——殉難志士履歴——』付録図（〔図2〕）と明治四十年発刊の『京都靈山殉難志士墳墓全圖』を比較した場合の一番大きな違いは、土佐藩招魂社の場所と思われる。『京都靈山殉難志士墳墓全圖（部分）』（図3）では、土佐藩招魂社（〔土州招魂社〕）は霊明神社（村上邸内）と国和坂《こくわざか》（正法寺参道）を挟んで約四十メートル下った向かい側の地にあり、その社殿の周りに土佐藩士二十七名の墓碑が描かれている。しかし現在の土佐藩招魂社の場所は坂本龍馬の墓に近いところにあって、『京都靈山殉難志士墳墓全圖』の位置とは違っている。実は現在の土佐藩招魂社は昭和四十三年に再建されたものなのである。また、『京都靈山殉難志士墳墓全圖』に描かれた土佐藩招魂社の周囲に建てられていた墓碑は全て、『霊山祭神の研究——殉難志士履歴——』付録図のⒺ5地区や他地区に移されている。しかもⒺ5地区は、そもそも『京都靈山殉難志士墳墓全圖』に描かれていない地区なのである。つまりⒺ5地区も、昭和四十三年に明治百年を記念して旧土佐藩招魂社の墓碑が移転する為に造成された地区と考えられるのである。[9] また茨城招魂社・岐阜招魂社が、『京都靈山殉難志士墳墓全圖』には描かれていないことは、この両県の招魂社も明治四十年以降に建立された招魂社であるためと考えられる。他にⒹ地区も墓碑が死者ごとに建てられていたのが、現在では一つの碑に纏められて碑面に名前が記されている形に変わっている。

『霊山祭神の研究——殉難志士履歴——』付録図の各墓碑地区の特徴は、Ⓐ地区には福岡藩・鳥取藩・熊本藩の各招魂社と福岡藩士の墓碑が福岡藩招魂社に付属して建っている。Ⓑ地区は、六角牢の惨刑での三条家家士の斬首者や戊辰戦役の東北での戦死者の墓碑が多い。Ⓒ1地区は、禁門の変での長州藩自刃者が多い。Ⓒ2地区は、池田屋事件や六

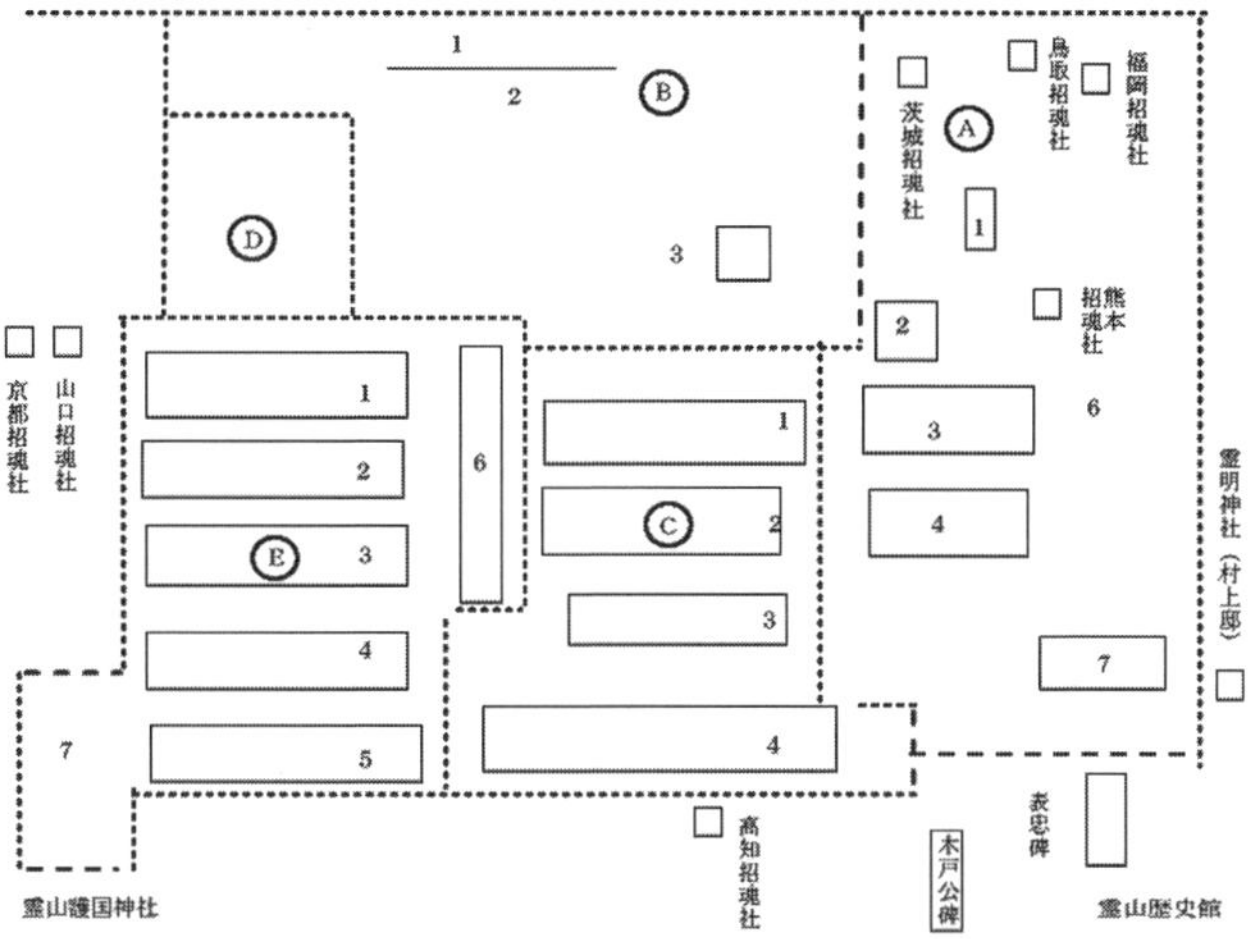

図２「霊山招魂社、墳墓配置図」

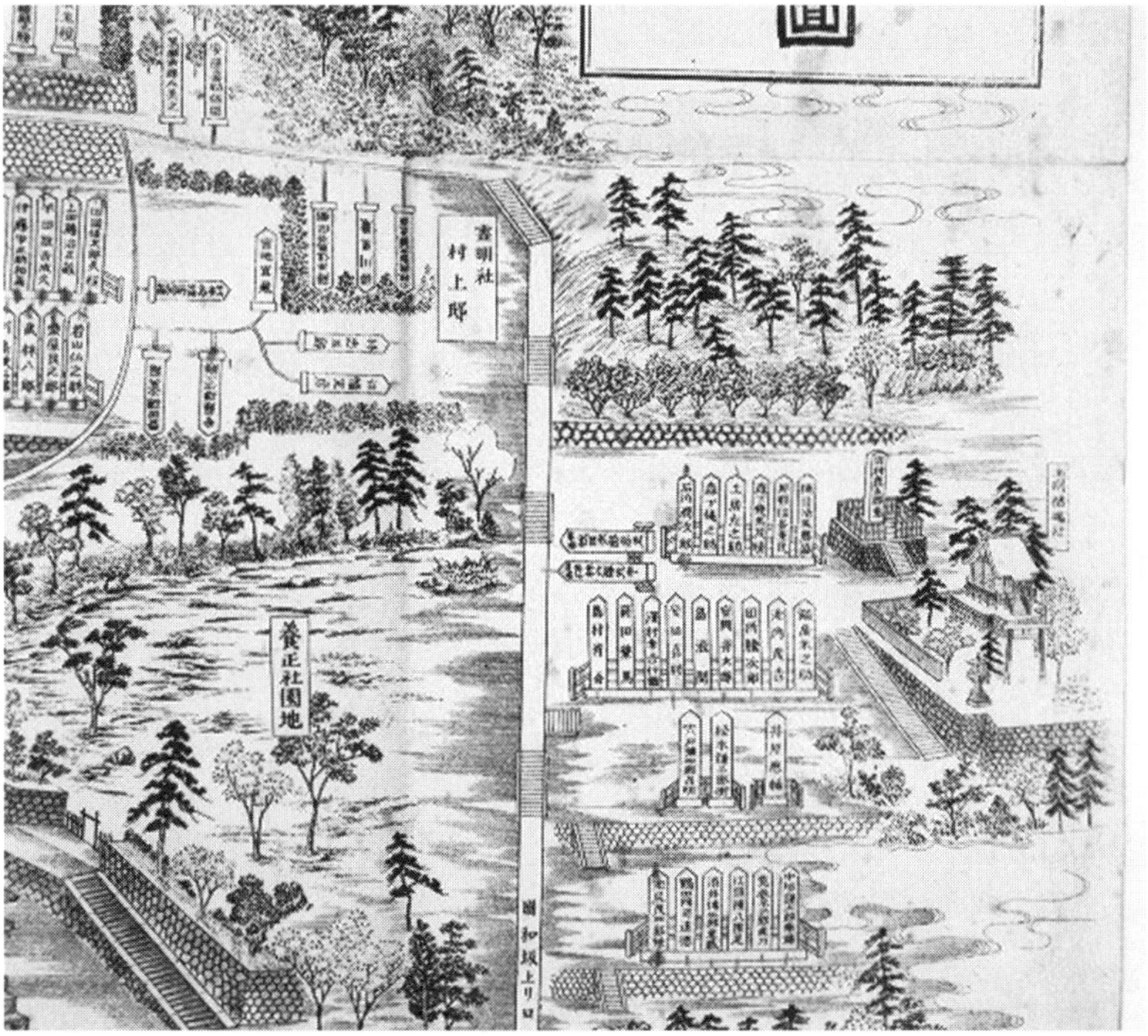

図３『京都靈山殉難志士墳墓全圖』（部分）（「土佐神社」写真）

角牢の惨刑での長州藩死者。Ⓒ4地区は、十津川藩郷士と長州藩の戦死者。Ⓓ地区は、天誅組・生野の変での戦死者である。Ⓔ1〜Ⓔ4地区は、禁門の変の長州藩戦死者。Ⓔ5は、土佐藩・久留米藩関係の戦士者が多い。しかしながら意外なことをあげれば、現在墓碑のある高杉晋作や大村益次郎の墓碑は、『京都靈山殉難志士墳墓全圖』には描かれていないのである。

図1・図2から勘案すると、山口招魂社（長州藩）・福岡招魂社（福岡藩、久留米藩）・高知招魂社（土佐藩）と当該藩の墓碑群は近接しており、招魂社と各藩墓碑群の場所には明らかな関連性が認められる（但し、熊本藩招魂社や鳥取藩招魂社には墓碑は建てられなかったようである）。

このように全体としては、当該藩墓碑群に近接した場所に当該藩招魂社が建てられていたといえる。つまり墳墓地が藩や事変・事件別に分割され、その分割された地区に隣接した高台寺や正法寺の寺領に各藩の招魂社が建設されたと考えられるのである。

今日の霊山招魂社や各墓碑の位置が当初の位置から移動している場合があること、大村益次郎や高杉晋作の墓碑のように後に建て加えられた墓碑もあること、或いは土佐招魂社の位置や墓碑が大きく移動していることなどからすれば、現在の墳墓群は当初の姿とは幾分違っている。しかしながら全体としては、原型の姿を保っているとされるものではないだろうか。

以上のように整理されることから、霊山の各藩出身者の墓碑と各藩招魂社は一組のものといえ、福岡招魂社のように墓碑が招魂社に先行して建てられた場合もあったといえる。

四、霊山招魂社と長州藩招魂社の関連性

『霊山祭神の研究──殉難志士履歴──』では、霊山の地に祀られている英霊は三千百十六柱であり、このうち墓碑(合葬墓を含む)が確認されるのは三百八十六柱としている。また『霊山祭神の研究──続編＝長州藩──』[10]では「この内、長州藩は百七十六柱の碑が確認され、墓碑だけに限っていえば、長州藩がその半数近くを占める」とされている。

こうした墓碑の存在に加えて、霊山の最初の招魂社建立が長州藩であったこと、更には長州長府藩の支藩である清末藩国学者船越清蔵の墓が文久二年(一八六二)に霊明社の神葬祭墓地があった霊山に建てられたことが発端となって、以後諸藩殉難志士を霊山に葬る機縁となったとされることなどからすれば、霊山への墓碑の建立と各藩招魂社建設には長州藩が強い影響を与え、他藩の先例となっていたと考えられる。因みに、戊辰戦争のもう一つの雄藩である薩摩藩の戦死者の碑は、東山区本町の東福寺即宗院の裏山の山頂に明治二年に建設された南向きの「東征戦亡之碑」と刻まれた碑一基と、五百二十四名の名が刻まれた西向きの五基の碑とされ、その前には鳥居も建っている。『招魂社明細帳』[11]の鹿児島藩招魂社には、次のように記されている。

招魂社明細帳

京都府山城國京都市下京區　龍吟庵山

官祭招魂社

一　由緒　明治二年創立

創建人　旧鹿兒嶋藩主島津中將

一　社殿　供御所
一　境内　百六拾五坪八合
一　祭神　四百四拾五柱

つまり鹿児島藩招魂社とは、現在の「薩摩藩東征戦亡之碑」と称されている六基の碑が建てられている地なのである。但し、西向きの墓碑五基に刻まれた戦亡者の人数は今日では五百二十四名とされており、この人数は明細帳の四百四十五柱とは違っている。この碑は高さ一七五cm・幅九三cm・厚さ四二cmで、台座を含めると高さは二m五〇cmを超える大きなものであり、霊山に建てられている一人一柱の墓碑とは形状も大きさも全く異なっている。また碑が建っているところには石の鳥居が建っているものの、供御所といった施設は現在はない。碑は明治二年の建立と伝えられていることは、官祭招魂社明細帳の鹿児島藩招魂社の創建年に一致する。したがって、これらの碑の付近に供御所が建てられていたと考えられる。

ところで東福寺の奥に隣接する仲恭天皇九条陵の裾野には、鳥羽伏見の戦いで戦死した長州藩兵四十八名の墓碑（霊山と同じ形状の一人一柱の碑）がある（現在の地名は京都市伏見区深草車阪であるが、古くは東福寺寺域ではなかったかと考えられる）。この墓碑は明治三十三年の三十三回忌に整備された墓碑群とされる。現在は四十九基あるが、当初は九柱であったようである。霊山官祭招魂社の第十四社ノ一とされ、『招魂社明細帳』には次のようにある。

京都府山城國京都市下京區伏見深草車阪（坂）
招魂碑
一　由緒　慶應四戊辰年三月創立
創建人　旧山口藩主毛利宰相中將

一　社殿
一　境内　三百三十八坪七合
一　祭神　九柱

東福寺と長州藩の関係は、鳥羽伏見の戦いの際に長州藩本陣が東福寺に置かれたことから、その戦死者を東福寺の山上に葬ったことにあり、そのことから現在の地に墓碑群が整備されたとされる。

新選組に惨殺された御陵衛士の墓がある泉涌寺の塔頭戒光寺の墓所は『招魂社明細帳』では三柱とされているが、現在は四基の墓があるのみである。この墓所も『招魂社明細帳』では霊山官祭招魂社の第十三社とされている。

このように霊山官祭招魂社には、霊山の地以外の寺の境内に建てられた墓なども含まれていることからすれば、官祭招魂社は社殿の存在だけではなく、墓碑(墓)の存在を以て招魂社として扱っていたことになる。つまり霊山官祭招魂社の段階では、墓碑(墓)の存在が大きな比重をもっていたと考えられるのである。

薩摩藩が戦死者の墓碑(後に招魂社とした)を東福寺に建設したにも拘らず、長州藩が招魂社と墓碑を当初に戦死者を埋葬した東福寺ではなく、霊山に創建したことには理由があったと考えられる。

即ち、幕末の長州藩には戦死者の霊を神式の招魂場に祀る慣行があった(12)。そのため鳥羽伏見の戦いの戦死者の墓碑や招魂社を仏式の東福寺寺域内ではなく、霊山の神式葬地に建てたと考えられるのである。

長州藩では明治を迎えるまでに、十六社(13)の招魂場が藩内各所(藩の計画では各郡ごと)に開拓されていた。拙論に詳しく述べたことだが、長州藩のすべての招魂社の境内には社殿と墓碑群が併設されていた。この「社殿＋墓碑群」の形態は、慶応元年(一八六五)に創建された長州藩最初の招魂社である桜山招魂社で用いられていた形態であり、尚いえば桜山招魂社では、社殿建立に一年先だって戦死者一人一人の墓碑を建てる為だけの「招魂場」が開拓されていたのである、つまり社殿のない「墓碑」だけの形態が、最初期の招魂社の形態だったのであり、それ故に「招魂場」と称されたと考えられる。

長州藩の招魂社の場合では、こうした墓碑は単なる石碑ではなく、招魂された死者の神霊が宿っている墓であった。幕末下関の勤皇の豪商白石正一郎の日記にはこうした墓碑を「霊標」と記しており、今日の桜山神社では「神霊碑」としている。

長州藩の一般的墓碑は頭頂が前後左右の四面がそぎ落とされた形で、高さ八六cm・幅一五cm・厚さ一四cmあるが、霊山の墓碑は頭頂の左右二面がそぎ落とされた形で、高さ一二七cm・幅一八cm・厚さ一六cmである。つまり霊山の墓碑が長州藩の墓碑より一回り大きく、そして頭頂の形状も若干異なっている。しかしながら先述したように、長州藩が嚆矢となり続いて京都府や土佐藩・筑前藩が次々と招魂社を霊山の地に建立していったこと、また各藩の招魂社には長州藩内の招魂社にある墓碑と同じような墓碑が建てられたこと。こうしたことからすれば、「旧霊山官修墳墓」にあるこれらの墓碑は、長州藩の招魂社に建てられていた墓碑が祖形とされたのではないかと考えられるのである。

霊山の場合は、実際に幕末に各藩の志士の埋葬地（坂本龍馬・中岡慎太郎・宮地宜蔵・安藤鎌次・藤崎吉五郎などは、実際に遺体が埋葬された「実葬」と記されている）[14]であったという事実があり、墓としての来歴を持つ墓碑もあった。しかし長州藩内招魂社に併設される墓碑では遺骸の埋葬（実葬）はなく、「招魂墓」といえる墓碑であった。

五、東京招魂社の創建

明治二年（一八六九）六月二十九日に創建された東京招魂社であるが、当初は「招魂場」とも称されていた。この

「招魂場」という称は、長州藩では元治元年(一八六四)から広く使われるようになっていた呼称であった。そして東京招魂社創建の発案・社地の選定には長州藩の木戸孝允・大村益次郎が深く関わっていたことは、東京招魂社の創建には長州藩の主導があったことを窺わせるものである。しかしながら東京招魂社に建設されたのは社殿だけで、墓碑が建てられることはなかったという事実は、東京招魂社では墓碑の必要が全く考えられていなかったことを示している。この墓碑の有無は、霊山招魂社から東京招魂社への発展の過程で生じた大きな違いの一つであり、戦死者の慰霊・招魂祭祀の大きな変化を示していると思われる。

墓碑が建てられなかった理由を明確に語る史料は、明治六年十二月二十八日附けの招魂社敷地の免税に関する大蔵省伺である。

西京ニ招魂墓、東京ニ招魂社盛大御設立相成

岡田米夫氏は次のように述べられている。

明治六年十二月二十八日に各地の招魂社の社地を免税にするための大蔵省の伺によると、「西京ニ招魂墓、東京ニ招魂社盛大御設立相成」とあるので、京都のは慰霊の墳墓に重きを置き、東京のは、神社祭祀に重きを置く考え方が政府取扱者のうちにあったことを知らしめる。(15)

墳墓重視から社殿祭祀重視への変化は、京都霊山招魂社と東京招魂社が建てられた場所にも一つの要因があるのではないかと思われる。つまり霊山の招魂社が建てられた地は、それ以前からの神式葬地であり、そういう土地に各藩招魂社が建設されたことに、「招魂社+墓碑」形式の原因があると考えることができる。しかしながら東京招魂社が建てられた九段坂上の地は、墓所でもなんでもなく、旗本の屋敷があった地で(16)、その後は歩兵屯所(17)になった地であったのである。

東京招魂社は、明治元年五月十日に出された「當春伏見戰爭以來引續東征各地之討伐」に於ける戦死者の霊魂を祭祀する一社を京都東山に建立するとの太政官布告(「太政官布告Ⅱ」)によって、九段坂上の地に創建された招魂社であった。つまり「太政官布告Ⅱ」にある一社建設の地を、京都東山から東京九段坂上に置き換えて創建されたのが東京招魂社だったといえるであろう。

しかも遺体埋葬という葬祭部分を伴わない、戦死者の神霊を祭るという祭祀のみを行うことは、社殿施設だけが必要とされることになる。つまり墓所としての因縁をもたない地に、戦死者の神霊を祀る神社として東京招魂社が創建された故に、墓所としての機能を持つ必要がなかったとされるのではないだろうか。

そうした外面的要因の他に、東京招魂社が従来の招魂社の性格を脱し、明治政府による国家的祭祀施設といった性格を付与されたため、神社としての清浄性が重んじられるという内面的要因もあったのではないかと考えられるのである。つまり神社の清浄を汚すとして、伝統的に神社境内地に墓地を設けないといった神道的理由が重視された為ではないかと考えられるのである。

東京招魂社に墓碑が設けられなかった理由には、以上のような二つの要因があったと思われる。

六、東京招魂社から靖國神社への発展

東京招魂社の創建時の祭神が「伏見鳥羽の役より函館の役に至る三千五百八十八柱」の神霊であったことは、先述したようにその創建が明治元年五月十日に布告された二つの太政官布告の内の「太政官布告Ⅱ」(「當春伏見戰爭以來引續東征各地之討伐」)によった創建であったことを示している。しかしながらにこの太政官符(明治元年五月十日)が布告さ

れた時には始まっていなかった「函館の役」までの戦死者が、創建時には祭神として祀られていたことからすれば、祀られる戦死者の下限が江戸城招魂祭の「東征各地之討伐（明治元年四月・五月）」から、函館の役の終結した明治二年五月十八日まで下っていたことになる。そして創建以後には、東京招魂社に祀られる戦死者の戦役時期の下限がなくなってしまうのである。

それを示すのが、明治七年十一月三十日の「内務大丞　林友幸建言書[18]」である。

（前略）戊辰己巳ノ際従軍殉國ノ士及ヒ其後戦没ノ輩ニ至ツテハ、東京九段坂上盛大ノ招魂社ニ於テ祭祀被仰付（後略）

この建言書によれば、少なくとも明治七年頃には、戊辰の役以降の戦没者は、九段の招魂社に祀るとされるに至っていたと考えられる。

明治七年八月には佐賀の乱の戦死者が合祀され、明治八年二月には台湾出兵の戦死者が合祀された。明治九年十二月には、神風連の乱・秋月の乱・萩の乱鎮圧の際の戦死者が、そして十年十一月には西南戦争の戦死者が合祀されていったのである。

このように祭祀戦死者の戦役の下限が取り外されるようになったことは、『靖國神社誌』の次のような記述が明確に語っている。

仁徳海の如き叡慮にませば本社の祭祀は伏見、鳥羽、凾館役に於ける戰死者のみに止めさせ給ふべくもあらず。豫て仰せ出されし如く、將來國家の爲めに殞命するもの、及び維新前の殉難者をもつぎつぎに合祀し給はむとす。これ漸次合祀祭の行はるゝ所以なり[19]。

この文の最後の部分に記される維新前の忠死者の東京招魂社への合祀は、前掲の内務大丞林友幸の明治七年十一月の建言が契機となって行われたと考えられる。この建言書には、合祀理由が詳しく語られているので、長文になるが全文をあげたい。

内務大丞林友幸建言書　明治七年十一月三十日

友幸謹白。抑癸丑以來愛國慷慨ノ士、身命ヲ抛チ、只管朝威ノ衰頽ヲ憂ヒ、皇運ノ挽回ヲ期シ、其志未㆑遂不幸ニシテ斬殺ニ逢ヒ、或ハ牢獄ニ冤死シ候者盡忠ノ志節御憂憐被㆑遊、戊辰五月西京東山ノ佳域ニ祠宇ヲ設ケ、靈魂ヲ祭祀被㆓仰付㆒候儀モ有㆑之候處、戊辰己巳ノ際從軍殉國ノ士及ヒ其後戰沒ノ輩ニ至ツテハ、東京九段坂上盛大ノ招魂社ニ於テ祭祀被㆓仰付㆒、尚又遺骸埋葬ノ墳墓且各地私設ノ招魂場ニ至ル迄官費ヲ以テ祭祀修繕共被㆓仰付㆒、勿論御愛憐ノ思食ニ於テ更ニ厚薄ハ有㆑之間敷候へ𪜈《トモ》、祠宇ノ結構祀典ノ盛否差等ナキニモ非ス。戊辰以前ノ輩ト雖モ殉難ノ士タルハ同様ノ儀ニ付、均シク輦下ニ於テ大祭被㆓仰付㆒度、尤當社ハ戊辰以來戰沒者ノ爲ニ設ル處ニシテ、陸海軍兩省ノ主務ト相成、祭日祭文共一般ニ施シ難キ儀モ有㆑之事ニ付、別ニ一度ノ祭日ヲ設ケ東山配祀ノ靈位ヲ遷シ、且舊藩々殉難死節ノ者ヲモ偏ク御僉議ノ上同社へ合祀、毎年祭祀被㆓仰付㆒候ハヽ、其父兄子弟タル者優渥ノ天恩枯骨ニ及フノ大仁ヲ感戴可㆑致、且世間忠義ノ氣ヲ作興スルノ一端歟ト奉㆑存候間、不㆓取敢㆒建言仕候。誠恐誠惶。頓首。

即ち、林友幸の建言は、癸丑(ペリー来航)以来戊辰以前までの皇威の挽回の爲に命を落とした忠義の霊魂には京都東山の祠宇にて祭祀を行い、戊辰の役以降の殉国の士は東京招魂社に祭祀すると仰せ付けられているが、その祠宇の結構や祭祀の盛大さに差が生じている。そこで東山配祀の霊位を東京招魂社に移し合祀して、別個に毎年の祭祀を行わせていただけないかというものである。

林友幸(文政六年＝一八二三年~明治四十年＝一九〇七年)は、萩藩士で文久三年(一八六三)に奇兵隊参謀となり下関戦争や戊辰戦争で活躍した。明治七年に内務大丞となり、明治四十年に伯爵を授爵した。奇兵隊参謀であったことは、我が国最初の招魂社であった下関市の桜山招魂社創建の意義や経緯もよく知っていたと考えられるのであるが、桜山招魂社の沿革を記した『桜山顕光録』[20]に収載されている奇兵隊士で桜山招魂社の常置員であった南野一郎の調査書にもその談が記されている。その見解は建言の趣旨にまったく通じるものである。

招魂社設置趣旨

今昔を問はす天下勤王の士にして王事に斃れたる者の霊魂を此所に招き祭るの主意に出つ故に楠公を始めとして茲に祀るの論あり而して錦小路の病死は此の計画を促したるにやにお覚ゆ（林子爵談）

内務大丞林友幸の建言は太政官の認可するところとなり、嘉永六年癸丑以来の従前京都東山に祀られていた殉難志士の霊魂を東京招魂社に合祀するが、東山の霊祠や招魂社は廃せず、そのまま据え置く、との太政官達[21]が明治八年一月十二日に通達された。

嘉永六年癸丑以來殉難死節の靈、東京招魂社へ合祀の儀ニ付、別紙の通り内務省へ相達候。此旨可二相心得一事。

嘉永六年癸丑以來憂國慷慨の士、皇運の挽回ヲ期シ未タ其志ヲ不レ遂、冤死致シ候者ノ靈魂、戊辰年中京都東山ニ祠宇ヲ設ケ祭祀被二仰付一候處、今般更ニ厚キ思召ヲ以テ東京招魂社へ合祀被二仰出一候條、右東山配祀ノ者、及ヒ是迄各府縣招魂場ニ於テ祭祀執行來リ候者共ヲ始メ、其餘戊辰以前舊藩々ニ於テ殉難死節ノ者、其名湮滅シ未タ祭祀等ノ列ニ漏レ候者モ可レ有レ之候間、篤ト穿鑿ヲ遂ケ、無二遺漏一姓名取調可二申出一、此旨相達候事。

但シ東山靈祠及ヒ各地招魂場等ハ従前の通被二据置一候。此旨可二相心得一事。

こうして、明治十二年六月二十五日の第十一回合祀に旧米沢藩人二人が合祀されて明治維新前の志士の合祀がはじめられ、完了したのは第二十八回合祀の明治三十三年とされている。

このように明治十二年六月二十五日に至って東京招魂社は、明治元年五月十日に出された二つの太政官布告、即ち「當春伏見戰爭以來引續東征各地之討伐」に於ける戦死者の霊魂を祭祀する一社を京都東山に建立するとの［太政官布告Ⅱ］に加えて、それまで京都東山招魂社が担っていた「癸丑（ペリーの浦賀来航）以來」の忠死者を祀る祀宇を設けるとの［太政官布告Ⅰ］をも併せ持つことになったのである。

これに先立つ明治十二年六月四日に、東京招魂社は社名を靖國神社と改称し別格官幣社に列格した。東京招魂社から靖國神社への改称・別格官幣社列格と時を同じくして、幕末殉難者及び京都招魂社祭神の靖國神社への合祀が始められたことは、靖國神社が明治日本国家成立の礎になった忠死者と、明治日本国家存続の為に殉じた戦死者という近代日本国家の為に忠死した戦死者ノ招魂と慰霊祭祀の中核施設の役割を担う神社に発展したことを象徴する出来事とされるものではないだろうか。

七、東京招魂社の原点となった祭祀の神霊観

東京招魂社の祭祀は、当初は当該地の神職であった駿州の赤心隊や遠江の報国隊によって執行され、その赤心隊・報国隊は共に平田派国学を信奉していたとされる。報国隊との関連は江戸城西丸大広間で行われた招魂祭の時に既に始まっていた。この招魂祭で祭主を務めたのは、報国隊の大久保初太郎であるが、大久保初太郎とは大久保春野（一八四六年〜一九一五年）のことであり、大久保春野は明治に入ってからは陸軍軍人となり栄進を遂げ、明治三十三年には陸軍中将、明治四十年には男爵を授けられ、明治四十一年（一九〇八）には陸軍大将になった人であった。

明治元年七月の江戸城西丸大広間招魂祭が靖國神社の起源とされるのであるから、それからすればこのときの招魂

祭が東京招魂社祭祀の原点といえるものであろう。
江戸城西丸大広間招魂祭に於ける「招魂の儀」は、次のように執り行われた。(22)

次　副主置㆓神璽㆒、建㆓神籬㆒

其儀、副主置㆓神璽於靈床㆒、立㆓榊小枝數本㆒　原註、插神苧者

次　招魂詞

其儀、祭主進㆓靈床前㆒、微音唱㆓招魂詞㆒、畢て後取以ㇾ笏撃節兩段

勿論、臨時の祭場における招魂祭であるから、祭祀の終わりには送魂の儀も行われた。

次、送神靈詞

其儀、祭主著㆓靈前坐㆒、微音唱㆓送神詞㆒如㆓招魂の儀㆒

次、退出

このように西丸大広間の祭場に設けられた霊床には、霊を憑依させる「神璽」が置かれたのであるが、それを「神璽」と称していることからすれば、招魂されたのは神霊ということになるであろう。しかもその神霊は江戸城入城以降の関東・奥州での幕府軍追討での戦死者の神霊である。つまり江戸城への入城は四月十一日であるのだから、それ以後の二ヶ月の間に発生した戦死者を神霊としていることは、戦死者は死すると直ちに神霊になると考えられていたことがこの招魂祭祀から窺うことができる。

祭祀では、その祭祀に奏上された祭文(祝詞)がもっともその祭祀の神霊観を表していると考えられるであるが、このとき奏上された祭文(23)には、次のような語句を見出すことができる。

今日の此の御行事の床に招き奉りたる兵士の幸御魂、奇御魂、天翔り國翔り、天皇が御代をば常盤に堅磐に守

らひ幸はひ、仕へ奉る臣達を始めて、此れの大城に集ひ候らふ御軍の内にも喪なく、事なく、平らけく、安らけく、彌勤めに勤め、彌猛に猛はしめよと宣り給ふ令旨を宣る。

即ち、霊床に招いたのは戦死した兵士の神霊であるが、その神霊を「幸御魂・奇御魂」としているのである。死した人の霊を「幸御魂・奇御魂」とする神霊観は、実は特殊な神霊観といえる。

例えば、文久二年(一八六二)十二月二十四日に福羽美静らの唱導に賛同して、諸国の六十名志士が京都東山の霊明社に参集し、各藩殉難志士の霊祭を行った際の祭文(24)では「和魂・荒魂」とされている。

…請忠義諸君乃和魂荒魂知毛不知毛無洩事無脱事此祭庭爾天駆理来会坐同志諸人酒飯山海乃多米津物乎捧而歓仰状乎平久安久聞給比氏和魂朝廷乎守幸閉氏諸司百官忠誠爾国郡領主等邪穢心不令在荒魂蝌行横浜在留夷賊波更也若軍艦乃寄来牟波討罰米千里乃波濤爾逐沈米氏(以下略)

また慶応三(一八六七)年四月十三日に赤間関で病没した高杉晋作の神葬祭の祭文(25)でも、高杉の霊を「和魂・荒魂」としている。

此《コレノ》國乃殿人《トノビト》簱下《ハタモト》尓仕弖功績《イサヲ》高伎谷潜蔵源東行《ハルユキ》大人《ウシ》乃棺《ヒツギノ》前尓真子《マナゴ》梅之進主《ヌシ》尓代《リ》弖片山《ノ》高岳《ヲカ》剣《ツルギ》太刀《タチ》手柄《タガミ》押伏《オシフセ》嚴戈末《イカシホコスエ》傾《カタムキ》弖畏《カシコ》美畏美母申須汝為嗔之言《イマシイマハノコト》尓厚狭郡吉田里《ノ》尓遺骸《ナキガラ》乎葬奉《カクシマツ》礼止遺言《チギリ》置《オキ》給《ヒ》都留随意《マニ》今此《コノ》所尓葬奉《ヲサメマツ》良牟弖止志稱《タヽ》白言《ヘマヲス》阿里(中略)和《ニギ》魂《ミタマ》波殿ノ命乃近守《キリ》神止仕奉《ツカヘマツリ》荒御魂《アラミタマ》波御軍《イクサ》乃先鋒《サキテ》乎仕《ツカヘ》弖四方《ヨモ》之《ノ》仇浪寄来《アタナミヨリクル》奴輩《ヤツコ》乎科戸《シナト》之《ノ》風《カセ》乃天之八重雲《アメノヤヘクモ》乎吹放《フキハナツ》事之如久(以下略)

『靖國神社誌』(八頁)に依れば、江戸城西丸大広間招魂祭の祝詞を作ったのは大久保本人とされているが、平田派国学を信奉していた報国隊の大久保が作成したのであれば、この祝詞には平田篤胤の神霊観が反映されていなければならないと考えられる。しかしながら、戦死した兵士の霊を「幸御魂・奇御魂」とするのは、平田篤胤の神霊観とは異なった神霊観といえるのである。

神道では、魂には荒魂・和魂・幸魂・奇魂の四種があるとされ、これを四魂としている。四魂の解釈は本居宣長・渋川春海・平田篤胤・鈴木重胤・岡熊臣などによって考察されているが、その解釈は人によって異なっているのである。(26)

本居宣長は荒御魂・和御魂を本魂から移し取られた魂と解している。

全体《すべて》の御霊《みたま》は、本の火にして、和御魂荒御魂は燭と薪とに移し取りたる火の如し、

(『古事記伝』三十之巻)

また幸魂・奇魂は共に和魂の徳用の意であって別々の魂ではないとする。

さて幸魂奇魂は、共に和魂の名にて、幸奇とは、其徳用《はたらき》を云なり、二魂には非ず、一柱なり、(『古事記伝』十二之巻)

平田篤胤は、本居説をほぼ踏襲した四魂説であるが、全く同じではなく、篤胤独自の解釈も行っている。しかし幸霊・奇霊に関しては和霊の徳用とし、死者の霊魂とはしていないのである。(27)

つまりこの祝詞で招魂されているのは「幸御魂、奇御魂」の二魂であるが、死者の霊魂を「幸御魂、奇御魂」とするのは、本居宣長や平田篤胤の霊魂観ではないことになる。

死者の霊魂を「幸御魂、奇御霊」とするのは、実は津和野藩で神道復興運動を推進した国学者の岡熊臣(一七八三〜一八五二)の霊魂観なのである。

即ち岡熊臣は、人間の霊魂は「本つ霊」と「幸魂」「奇魂」から構成され、生きているうちは天皇の為にそれぞれの生業に勤め、死後には本つ霊は根の国を経て月夜見国へ行き、幸魂・奇魂は幽府に隠れ住み、神となるとするのである。

人の本つ霊は猶下文幽路の栞の條に云ふを合せ考ふべし。天上に坐す産霊大御神の結《ムスビ》の御魂を分賦けさせ給ひて、火水土風の四種を結び合せて、

人と生れ出でしめ賜ひ、即チ此の現シ国に在りて、天皇尊の御為に大御寶として、民を御寶といふは、我が曹の財寶を取り遣ふに等しければなり。現身《ウツシミ》と在らむ限は、左《ト》にも右《カク》にも天皇尊の御為に、各受け得たる勤行をなし終ふべきものにて、如此生ひ出では、もと何時死るべきものといふ定限はなき事にて、いつまでも活き存ふべきものなれども、悲しきかも憂はしきかも、夜母津大神伊弉諾尊の制定《ミサダメ》にて、一日に千頭づつ絞殺させ給ふゆゑに、我も人もいつか其の千頭の数にや入れられて、かしこくあたらしき産霊ノ神むすびの御霊の此の形體を放れ出づれば、忽に其の本つ霊は、海潮の引くにたぐひて、底つ根國を歴て、遂に月夜見國にぞ去《イ》ぬるなる。そを此の世ノ人の死《シヌ》るとはいふなり。されど、其の死ぬる際に、此の世に永く残り留まるべき魂あり。是は神代の神達の幸魂奇魂など称《イ》へる物と大かた等しき物にて、神も人も貴も賤も善も悪も其の分々に残り留まりて、幽府に隠り住みて、とこしへに神となり居ることなり。

（『千世之住處』(28)）

では、その幽府はどこにあるかといえば、彼の世ではなく、平田篤胤のいうように、この世にある墓のほとりとしていた。

さて、此の世にこころとどめて残せし霊は、千萬世まで消ゆる事なく、寂然長隠て、いづこにあるとも知れず、幾万世を経て後も、また祭れば、時として其の所により来るは、あやしき幽冥の御霊なれば、くし御魂ともいへり。謂はゆる其の魂なん、平田大人の宣へる墓のほとりに鎮り居るなるべし。

（『霊のうつばり』(29)）

またそれは、「幸魂」でもあるとする。

鈴屋大人の夜見にゆくと宣へるは、此の本つ霊の事にて、此の現し世に残し留め置かせ給へる魂は、幸魂にて、その魂は、山室山に千代長く、とこしへに住ませ給ふなり。

死後の霊魂が、この世にある冥府へ行くという岡熊臣の思考の枠組みは、平田篤胤の冥府論を継承したものといえる。また、それは本居宣長の墓の在りようが示していると熊臣自信が述べているのであるが、このことは岡熊臣が自身の霊魂論や幽冥論を本居宣長や平田篤胤の霊魂論や幽冥論を受け継ぎ発展させたものであると考えていたことを示している。

そして岡熊臣は、この世に留まる幸魂・奇魂は国家や天皇・子孫を守護すると説いていた。

此の本つ霊の身を離れゆくゆゑに目枯《まかる》なり。されば、その本つ霊こそ身を放れて死りゆくとも、息あるあひだに、心を凝らし思ひ入れて、幸魂奇魂なりとも、此の世に永く留め置きて、冥府に鎮り居て、天津日嗣の大御守は更にもいはず、我が子孫の行末さきく栄ゆく守りの神ともなりぬかし。そもそも、此の幸魂・奇魂は、知る事あり、為す事ありて、よろづにはたらく魂にて、そは皆死れる後も此の世に残り留まり、

（『霊のうつばり』）

岡熊臣は、文化十三年（一八一六）三十四歳の時に大国隆正が帰郷していた際に示された平田篤胤の『霊の真柱』を読み[30]、これに触発されて熊臣の解釈を加えて『霊のうつばり』を著した。岡熊臣は自著『霊のうつばり』を、平田篤胤の幽冥観や神霊観の継承発展と考えていたことは、当書を平田篤胤に送ったことから窺われる。

此の『うつばり』といふもの、一わたり書きて、平田翁の許におくりやりつれど、今おもへば、猶いかゞなる説もおほかりけり。こはすべて『千代の住處』に改め記せるぞかし。されば、此の文、今は人に見すべきものにはあらねど、平田翁のもとに送りしかば、捨て難くて、とぢそへおきぬ。

（『霊のうつばり』）

以上に述べてきたように、大久保初太郎が作成した祭文の死者の霊魂を「幸御魂・奇御霊」とする霊魂観は、明らかに岡熊臣の「幸御魂・奇御霊」論に沿ったものと考えられるのである。尚いえば、この祭文の「此の御行事の床に招き奉りたる兵士の幸御魂、奇御魂、天翔り國翔り、天皇が御代をば常磐に堅磐に守らい幸はひ」という語句は、正に岡国臣の思想そのものといえるものである。

大久保初太郎は平田派とされているが、なぜ岡熊臣の神霊思想に沿った祭文を作成したのだろうか。大久保初太郎と津和野藩士との接点は見いだせないのであるが、逆にこの祭文から岡熊臣の神霊思想が津和野派といった限定された人々だけではなく、明治維新期には尊王の志士や神職にも知られるようになっていたことを窺わせるのではないだろうか。

そこで考えられるのは、岡熊臣の死者への神霊観は、福羽美静などの津和野藩士によって京都に知られることになったのではないかということである。

例えば、幕末に於いて国難に殉じた者の霊を弔う最初の祭祀は、文久二年(一八六二)十二月二十四日に京都東山の霊明舎(神社)に諸国からの志士六十六名が参集して行われた祭祀であり、それは正に招魂祭といえる祭祀であったが、この招魂祭を執行した人々の中心には福羽美静等の津和野藩士がいたのである。(31) その福羽美静は、翌年文久三年七月には祇園社にそうした殉難者四十六柱を祀る小祠を建てた。この小祠は招魂社建立の原点になった小祠である。そして我が国最初の「招魂場」であり、招魂社となった桜山招魂場開拓が長州藩で始まったのは、文久三年(一八六三)七月の祇園社に建てられた小祠に遅れること僅か半年後の元治元年(一八六四)二月であったことは、尊王忠死者を祀る京都に於ける招魂祭祀がこのとき諸国から参集した勤皇の志士達によって諸国の勤皇の志士へ伝えられていたことの証左と言えるものではないであろうか。

但し、戦死者の霊魂を「幸御魂・奇御霊」とする祝詞は、その後の東京招魂社や靖國神社に継承されたわけではなく、明治期の祭文（祝詞）では戦死者の霊魂は「魂」・「神霊」と表現されるだけである。

おわりに

東京招魂社は明治十二年に靖國神社と改称されるのであるが、その靖國神社は尊王攘夷殉難志士を祀る招魂社（京都招魂社）と、明治維新戦死者・明治以降の国家忠死者を祀る招魂社（東京招魂社）を一つに統合した招魂社であったといえる。

その靖國神社祭祀の核には招魂祭祀があり、その招魂祭祀は忠志者の神霊を招魂し祀るという至って素朴な祭祀であった。しかし昭和十六年頃になって「招魂式」・「合祀祭」という一連の祭祀は、人霊を神霊にする神秘的祭祀との解釈がされるようになった(32)。しかしながら人が神になるというような、祭祀を神秘化・秘儀化して解釈する傾向は、昭和前期靖國神社の「招魂式」・「合祀祭」にだけ見られるのではなく、昭和五年の折口信夫の「大嘗祭の本義」論(33)や、昭和十二年の宮地直一の「諏訪大祝襲職式」論(34)にも見られるのである。これを広く言えば教派神道十三派などの民衆宗教の開祖の神格化・霊感・霊的世界への深い傾斜に見られる近代の日本における宗教思想の傾向性として捉えられると考えられるが、そうした点は稿を改めて考察することにしたい。

靖國神社は、これまで余りに近代日本の国家体制との関係の脈絡で論じられることが多かった。しかしそろそろ国家との関係面からだけではなく、近代日本人の信仰や神道信仰の中で検討される時期が来ているのではないかと思われる。招魂社・靖國神社・護国神社は、正に近代日本に新たに発生成立した神道信仰だからである。

註

（1）『靖國神社誌』二。
（2）『靖國神社誌』一九。
（3）『靖國神社百年史』資料篇上（昭和五十八年、靖國神社発行）。
（4）村上家文書『霊明神社記録』（『靖國神社百年史』資料篇下）。
（5）今村あゆみ「神葬祭から『招魂』へ」（『史泉』103号　関西大学史学・地理学会二〇〇〇年）。
（6）『霊山祭神の研究――殉難志士履歴――』（「財団法人霊山顕彰会」発行、昭和六十一年）。
（7）当図は『霊山祭神の研究――殉難志士履歴――』に所収される付録図を津田が模写・加筆したものである。
（8）『京都靈山殉難志士墳墓全圖』（山口県文書館所蔵、「64　京師変動一件　28」）。
（9）土佐招魂社墓碑が明治百年を迎えた昭和四十三年に旧官修墳墓地に移されたことは、霊明神社の八世神主である村上繁樹ご夫妻から平成二十四年八月に調査に伺った際にご教示いただいた。私にとっては大変貴重なご教示であり、改めてお礼を申し上げたい。
（10）『霊山祭神の研究――続編二長州藩――』（「財団法人霊山顕彰会」発行、平成元年）。
（11）『招魂社明細帳』（『靖國神社百年史』資料篇下所収）。
（12）津田勉「幕末長州藩に於ける招魂社の発生」（『神社本廳教学研究所紀要』第七号　平成十四年）、「招魂社の発生」（『國學院大學研究開発推進センター紀要』第三号　平成二十一年）。
（13）村上重良『慰霊と招魂』（一三頁～一四頁）。
（14）村上家所蔵文書。
（15）「岡田米夫「神宮・神社創建史」（『明治維新　神道百年史』第二巻所収、昭和四十一年）。
（16）靖國神社宮司賀茂水穂談話　大村先生逸事」（『靖國神社百年史』資料篇上、四四頁）。

(17) 明治二年六月十二日「軍務官達」、「今度招魂場の儀、九段坂上三番町元歩兵屯所跡へ御取建相成ニ付、右場所爲見分、左の面々被相越候事。」(『靖國神社百年史』資料編上、一八頁)。
(18) 『靖國神社百年史』資料篇上、五一頁。
(19) 『靖國神社誌』八八。
(20) 『山顕光録――櫻山神社沿革史――』(桜山神社社務所発行、昭和四十三年。平成十七年、復刻版発行)。
(21) 『靖國神社百年史』資料篇上、五二頁。
(22) 「江戸城西丸大広間における招魂祭〔招魂祭次第〕」(『靖國神社百年史』資料篇上、五頁)。
(23) 「江戸城西丸大広間における祭典の祭文」(『靖國神社百年史』資料篇上、六頁)。
(24) 加藤隆久「招魂社の源流」所載祭文(『神道史研究』第十五巻第五・六号、昭和四十二年。『現代神道研究集成』第六巻所収、神社新報社刊、平成十二年)。
(25) 「祭谷東行大人文」(東行庵所蔵)、『東行庵だより』81号(平成十年三月発行)に全文掲載。
(26) 小川常人「奇魂幸魂及び荒魂についての覚書」(『神道史研究』第十巻三号、昭和三十七年)。
(27) 『古史傳』十九之巻〔九十五段〕。
(28) 『千世之住處』(加藤隆久編『岡熊臣集上――神道津和野教学の研究――』国書刊行会、昭和六十年)。
(29) 『霊のうつばり』(加藤隆久編『岡熊臣集上――神道津和野教学の研究――』国書刊行会、昭和六十年)。
(30) 加藤隆久『神道津和野教学の研究』九七頁(国書刊行会、昭和六十年)。
(31) 註(24)論文。
(32) 拙論「靖國神社に祀られる神霊」(『山口県神道史研究』第二十三号、平成二十三年)。
(33) 折口信夫「大嘗祭の本義」(『古代研究(民俗學篇2)』所収、中公文庫『折口信夫全集』第三巻)。
(34) 宮地直一「大祝考」(『諏訪神社の研究』所収。『宮地直一論集』第一巻・第二巻、昭和六十年、蒼洋社刊)。

靖國神社と白金海軍墓地

坂井久能

はじめに

日露戦争が終わって間もない明治三十九年四月、靖國神社の賀茂水穂宮司は「(満韓)各所ヲ巡歴シテ塚城ヲ祭祀シ墳墓ヲ吊禮シ即チ當神社ノ神霊ヲ敬スルノ道ヲ盡サント欲ス」と述べ、陸海軍大臣に出張を願い出た。しかし陸海軍省側はそれを認めなかった。その理由として、第一に「戰死者ノ神靈ハ既ニ招魂ノ上靖國神社へ鎮祭セラレ遺憾ナカラシメタリ」、第二は遺骨・残灰に至るまで「一地ニ集収シ合葬ヲ行ヒ之ニ適當ノ墓標ヲ設ケ」ている、第三に「其他香華ヲ供シ吊詞ヲ呈スル等ノコトハ(中略)自然不必要ナルコトニシテ強テ懸念スルニ及ハサルへシ」など五点をあげた。(1) 水穂はこれで諦めず、翌四十年六月十八日に「明治三十七八年ノ戰役中満洲地方ニ於テ戰歿セラレシ軍人軍属ノ納骨堂其他埋葬ノ墓所順禮致シ度候」と再度旅行を申請した。陸軍省は休暇による自己負担の旅行を認め、水穂は早速満韓に向けて出発することになったが、(2) ここに至る水穂の思いと、それに反対した陸軍省副官の考えの溝はどこにあったのであろうか。副官の捉え方は、神霊は遺憾なきよう靖國神社に鎮祭し、遺骨等は合葬して墓標を建てているので、その上の香華等は不要であるといい、水穂は、陣歿した多数の将卒の遺骸が満韓に埋葬され、香華を供し吊詞を呈するものがなく、屍を荒野に晒している情況に対して、奉務上「座シテ之ニ仕フルノミニテハ其神霊ヲ祭スルノ情全ク盡キズ」と述べ、神霊への奉仕とともに屍への吊祭も一体的に捉えていたことである。神霊に奉仕する靖國神社宮司が、なぜ神霊の奉仕のみでは尽きないと思ったのか、という疑問が本テーマの出発点であった。そして、神霊にのみ奉仕する靖國神社に死者の葬儀・埋葬及び墓地と深く関わっていた歴史があったこととその意味を明らかにしようとしたのが本稿である。それはまた、慰霊とは何なのかということを問うものでもある。人の死に向き合った時、その遺体の処理と霊魂の処理をどのように行うのかということが慰霊の重要な問題といえるであろう。日本の歴史の中では、それぞれの時代や地域、信仰・宗教などによりその処理の仕方はさまざまであった。本稿は、明治新政府によって創建された靖國神社が、両者の処理とどのように関わり、どう変遷していったのかを探ろうと試みたものである。

陸軍墓地の研究は、国立歴史民俗博物館による大阪府の真田山陸軍墓地の研究調査[3]や、真田山陸軍墓地の学術的調査研究と保存・活用のために立ち上げた「特定非営利活動法人旧真田山陸軍墓地とその保存を考える会」を中心とする活動があり[4]、全国陸海軍墓地の現地調査報告、制度史の研究[5]、仙台・高崎・静岡・松本・金沢野田山・高槻・信太山・広島市比治山・山口市山崎・高知市朝倉陸軍墓地などの研究も進められている。一方海軍墓地の研究は、殆ど進んでいないのが現状である[6]。そこで、國學院大學研究開発推進センターでは公益財団法人水交会の慰霊顕彰・援護委員会のご協力を得て、横須賀市の馬門山海軍墓地、東京都の白金海軍墓地、佐世保市の佐世保東山海軍墓地について、現地調査や墓籍などの資料調査を行った。長崎では、梅ヶ崎・佐古招魂社の調査も併せて行い、同じく研究開発推進センターの研究調査として、群馬県護国神社と栃木県護国神社の資料調査を実施した。本稿はそれらの成果を負い、東京招魂社として成立した靖國神社が、国軍兵士の死とどのように向き合ったのかを、特に白金海軍墓地との関係で捉えようとするものである。

なお、海軍墓地の戦前における公的名称は「海軍埋葬地」であり、昭和になって「海軍葬儀場」の名称が法令名等でみられ、「海軍墓地」も公文書で使われた。戦後は「旧海軍墓地」が公文書で広く使用され、陸海軍墓地を「軍用墓地」と汎称した。本稿では、史料に基づかない限り海軍墓地（戦前は海軍埋葬地）の用語を使用する。

一、白金海軍埋葬地の成立と葬儀師賀茂正作

1　白金海軍埋葬地の成立とその背景

陸海軍墓地の最初は、大阪府の真田山陸軍墓地といわれる。明治三（一八七〇）年十二月の大阪出張兵部省願により、弁官が民部省に問い合わせ、翌四年四月十日に了解を得たことで成立したと考えられている。(7) その後、明治六年五月二十七日に東京の音羽護国寺に陸軍埋葬地が設置され、明治九年までに広島・名古屋・熊本の各鎮台や青森・大津・金沢・福岡・丸亀・姫路・小倉の各営所などに陸軍埋葬地が設置された。(8) 一方海軍埋葬地は、明治六年一月十七日の海軍省布達に「當省屬地白金臺町松平丹波舊邸地ヲ自今埋葬地ト被相定候事」とあり、白金に埋葬地を定めたのが最初である。(9) この地は、信濃松本藩の松平丹波守の下屋敷跡で、海軍省は前年十月に地主国分平八郎から六千七十坪六合の土地を買い上げた。(10) 現在の東京都港区白金台一丁目、学校法人明治学院の敷地である。

この地を選定した理由は、まず第一に、品川沖は当時海軍艦船の碇泊地であり、明治四年に設置された砲兵隊・歩

兵隊と楽隊鼓隊を擁する水兵本部が品川近くの芝増上寺山内に本営を置き、同五年三月に海軍省は「芝増上寺之義ハ海軍辨利之地ニ候間、艦船乗組士官揚陸所等ニ致度」と述べ、増上寺からの家作等の買い上げを太政官正院に申し出ており(11)、同年九月芝新銭座に水兵本部屯営が完成するなど、品川・芝は海軍の拠点的な地域であったことである。第二は、白金の買得地が高輪海軍病院に近接しており(12)、病院における死者の埋葬の便宜を考慮したものと思われる。

この時期に海軍埋葬地を必要とした理由としては、明治四・五年の海軍創設の動きが注目される。政府は、慶応四年閏四月の政体書で太政官七官に軍務官を置き、翌明治二年七月八日に兵部省を創設、同五年二月に海軍省・陸軍省が分立した。その兵部省の時代の明治四年に、藩保有の艦艇の献納や政府の拿捕・買収艦艇が十五隻程となり(13)、同年七月の廃藩置県で各藩保有の海軍が廃絶すると、ここに一元化された日本海軍が誕生することになった。海軍創設の動きの中で同四年二月十七日、府藩県に海軍水卒徴募の太政官布告が発せられ、二十二の府藩県五百十二人(他に加地山藩は別紙人数不明)の応募があった。徴募した火夫・職工が到着したら芝山内屯営に置くようにしたという同四年四月五日付造船局の秘史局宛文書や、鹿児島県の検査が済んだ二百二十八人は同五年正月十二日に芝増上寺内屯所へ繰り入れたという水兵本部から軍務局宛文書もあるので、徴募した水卒らは増上寺の水兵本部屯所に集められたようである。審査は築地の兵部省で行われ、合格者は艦船に配属となり、海兵は水兵本部で訓練を受けることになる。明治五年八月には、海兵・水夫火夫・職工などの別に徴募基準を示した「海軍兵員徴募規則」を定め、同年九月に海兵三〇〇人・水夫八五人・木工四〇人・鍛冶三〇人・帆縫一五人・諸雑職一五人を徴募する旨を府県に布告した。明治七年四月にも海兵二五〇名、同年八月にも海兵三五〇名と楽鼓手三〇名を徴募した。このようにして、明治四年以降海軍は艦船を整え、イギリス海軍に倣って「海兵」を採り入れ、海兵・水夫・火夫・職工などを大量に徴募して海軍を拡張整備した。海軍省が明治五年に埋葬地を購入したのは、このような大量徴募でふくれあがった兵員の死への対応のためと思われる。

2　葬儀師賀茂正作の海軍埋葬地整備

海軍省は、明治六年一月十七日に埋葬地を定めると、同月二十八日に次の二つを通達した。

甲第三十四号

葬儀之義左之通被定候ニ付テハ葬儀師等被相設候上埋葬執行候期限ハ追テ可相達候得トモ為心得此段相達置候事

明治六年一月廿八日　　　　　　　　海　軍　省

白金臺町旧松平丹波邸自今埋葬地ニ設置候ニ付左之通被定候事

一　葬儀師　　貳　人

　　但死亡人ノ葬儀式ヲ執行ス

一　小仕　　　壹　人

右二ヶ條秘史局ニテ管之

一　園内外掃除其外地所惣テ之事

一　死亡人葬式道具并埋メ方之事

但上中下士官及海兵水火夫等ニ至ル迠葬式諸道具之價ヲ定メ兼テ商人へ請負為致置死亡人アル時直ニ其筋諸艦船諸営等ヨリ右請負人へ相達手當可為致事

一　門番　　　壹　人

右三ヶ條ハ會計局営繕課ニテ管之

右之通

甲第三十五号
葬儀之義甲第三十四号之通決定候ニ付上中下等士官及海兵水火夫等葬式區別ハ軍務局ニ於テ取調埋葬道具價之義ハ會計局営繕課ニ於テ取調候様可取計候事
明治六年一月廿八日　　海　軍　省

甲三十四号は、葬儀師二人、小仕一人を置き海軍省秘史局の管轄、園内外の掃除や葬式道具、埋葬、門番一人は同省会計局営繕課の管轄、葬式道具等は商人の請け負い方式をとることなどを定めた。甲三十五号は、階級による葬式の区別を軍務局、埋葬道具の価を会計局営繕課が調べるように通達している。

二月五日、海軍省は「第二百六十一号」で「加茂正作　拾五等出仕申付候事　二月五日海軍省」「同人　葬儀師申付候事　前書之通申付候條過日相達置候通士官海兵水火夫等之葬儀且埋葬地所等ハ同人へ打合諸事取計候様可致事月日　海軍省」と軍務局・会計局宛に通達した。「加茂正作」（以後の史料で本人は賀茂と名乗っているので、史料の引用以外は賀茂と表記する）は海軍十五等出仕に採用され、葬儀師に任命されたということで、葬儀とともに埋葬地所の決定もその任務であった。賀茂正作は、早速二月十七日に秘史局長宛「甲八套第卅一号」で「私儀、今般葬儀師拝命仕候ニ付而ハ兼テ御布達之御趣意奉拝承則別冊葬儀上中下三段ニ區別略式取調且圖式相添申出仕候宜敷御指揮被下度此段奉伺候也」と伺い出た。「上中下三段」が任命時の文書に記す「士官・海兵・水火夫」のことか明確でないが、階級により三つに分けた葬儀略式と図式を作成し添付したので指揮を得たい、という内容である。葬儀式は上掲のように軍務局の検討事項であり、採用されなかったと思われるが、任命後十二日で葬儀略式を提出したことから、周到な準備と葬儀（神葬祭）への造詣の深さを伺うことができる。

二日後の二月十九日には、秘史局長宛「甲八套第二十号」で、雨雪の幄舎や葬儀師の詰所或いは墓参の人々の案内としての仮屋の建設を設計図を添えて願い、萱草の掃除と植樹、古井戸二ヵ所の修理も願い出た。賀茂正作による埋葬地の整備が矢継ぎ早に行われようとしている。海軍省は四月十日に願いを認可すると、これで埋葬の準備が整ったと判断したのか、同年五月に次のような布告を発した。

甲第百十七號

甲第三十四号ヲ以白銀舊松平丹波邸跡へ埋葬地取設候旨相達置候處已ニ加茂正作へ葬儀師申付候ニ付向後死亡之者有之候節ハ同人へ引合同所へ埋葬可致候乍然親族ノ者死躰引取願出候ハヽ願之通可聞届候此段相達候事

但埋葬式之義ハ當分取調中ニ付追テ可相達候為心得此段モ相達候事

明治六年五月　　　　海軍省

附箋同文

別紙ノ通布告ニ及候ニ付テハ埋葬地内地并早々取計可有之此段分テ相達候旨會計局へ

ここでは、白金に海軍埋葬地を設け賀茂正作を葬儀師としたので、今後は同人に相談して埋葬すること、親族の死体引き取りは願いに任せることなどを布告した。埋葬式は未だ取調中とのことである。附箋で会計局に埋葬地内の早々取り計らいを達したのは、上記仮屋の建設等正作からの願いを営繕課が至急実施するよう命じたものであろう。

その後、六月四日に賀茂正作は「今般埋葬地御開ニ相成候ニ付テハ別紙之通地神祭修行仕度此段奉伺候也」と地神祭執行を秘史局長に伺い、秘史局は同日付「甲八套第四十六号」で海軍省に副申して六月八日に認可された(14)。正作が提出した別紙地神祭は次のようなものであった。

地神祭略式

先設高案於庭上、次着座、次再拜拍手、次降神、次供神饌、次供玉串、次祝詞、次撤神饌

次送神、次再拜拍手、次退下

地祭具

大机　一八足　高三尺五寸長四尺幅一尺五寸

小机　一八足　高二尺五寸長一尺五寸幅一尺

土器　大一　中八、瓶子　二、薦　二、折敷　四

献　物

奉幣、酒饌、魚藻、野菜

地神祭は、地鎮祭ともいわれ、新しく墓所を設けるときに、土地の神を祀るものである。慶応元(一八六五)年に古川躬《みつら》行が著し明治初期に流布した『喪儀略』(15)に「塋域《ハカドコロ》を開かんにはまず土地《トコロ》ノ神を祀るべし」とあり、地神祭略式に記す「降神」「送神」の「神」は、『喪儀略』の祝詞(「諄辞《ノリト》」と記す)に「此乃地遠《コレノトコロヲ》宇斯掃坐須《ウシハキマス》大神《オホカミ》」とある埋葬地の土地の神のことであろう。地神祭の目的は、同祝詞に「此乃奥津城尓《コレノオクツキニ》長久久《ナガクヒサシク》災無久《ワザワヒナク》平加尓《タヒラカニ》令在賜閉《アラシメタマヘ》」とあるように、墓地として長久に災いがないよう神饌を供えて土地の神に祈るものである。賀茂正作は、このような地神祭や神葬祭の心得があったということである。なお、地神祭の執行日は不明であるが、認可四日後の六月十二日に亡くなった赤塚真成海軍大佐が最初の埋葬者なので、彼の埋葬時までに行われたことになる。

3　賀茂正作の死と葬儀師の終焉

賀茂正作は、明治六年十二月二十五日に埋葬地詰めから麻布田島町九十四番地への転居を願い出た。七年一月十二日には埋葬地の門番を葬儀師の管轄にしたいと伺い、同日許可された。二月二十五日には布告の廻達を願い、六月二十九日及び九月八日には若草刈り取りのため人夫派遣を願い出て、海軍省から九月十五日に許可され徒刑人を派遣することになった。七月十三日には、埋葬地詰所の普請が完了したので明日から詰めると届け出た。この間、六月七日に父賀茂鞆音と長兄山本金木が来京した。八月一日まで滞在し、二人は水穂宅や正作宅に泊まり、元報国隊員の海軍大主計長谷川貞雄宅に招かれたり、彼の饗応で芝居見物に出かけ、東京招魂社祭典も見物している。(16) その一年後の明治八年七月二十一日に正作は死去し、翌日白金海軍埋葬地へ埋葬された。東京都公園協会に白金海軍墓地墓籍が二種類あり、表紙に「横須賀海軍経理部」と記す旧軍の墓籍に次のように記されている。

墓　地　等　級　丁ノ一
官職姓名・年齢　海軍十五等出仕　加茂正作　行年二十七年七ヶ月
(加藤清作の藤・清を朱抹消、右に茂・正と墨筆訂正。行年二十三年の三を七に墨筆訂正)
本　管　族　籍　浜松縣平民　遠江國敷智郡宇布見村
死去場所及年月日時　明治八年七月二十一日
埋　葬　年　月　日　明治八年七月二十二日
埋葬位置番号建碑年月日　第三十一号

表紙に「白金海軍埋葬地墓籍」とあるもう一つの墓籍は、官職が「海軍十四等出仕」となり、姓名・行年も正されているので、海軍十四等出仕が正しいのかも知れない。彼の墓標は、昭和二十七年三月に墓地の明治学院への売却と廃墓地の措置により、正作の兄水穂家が引き取り、二十九年五月に青山霊園の賀茂家墓域へ移された。墓域には、正面に「賀茂家之墓」、右手に「賀茂正作之墓」、左手に「靖國神社宮司海軍大主計賀茂翁墓碑」の三基が建ち、兄弟の墓碑が向き合っている。正作の墓標（写真1）は、碑身の高さ二一〇センチ、幅一一七センチの自然石で、基台を含めた総高は二六〇センチという壮大なものである。この墓標は、裏の銘文から、明治八年十二月に兄水穂が建立したものである。このような自然石の壮大な墓標を建てられたのは、明治八年制定の「海軍葬儀式」などに文官の墓標は規定されていなかったからで、文官・出仕官の海軍埋葬地への埋葬は、明治十年一月三十一日付海軍省丙第十九号布達で禁止された(17)。

写真１　賀茂正作の墓

なお墓前に水鉢があり、上部幅五四センチ、高さ三〇・五センチ、奥行き二一センチの石製で、正面と両側面に五十一名の氏名が刻まれている。出身や経歴等が判明した者は半数程おり、明治十七年の時点で二等若水兵だった者が四人いる。二等若水兵は、水兵練習所などに入所すると与えられる最も低い水兵の等級である。この水鉢は墓標を建てた明治八年のものではなく、明治十七年以降、あるいは十年祭の明治十八年頃の寄進と思われる。正作との関係は不明であるが、甥の山本瑞枝が当時葬儀師であったことから、彼により十年祭で寄進されたと推測するのが順当であろう。

正作の死後葬儀師になったのは、山本瑞枝であった。正作の長兄山本金木の長男である。金木は、遠江国敷地郡宇布見村の金山彦神社神主であった父鞆音の実家に養子に出て、引佐郡の渭伊《いい》神社神主となり、晩年は井伊《いい》谷宮《のやぐう》宮司にもなった。瑞枝の葬儀師就任は、賀茂水穂が当時海軍省の中秘書であったことから、[18]彼による推挙と考えてよいであろう。瑞枝は明治九年三月二十二日に海軍省から「補拾五等出仕」「葬儀師申付候事」の辞令を受けた。[19]正作が亡くなってからの八ヵ月間は葬儀を誰が担当したのか不明である。瑞枝は、同九年十一月十八日に葬儀師詰所へ詰めることを届け、軍務局副長は二十二日に海軍大輔宛「葬儀師之義ハ當時一員之義ニ付當分之内詰所へ日夜詰切り候旨別紙之通届出候」と届け出た。葬儀師の定員は、設置時に二名であったが正作の時は一名で行い、これによると一名ということである。ところが明治十一年一月の「海軍省分課一覧」に、軍務局の葬儀師は「十七等出仕山本瑞枝、同永井泉」とあり二名になった。永井泉は愛知県士族で、同年末には葬儀師を辞し国元に帰った。十二月二十五日付「軍二套第五百四十三号」で、葬儀師詰所への「用使」宿直を十四日から一人を二人にしたと軍務局長が海軍卿に届け出ており、葬儀師が一人となった対応と思われる。後任葬儀師は、翌十二年一月の「海軍省分課一覧」に「十七等出仕山本瑞枝、同多門正文」とある多門正文で、牛込区に住む東京府士族である。

一方、馬門山海軍埋葬地が明治十四年十二月六日に太政大臣の認可を得て開設された。同年二月に軍務局から葬儀師の所管を引き継いだ主船局は、十月二十九日の「馬門山海軍埋葬地ニ係ル件伺」で、葬儀師を一名置き番人詰所を建設して番人一名を住まわせることを海軍卿宛に伺い、十一月九日に認可された。[20]翌年二月十四日付で神奈川県平民鈴木清六が「馬門山海軍埋葬地番」に任命された。[21]葬儀師は白尾國芳、次いで池田義雄が就任し、他に葬儀事務を扱う「葬儀師御用掛」と手代がいた。[22]

葬儀師を管轄する部局は、当初の秘史局から軍務局へ、そして主船局、調度局へと移った。特に明治十六年二月六日に主船局長が「十四年二月以降突然当局所轄ニフセラレ」白金と馬門山の埋葬地及び葬儀師を管理してきたが「主船局ノ名義ヲ以テ之レヲ管理スルハ名実ヲ異ニシ如何ニモ其當ヲ得ザル義ト思慮仕候」と海軍卿に上申し、翌年三月まで所管をめぐる省内各部局の応酬が続いた。主船局は、右文書で埋葬地に海軍病院が近いので医務局か元に戻して軍務局が白金を管し、馬門山は東海鎮守府が管する意見を披瀝した。同局は翌十七年二月十四日付文書でも、葬儀師が関わる営繕課関係は調度局に移っているので葬儀師も調度局へ移すべきであると主張した。どの部局も所管を渋るなかで、三月八日に「当分」調度局への移管が決まった。(23) その後、十九年三月十八日付軍務局長から海軍大臣宛「軍坤第四五九號ノ三」に「葬儀師當分其局所管ニ屬シ候条艦政局ヨリ可受取旨要第一三五号ノ二御達ニ依リ其人員并埋葬地及建物之圖面其他書類等同局ヨリ致領収候条此段及御届候也」とあり、軍務局に所管が移った。艦政局から受け取りとあるのは、同局が調度局の所管を引き継いだことによるものである。

このようにたらい回しにされてきた葬儀師の終焉は、その二ヶ月半後であった。

海軍省令第四二號　　　　海軍一般

葬儀師ヲ廢ス

明治十九年六月三日　　　　海軍大臣伯爵西郷従道

葬儀師廃止の日に「海軍生徒下士卒傭夫死亡者取扱規則」が制定され、葬儀について次のように記す。

第六条　各廳艦船營ニ於テ病院長ヨリ死亡ノ通知ヲ受クルトキ其近傍ニ親族朋友或ハ身元引受人アレハ速ニ其旨ヲ報知シ又主任者ヲ定メ之ヲシテ葬具ヲ調ヘ死體入棺ニ會同セシメ且神道教師或ハ僧侶ヲ祭主ト爲シ之ヲ埋葬ス可シ

第十五条　海軍埋葬地ニハ監護各二名ヲ置キ各鎮守府ニ屬シ埋葬事務及地内取締等ヲ掌ラシム

第十六条　監護ハ常ニ番舎ニ居住シ埋葬ノ通知アルトキハ主任者ノ意ヲ承ケ葬具ヲ調ヘ神道教師或僧侶ニ祭主ヲ囑託シ及其葬事ヲ補助シ又時々地内ヲ巡視シ墳墓ノ掃除修繕等ニ注意ス可シ

同規則で、埋葬地及び埋葬担当者は鎮守府（当時は横須賀鎮守府）の所管となり、埋葬は神道教師か僧侶を祭主として行うことになった。明治六年の海軍埋葬地設置以来、葬儀師による神葬を守ってきた海軍が、ここで神式か仏式の何れかとし、それは主任者の意を受けて決めるとしたのである。常駐の葬儀師を廃止し、代わりに監護二名を置き、番舎に住み埋葬事務と埋葬地内取締を行うことになった。この大きな変更の背景は、一つには上述のように葬儀師の所管をめぐる省内の応酬があり、もてあます状況になっていたことである。もう一つは、陸軍埋葬地の場合既に明治六年十二月の「下士官兵卒埋葬法則」で「神葬又ハ仏葬ヲ以テ施行スヘシ」という方針を踏襲しており、神葬にこだわってきた海軍も、自由民権や信教の自由が叫ばれる時勢の中で、陸軍に倣ったということであろう。

4　葬儀師とは何か

葬儀師の任務は、「死亡人ノ葬儀式ヲ執行ス」と設置時の通達にある。埋葬許可は管轄局や海軍省が行うことになるが、葬儀とその手配、埋葬地所の割当等は葬儀師が担当し、門番の管轄や埋葬地内の草刈りの申請なども行っていた。葬儀師は海軍省出仕の身分で、葬儀を含めた埋葬地の運営全般を掌握した現地責任者であったといえよう。

明治八年二月に「海軍葬儀式」が制定された。賀茂正作の墓標銘に「撰海軍葬儀式」とあることから、彼によって或いは彼が中心となって編纂したと思われる。葬儀師の役割をその「海軍葬儀式」から見てみよう。海軍の葬儀には土葬式と水葬式があった。水葬式については第十四条第四章に、諸事が整うと「此報知ヲ得テ葬儀師柩前ニ向ヒ再拝拍手シ酒饌ヲ供シ玉串ヲ捧ケ然ル後祭文ヲ誦シ畢テ酒饌ヲ撤ス酒饌ヲ撤スルハ即チ之ヲ海中ニ投スルナリ」とあり、祭儀後に輿丁が担ぐ柩の前を行き、葬儀師の「柩ヲ淵ニ送レ」の令により、柩は海中に沈められるとある。水葬式における葬儀師の役割を見ることができる。なお、第十五条に伝染病等で棺をつくる暇がない時は、死体を吊床に包み「砲弾等鎮《オモ》リヲ附シ海底ニ葬ル可シ」とある。水葬は一つには伝染病対策であり、一つは海に流すのではなく重りをつけて海底に沈めることで、土に還すものであったと思われる。

「海軍葬儀式附録乙号」の「一般埋葬ノ規則」には、親族等の死体引き取りの規定や、死者は礼服を着用すること、埋葬料金は下士官以下に支給されること、神葬祭で行うこと、墓標の規定、改葬の許可、燈籠・水鉢を設けることの自由などを定めている。土葬式については、「海軍葬儀式附録丙号」に士官・下士・卒夫の別に祭典式を詳記している。士官の土葬をみると、第一条に「葬儀師葬具ヲ整備シ墓地壙所等ノ事ヲ掌ル」とあり、これらが整うと「柩整備スルトキハ葬儀師死體ニ向ヒ其霊魂ヲ霊主ニ遷シ斂柩ノ祭文ヲ白ス」とあり、死者の霊魂を「霊主」に遷して斂柩の祭文を読みあげる。霊主の称は神主・霊代・霊璽など様々で、「葬儀式附録丁號」に図示されている。古川躬行の『喪儀略』は「霊璽」と称し、霊遷しは生前に行うとある。教部省が編纂し教導職東西部管長近藤忠房・千家尊福の名で明治五年に公刊した『葬祭略式』は、「霊主」と称し霊遷しは死後の儀式となっている。[24]「海軍葬儀式」はそれに倣い、霊主の図も倣っているようである。「斂柩ノ祭文」は「葬儀式附録丁號」の「移魂告辭」に「某乃命夜(中略)此乃御霊璽尓奇伎御霊乎留給比天天地乃共奇霊止成給止恐美恐美母白須」とあり、「霊璽」に「奇霊《くしみたま》」を遷し留めるという祭文である。出柩にあたり「葬儀師柩前ニ進ミテ再拝拍手シ酒饌ヲ供シ玉串ヲ捧ケ以テ出柩ノ祭文ヲ白ス」とあり、第二条に「出柩ノ順序」の式次第を次のように記す。

第一ニ葬主以下着坐、次ニ酒饌ヲ供ス、次ニ玉串ヲ捧ク、次ニ祭文葬儀師白ス、次ニ親戚以下會葬ノ男女順次拝禮、次ニ酒饌ヲ撤ス、次ニ出柩玉串を用いる所作は『葬儀略』には見えないが、明治五年二月の「官国幣社祈年祭式」で祝詞奏上後に「玉串ヲ執テ拝礼」とあり、明治八年の「神社祭式」で祭式として統一されたという。(25)『葬祭略式』は酒饌後喪主告詞の前であり、上記はそれに倣っているようである。壙所に到ると葉薦を敷いて柩を安置し「葬主及ヒ葬儀師盥嗽シ再拝拍手シテ酒饌玉串ヲ供シ以テ祭文ヲ白ス」とある。その式次第は前掲とほぼ同じであるが、五番目に「次ニ親戚朋友玉串ヲ奠シ會葬ノ諸人拝禮」とあり、玉串奉奠が加わることは『葬祭略式』と同様である。七番目は「次ニ柩ヲ壙中ニ下シ埋葬シ終ル」で埋葬が終わる。「海軍葬儀式」の土葬式は、このように『葬祭略式』に倣ったと思われるところが随所に認められる。なお柩を前にしての葬儀師の祭文は、「葬儀式附録丁號」に「土葬誄文」が二つ載せられ、その一つは次のように記されている。

某主乃柩乃前尓告事乎宇万良尓所聞食左閇止白須（中略）御霊波志長久久志久霊璽尓留坐弖事志有牟節波天翔出賜比弖和魂波朝廷遣乎守侍比荒魂波武雄等乎助賜比弖荒夫留敵乃盡疎夫留醜乃盡速尓討罰米賜比弖自今行先毛國乃為世乃為尓猶毛功績乎顕志賜閇止山菅乃根乃懇尓誄言申奉良久止白須

死者を「阿波礼阿波礼益良武雄」と哀悼し、「安介久鎮賜閇」と慰霊するとともに、その霊魂に和魂《にぎみたま》は朝廷を護り、荒魂《あらみたま》は敵を討伐し、国のため世のために功績を顕すことを願うというものである。このような死者の霊魂への哀悼・慰霊や加護の表現は慶応四年六月二日の江戸城西丸大広間で執行された招魂祭の祭文にもみられた。(26)また傍線部のように死者の霊魂を「和魂」と「荒魂」の二魂とするとらえ方は、右の招魂祭で「幸御霊・奇御霊」と表現し、文久二年十二月二十四日に津和野藩士福羽美静らが京都霊山の霊明舎で殉難死節の霊魂を私祭した時の神祇伯白川家の古川躬行の祝詞にも「和魂波朝廷乎守幸閇弖諸司百官忠誠爾國郡領主等邪穢心不令在荒魂波蟹行横濱奈留夷賊波更奈利若軍艦乃寄來牟波討罰女千里乃波濤爾逐沈米弖」とある。(27)「和魂」が朝廷を守護し「荒魂」が夷賊を討罰する表現は「海軍埋葬式」とほぼ同じである。このように、海軍埋葬式の誄文（祭文）からは死者の魂がこの世に留り、二魂となって朝廷や国家を守護するという霊魂観がみられ、それは江戸城西丸や霊山霊明舎における招魂祭祭文にも認められるものであった。神葬による埋葬式は、屍体を前にしながらも、この世に留る魂を哀悼し慰霊し魂の行先を示して加護を願うなど、死者の魂に働きかけることにおいて招魂祭と性格を共通にするものがあった。そして国軍死者も、国事殉難者や戊辰戦没者と同じように生前に朝廷を守り国を守ってきたことから、その志の継承を魂に呼びかけ加護を願うものになったと思われる。葬儀師の葬儀は、遺体の処理とともに国軍死者の魂を慰霊し加護を願う役割を担っていたといえよう。

葬儀師着用の祭服については、馬門山開設にともない明治十五年三月に議論があった。主船局は三月九日に「葬儀師着服ニ當リ葬儀ノ際ハ烏帽下垂ヲ着ケ候義従前ノ慣例ニ相成居候得共右ハ軍務局所轄ノ砌リヨリ別ニ伺濟モ無之趣ニ候處自今共葬儀執行之節ハ烏帽下垂ヲ着ケシメ候義ト相心得可然哉」と海軍卿に伺った(28)。これについて会計局長は「該葬式ニ於テ將来モ必烏帽直垂ヲ可着者ナルヤ」と投げかけつつ、必ず着用と判定されれば官費で備え付けてもよいと上答した(29)。祭服について明治六年二月七日付「第四十一号　従前ノ衣冠ヲ以テ祭服ト可致旨被仰出候処衣冠所持無之輩ハ狩衣直垂淨衣等相用候義不苦候事」という規定の存在も議論の中で示されたが、海軍卿は三月二十八日に主船局の伺いを認めた。これにより、祭服としての烏帽子・直垂は官費で購入し備え付けることとなり、着服の面での神葬葬儀が整うことになった。

二、東京招魂社の創建と賀茂水穂・賀茂正作

1　賀茂正作と遠州報国隊

ここでは、賀茂正作と遠州報国隊との関わりを通して、彼の葬儀師としての活動の基盤を探る。彼の墓標の裏には次の銘が刻まれている。

賀茂君姓橘名正作遠江國敷智郡宇布見邨人也」家世為金山彦神社神官父曰鞆音君以弘化五年戊申正月九日生戊辰之役與二兄従軍有功明治」二年十月為招魂社社司賜廩米其辞職也又有賞金六年二月補海軍省出仕會設海軍兵葬地于白」銀臺君為幹事君資性靜慎好學撰海軍葬儀式八年七月罹疾終以二十一日没時二十七年七月也」葬於白銀臺海軍兵葬地」
常斯遍爾朽世奴石仁登杼万里天露斗波消自」多麻能光者（とこしへに　朽せぬ石に　とどまりて　露とは消えじ　多麻の光は）(30)

明治八年十二月

海軍中秘書従七位賀茂水穂建

陸軍大尉正七位吉田晩稼書

正作は、宇布見村（現、浜松市西区雄踏町）の神官賀茂鞆音の五男で、「戊辰之役与二兄従軍」とは、鞆音の長男山本金木・三男賀茂水穂とともに、遠州報国隊を組織して戊辰戦争に従軍したことを述べている。賀茂兄弟については、明治十一年十一月建立の母奈登子の墓碑銘に五男三女が刻まれており、男子は次の通りである。

長男　敢国神社宮司兼権大講義　山本　金木
二男　砥鹿神社権宮司兼中講義　中村　東海
三男　嗣家　海軍中秘書従七位　賀茂　水穂
四男　新所女河八幡宮祠官　菅沼荒次郎
五男　故海軍一五等出仕　賀茂　正作

三男の水穂が家を継ぎ、長男・二男・四男は他家に養子に出てそれぞれ神職になっている。賀茂家は、代々金山彦神社に奉仕してきた神職家で、その神葬祭については次の木札がある。[31]

賀茂氏中世家族之輩は仏葬ニ執行来候處慶應三年丁卯春」檀那寺愛道庵本寺安寧寺へ示談ニ及ひ離檀いたし候處猶又明」治元年神職輩神葬祭被仰出候ニ付今般仏号相改神祭」執行者也」
明治二年己巳十二月五日　賀茂日向守橘朝臣直博（花押）

賀茂直博は鞆音のことである。明治元年の神職神葬祭は、慶応四年閏四月十九日の神祇事務局達「神職之者家内ニ至迄以後神葬祭相改可申事」をさすもので、その前年の慶応三年春に檀那寺と交渉して離檀を果たしたということである。鞆音の離檀神葬の背景には、彼の生家である渭伊八幡宮で吉田家の請状により檀那寺の龍潭寺との間で文化四（一八〇七）年に離檀神葬を交渉した経緯があり、[32]遠州における国学・神葬祭運動が背景にあったものと思われる。慶応四年二月に神官を中心に結成した報国隊のうち、桑原真清・山本金木・賀茂水穂・内藤山城（水穂の兄、中村東海）・中村大館・長谷川貞雄・池田庄次郎ら十人は平田派門下で、大久保忠尚・初太郎父子らは本居宣長の学統八木美穂《よしほ》の門下、同じ宣長学統の石川依平《よりひら》の門下もおるなど、[33]国学門下の神職がその結成の中心的な役割を果たした。賀茂水穂らの入門については、「山本金木日記」慶応二年五月十一日条に「吉田縣羽田村神主羽田埜常陸殿相頼、氣吹舎大人之門人ニならむと、宇布見村弟備後直章相伴ひ新所へ渡船いたし新所村方内藤信足もともなひ、兄弟三人して羽田埜氏へ行、其段相頼ミ」と記されている。(34) 山本金木・内藤信足(二男・中村東海)・賀茂直章(三男・水穂)の三兄弟で、平田篤胤門下の東三河における中心的な人物であった羽田野敬雄に「氣吹舎大人之門人」になることを依頼した。気吹舎と号した篤胤は死没しており、没後の門人、実際には篤胤の跡を継いだ平田銕胤の門に入るということである。これに対して「先人没後門人と可被成御心得」という六月十八日付「平田大角銕胤」の書簡が届き、入門が許可された。

賀茂正作は、このような遠州国学の土壌と神葬祭運動、三人の兄の平田派入門という環境の中で弘化五(一八四八)年正月に生まれ、慶応四年の報国隊結成時は二十歳になったばかりであった。同年一月の鳥羽・伏見の戦いと東征軍進発の報を得た遠州の神主たちは、吉田神道家からの勤皇勧誘もあり、勤皇報国の機が到来したと同志を糾合し、一月二十三日に水穂ら四人は情報収集に熱田へ向かい、二十四日には大久保初太郎・桑原真清・鈴木覚之助・賀茂主税(正作)は献金を持って京都に向かった。四人は桑名の官軍本陣に伺候し、参謀木梨精一郎に面会して「何卒格別の御差図を以て御隊内へ御差加被下置御東征の御供被仰付被下様偏に奉歎願候」という二十八日付従軍嘆願書を四人の名前で提出した。献金と従軍は許されなかったが、一隊を作りまた請願すべしという言葉を得て急ぎ帰国し、(35)「池田・中村・山本・賀茂・内藤・賀茂・長谷川等ハ主トシテ義隊編成ノ事ニ奔走」したと桑原真清は述べている。(36) 池田庄三郎(同庄次郎)、中村大館、山本金木・賀茂水穂・内藤山城・賀茂正作の賀茂家四兄弟と長谷川貞雄である。このようにして翌二月二十一日に報国隊が結成された。若い正作が東征軍への歎願と報国隊編成の任務を負ったことに、彼の力量をみることができる。兄水穂が墓碑に「君資性靜愼好學」と評したように、また賀茂水穂家の子孫直光氏が「賀茂正作が知恵者であったこと、戦略戦術は正作がたてていたようです」と父から聞いているという話を彷彿させるものがある。

賀茂正作は、その後山本金木と行動を共にすることが多かったようで、「山本金木日記」によると、舞阪船揚場と天竜川における先鋒総督の警衛が許可されて二月二十三日に出陣し、更には有栖川宮征討大総督の警衛が許可されて従軍し、江戸では守衛等の任務を果たした。同年十一月に有栖川宮の京都還御を駿州赤心隊とともに供奉し、同月十五日に報国隊は浜松で「御供御免」となった。彼もここで帰郷することになった。兄水穂は、大久保初太郎や桑原真清らとともに軍務官に仕えて江戸に残った。帰郷した報国隊は、同月三十日に浜松藩へ「奉願上口上の覚」を提出し、神主・下社家から農商の者まで神葬を願い出た。彼らの勤皇とその活動の基盤に神葬祭運動があったことを伺わせる願いといえよう(37)。

報国隊の名簿は数多く残されている。正作について作成年が明確で古い二例を見ると、明治元年辰十月吉日「出兵人数並判物調」に「同郡(周智郡)天之宮村天之宮領　一　高五拾石　神主　中村主税(38)」、明治元戊辰十一月「報国隊姓名録」(小国神社所蔵)に「中村主税直秀(39)(花押)」とある。「中村主税」は、年欠「報国隊出征部(乙)」に「中村主税(朱書「賀茂主税トアリ」)　賀茂正作」とあることから(40)、賀茂正作のことである。天之宮は、現在周智郡森町天宮五七六番地に鎮座する天宮《あめのみや》神社のことであろう。「旧高旧領取調帳」に天宮社領は五三石三斗とあり、前者の石高とほぼ符合し、明治以前の神主家は中村氏であった。同じ森町に鎮座する遠江国一宮小國神社と関係が深く、両社には国指定重要無形文化財・十二段舞楽が伝えられ、天台宗蓮華寺はかつて両社の別当であった(41)。正作が中村姓を称したのは天之宮神主を称したからであり、この称は確認できる限り明治元年の報国隊出征中のみであることから、実際に天之宮の中村神主家を継承したのかは定かでない。二十歳になったばかりの若い正作が、神主集団を中核とする報国隊の一員として活動していく上で「神主」の名称が必要だったのかも知れない。とすれば、報国隊に小國神社神主鈴木浪江(小國重友)が「国元留守居役」の重鎮、その子鈴木覚之助が「報国隊取締」として参加しており、小國父子が便宜を図ったのかもしれない。

このように賀茂正作は宇布見の古社金山彦神社の神主家の子として生まれ、その賀茂家は幕末期に檀那寺からの離檀神葬を果たし、三人の兄は平田篤胤没後門人になるなどの環境の中で育ち、兄たちと報国隊で行動を共にする関係にもあったことから、天之宮神主であったのかは確証がないものの、神職としての素養と国学・神葬への意識は備えていたものと思われる。

2　東京招魂社の創建

報国隊・赤心隊の帰国後の苦難は、田安家の徳川亀之助（家達）が宗家を継いで慶応四年五月二十四日に駿河国府中城主を仰せつけられ、駿河一円と遠江・陸奥を領地とする七十万石を下賜されたことに基因する。徳川家が彼ら駿遠の新たな領主となったのである。さらに東北平定の遅れから、陸奥国に代わって遠江・三河国が府中藩領に加えられ、報国隊を支援してきた浜松藩も上総への移封となった。覚悟の帰国となったが、その懸念は具体的なものとなり、同年十二月十八日に赤心隊の三保明神神主太田健太郎が暗殺、二十二日に同隊草薙神社の森真魚尾《まなを》も襲撃される事件が起こった。この事態に、隊士は軍務官在勤の大久保初太郎（春野）に相談し、大久保は桑原真清を伴って軍務官副知事大村益次郎を訪ねた[42]。これが翌明治二年正月十日の大村益次郎建議となり、次のようなものであった。

（上略）上野山内え昨年來戰死ノ靈祠ヲ相設、右神職共ヲ移住セシメ、春秋ノ祭典ヲ掌ラセ候ハ、兩全ノ策ニモ可相成カト奉存候。尤、本國在住候得ハ、何程薄祿ニテモ在來ノ活計可有之、一朝移住候テハ活計相付申間敷者モ多分可有之。右等ノ手當トシテ、上野寺領元高ヲ以靈祠え御寄附相成候ハヽ、其高ヲ以夫々配當爲致可申、然上ハ是又不都合ノ儀ハ有之間敷カト奉存候。右ノ件々實以差迫候儀故、篤ト御高評ノ上、速ニ否可御沙汰有之度、依之條々奉伺候。以上。

正月十日　　大村益次郎

議定　御中

これによると、上野戦争の跡地に「昨年來戦死ノ霊祠」を建てる計画があり、それに報国・赤心隊の神職を移住奉仕させれば「両全ノ策」になるといい、東叡山寺領元高を霊祠に寄付して彼らへの手当にしたいというものである。大村の素早い対応である。明治政府が戦死者の霊祠に言及したのは、慶応四年正月十二日の「御沙汰書」に鳥羽伏見の戦いでの戦死者を「設一社、聚其忠魂、永可被命祭、被　思召候事」とあるのが最初であろう。その後、同年五月十日に二つの「御沙汰書」が出された。第一は「癸丑以來」の幕末殉難者に対して「今般東山の佳域ニ祠宇ヲ設ケ、右等の靈魂ヲ永ク合祀可被致旨被仰出候」というもので、第二は「當春伏見戦争以來」の戦死者に対して「此度東山ニ於テ新ニ一社ヲ御建立、永ク其靈魂ヲ祭祀候様被仰出候」というものであった。この東山における祠宇建設は実現をみないまま、同年六月二日に江戸城西丸大広間で東征による関東・東北での戦死者について招魂祭を執行した。翌月に江戸を東京と改め、京都から東京へ政府中枢が移るなかで、祠宇建設も東京に候補地を考えるようになった。上野山内への建設は木戸孝允の意向があったようで、『木戸孝允日記』明治二年正月八日条に記す大村の木戸訪問は、二日後の上記建議に関わる話かも知れない。十五日条には、上野の寺中を通り「此土地を清浄して招魂場となさんと欲す」とその意欲を記している。大村の建議について、軍務官(兵部省)は八月九日に再度上申し、二十二日に「高一万石　爲祭資永世被宛行候事」が認められた[43]。報国隊・赤心隊の移住奉仕については、建議後すぐに隊員に伝えられ動きだしていた。社地は、同年六月十二日の軍務官達に「今度招魂場ノ儀、九段坂上三番町通元歩兵屯所跡へ御取建相成候ニ付、右場所爲見分、左ノ面々被相越候事」として大村ら六名が見分し、翌日には招魂場取建の絵図面を添えて軍務官へ上申している。軍務官は、その地に招魂社仮殿を建設し、同月二十九日から五日間祭典を執行した。招魂・合祀の対象は「昨年來戰死候者」(六月二十四日軍務官達)であり、二十九日丑刻に「靈招ノ式」を行い、勅使を迎えて軍務官知事嘉彰親王が祭主を勤めた。祭儀を取り仕切ったのは報国隊の大久保忠尚と桑原真清で、賀茂水穂や上京した宮田重男などの報国隊と赤心隊も補佐した。

このようにして東京招魂社は、伏見戦争以来の戦死者を祀る祠宇を東山に建てるという「御沙汰書」の第二を東京に建立したものであり、報国・赤心隊の救済策として創建に動き出し、彼らの奉仕により創建の祭典が執行された。前年六月二日の江戸城西丸での招魂祭を『靖國神社誌』は「東京招魂社の起源」と捉えており、その時も大久保初太郎(忠尚の子)が祭主、桑原真清が介添として報国隊が中心となって執り行った。東京招魂社の創祀に報国隊が中心的に関わっていた状況を見ることができる。創建の祭典が終了すると、二年七月八日に軍務官は兵部省となり、同日報国隊の杉浦大学(三浦謙)・宮田重郎左ヱ門(重男)・辻村駿河(吉野)の三名は「招魂社御番」に任命された[44]。最終的には報国隊・赤心隊各三十一名が十一月二十三日付で「社司」に任命され「一身六人扶持」の待遇を得た。十二月には報国隊の平尾八束は兵部省から「招魂社祭事係」、桑原真清は「招魂社御用地取締」に任命された。二人とも社司であり、桑原は報国隊の東京警衛中の明治元年十月に軍務官応接方となって以降軍務官に勤務し、同二年九月に兵部省会計権少祐となり招魂社作事掛・祭事掛を兼務した。十二月の御用地取締も兼務である[45]。このようにして、東京招魂社創立以後も遠州報国隊が中心となって招魂社の祭典や維持管理を担ってきた。なお、戦死者の掌握や京都での招魂祭などは神祇官が行っていたが、東京招魂社の創建及び招魂祭は軍務官が主体となって執行し、これが以後の兵部省・陸海軍省所管につながっていくことは注目すべきことである[46]。

3　賀茂水穂・正作と東京招魂社

賀茂水穂の東京招魂社との関わりは、「山本金木日記」（日記抜書綴）明治元年五月二十二日条に「大久保初太郎、應接掛附屬印鑑取調役賀茂備後被召出、應接方へ罷出、戦争討死ノ者神道祭式ヲ以執行ニ付、儀式書調」とあり、大久保初太郎と水穂が戦死者を神道祭式でまつる儀式書の調査を命じられ、これが六月二日の江戸城西丸における大久保を斎主とする招魂祭の執行に至ったことが最初であろう。『靖國神社誌』等には祭典奉仕者に水穂の名前が記されないが、靖國神社所蔵招魂社職員名簿(47)の賀茂水穂について「明元、六、二　西丸招魂祭典祭事補」とあり、祭事補として関わっていたようである。その後の彼の動向を同職員名簿からたどると、「同年十月奥州役従軍、十一月軍務応接方、翌二年六月元年役従軍慰労金五〇〇円下賜、招魂社祭事掛（兼務）、六月二十九日創立祭典神務奉仕、七月十二日創立祭典奉仕ノ功ニヨリ褒賞金三千疋、七月祭事掛免。赤心・報国両隊員中東京移住希望者ニシテ未ダ移住セザル者ノ取締」とある。このように軍務官に奉職し、兼務で招魂社祭事掛となって管轄側の担当者として招魂社創建に関わり、創立祭典終了後に祭事掛を免じられ、赤心隊・報国隊の東京移住の取締に当たった。このことは大村益次郎が隊員の窮状への対応策として進めたことであり、それが進捗しない諸事情、具体的には国元の神社奉仕や神禄の問題、静岡藩（府中藩を改称）による移住慰留・妨害等の問題があったようで(48)、それらを解決するために水穂は大村から依頼されてこの任に就いたものと思われる。賀茂水穂は、このように東京招魂社の創立及び祭典や社司制度の確立などに重要な役割を果たした人物であった。その後は明治三年十二月に兵部史生、同四年七月に兵部権少録、九月に十三等出仕、十二月に十二等出仕・兵部少録、同五年四月に海軍少録、八月に海軍権中録、同六年三月に海軍中録、七月に海軍少秘書、同七年十二月に中秘書、同九年十一月に軍務局兵籍課副長と、兵部省・海軍省の官人としての道を歩んだ。同九年十二月七日にまた招魂社掛を兼務し、中祭以下の祭典の祭主を勤めた。明治十二年の靖國神社への制度変革後も、海軍を代表する参列官員として出張参列することが明治二十二年まで続くなど関係を維持し、同二十四年二月に海軍大主計から宮司に就任した。

一方、東京に移住して社司となった六十二名のなかに賀茂正作がいた。『靖國神社誌』に「賀茂八郎」と記される人物である。彼の履歴について、前掲の招魂社職員名簿は次のように記している。

明二、一一、二三　社司　一身六人扶持
明三、八、一九　社司学校通学生
明三、八、二一　社司学校一等生　三等生ニ十八史略素読指導ヲ担当
明四、七、四　任社司官禄六人扶持
明五、一、二三　帰農商願提出
明五、一、二八　依願免社司　積年勤労ニヨリ褒賞賜金百両　○退職後赤羽邊ニ居住

社司学校は東京招魂社に設立された祭典取調所で、「別紙學體ニ法リ學科ノ通リ社司一統ニ學術研究爲致度候」と大久保忠尚・富士亦八郎・桑原真清の連名で明治三年四月四日兵部省に伺い、許可された。学科は本教・文章・歴史の三科からなり、社司に皇典を研究させるための施設であった。正作はその通学生となり、直ぐに一等生となった。「一・二等生ハ助教ニ於テ教授ヲナシ、三等生徒ハ当分ノ内、一等生ニ於テ分課教授ヲナシタリ」(49)とあるように、彼は三等生に『十八史略』素読の指導を担当した。既述の兄水穂が正作の墓碑に「君資性靜愼好學」と刻んだように、二十一歳の若さで素読指導ができるほどに典籍に通じていたということであろう。

明治四年七月四日に社司辞令を更改し、特に兼官や帰郷して活計できる者の退職希望者を募った。結果として免職

辞令は二十四名で、賀茂正作を含めた残留者三十九名には新たに社司の辞令が発行された。しかしこれは一時しのぎであり、翌五年一月から二月に社司の大量解雇が行われた。上記履歴のように、「帰農商願」を提出した者に依願免職と褒賞賜金百両を給与するというもので、一方では兵部省(同五年二月二十八日に陸海軍省に分立)でも抱えた。結局明治五年三月における鈴木楯雄「報国赤心両隊ノ内ヨリ社司奉仕名記及転職調書」(50)によると、百両受領して社司を免職になった者二十五名、陸海軍省に奉職した者二十七名(既に奉職の者も含む)、県に奉職・洋学修行各一名、社司残留五名(報国四名・赤心一名)という状況であった。解雇者の内帰国した者は五名しかいない。帰国して活計の方策が立つ者は前年七月に辞めていたからである。「ブラ付」や「煙草切」など悲惨な状況も見られた。

兵部省は、駿遠の社司を解雇に踏み切ると、同四年八月二十二日に青山清を「兵部省十一等出仕」に採用して「招魂社祭事掛」に任命した。彼は、長州萩の椿八幡宮大宮司で、藩学明倫館の助教授も勤めた人物である。(51)文久二(一八六二)年七月に神葬祭等実施の「建白書」を藩に提出し、翌元治元年五月には七卿落ちの一人錦小路頼徳を祀る安加都麻神社創建の祝詞を読み、同年建設の桜山招魂場に翌慶応元年八月社殿が完成すると、六日の鎮座祭で奇兵隊が居並ぶなかを彼は祝詞師を勤めた。同年十月二十五日の吉田松陰の祭を『白石正一郎日記』は「招魂場にて吉田先生の祭執行、青山、高杉、山県、福田、伊藤春介、小生等也、帰路伊藤春介ニて馳走有之」と記している。(52)青山は、高杉晋作・山縣有朋・伊藤博文・白石正一郎らと交流があり、奇兵隊など長州における死没者の神葬祭祀を担う人物として見られていた。桜山招魂社の戦没者祭祀が東京招魂社の先駆であった、という津田勉氏の論考(53)は首肯できるものであり、特に長州出身者にはその意識があったものと思われる。明治四年六月二十五日、それまで兵部卿であった有栖川宮熾仁親王が辞任し、大輔も空席の中で兵部少輔山縣有朋が事実上のトップとなり、七月に大輔に就任した。報国・赤心両隊にとって最大の庇護者であった大村益次郎の暗殺後はやはり有栖川宮の存在が大きかったと思えるが、その辞任後すぐに兵部省は社司の大量解雇に踏み切り、七月に「戊辰之役大總督ニ随従東下シ仝年十一月中歸國申付猶緩急奉公可致旨相達置候處自今不及其儀各生業専一相營候事」（太政類典第一編）と両隊の奉公不要を申し渡し、ここに両隊は解散することとなった。この一連の動きは、五月十四日の神社は「国家ノ宗祀」であり神官の世襲を廃止するとした太政官布告や、七月の廃藩置県にともなう藩兵等の解散等との関係も考慮されるべきであるが、八月に長州における戦没者祭祀を担ってきた青山清を招魂社祭事掛に迎えたことを含めると、山縣有朋の意向が働いたものとみるべきであろう。青山清は、同四年十月頃に「招魂社御用掛」、同五年一月に「招魂社祭事掛」となり、残留した社司を監督指導する立場にあった。同七年七月には、社司の中心的存在であった報国隊の桑原真清が依願免職となり、青山の推挙により社掌石井懿は等外一等となり、青山は陸軍省十等出仕となるなど、彼の地位と招魂社における発言力は増し、明治十二年の初代宮司就任に至った。このようにして、明治四年七月を境に東京招魂社は、その担い手が駿遠系から長州系に大きく転換したといえるであろう。

三、東京招魂社と音羽陸軍埋葬地・白金海軍埋葬地

1　真田山陸軍埋葬地と招魂社

陸海軍埋葬地の設置は、基本的には徴兵や志願により集められた兵士たちの平常死に対応するものであった。その点では、戊辰戦争戦没者の「官軍墓地」と区別されなければならないが、新政府側が設置した埋葬地であり、神葬による埋葬や慰霊、社殿の建設など類似点を見出せる事例もある。真田山陸軍埋葬地における社殿の建設について、次

の史料がある。

大阪出張兵部省願　弁官宛
大阪府下摂州西成郡真田山之内御高付地三千四百三拾坪三合七勺五才和歌山藩陣屋地引高之分五千六十六坪八合七勺五才合計坪数八千四百九十七坪二合五勺　右地所ハ常陸軍士官生徒及兵卒等死亡ニ至リ候者祭魂社并埋葬場等取設仕度候間委細大阪府ヨリ可伺出候間右地所早々当省へ御渡方相成候様御沙汰可被下御願仕候　此段申入候也

三年十二月十三日

埋葬場とともに祭魂社の設置を願い出ており、翌年一月五日に兵部省はほぼ同じ内容で弁官宛に上申した。弁官は民部省に問い合わせ、四年四月十日にその了解を得たことで真田山陸軍埋葬地が成立したと見られている(54)。その祭魂社については横山篤夫氏の研究があり、埋葬地設置の明治四年からここで招魂祭が執行され、社は「招魂社」として大正七(一九一八)年まで存在したことが確認できるという。明治十年の西南戦争戦没者招魂祭は旧大阪城天守台跡地で行われ、同十六年に大阪偕行社が中之島に明治紀年標を建てると、同年から招魂祭はそこで行われるようになった。招魂祭の場が埋葬地内の招魂社から明治紀年標に移ったことは、戦死者祭祀の場と埋葬地を分離したということでもある(55)。

陸軍埋葬地に一社を設けることは、東京の場合でも『公文別録』明治四年八月八日に「隊兵ノ墓地ヲ定メ社ヲ設ケテ合祭スルノ議ヲ決ス」とある。これは、御親兵などに連月死亡者が出ているので、墓所を設け「神葬之礼」で埋葬し「右確定之上ハ其地ニ一社ヲ設合祭相成度候事」と兵部省軍務局が本省に伺ったもので、候補地五カ所をあげ、明治六年五月に埋葬地を音羽護国寺に設けることで実現した。この伺いで注目するのは、「一社」を設け「合祭」することである。埋葬者が個々に慰霊・供養されるのでなく、最初から全ての死者（埋葬者）の霊を合わせ祀る社を設けるという発想には、その死に共通のものが見出されなければならない。陸軍埋葬地における社は、国家の軍隊として勤務中に死亡した兵士たちを、軍隊（国家）が祀るということである。それは、長州における桜山招魂社の背後に奇兵隊戦没者の神霊碑が整然と並び、後山招魂場は拝殿だけで本殿がなく、その位置に神霊碑が並ぶことに見られる、諸隊ごとに招魂場をつくり招魂祭を行った長州の事例に通じるものがある。(56) 奇兵隊における桜山招魂社が、国軍における埋葬地の「一社」に相当するものであろう。埋葬地に一社を設けることは、桜山招魂社建設の前年元治元（一八六四）年五月に錦小路頼徳の墳墓地に安加都麻神社を建設したことに既に見られ、長州ばかりではなかった。長崎の振遠隊は東北戦争に出陣して凱旋すると、大楠神社の側らに新設した招魂場に明治元年十二月二十六日戦死病没者十七名の遺髪等を神式で埋葬し、澤宣嘉府知事が祭文を読みあげた。その後箱館戦争死者の遺品も埋葬され、それぞれの霊は大楠神社に合祀して梅香崎招魂社と号した。(57) 同じ長崎でも佐古招魂社は、西南戦争戦死者及び台湾出兵戦死者の梅香崎からの改葬による墳墓地である。当初は招魂社を建てる予定であったが、費用のことや「該戰者ノ靈魂ハ已ニ靖國神社ニ合祀シ歳事其祭典ヲ執行セラル、」こともあり、高さ一丈二尺の合葬墓を建設したいと陸海軍卿が上請し、明治十四年五月二十三日に許可された。(58) 佐古招魂社の名称は残るが招魂社は建たず、代わりに「軍人軍属合葬之碑」が建てられた。軍墓地に招魂社は不要という考えを軍が示したことは注目すべきである。靖國神社においても、今でこそ墳墓と切り離されているが、創建当初は必ずしもそうではなかった。次の史料は、明治三年に兵部省が弁官に上申したものである。(59)

追テ先般神葬ノ典被仰出候ニ付テハ諸官員ノ者共死去ノ節ハ招魂社地内ヘ埋葬且招魂社側ヘ小社建構子孫ノ者靈祭為致此段御決議相成候ヘハ當省ヘ御沙汰相成普ク御布告被仰出度候也（三年四月四日）

これについて神祇官は「過日諸官員葬地モ御渡相成候儀ニ付官員埋葬且小社取建ノ義ハ見合候方ト相考候」と弁官宛に回答し、弁官は兵部省に「華族百官神葬地所神祇官へ御渡相成居候間招魂社内へ埋葬且小社取建ノ義不被及御沙汰候事」と回答している。兵部省は、官員の神葬墓地を東京招魂社地内に設け、小社を建てて霊祭を行うようにしたいと弁官に伺ったのである。華族百官用神葬墓地は、神祇官が東京府と掛け合い青山百人町と渋谷羽根沢村に確保し、(60)上記神祇官の回答はそのことを述べている。東京招魂社を管轄する兵部省で、招魂社内に死者を埋葬する墓地とそのための社を建てるという考えがあったことは注目すべきことである。

このように、明治初年に維新殉難者や対外戦争死没者、国軍兵士の平常死者などの埋葬地に霊祭を行うための社を建てることが広く行われ、遺体の埋葬と霊魂の祭祀は一体的に捉えられていた。それは東京招魂社においても例外ではなかったが、明治十五年前後にその変化がみられた。即ち、明治十四年に佐古招魂社は招魂墓地での社建設をやめて合葬碑を建て、同十六年に真田山陸軍埋葬地では招魂祭の場を別地に移して招魂社はやがて廃絶したということである。墳墓地と社、遺体の処理と霊魂の処理の場を切り離すというこの変化をもたらしたものは、明治十五年一月二十四日の神宮と官国幣社の神官に対して教導職兼補と葬儀への関与を禁止した内務省達丁第一号ではなかろうか。この達により、神官の埋葬・葬儀への関与は禁止され、次に述べる靖國神社も陸軍墓地との関わりがなくなったのである。

2　東京招魂社と音羽陸軍埋葬地

陸軍省は、既述のように音羽護国寺の寺地を上地させ、明治六年五月に陸軍埋葬地を設けた。軍務局は明治四年八月に「神葬之礼ヲ以テ埋却」したいと伺ったが、同六年十二月の「下士官兵卒埋葬法則」には「神葬又ハ仏葬ヲ以テ施行スヘシ」とあり、神葬か仏葬というこの規定は以後も踏襲された。

音羽陸軍埋葬地が設けられると、東京招魂社の神職（社司・社掌）が神葬に奉仕したことが社務日誌に頻出する。(61) 明治六年七月三十一日の「近衛騎兵武藤厚到死去葬祭ニ護国寺上地葬へ行」という記事が初見で、八月には十四回出張して葬祭に奉仕し、埋葬者は二十名であった。九月は十三回、十月は十一回の奉仕であった。翌七年になると年間で四十回と少なくなり、その内九回はこの年から頻出する霊祭への奉仕であった。出張が減ったのは、上記「下士官兵卒埋葬法則」で神式・仏式のどちらでもよいことになった影響かも知れない。この頃の東京招魂社は、社司五名（辻吉野・穂積楯雄・桑原眞清・幡鎌幸雄・宮田重雄）社掌二名（石井懿・東流直昌）で、葬祭の奉仕は社司と社掌各一名で行った。社司は上記順番で社掌は交互に奉仕というルールができていたようで、桑原真清は奉仕していない。

明治八年六月以降暫く記載が途絶え、明治十二年七月から復活する。同年六月に靖國神社と改め宮司・禰宜・主典を置くようになり、宮司は青山清、禰宜は黒神直臣、主典は石井懿・東流直昌・井田孫一郎・植田有年であった。記載の復活は、この新しい体制によるものと思われ、その間も音羽の埋葬式に奉仕していたことは、次に掲げた明治十年九月の社務日誌に「先例之通音羽へ御出張可有之候」とあることから伺える。但し、明治十二年からは音羽への奉仕は一名で担当するようになり、主に主典の石井・東流・井田が担当し、下士官の場合などで黒神禰宜が出向することはあった。青山宮司の埋葬式出向は、明治十四年二月の陸軍大尉有馬純一の場合のみで、この時は東流・井田主典も奉仕した。

音羽陸軍埋葬地への出向は、社務日誌に「葬祭」「埋葬式執行」「埋葬執行」「埋葬ノ為」などと記されていることから、埋葬式を行ったことは明らかである。但し、海軍埋葬地における葬儀師のような現地責任者ではなく、出向して埋葬式を執行するのみであったようである。音羽には「番人」が居た。明治六年七月三十日布第二四号に、埋葬の節は「埋葬地番人鬼澤信順」に案内するようにとある。(62) また明治三十九年九月の「教導職兼音羽陸軍埋葬地番人山本正方」の訴訟資料に「被告山本ハ明治二十七年ヨリ音羽陸軍墓地ニ埋葬スヘキ軍人ノ死亡者アルトキハ埋葬ノ事ヨリ石碑ヲ建設スル迠総テノ受負ヲ為シ来リシ」とあり、(63) 山本正方は番人で埋葬から石碑の建設までも請け負っていたという。

東京招魂社の神職が埋葬式を行うことの命令系統は、次の明治十年九月十五日の社務日誌からうかがうことができる。

壹第千六百十号

第一局長○　　○屯田兵第一大隊第一中隊

左小隊第一分隊兵卒

二瓶只次郎

右之者病氣ニテ當隊仮病室へ入院致居候処今暁第四時死去致候ニ付當府招魂墓地へ埋葬候様至急其筋へ御指令相成度此段上申仕候也

明治十年九月十五日　　准陸軍少佐永山武四郎

陸軍卿代理

陸軍中将西郷従道殿

追テ本日午後二時墓地へ送葬候ニ付此段モ添テ上申候也

別紙之通懸合来候間先例之通音羽へ御出張可有之候也

九月十五日

別紙明朝迠ニ御廻し有之候也

第一局四課

招魂社詰処

これは、西南戦争に屯田兵第一大隊長として出征した永山武四郎が、帰郷の途東京に滞在していた時のもので、部下の病死につき音羽陸軍埋葬地への埋葬を陸軍卿代理に依頼した文書である。それを受けた陸軍省第一局第四課が招魂社詰所に「先例之通音羽へ御出張可有之候」と命じている。東京招魂社は、明治六年三月の陸軍省官制改革で第一局が管轄し、第四局が建築・修繕、第五局が祭資その他の諸費を担当した。「軍法・葬祭」を担当した第一局第四課は、陸軍埋葬地の設置当初から招魂社も併せ管轄する便宜上、招魂社神職に埋葬式を行わさせたのかもしれない。なお、上記文書が社務日誌に記載されたのは、東京在営の軍隊でなく屯田兵(開拓使)からの依頼であったためと思われ、これにより埋葬式執行は第一局第四課を通して招魂社詰所に伝えられたことがわかる。但しいつもこの流れで動いたのではなく、実際は「先例」として直接に軍から招魂社に依頼したようで、このことは次の掲げた明治十五年一月三十一日の社務日誌に近衛聯隊から埋葬式の依頼が神社にあった記事からもうかがえる。

なお、右の資料で音羽陸軍埋葬地を「招魂墓地」と記しているのは、音羽に埋葬された他の屯田兵関係文書も同様で注目される。官軍墓地や仁川招魂墓地など政府側兵士の墓地に当時「招魂場」「招魂墓地」の称が用いられていた。陸軍墓地は仏葬も行うなかでこの呼称がみられることは、東京招魂社の神職により神葬祭が行われる埋葬地という意識が強く背景にあったものと思われる。

このように、音羽陸軍埋葬地の開設当初から東京招魂社神職が埋葬式を執行してきたが、明治十五年一月二十四日の内務省達で終焉を迎えた。社務日誌の二月二十六日に「内務省ヨリ達之写」として「内務省達丁第壹号」全文が記され、二十七日以降は次のように記されている。

廿七日　晴天　昨日内務省ヨリ御達書之際ニ本日陸海軍両省エ相届候事

廿八日　晴天　従来陸海軍兵隊葬儀當社ニ於テ依頼ニ応シ執行候処内務省丁一号ニ基キ以後取扱不申ルノ御届ケ並ヒ説教本月限リニ相廢候段軍法課江相届候事。本日課長ヨリ内旨ニ付士官学校教導團近衛東京鎮臺江今後葬儀取扱不致旨為念相通知候事

三十一日　風烈　本日近衛隊兵卒病死ニ付埋葬式依頼申来リ之処内務省ヨリ達之趣申越シ相断候事

神宮と官国幣社の神官に対して教導職兼補と葬儀への関与を禁止した内務省達丁第一号を二十六日に記録し、二十八日の記事は今後葬儀及び説法を行わない旨を軍法課に届け出た。同課は明治十二年十月十日に改正された陸軍職制に基づき、第一局が総務局となったなかに設置され、「靖國神社ニ係ル事務取扱ノ事」「陸軍會葬并埋葬ニ係ル事務取扱ノ事」などを職務とした(64)。すなわち靖國神社や陸軍埋葬地への埋葬を所管とする部署である。今後靖國神社は埋葬を取り扱わない旨も、軍法課長から士官学校・教導団・近衛・東京鎮台など従来埋葬式を執行してきた在京の部隊・学校に通知された。ここに、音羽陸軍埋葬地と靖國神社との関係は断たれた。以後は、昭和五年九月二十一日に国教宣揚会主催の陸軍墓地墓前祭で祝詞を奏上し、同十八年三月二十一日、九月二十八日、十九年三月二十日、九月二十六の陸軍墓地祭に奉仕し慰霊祭を執行したことはあるが、それが同墓地のとの関わりの最後となった。

3　東京招魂社と白金海軍埋葬地

東京招魂社の神職が白金海軍埋葬地で埋葬式を行った記録はない。両者の直接的な関係は見られないが、葬儀師賀茂正作はもと東京招魂社の社司であり、両者を管轄する海軍省に正作の兄水穂がいたことなど、間接的なつながりは

あったといえる。その両者を結びつけようとしたのが、次の「葬儀師兼任之儀ニ付上請」である。(65)長文であるが全て載せる。

葬儀師之者ハ靖國神社宮司祢宜之内」兼任被申付度云々別紙之通軍務局より申」

出候處右申出書面中ニ葬送祭主之義ハ神」官僧侶或ハ教導職之外常人之施行シ得」

サル義ニ可有之云々ト相見得候ニ付其原因」ヲ取調候ニ」

明治五年六月百四拾弐号御布告ニ曰ク葬儀ハ」神官僧侶ノ内へ頼マシメ向後自葬ヲ行フヲ禁ス」

明治七年一月拾三号御布告ニ曰ク葬儀之」義自今教導職へモ依頼スルヲ許ス」

右之通ニ有之乍然右ハ一般人民私ニ葬」ル事ヲ被禁候御旨意ニ而海軍葬儀師等之」

葬儀ヲ取扱フニハ関係無之様勘考仕候」ニ付宮司祢宜等兼任ニハ不及義ト存候へハ」尚何分之御詮議奉仰候」

但軍務局申出通御聞届相成ル義ニ候へハ」先ツ内務省へ御照会可相成手順ト奉」存候」

「軍務局申出之通」（別筆）

（別紙）　　　秘　富士岡

軍弐套　第弐百四十七号

　葬儀師兼任之儀ニ付」上請

當局所轄葬儀師之儀ハ従来属」官或判任出仕之者より被申付候處葬」

儀師之称タル素ヨリ官名ニ無之一之分」課之如キニ有之然ルニ葬送祭主之儀ハ」

神官僧侶或教導職之外常人之」施行シ得サル義ニ可有之存候得共特に」

當省ニ限リ属官或出仕之者より葬祭」主之事ヲ掌ラセ候ハ不穏當ニ可有之存候」

折柄今般招魂社之儀別格官幣」社ニ被列候間葬儀師二名共同社宮」
司祢宜之内兼任被申付度左候ハ、向後」名実モ適當シ可然存候条此段上請」仕候也」
十二年六月廿七日　軍務局長 海軍大佐林清康 印
海軍卿川村純義殿代理 海軍少将赤松則良殿

これは、別紙の押印と本文前の「起案 原田(印)六月卅日」「事務課長 長政」「副官 赤松、清康」という起案・稟議印から、軍務局長林清康が海軍卿代理宛に作成した別紙を海軍省事務課受付掛富士岡眞雄が受理し、同課秘事掛原田啓が起案文書を作成して稟議し、事務課長小森澤長政、副官の林清康・赤松則良が確認印を押し、副官兼海軍卿代理の赤松が「軍務局申出之通」と認可したものである。内容は、神官僧侶や教導職でもない省の属官や判任官出仕の葬儀師が葬儀を行うのは不穏当であり、東京招魂社は列格により神官制度が整ったことから、宮司・禰宜に葬儀師を兼任させたいという上請である。葬儀師は「明治十二年一月改正　海軍省分課一覧」に軍務局の各課と並列して「葬儀師　十七等出仕山本瑞枝　同多門正文」とあることから、海軍省の分課の如きもので十七等出仕であった。東京招魂社の神職は、明治二年の社司任命以降は同七年二月に社司・社掌を陸軍省十四等出仕・十五等出仕・等外一等に命じて陸軍省第一局分課とし、同十年一月十二日には彼らを「招魂社雇」に命じるなど(66)、神官の扱いではなかった。明治十二年六月四日の靖國神社への改称と列格で、宮司・禰宜・主典を置く神官の制度がようやく整ったので、願い出たものである。この上請は海軍省内では承認されたが、内務省及び陸軍省の了承を得られなかったようで、これに係わる史料は他に見出していない。但し、陸軍省はこの直後の明治十二年七月一日に「靖國神社社務所規則」を制定し、その第四に「陸海軍兵隊ノ中死亡アリテ葬儀ヲ頼出ルトキハ、之ニ應スヘシ」とあり、海軍からの葬儀の申し出も受け入れることを明記した。上記海軍省からの申し出への対応ともとれるが、その後も靖國神社は海軍埋葬地の埋葬式に関わることはないので、両省所管ということからの原則を示したものと思われる。

この上請の背景として、まず第一に別格官幣社列格の議論の中で、法制局から同年五月十九日に「同社社職ノ者ニ於テ軍人ノ葬儀ヲ取扱候」ことはやむを得ないとしながらも違法と指摘されており[67]、その解決のためであった。第二に、軍務局内に葬儀師及び海軍埋葬地を担当することに異論があったことである。軍務局は、この半年前の同年一月に葬儀師の所管換えを上請していた[68]。その回答が得られず翌十三年十一月十九日に再度上請し、翌十四年二月に主船局へ移管となった。その後も調度局・軍務局へとたらい回しにされた経過は既述の通りである。主船局への移管の理由は、軍務局が官用地を所管することは不穏当ということであった[69]。陸海軍省所管の東京招魂社神職に、海軍埋葬地の葬儀式も担当してもらうことで、葬儀師担当の業務から離れたい意向があったものと思われる。

靖國神社神職による白金海軍埋葬地での埋葬式執行は、海軍省内の了解に止まったが、それを行おうとした事実を確認することができる。

この後は、昭和九年三月二十四日に白金海軍埋葬地での「海軍軍人軍属慰霊祭」に奉仕した。翌十年三月二十三日も「海軍墓地慰霊祭」が行われ[70]、禰宜芝小路豊後が祭主となって赤塚真成以下五七八柱の神霊に対する慰霊祭を行った。翌十一年五月二十九日の「白金海軍墓地墓前祭」の祝詞には春秋二季とあり、同年九月二十二日の秋季慰霊祭以後は毎年三月の春分、九月の秋分前後に「海軍墓地祭」を行うことが恒例となり、昭和二十年三月まで靖國神社は「定例私祭」として奉仕を続けた。この間、昭和十八年と十九年の春・秋には陸軍墓地祭への奉仕も行われたが、海軍墓地祭は昭和十五年九月以降原則として春分・秋分の日に行っており、遅れて始めた陸軍墓地祭は最初の十八年三月こそ春分の日に行ったが、その後は春分・秋分の日を海軍墓地祭にあてている。

四、戦後の靖國神社と白金海軍墓地――靖国会の軍用墓地管理構想と白金海軍墓地の維持管理――

政府は、昭和二十年八月二十八日の閣議で陸海軍所属の土地・施設等一切の国有財産を総括的に大蔵省に引き継ぐことを決め、同年十月末日に旧海軍墓地は大蔵省へ移管された(71)。十二月一日、陸海軍省の廃止により、残務整理を行う第一復員省(陸軍関係)と第二復員省(海軍関係)が設置され、翌二十一年六月には復員庁となり、従来の省は第一復員局・第二復員局となった。軍用墓地は大蔵省に移管したが、維持管理は復員省の所管であった。同二十一年六月二十九日、大蔵次官・内務次官から「藏國第七二六號　旧軍用墓地の處理に関する件」が発せられ、「旧軍用墓地は都道府縣又は地元市町村に無償貸付するものとする」「目下靖國神社の氏子團體たる靖國會(仮稱)に於ては維持管理、祭祀を担當したい意向があり、右は適當と認められるが、これに就いては更めて同會から貴廳局に連絡する筈であるから其の時には然るべく考慮せられたい」などとある(72)。この通牒は軍用墓地の地方庁への無償貸与の原則を示し、これによって貸与・払い下げが進展していくことになるので重要である。更に、靖國会が軍用墓地の維持管理・祭祀を希望し適当であると公文書に記されているのは注目される。

この通牒の前提となった動きが、靖國神社所蔵資料からうかがえる(73)。それによると、同年四月頃に第一復員省の山田復員官から横井時常権宮司宛書翰に「舊陸海軍墓地調」という表題の墓地一覧表が添付され、「陸軍墓地ノ名稱變更及維持管理委託並ニ遺骨ノ處理ニ関スル件次官ヨリ靖國神社宮司宛照會案」も添えられていた。それには「陸軍墓地ハ自今殉國墓地ト改稱スルモノトス」「墓地ノ祭祀墓守等維持管理ニ關シテハ取敢ス靖國神社ニ委託スルモノトス」「追テ墓地ノ維持管理ニ關シテハ將來設立ヲ豫想セラルル靖國會(假稱トシ遺族ヲ中心トスル奉仕會)若クハ同地方支部ニ移管セラルル豫定ナルニ付申添フ」とあり、併せて「墓地ノ維持管理委託ニ關スル協定(案)」も「昭和二十一年四月」の日付、第一復員次官・靖國神社宮司の名で作成され添付されていた。第一復員省が主導して、維持管理を靖國会または同会支部(靖國会は都道府県に支部を置くことになっていた)に移管する案が進めらていたことがわかる。四月十一日には、靖國神社宮司より第一・第二復員次官宛「舊陸海軍墓地移管ニ關スル件申請」が出され、「東京都下竝ニ近縣(千葉、埼玉、神奈川各縣)所在舊陸海軍墓地(施設、人員ヲ含ム)ハ之ヲ靖國神社ニ移管シ當神社之ガ祭祀ヲ掌理シ遺靈ニ奉仕」したいと申請した。これを受けて四月二十日に大蔵省国有財産部と靖國神社が協議した。その協議案と思われる前日付の国有財産部総務課作成「舊軍用墓地處理ニ關スル件(案)」には「舊軍用墓地ハ取敢ズ財團法人靖國會(假稱)支部ニ一時使用ヲ承認シナルベク早ク無償貸付ノ手續ヲ爲スコト」とあり、大蔵省も靖國会への移管を了解していた。五月十三日に大蔵省国有財産部で打合会が催され、第一・第二復員省、文部省宗教局、内務省、大蔵省国有財産部、靖國神社(横井権宮司・高原主典)、忠霊顕彰会が出席した。冒頭国有財産部長は「先般協議しました特定團体無償貸与の件に付調査の結果、新憲法が次期議會で通過した場合、第八十五條ニ抵觸致しますので別紙「軍用墓地の處理に関する件(案)」を定めました」と発言し、墓地は原則として都道府県・市町村に無償貸与し維持管理させるが、「財務局長から通牒する場合靖國會が此れを維持管理する意向である旨を申添ます」と述べた。別紙案の用紙は下半分欠けているが、「藏國第七二六號」とほぼ同文のようである。憲法八十五条は現行の八十九条であり、それへの配慮から無償貸与先は原則として都道府県・市町村とするが、維持管理は靖國会が行うことを想定していたのである。権宮司からは「靖國會は神社の附属として財團法人に今の處しない方針です」の説明や、第一復員官から墓地管理人は殆ど所属がなく給料も最近受け取っていない状況が報告された。最後に財務部長から、今週の内閣特殊物件委員会にこれをかけ、次官会議を経て地方長官に通牒するとの報告があった。その通牒が「藏國第七二六號」である。靖國会による軍用墓地の維持管理は、このように第一復員省が主導し、第二復員・大蔵・内務省とも調整して進められていたのである。靖國会も、上記資料から靖國神社を管理してきた陸軍省を引き継いだ第一復員省(及び第二復員省)が描いた構想と思われる。

靖國会は、昭和二十一年四月一日制定の「靖國神社規則」によると、靖國神社の崇敬者組織である。上記「藏國第七二六號」に「靖國神社の氏子團體」とあるのは、前年十二月四日のGHQ宗教課長バーンズ大尉と飯沼一省神祇院副総裁・曽根益終戦連絡事務局第一部長との会談で、靖國神社について「既ニ祭ラレタル祭神ノ遺族ヲ氏子トスル一神社トシテ存続スルコトニ何等差支ナキモノト思惟スル」と日本側が述べたところに既に見られている。(74)存立に危機感を抱いていた靖國神社が、軍の直轄や軍事色・英霊顕彰の性格を排除し、氏子を持つ一神社としての宗教的性格を強めることで、信教の自由の原則から存立をはかろうとしたなかでの表現であった。その頃、社名を「靖國廟宮」と改め神社の機構改革をはかる案がおこり、同年十一月に神祇院教務官から転任した横井時常権宮司がそれを推進した。十二月三十一日に横井権宮司は神社職員を集めて「靖國廟宮庁規則」を説明したが、(75)翌年一月二十一日のバーンズ大尉との会談(76)を経て社名変更を撤回し、「靖國神社規則」に「本神社ハ靖國神社ト稱ス」とあり今日に至っている。靖國会は、もとは靖國廟宮とともに構想された靖國廟宮の「氏子」組織であった。靖國神社に四種類現存する「靖國会規約(案)」の最古と思われる規約案には「本會ハ靖國廟宮祭神ヲ報慰シ祭神ト遺族トノ直結ヲ密接ニシ遺族相互ノ扶助親睦並向上ヲ圖リ靖國神社創立ノ御趣旨ニ副フコトヲ目的トス」とある。全国各都道府県に支部、その下の郡区市に支会、その下の町村に分会を設けての全国組織を構想し、廟宮祭神遺族を正会員として会費年額二円を各分会で徴収するというものであった。(77)遺族を会員として全国を網羅したもので、戦前にはなしえなかった靖國神社を支える全国組織といえよう。昭和二十一年一月二十一日、靖國神社横井権宮司とGHQのバーンズ大尉との会談で、権宮司は

「靖國會の人的組織」を説明し、その代表を集める「會期は新聞には二月一日と発表されて居るが、それよりはおくれる事にならふ」と説明した。会談の中で、バーンズ大尉は全国から代表を集めることに難色を示し、東京周辺という一部分を集めるのがよいであろうと述べており、靖國神社の全国組織が形成されるのを好ましく思っていない印象が伺える。遺族代表者会議の延期を知らせる一月二十七日付靖國神社文書に「豫て第一復員省石橋世話人より御依頼申上候遺族代表者会議に関しては」とあり、[78] 代表者会議は第一復員省の石橋復員官が準備したものであった。靖國会は第一復員省の石橋復員官が中心となって描いた構想であったことがここでもうかがわれる。

二月二日には宗教法人令改正に基づき靖國神社は宗教法人となり、復員省の管轄から離れることになった。代表者会議は規模を縮小し、東京都各区代表を中心とした「第一回遺族懇談会」を四月二十五日に社務所で開催した。かわって翌五月からは全国を回って「遺族懇談会」を開催した。GHQの意向を汲んでのことと思われる。第一回は五月二十日から二十五日迄で長野・愛知・静岡・山梨の四県、第二回は六月二十日から七月十二日迄で三重・石川県以西の十四府県、第三回は七月二十二日から八月十二日迄で東北・北海道を巡った。各地の地方長官・世話部長(旧陸軍)・地方人事部長(旧海軍)・遺族代表に通知し、神社側から横井権宮司が出張し大谷藤之助氏が随行した。大谷氏は第一回目の時は第二復員省復員官の世話人として随行し、六月に復員官を辞して靖國神社の事務嘱託となり、神社職員として随行した。懇談会の趣旨は、靖國神社制度改正の経過報告と、今後の神社の運営に関する諸問題について関係当局や遺族と協議するというもので、国家の管理を離れ単立宗教法人となった靖國神社の維持運営が協議の主題であったと思われる。というのは、「靖國会規約(案)」はその後加除訂正され、一番新しいものには「靖國廟宮」が「靖國神社」になり、会の目的に「神社維持経営ノ奉賛」が加わり、会員組織は全国の支部・支会・分会の記載が消え、会員は「神社祭神遺族ノ有志」となるなど大幅に変更されている。宗教法人として再出発した靖國神社は、信教の自由のもとに遺族の自由意思に基づく靖國会を組織し、それにより維持経営をはからなければならなくなった。全国を巡っての遺族懇談会はその説明であり、遺族を「有志」に取り込むための遊説であったのである。なお、この遺族懇談会に大谷氏が復員官の身分で随行したことから、懇談会は復員省の構想の下に行われたものと思われる。

横井時常権宮司は「この全国遊説の結果はのちに「靖國講」として崇敬団体を組織することになった」と述べており、[79]靖國会は発足を見ないまま各地に崇敬団体「靖國講」が結成された。昭和二十一年十月十二日に結成された九段靖國講について、『靖國神社百年史 事歴年表』は「地元九段を中心に、九段靖國講が講元高松八百吉等の尽力により結成され、是日、靖國講発講式を行う。以後靖國講は、御祭神の報慰、神社の維持経営を奉賛することを目的として全国各地に結成される」と記している。靖國神社に同年九月付「靖國講創立に就いて」という一枚の文書がある。「ここに崇敬者相寄り、今回講社を創立し、神社奉賛の事業等を為す」ことになったので御賛同を得たい旨が記され、以後の講社結成・入会の呼びかけにこの文面が使用されているので、[80]講創立に動いたのは九月と思われる。靖國講淀橋分会の「靖國講の結成に就いてお願ひ」には、靖國神社の維持は遺家族が主体となって行うことになり、講社を結成して年六円以上の拠出をお願いすることになった旨が記され、靖國講が靖國神社維持のために結成された遺族中心の崇敬団体であることを示している。靖國神社宮司がGHQ宗教文化資源課に提出した昭和二十四年五月十七日付報告書[81]によると、靖國講は昭和二十二年に講数十三、講員一万二八七七人、同二十三年に講数三十六、講員七九〇九人が新たに結成されたといい、「前記一般の講は、それぞれの講の事情により、講員一人十円〜三十円程度を據出し、其の半額を講自体の運営の費用とし、残り半額を神社に献金してゐる」という。靖國神社維持奉賛の状況を伺うことができる。

靖國会が靖國講にかわった理由を明記した資料は見出し得ていない。昭和二十一年十一月に靖國神社・護国神社などは軍国主義的神社に該当するとして、神社使用国有地の無償貸与・譲渡の適用から除かれるなど、神社存立の危機的な状況のなかで、靖國講は宗教色と遺族の自由意志の性格をより強めたものであることから、信教の自由のなかで神社存続を図る構想によるものと思われる。一方では遺族会結成との関係もあった。横井権宮司・大谷嘱託らの全国遊説について、『日本遺族会十五年史』は「靖国神社嘱託大谷藤之助氏が各地方を巡歴して遺族の組織結成の勧奨をした」ことで各地に遺族会結成の気運が高まったと記している。八月に全国遊説を終えて翌月に靖國講創立に向けて動きだしたことから、遺族厚生を目的として網羅的に結成される遺族会と遺族の自由意志による靖國会とを区分けし、靖國会をより宗教色を強めた靖國講に切り替えたことが考えられる。一方の遺族会の結成についても、この後靖國神社は深く関わり、昭和二十二年十一月の遺族厚生連盟の結成にあたっては、大谷藤之助氏が推薦した長島銀三氏が理事長に就任し、連盟の連絡所を靖國神社内に設けている。

靖國会はおそらく復員省で構想され、全国の遺族を組織して年会費二円を徴収し、それで神社の維持経営とともに、軍用墓地の維持管理・祭祀を行おうとした。しかし宗教法人となった神社が遺族を網羅的に取り込むことはできず、有志を募る全国遊説を行う中で靖國講が構想され、各地に講が結成された。靖國会にかわり、軍用墓地の維持管理祭祀の構想は靖國講が担うことになった。「藏國第七二六號」に基づいて昭和二十二年一月二十三日付で旧白金海軍墓地と音羽陸軍墓地の管理が東京都に移管した。復員庁第二復員局長は同日付東京都長官宛「復二第一一九号」で「今後の維持管理及び祭祀については、靖國神社の氏子團体である靖國講でこれを実施したい旨の申し出であるので、便宜をはかられたい」と記し、東京地方世話部長の同日付同長官宛文書もほぼ同文である。同部長は同日付権宮司宛「東世留庶第十六號　舊軍用墓地の管理移管について」で「別紙の通り移管したので爾後の交渉は東京都廳建設局緑地公園課にされたい」という文書を送っている。これを受けて、三月十五日に靖國神社宮司は東京都長官宛「靖第七九號」で、旧音羽陸軍墓地と白金海軍墓地について「豫て申請の通り当神社成立の経緯に鑑み今後之が維持、管理並祭祀を当神社の崇敬者団体である靖國講に於て継承致し度」と申請した。その後、二十三年一月二十四日に旧白金海軍墓地は東京都へ無償貸付されると、二月二十五日に東京都知事から靖國神社宮司宛「建公収第二七号」で「豫て申請中であった舊白金海軍墓地の維持管理を別紙請書の條件をもって貴社に委託する」と申請を許可し、管理委託期間は昭和二十二年一月二十三日に遡って十年間であった。靖國講による管理は文面になく靖國会以来の構想は失われたが、白金墓地維持管理の靖國神社への移管はこれで完結した。但しその間に、靖國神社は二十二年九月一日に小野源一氏を傭人として採用し、その給与及び祭祀は神社が負担していた。氏は昭和三年から海軍省傭人として白金墓地の番人を勤め、戦後も復員局の身分で継続し、そのまま靖國神社傭人に採用された。それは靖國神社が白金墓地の維持管理を引き継いだということであろう。同年九月二十七日の旧白金墓地慰霊祭で、今まで墓地祭を主催してきた海軍省が終戦で廃止となり、代わって靖國神社がよろずの事を受け継ぐことになり、墓守を定め、変わることなく奉仕する旨の祝詞が読まれた(82)。靖國神社が海軍省にかわって維持管理を受け継いだことを墓前に報告しているのである。白金海軍墓地の維持管理が第二復員局の手を離れた二十二年一月二十三日に遡って委託しているのは、その後を靖國神社が実質上引き継いだということを意味しているのであろう。

軍用墓地の貸与については、先に示した昭和二十一年六月二十九日付「藏國第七二六號」後に、二十二年三月十八日付大蔵次官・内務次官通牒「藏國第二六九号」が出された。維持管理と祭祀の団体を区別し、後者に地方公共団体が関わらないように改めたものである。その別紙に旧軍用墓地の維持管理も神道指令に違反しないかという岐阜県の問い合わせに対する回答を添付し、「旧軍用墓地は他の共同墓地と同様の性質を有するものと解せられるので宗教上の施設ではないからこれを地方公共團体へ無償で貸し付け或は地方公共團体が他の共同墓地と同様に維持管理をして

写真２　旧海軍軍人白金墓地記念堂

も國家と宗教とを分離する趣旨に違反するものではない」と記し、宗教施設ではないと明言している。

昭和二十五年八月一日、海軍墓地に隣接する明治学院は墓地払い下げを大蔵省に申請した。二十五日の靖國神社社務所での「旧白金海軍墓地管理運営協議会」に、同学院はオブザーバとして出席した。翌年二月五日に同社務所で東京都・遺族・靖國神社・引揚援護庁第二復員局・明治学院の代表が出席して墓地処分の「最終協議」が行われ、墓地の廃止、墓地内に百二十坪の記念霊域を設けて無縁者を合葬する、有縁者の希望に応じて改葬する、以上の諸経費は明治学院が負担するという内容で了解を得た(83)。十二月二十二日には、第二復員局残務処理部長・靖國神社事務総長大谷藤之助・東京都建設局公園観光課霊園係長・明治学院による覚書が交わされ、「六、明治学院は毎年祭祀料として靖國神社と打合せの上適当な金額を靖國神社に寄附すること　七、現在の小野墓地管理人の身上に付ては靖國神社と明治学院と協議の上、明治学院に於て責任を以って処理すること」などが決められた(84)。これらの合意に基づき、二十七年三月二十四日に大蔵省と明治学院の間に墓地の売買契約が成立した。海軍墓地の改葬工事は二十八年十月一日に着工し、遺骨の小片を入れた五九五柱の骨壺は完成した慰霊堂内に納められ、残骸は堂内地下に埋葬したという(85)。翌年三月に改葬工事が終わると、四月十九日付都衛生局第一八〇六号で東京都は墓地廃止手続きをとった(86)。慰霊堂を中心とした霊域は平成三年に現在の場所へ移設し、「旧海軍軍人白金墓地記念堂」（写真2）を新たに建設して遺骨等を改葬した。現在、記念堂の前面に八基、背後に八基の墓標が立ち並ぶ霊域を形成しているが、墓地ではなく「納骨堂」の扱いである。

なお、改葬工事の完了と慰霊堂の完成により、明治学院は国へ霊域の無償使用を申し出て、関東財務局は昭和二十九年七月十六日付関財管二第一〇九九号「旧白金海軍葬義《(ママ)》所の維持管理について」で東京都に維持管理を委託し、都は八月三十日付建公霊収第一四号「旧白金海軍記念堂及び記念霊域の受託管理について」に「慰霊堂及び霊域の清掃、除草及び樹木手入れ等の管理は本都又は本都が委託するものにおいて実施します」と記して受託した(87)。靖國神社が雇った小野備人は昭和二十八年一月二十六日に退職となり、靖國神社による維持管理が終わった。但し慰霊祭は、東京都及び都の委託を受けた財団法人東京都慰霊協会が、平成十九年十月以降は明治学院が主催し、祭儀は靖國神社が主催者側から依頼を受ける形で継続して奉仕し、現在に至っている。

おわりに

本稿は、賀茂正作と海軍葬儀師に焦点を当て、白金海軍墓地の成立と葬儀師の実態や役割、靖國神社との関係などを捉え、併せて靖國神社の陸海軍墓地との関係を戦後まで通観するなかで、その関わりの変遷と意義を捉えようとしたものである。

海軍埋葬地が白金に設けられると、葬儀師になった賀茂正作は、埋葬地や葬儀式の整備に努めた。葬儀師の役割は、葬儀における遺体の埋葬とともに、生前に国家を護ってきた志の継承を魂に呼びかけ、慰霊と加護を願うものであったと思われる。海軍省出仕の身分で、その任務は埋葬式執行の他にも多岐に亘り、埋葬地における運営全般を統轄していた。賀茂正作は、遠州宇布見村の金山彦神社神職家に生まれ育った。幕末の遠州神葬祭・国学運動の中で、それらを推進した父や山本金木・賀茂水穂らの兄たちに囲まれ、戊辰戦争官軍東征における遠州報国隊の結成に重要な役割を果たし、中核として活動した。その活動が引き金となり東京招魂社が創建されると、彼は上京して社司となり、明治四年まで奉職した。これらのことが、彼の葬儀師としての神葬への深い造詣と熱意の基盤になったと思われる。但し、葬儀師を管轄した海軍省秘史局に賀茂水穂がいたことから、彼が東京招魂社を罷免された弟正作を葬儀師に招き、二人で国軍死者の埋葬を神葬で行う構想を描き実現していったものと推察される。

東京招魂社の神職は、明治六年に音羽陸軍埋葬地が創設されると、出向して埋葬式を執行したが、海軍埋葬地への出向はなかった。神官や教導職でもない招魂社神職や葬儀師による葬儀は違法であったが、明治十二年に東京招魂社が別格官幣社に列格されたことで、陸軍埋葬地における違法性は解決された。海軍省側も靖國神社神官を葬儀師兼任とすることで解決をはかったが、実現に至らなかった。

東京招魂社は、神職が埋葬式を執行し、明治三年には社地内に官員の神葬墓地を設ける構想まであったことなど、神霊の祭祀とともに遺体の処理にも深く関わっていた。埋葬地に社殿を建てて神霊を祀ることは、早くは長州の安都麻神社や桜山招魂社に見られ、明治初期の官軍墓地や軍・官埋葬地にも認められた神葬による祭祀形式であり、東京招魂社の陸海軍埋葬地との関わりも同様の意識として捉えられるのではなかろうか。東京招魂社には、遠州報国隊の社司や、明治四年以降社司取締の任についた長州の青山清など、幕末の神葬祭運動を展開してきた神職がおり、神葬への思いが強くあったものと思われる。「はじめに」に掲げた靖國神社宮司賀茂水穂の満韓墳墓を吊礼したいという思いは、離檀神葬を実施した賀茂家を継いで遠州国学運動を展開し、海軍埋葬地での神葬葬儀にも関わった彼の、亡骸を埋葬し魂を慰霊してきた神葬への思いではなかろうか。明治十五年に神宮と官国幣社神官の教導職兼補と葬儀への関与が禁止されたことで、遺体の処理と霊魂の処理が切り離され、埋葬地と社殿が一体であった形式は失われ、靖國神社も陸軍埋葬地との関係がなくなった。しかし、靖國神社はそれ以降も陸海軍墓地に墓前祭・慰霊祭という形で奉仕し、戦後の一時期は靖國会が全国の陸海軍墓地を維持管理することを構想し、旧白金海軍墓地の維持管理を担った時期もあり、現在もその慰霊祭に奉仕している。昭和二十一年四月に旧陸海軍墓地の移管を復員省に申請した文書に「當神社之ガ祭祀運營ヲ掌理シ遺靈ニ奉仕スルハ神社成立ノ經緯ニ鑑ミ最モ有意義ト存候」と記している。陸海軍墓地を管理して祭祀を行い、遺霊に奉仕することは、当社成立の経緯から最も有意義であるといい、靖國神社が神霊にのみ奉仕してきたのではない歴史が込められているといえよう。

賀茂水穂と正作の兄弟は、近代日本の政府軍・国軍兵士の死者をどのように慰霊するかということにおいて、片や東京招魂社における神霊祭祀に、片や海軍埋葬地における神葬祭に、それぞれにその制度を整え国家の慰霊の形を作り上げた人物といえるのではなかろうか。

本稿作成にあたり多くの方々にお世話になった。靖國神社には貴重な資料を閲覧させていただき、職員の野田安平氏には多大なご便宜とご教示を得た。海軍墓地調査では、公益財団法人水交会（山崎郁夫氏・髙嶋博視氏）、海上自衛隊横須賀地方総監部、横須賀市役所、佐世保東山海軍墓地保存会、青山霊園、明治学院等から、賀茂氏関係はご子孫の賀茂直光氏や雄踏町の嶋竹秋氏から多大なご支援を得た。この拙い原稿作成にあたっては、國學院大學研究開発推進機構の阪本是丸機構長をはじめとする機構の諸先生方から温かいご指導をいただいた。深く感謝申し上げます。

註

（1）陸満普大日記　明治三十九年「満大日記　七月全」。

（2）陸軍省大日記　明治四十年乾「貳大日記六月」。

(3) 国立歴史民俗博物館『国立歴史民俗博物館研究報告』第一〇二集、二〇〇三年。
(4) 同会の研究成果は機関紙『旧真田山陸軍墓地を考える』、会報『真田山』及び研究報告会等で報告され、小田康徳・横山篤夫・堀田暁生・西川寿勝編『陸軍墓地がかたる日本の戦争』(ミネルヴァ書房、二〇〇六年)を発行している。研究成果の内訳は、上記『陸軍墓地がかたる日本の戦争』及び同会のホームページに紹介されているので、掲載を省略する。
(5) 上記歴博報告書に山辺昌彦「全国陸海軍墓地一覧」、原田敬一「陸海軍墓地制度史」を載せる。
(6) 註(5)に海軍墓地も併せ載せている。白金海軍墓地については小林安茂『旧海軍軍人白金墓地――成立と沿革――』(財団法人東京都慰霊協会、一九九九年)がある。
(7) 横山篤夫「真田山陸軍墓地の成立と展開について」(『地方史研究』第二八一号、一九九九年)。
(8) 原田敬一「陸海軍墓地制度史」(『国立歴史民俗博物館研究報告』第一〇二集、二〇〇三年)。
(9) 太政類典第二編、第二百六十八巻、教法二十、葬儀。
(10) 海軍大臣官房『海軍制度沿革』巻七(原書房復刻、一九七二年)。
(11) 公文類纂 明治五年 巻二六 本省公文 土木部一 明治五年三月四日丙一号大日記 第十六号。
(12) 小林安茂『旧海軍軍人白金墓地――成立と沿革――』(財団法人東京都慰霊協会、一九九九年)。
(13) 「海軍」編集委員会編『海軍』(誠文図書、一九八一年)。
(14) 以上の史料の出典は公文類纂。
(15) 國學院大學日本文化研究所編『神葬祭資料集成』(ぺりかん社、一九九五年)。
(16) 山本金木「明治七年東行日記」(静岡県引佐町教育委員会『山本金木日記他』一九八二年)。
(17) 公文類纂 明治十年 前編巻二 本省公文 礼典部。
(18) 明治七年十二月に中秘書となった(靖國神社所蔵招魂社職員名簿)。
(19) 国立公文書館所蔵叙位裁可書 明治三十年・叙位巻三。
(20) 以上の史料の出典は公文類纂。

(21) 原書類纂　巻二　黜陟部　本省公文　主内第八号ノ三。
(22) 受号通覧　明治十七年　巻一五　受第一六三五号「金子高雇入候義御届」。
(23) 普号通覧　明治十六年　続編巻一　本省公文「海軍葬儀師并埋葬地所管換相成度」。
(24) 近藤啓吾『儒葬と神葬』(国書刊行会、一九九〇年)。
(25) 星野光樹『近代祭式と六人部是香』(弘文堂、二〇一二年)。
(26) 藤田大誠氏が「近代日本における慰霊の「公共空間」形成」(科研費合同研究会「慰霊をめぐる人々とその空間」二〇一一年)で指摘している。
(27) 靖國神社『靖國神社誌』(一九一一年)。
(28) 公文類纂　明治十五年　前編　巻六　本省公文　八百廿六号「葬儀師着服等之義ニ付伺」。
(29) 公文類纂　明治十五年　前編　巻六　本省公文　明治十五年三月十八日付会計局長有馬海軍主計大監より海軍卿宛上答。
(30) カッコ内の訓みは筆者。古橋一男・嶋竹秋・新村喜七編集『雄踏町郷土資料部報第94号』(雄踏町郷土資料部、一九九九年)参照。
(31) 奈登子墓碑銘及び木札は古橋一男『雄踏町宇布見(中村)金山天神社及賀茂家・資料』(私家版、一九九七年)による。
(32) 引佐町『引佐町史上巻』(一九九一年)。
(33) 遠州の国学・神葬祭運動については、静岡県神社庁『明治維新静岡県勤皇義団事歴』(一九七三年)、椙山林継「杉浦国頭の葬儀――近世中葉における神道葬祭式再編の一例として――」(『國學院大學日本文化研究所紀要』第六十七輯、一九九一年)などを参照。
(34) 静岡県引佐町教育委員会『引佐町史料編　山本金木日記』(引佐町、一九八一年)。
(35)「遠州報国隊事歴大要」(静岡県引佐町教育委員会『引佐町史料編二　山本金木日記他』一九八二年)。
(36) 桑原真清「報国隊顚末」(浜松市『浜松市史』新編史料編一、二〇〇〇年)。
(37) 静岡県神社庁『明治維新静岡県勤皇義団事歴』二四七頁参照。

(38) 静岡県引佐町教育委員会『引佐町史料編二 山本金木日記他』(一九八二年)。
(39) 静岡県『静岡県史』資料編14 近世六(一九八九年)。感状と共に小国神社に納めたものという。
(40) 浜松市『浜松市史』新編史料編一(二〇〇〇年)。
(41) 天宮神社については、河合治郎宮司にご教示を得た。
(42) 「陸軍大将大久保春野談話」(『靖國神社百年史』資料編上)。「大村益次郎建議書写」も同資料編上に載せる。
(43) 太政類典 第一編第一二四巻・教法・神社三「招魂社祭資トシテ高一万石ヲ附ス」。
(44) 靖國神社『靖國神社誌』(一九一一年)。
(45) 「桑原真清履歴書」(明治十二年一月、『浜松市史』新編史料編一所収)。
(46) 阪本是丸『国家神道形成過程の研究』(岩波書店、一九九四年)。
(47) 靖國神社主事鈴木亀雄氏が昭和二十九年八月に編集した未定稿「招魂社司の研究付表招魂社職員名簿」。靖國神社所蔵。
(48) 静岡県神社庁『明治維新静岡県勤皇義団事歴』参照。
(49) 「明治三庚午年八月招魂社学校開設ノ件」(『浜松市史』新編資料編一所収)。
(50) 静岡県神社庁『明治維新静岡県勤皇義団事歴』所収。
(51) 青山幹生・青山隆生・堀雅昭『靖国の源流 初代宮司・青山清の軌跡』(弦書房、二〇一〇年)。
(52) 『白石正一郎日記』の引用を含めた長州藩における青山清関係は、津田勉「幕末長州藩への水戸自葬式の伝播――桜山招魂社創建の信仰思想――」(國學院大學研究開発推進センター『研究紀要』第5号、二〇一一年)参照。
(53) 津田勉「招魂社の発生――靖國神社・護国神社の源流を求めて――」(國學院大學研究開発推進センター『研究紀要』第3号、二〇〇九年)、及び同氏前掲書など。
(54) 横山篤夫「旧真田山陸軍墓地変遷史」・原田敬一「陸海軍墓地制度史」(ともに『国立歴史民俗博物館研究報告』第一〇二集、二〇〇三年)。
(55) 横山篤夫前掲書。

(56) 津田勉前掲「招魂社の発生――靖國神社・護国神社の源流を求めて――」。
(57) 長崎市役所『長崎市史』地誌編神社教会部上巻（一九三八年）。
(58) 「長崎県下招魂社ヲ墓碑ニ改正ノ件」（国立公文書館所蔵「記録材料・会計部庶務記録」）。
(59) 太政類典　第一編第百二十九巻・教法・祭典四。
(60) 阪本是丸『国家神道形成過程の研究』（岩波書店、一九九四年）。
(61) 以下の社務日誌の記事は、靖國神社の提供による。
(62) 原田敬一前掲書。
(63) 陸軍省雑　明治三十三年自七月至九月　二号編冊（防衛省防衛研究所所蔵）。
(64) 明治十二年十月十日「改正陸軍省條例」（陸軍省大日記、防衛研究所所蔵）。
(65) 公文原書拾遺　本省公文　明治十二年、防衛研究所所蔵。
(66) 靖國神社『靖國神社百年史』資料編上（一九八三年）。
(67) 「陸軍省伺招魂社社格并神官等之事」（国立公文書館所蔵『行政決裁録十五』）。
(68) 公文類纂　明治十四年　前編　巻一　本省公文　軍二套第二八〇七号「葬儀師所管換之義上請」。
(69) 明治十六年普号通覧続編巻一、本省公文「海軍葬儀師并埋葬地等所轄換相成度件」。
(70) 靖國神社所蔵『祭儀事務一覧』。
(71) 厚生省援護局『引揚げと援護三十年のあゆみ』（ぎょうせい、一九七八年）。
(72) 『昭和二十一年以降　土地建物ニ關スル綴　庶務課』（靖國神社所蔵）。靖國会の墓地管理については横山篤夫氏の「旧真田山陸軍墓地の祭祀担当団体の成立に就いて――「財団法人大阪靖国霊場維持会」成立試論――」（『大阪民衆史研究』第五〇号、二〇〇一年）がある。
(73) 註(72)の綴。
(74) 岡田米夫編『神祇院終戦始末――神社の国家管理分離資料――』（神社本庁、一九六四年）。

(75) 小林健三・照沼好文『招魂社成立史の研究』(錦正社、一九六九年)一五〇頁。
(76) 国立国会図書館調査及び立法考査局『新編靖國神社問題資料集』(国立国会図書館、二〇〇七年)七八―七九頁。
(77) 靖國神社所蔵『遺族會ニ関スル書類』。同書類は日本大学学生高津朋子さんの照会で神社保有文書群から最近見出されたものである。同書類所収の靖國会規約等については、靖國神社の野田安平氏から多くご教示を得た。
(78) 靖國神社所蔵『遺族會ニ関スル書類』。
(79) 横井時常口述「靖國神社終戦覚書」昭和四十一年十月二十九日(『靖國神社百年史』資料編下)。
(80) 『遺族會ニ関スル書類』所収「靖国神社護持について」(昭和二十一年九月付、川口村)、「大阪護國神社附属大阪護國講社入講ノ栞」(年月不詳)など。
(81) 靖國神社『靖國神社百年史』資料編下(一九八四年)。
(82) 靖國神社所蔵『靖國神社祝詞集　第八類　慰霊祭(私祭)』。
(83) 東京都霊園課(現、建設局公園課霊園係)所蔵『旧軍用墓地関係綴』。
(84) 東京都霊園課所蔵『旧軍用墓地関係綴』。
(85) 渡辺勇助編集『明治學院八十年史』(明治学院、一九五七年)。
(86) 東京都霊園課所蔵『旧軍用墓地関係綴』。
(87) 小林安茂『旧海軍軍人白金墓地――成立と沿革――』(財団法人東京都慰霊協会、一九九九年)。

〔付記〕入稿後、原田敬一『兵士はどこへ行った――軍用墓地と国民国家――』(有志舎、二〇一三年)が刊行された。世界史的な視野で軍用墓地を捉え、第六章は海軍墓地に関する初めてのまとまった論考といえる示唆に富むものである。

靖國神社境内整備の変遷と「国家神道」
――帝都東京における慰霊の「公共空間」の理想と現実――

藤田大誠

はじめに――「国家神道」の理想と現実――

近年、所謂「国家神道」に関する研究は、「国家神道」という枠組の再考や言説分析の観点からの理論的・評論的考察が目立つ一方、かかる考察の基盤や前提となるべき近代の神社制度や神社境内(空間)、神職・神道人そのものの実態やその変遷過程について具体的な史料をもとに検討する研究も徐々に蓄積されつつある。しかしながら、近年における研究展開に伴って学際的機運は高まっているものの、逆に「国家神道」の定義や概念については混迷の一途を辿る一方であり、正直言って今後、「国家神道」なる概念やその内容の更新は期待し得べくもないのが実情である(1)。

それ故、かかる研究状況で徒に「国家神道」概念の再考に拘わることは、殆ど「言葉遊び」の類に他ならず、何ら生産性が無い不毛な所業であり、当該分野の「停滞」、或いは「退歩」でしか無いとさえ思われてくる。ただ、厄介なのは、「国家神道」なる言葉を用いずに近代の神社や神道を語ることは十分可能であるはずであるが、実際に研究交流を図る際には、各人がそこに籠める意味合いは区々であるはずの「国家神道」の語をとりあえず媒介にした方がくどくどと説明をしなくても済むという「現実」がある。即ち、本来「問題の中心となる語の概念を、各人各様に、ほしいままに乱用したのでは、明白にしてロジカルな理論も、史観史論も成立するはずがなく、対立者との間の理論的コミュニケイションもできない(2)」はずであるのに、現状では、その概念内容を棚上げにしてでも「国家神道」なる語を介した方が、学際的コミュニケーションに繋がり易いという、何とも皮肉な学問的アリーナが形成されている。

よって結局、不本意ながら、本稿においても、相も変わらず、「国家神道」の語を用い、村上重良の『国家神道』(岩波新書、昭和四十五年)から説き起こしてゆくことが手っ取り早いということになる。この村上の『国家神道』は、同『慰霊と招魂』(岩波新書、昭和四十九年)や同『天皇の祭祀』(岩波新書、昭和五十二年)とともに、その発表以来、現在に至るまで、様々な論者から度々、その恣意的な史料の取り扱いや数々の誤謬、立論の杜撰さが指摘され、徹底的に批判されてきた(はずの)対象であるにも拘わらず、何故か未だに「国家神道」の一般的イメージを流布し続け、亡霊のように「生き」続けているというほかない(或いは後進研究者たちによる〈願望〉が「延命」させてきたともいえよう)。

かかる筆者の素朴な疑問はともかくとして、村上の著作は、「話の枕」にし易いことは確かである。つまり、村上の議論について、細部は部分的に批判してもその全体像を肯定する(もしくはその思想・イデオロギーに共感する?)論者にとっても、村上の著作に対する「追試」の結果、細部から全体に至るまでほぼ丸ごと否定するほか無いと考える論者(筆者がそれに当たる)にとっても、自己の立場を表明する「リトマス試験紙」になっているからである。このような「前置き」から始めてしまうことは、先駆者(故人)である村上重良に対しても失礼なことなのかもしれないし、学問的にも怠惰と言われても仕方ないようにも思える。しかしながら、当該分野の研究状況は、かかる「自縄自縛」状態から解き放つことを許さないかのような〈磁力〉(魔力?)に呪縛されているというほかない。「国家神道」評論ではなく、史料を以て語らせたいという正攻法にこだわり、このほかに打開策が未だ見出せない筆者には、今のところ、

「焼け石に水」となっても、愚直に村上説に対する反証を示し、正面突破をすることしか考えられないのである。

さて、文字通り「前置き」が長くなってしまったが、そろそろ本題に入っていこう。まずは、村上重良『国家神道』が、「招魂社にはじまる靖国神社は、陸、海軍省所管の宗教施設で、一八七九年(明治一二)別格官幣社に列格されて改称し、国家神道の系列に位置づけられた特殊な神社であったが、日本の対外侵略の拡大とともに、国家神道の軍事的性格を代表する神社として発展し、国体の教義の重要な支柱となった(3)」と断じていることから始めたい。

如何にも大げさな表現であるが、当然の如く靖國神社を「国家神道の系列に位置づけられた特殊な神社」と見做している。このような村上説を祖述するか、もしくは島薗進(4)に代表されるような、村上説の鍛え直しを企図している、外延の頗る広い「国家神道」概念を主張する論者は、神社祭祀に加え、皇室祭祀、教育勅語、さらには戦歿者慰霊の中核としての靖國神社祭祀などの、それぞれ系統や成り立ち、所管を異にする様々な要素を無理やり結び付けて「国家神道」概念を構成したがるが、すでに阪本是丸や筆者が具体的な史料を挙げて批判してきたように、近代日本には、現実にこれらの要素が密接かつ有機的に連結して実体ある巨大な「国家神道」体制が成り立ったことはない(5)。

しかしながら、こうした諸要素を有機的に結び付けるべきであるという「理想」論は、多種多様な形で近代日本を通して存在してきたのであり、これらを有機的に結合すべきという「理想」へのより強い期待があったことは確かである。所謂「国家神道」の評価を試みる前に、まず以て、このような「理想」がどこまで「現実」化したのか、という「事実」についての緻密な考察が不可欠であろう。また、筆者は、これまで招魂と慰霊の系譜に係わる検討を進め、主に幕末維新期から明治期にかけての神仏両式による招魂祭や公葬、東京招魂社祭祀から靖國神社祭祀への展開、「怨親平等」観の変遷、明治後期における戦歿者慰霊の〈国家的—国民的〉な「公共空間」としての靖國神社の確立過程、大正期における陸海軍省・内務省・靖國神社の関係、靖國神社宮司賀茂百樹の思想とその活動に関する考察を行ってきたが、未だ断片的なものに過ぎない(6)。それ故、本稿では、様々なアクターによって、〈帝都東京〉における慰霊の「公共空間」としての靖國神社の境内に籠められた構想(理想)が如何なるものであり、それが現実にはどうであったのかという点について、極めて限られた視点からではあるが、聊か考察を及ぼしてみたいと考える。

その視点とは如何なるものであるかというと、本稿では、靖國神社の「空間」、即ち境内整備の変遷に焦点を当てることによって、慰霊の「公共空間」である靖國神社に対する当時の為政者や一般国民の「理想」と「現実」を検討したいと考えている。そもそも靖國神社の社域は、昭和八年に町名変更した地名では、社殿のほか、それまで「神苑」(『靖國神社誌』)と呼ばれていた部分を含む靖國神社の中心的空間である「麹町区富士見町三丁目一番地」を「内苑」と称し、一方、「麹町区富士見町二丁目四八番地」は、「明治4・5・15、例大祭に始めて競馬を挙行す。爾来臨時祭・例大祭には相撲とならんで必ず行なわれたが、31・11・5の例大祭以後競馬は廃止となる。そのため旧馬場と呼ばれ、のち外苑の称に代わる(7)。」という空間であった。これまでも靖國神社社域の馬場や遊就館などに目を向けた論者はいたが、いずれも神社境内の「公共空間」的性格や慰霊の「公共空間」としての靖國神社の意義に重点を置いた訳では無く、専ら明治時代に焦点を当てたものであった(8)。そこで本稿では、維新後の「東京奠都」以降、〈帝都東京〉において創建された「慰霊」の公共空間としての東京招魂社─靖國神社の境内のなかでも、「馬場─外苑」という特異な空間に着目するとともに、とりわけ明治後期から大正・昭和戦前期に焦点を当てて、最終的には「紀元二千六百年」(昭和十五年)をメルクマールとして、靖國神社境内やそれに附属する「公共空間」を巡る多様な人々の眼差しを検討する。要するに本稿は、「国家神道」の「絶頂期(9)」とも目されてきた「紀元二千六百年」に至るまでの〈帝都東京〉における慰霊の「公共空間」構想を対象とした、〈「国家神道」の理想と現実〉に関する検討に他ならない。

一、〈帝都東京〉に出現した慰霊の「公共空間」としての靖國神社——維新期から明治前期——

明治二年(一八六九)における東京招魂社の創建過程から同十二年における別格官幣社靖國神社への列格改称の経緯、さらにそれ以後の展開、即ち、帝都東京における慰霊の国家的かつ中核的な「公共空間」の形成までの道程については、すでに多数の先行業績があり、筆者も聊か論じてきた。(10) それらに拠れば、文久二年(一八六二)における孝明天皇の幕府に対する御沙汰書(11)が幕末維新期に勃興する「招魂祭」の起点となり、以後、①「全国規模」「中央」の志向性を持つ京都における霊祭と②「地域」性や「郷土」意識が濃厚な長州藩における「招魂場」の性格が合流する形で、戊辰戦争中における「神式」戦歿者慰霊としての「招魂祭」が、相撲・花火・芸能、詩歌奉献、軍隊操練などの奉納行事を伴う「祝祭性・祭礼性」を持ちつつ全国に確立してゆくのである。

そして、「東京奠都」によって、「招魂祭」の中心地も京都から新たな〈帝都〉東京にその舞台を移す。東京招魂社創建や同社における招魂祭の主導権も、徐々に神祇官から大村益次郎を中心とする軍務官・兵部省に移ってゆき、東京の「招魂場」(招魂社)の場所選定(九段坂上)や「招魂社祭事」(招魂祭)の内容も軍務官のイニシアチブにより定められてゆくのである。(12) つまり、慰霊の国家的「公共空間」の形成は、まず幕末維新期から明治初年にかけて、慰霊・追悼・顕彰に加え、祭神(国事殉難者)の意志の継承・加護の祈りが包含された神式の招魂祭が確立し、さらに〈帝都〉が京都から東京に遷るに際し(東京奠都)、〈帝都東京〉に常設的な慰霊の中核的「公共空間」として東京招魂社(後の靖國神社)が創建されたのである。その経緯を『靖國神社誌』は、次のように記している。

明治元年有栖川宮熾仁親王東征大総督として東国を鎮撫し給ふや。同年四月二十八日令旨を下して陣歿者の為めに招魂祭を行ふ旨達せられ。六月二日江戸城内西丸大広間に於て荘厳なる祭典を行ひ。有栖川大総督宮、三條實美及諸卿太夫、各藩隊長、司令官列座の間に、鼓楽洋々威儀棣々として大に神霊を慰め、諸士の心を安んぜしめたり。○これを東京招魂社の起源とも謂ふべし、次で朝廷に於ては、五月十日を以て癸丑以来殉難者の霊を東山に祭祀する旨仰出され、同七月十日十一両日に河東操練場に於て祭典を挙行せられき。○これ京都招魂社の始めなり、斯く招魂祭は江戸○此年八月東京と改称せらる、京都両地に行はれしが。翌二年三月東京に奠都遷幸あらせらるゝや。更に招魂社建設の議起りて軍務官知官事宮嘉彰親王勅を奉じたまひ大村益二（ママ）郎、香川敬三、船越洋之助、増田虎之助、佐藤嘉七郎、松岡新七郎等をして社地を相せしめられ。○始め上野又は江戸見坂上を以て、其地に擬せしものありしが、九段坂上は宮城の乾に位して高燥の良地なりとて、大村氏自ら出張して選定せしなりと云、終に九段坂上に選定して、六月十二日を以て其地を実測し同十九日起工、日ならずして仮殿の竣成を見るに至れり。是を以て同月二十九日より七月三日まで祭典の儀仰出され、鎮祭の式を挙けらる。○始め二十八日より七月二日までに定められしを、二十八日には神祇官へ行幸あらせらるゝに依り、かくは改められしなり、[13]

明治二年に創建された東京招魂社を前身とする靖國神社は、〈帝都東京〉において新たに創建された神社である。ただ、その鎮座地である「九段坂上」という空間は、前近代の「公共空間」である「名所」が神社空間化したものではなく、その意味で信仰(この場合は慰霊)に係わる土地の由緒に基づいて設定された訳ではない。

しかし、ここにあった幕府の「元歩兵屯所跡」[14]は、元来「騎射馬場御用地」[15]であり、「九段の上は、もと幕府の歩兵調練場で、今の競馬場の所が丁度調練場であつた、さうして今靖國神社の建つて居る所は、旗下の屋敷が列んで居つた」[16]という。そして、「神霊を奉安せる本殿は明治五年の造営なり、明治二年六月造営せし旧本殿は当社創١の時に際し僅かに旬日にして建設せし板葺の仮宮、○其図、起原の部に有り、今の大村兵部大輔銅像の東数間の処に建設せしなり、[17]」とある如く、元々一週間ほどで造られた「板葺の仮宮」が現在の大村益次郎銅像辺りに臨時的に建てられていたのであり、東京招魂社の出発点は、この「馬場」にあった。即ち、近世に由来する「馬場」に歴史的「公共性」を有してきた神道祭祀の施設・空間である〈神社〉(東京

図１　明治二年六月社域画定図　出典：『靖國神社誌』

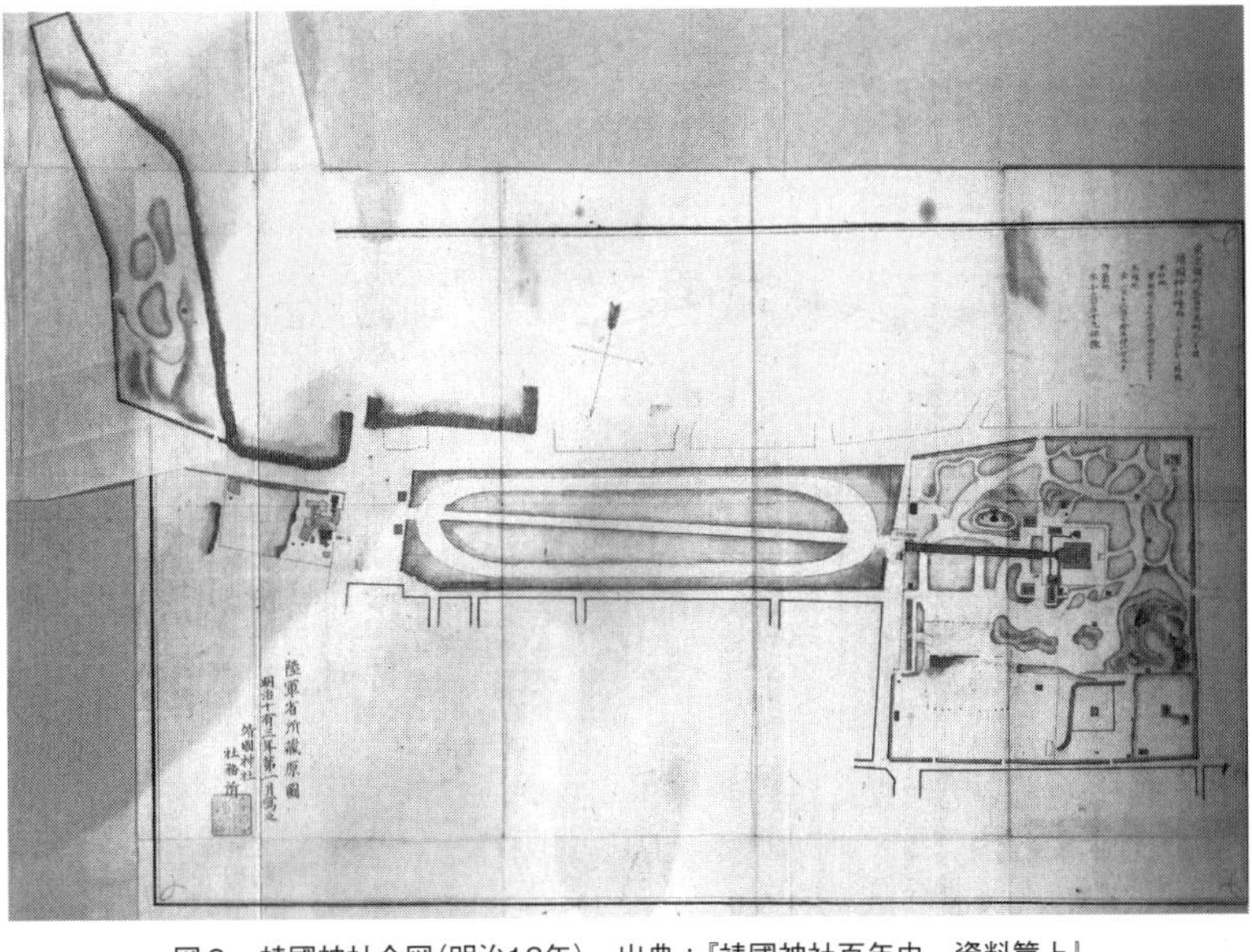

図２　靖國神社全図（明治13年）　出典：『靖國神社百年史　資料篇上』

招魂社—靖國神社）が創建されたことによって「公共空間」化したといえるのである。[18]

また、『靖國神社誌』には、「旧馬場の地は、もと空地にして西方の小部分は馬場〇此所にて大追物を行ひしと云ふ、東方の大半は歩兵屯所の置かれし地なりき。明治五年此地に〇中央より少か西方の地建営ありし仮神殿を現今の域に遷座せらるるや、之を競馬場に定め中央に楕円状の土堤を築きたりしも、同三十四年に至り之を廃止して漸次神苑に改築すること、なれり。初め此地に神殿の建営ありし時は、富士見町一丁目、二丁目、三丁目、一番町等の地を神苑となし一大社域となさんとの計画なりしと云ふ。以て其規模の大なりしを想ふべし。[19]」と記されている。同書所収「明治二年六月社域画定図」〔図1〕には、「所謂縄張内にして本社の社域なりし」区域と削減された「現社域」が図示化してあるように、当初は非常に広域な「社域」が想定され、その「神苑」も大規模なものが考えられていたが、早々に縮小されていたのである〔図2〕。

明治初年の新聞記事を参照した坪内祐三が指摘するように、未だ仮宮の時点では、近辺の人々の認知度がさほど高くなかったことも窺えるが、[20] それでも東京招魂社の境内はかなり早い時点から、その「祭礼」や本殿建設、さらには燈籠台建設などを通して、〈帝都東京〉の新たな「名所」、「公共空間」として親しまれてゆくのである。

それは、明治十一年までに成稿していた斎藤月岑の『武江年表』続編における記事を辿ることによって知られる。同書明治二年の記事に、「夏の頃より、九段坂上馬場の跡へ招魂社御創立あり。是れは近年、諸国幷びに近在、東京上野其の外戦争の砌報国尽忠の儔、戦死の亡魂を慰め給はんとの御沙汰として、此の造営ありけるよしなり。今年は未だ仮建にて、翌年に至り三町余り奥の方へ移され、悉く筋内となし給ひ、五年に至り壮麗なる社頭御建立あり。毎年正月三日、五月十五日より十八日迄、九月二十三日祭礼の式御執行あり（月次祭日、三日、十五日、二十三日と御定めあり）。」とあり、同年九月には「同二十二日、二十三日、招魂社（九段坂上）祭礼御執行。此の辺の町にて、道戯踊等を催し詣人多し。」とある。[21] また、同書の明治三年の箇所には、「九段坂上招魂社は、去年御創建の処、坂下武家地は同所御用地に成り、建物御取払空地に成る。同社構への外、南の方町屋出来(後取払)。」とあり、同年四月には、「九段坂上招魂社脇、南側町屋に成る。富士見町といふ。」とあるように、この時期に九段坂上では町屋が出来、近世の社寺と同様、いわば「門前町」、盛り場が形成されていったのであり、五月には、「同十四日より、招魂社祭礼御執行(社は四町計西の方へ引かる、未だ仮建なり。同五年御造営あり、此の日間、貴賤群集す。十四日太々神楽、十五日祝砲、十六日昼夜花火、十七日同断、十八日相撲、夜花火の処雨降る。此の辺町々飾り物あり、九段坂上御堀端通り水茶屋出来しが、後御取払に成る)。」とある如く、東京招魂社の「祭礼」が近辺の町方を巻き込んだ賑わいを見せていた[22]。さらに同年には、「七月末より、九段坂上御修復、坂上招魂社の正面へ、常夜燈を設けらるべき大き成る燈籠台を建てらる。此の節より造営始まり、石を畳んで台とし、未十月に至りて成就す。」とあり、同年十月には、「同二十日より、招魂社是れ迄仮殿にてありしを、あらたに御造営の事始まりて、日々材木を曳く。飯田町富士見町の者おのづから浮かれたちて、伎踊邌物等を催して賑へり。」と記されている[23]。

明治四年五月には、「同十四日より二十日迄、九段坂上御薬園の跡に、南校物産局より西洋其の外の物産を飾り、諸人に看せらる。終日群集ある事夥し。」とあるが、実際には東京招魂社境内のみが、「博覧会」(物産会)の会場ともなったのであり、続けて「同十五日より、招魂社祭礼御執行、同所前にて夜花火、十六日夜、同十七日には昼夜の花火あり。十八日、十九日、雨天にて延び、二十日、昼夜花火、この間競馬花火あり。」と記されていることから、この物産会は祭礼に合わせて開催されていたことが分かる[24]。因みにこの際に初めて競馬が行われ、以後恒例とされた[25]。

以後も『武江年表』続編には、明治四年九月の「二十二日より、招魂社祭礼御執行、二十三日、二十四日、二十五日に至る(二十三日競馬、二十四日、二十五日角力あり。菊花壇出来、町方に飾りもの等あり、詣人多し)。」、同年十月の「同二十六日より、招魂境地に於いて、異国の男女曲馬の見せ物興行す(二階上棟敷代一人二百疋、一番より三番迄一人百疋、又一人三朱と二朱のさじきあり、仏国スリエといふが催しなり。見物少し。面白からずして価貴く、日は短くなり寒気にも向ひし故なり)。」、同年十一月の「同十一日、九段坂上招魂社前に燈台御建立成りて、今夜より燈火を点ぜらる(石を組みて台とし、上に大なる金燈籠を置けり)。」、同年十二月の「同二十二日、二十三日、招魂社内に年の市始まる。商物諸方の市に同じ(本社は御造営未だ成らず)。」、同五年の「二月五日午刻、招魂社正殿上棟式御執行あり、同年五月経営成る(在来の馬場并びに武家邸取払ひ、東西五丁余南北一丁程の所をならし、奥の方東向本社を建て、社前に馬場を設けられ、東の方入口より左右に玻璃漏の燈籠を建て列ね、境内桜多く植えられたり。十年に至り惣構への石垣并びに社の後に林泉築山を築かせられ、花木列なり立ち、処々に四阿の茶亭を設けらる。近年の盛事業にして東京一の壮観なり)。」、同年五月の「同日(引用者註・九日)、招魂社本社成就、正遷宮丑時御執行あり。」、「同十五日、招魂社祭礼。十六日競馬、十七日相撲、半蔵御門外にて昼花炮あり。」、同年九月の「同二十一日、雨降る。招魂社御祭礼、二十五日、競馬あり。」、同六年十一月の「同五日より七日迄、招魂社御祭礼。九日(引用者註・月の誤り)より延びたるなり。競馬相撲等興行あり。」という、招魂社の「祭礼」と境内整備に係わる記述が多々ある。(26) つまり、明治五年における東京招魂社の本殿建設前後における社域や「祭礼」時の情景は、「近年の盛事業にして東京一の壮観」と評されるほど頗る賑やかなものであったようである。ここで別史料を引くと、明治七年の服部誠一『東京新繁昌記』には、次の如く活写されている。

都下官社の新築は、招魂社を以て第一と為す。皇城の東北九段阪の上に在り。以て戊辰年間、王事に死する者を祭るなり。阪の両側、花木数百株を栽え、錦繡馥郁、返魂香を焼かずして余薫あり、その間、又石燈数十箇を列ね、不夜城に入らずして余明あり。阪頂に到れば、即ち平面広濶、以て群霊を招く可く、九段は即ち都下最高の丘地にして、都下を一目す。今社を此の地に築くものは、自ら忠義の魂府下を保護するに似たり。卜地の注意も亦た深重ならずや。右側に石塔あり、天然石を積んで巧みにこれを築き、敢て彩刻を施さず、その高き数仞、尖頭峨々として雲間に聳え、本社正南に面し、巨棟高楹、古代の社形を模擬す。社内には即ち菊花の紫幕儼然として、忠魂を護す。魂を祭る、魂の社に在ますが如し。前には即ち五色彩旌、飄乎として義名を表す。名を掲ぐる名輝くに似たり。一年四時、大祭を設けて幽魂を饗す。（…中略…）毎祭三日に連なり、人の賽詣するもの、阪上に雲集し、肩摩轂撃、即ち新繁昌の一魁なり。賈人争つて露肆を張り、蒲席を舗いて品物を売るものあり、牀店を安んじて食物を鬻ぐものあり、熱閙雑踏して、錐を立つるの地無し。初日には即ち烟火あり、（…中略…）次日は即ち御馬を競ふ、名づけて競馬と曰ふ、（…中略…）次日は、即ち相撲あり、（…中略…）毎祭この三場を開いて、専ら勇技を競ふ、蓋し、軍に死するの者を祭るを以て、専ら武に関する祭事を為すもの歟。抑又た以て武を蔵めて武を忘れざる所以のもの歟(27)。

かかる「新繁昌」の祭礼の様子は、明治十一年の新聞記事に、「九段の招魂社は一昨日能と競馬と踊りがあり其内にも踊り見物は大そうな事で桟敷は一人前三十銭も取り昨日も競馬と踊りが有ツて賑やか(28)」とあるように、明治十年代に入っても変わることは無かった。さらに、明治二十年代に入っても靖國神社の「社域」は、明確に「公共空間」の役割を担っていた。実際、明治二十二年五月二十日の東京市区改正設計で告示された「公園」（靖國神社＝富士見公園）」の一つとされたように、靖國神社境内は近代の〈帝都東京〉に形成された新しい「名所」であり、「公共空間」として広く認知されていた。そして、その「公共性」は、国事殉難者・戦歿者に対する「慰霊」実績を積み重ねることによってさらに醸成され、中央の〈国家的―国民的〉な慰霊の「公共空間」として確立してゆくのである(29)。

二、靖國神社における「馬場」（競馬場）の役割とその「神苑」化——明治後期——

東京招魂社—靖國神社の「空間」即ち社域には、明治時代において様々な施設が設けられ、整備されて行った。[30]後に「内苑」と呼ばれる空間には、本殿、社務所など諸殿舎、招魂場、鳥居をはじめ、神楽殿や遊就館、相撲場、能楽堂、図書館、築山・噴水・滝、四阿舎、新聞縦覧所など各種建造物が設けられた。また、附属地（牛ヶ淵）は、境内同様「公園地」であり、明治三十五年には北清事変戦歿将兵顕彰のため、国光館（パノラマ館）も建設奉納されたが、明治三十六年に公園地から削除され、非常時における靖國神社避難地（権殿を含む）とされた。そして、次第に愛国婦人会や日本体育会、帝国在郷軍人会など諸団体に貸与するようになる。後に「外苑」となる馬場（競馬場）の空間をも踏まえるならば、これらの多くは、「祭神」に対する奉納行事を執り行う空間や記念の空間であるとともに、「参拝者」即ち「国民」への配慮に基いた空間でもある、様々な要素の施設が社域に同居していたといえる。

とりわけ、後に「外苑」と称されることになる「馬場」の空間は重要である。この明治五年には楕円形のトラックになる競馬場は、それ以前（明治三年十月）から外国人にも競馬興行を許可していたように、[31]流鏑馬や笠懸、競馬などの伝統的な奉納行事が行われていた前近代の神社における「馬場」とは全く異質の空間であった。このこと自体、東京招魂社境内の近代性を表している。『靖國神社誌』には、「そもそも競馬は其初陸軍省軍馬局の所管に属し、軍馬を出して広く有志者を募集し、先駆者には賞を与へて余興をそへ、兼て其技を進め馬匹の改良を奨励せり。記録の存する所に拠れば、廿四年五月より卅一年五月まで八年間競馬用馬匹の出場、多きは廿九年十一月大祭の二百六十八頭、少なきも廿四年十一月例大祭の百五十頭とす。その熾なる時に当りてや、競場の宏壮なる、馳駆の勇健なる、真に余

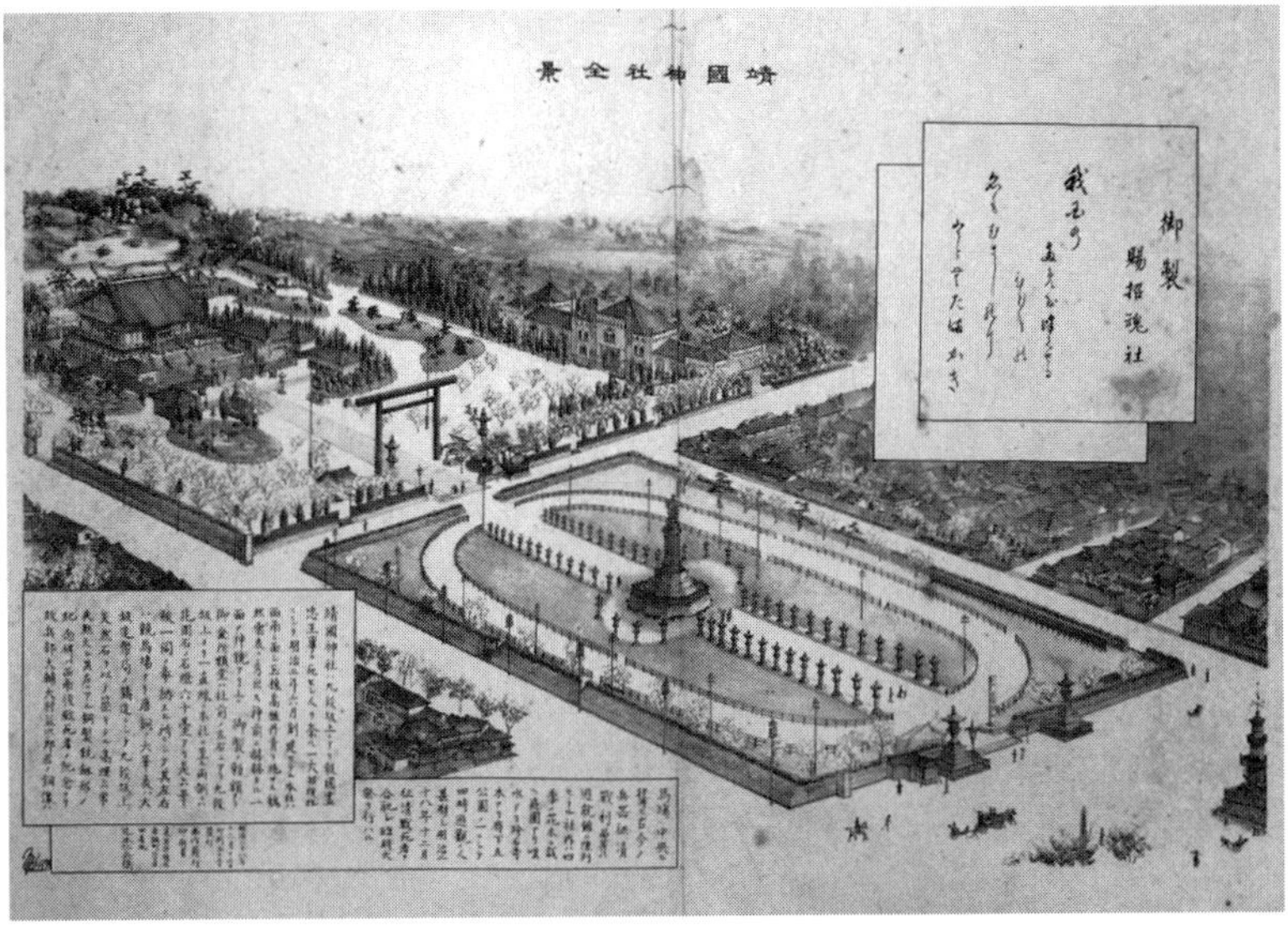

図３　靖國神社全景（明治28年）　出典：筆者所蔵

図４　別格官幣靖國神社全図（明治38年）　出典：筆者所蔵

輿中の一偉観として観衆は星を戴きて集まり、忽ちにして堵を築くに至れりと云ふ。[32]」と記されている。

また、「馬場」は、当初から祭典の際に参拝を行う軍隊の整列場所、即ち多数の規律ある集団を収容する「動員空間」でもあった（正確には待機場所の起点と言って良いが）。これも同神社の近代性を示している。例えば、明治四年十二月二十六日には、翌年正月三日の「招魂社大祭」における「招魂社参拝兵隊整列場所」として、まず御親兵五番大隊から「招魂社競馬場内同社へ通行口北側へ列ス」とされ、以下、「元田安御門側堀縁」まで、順に整列することとされている。[33]また、明治十年一月十六日、陸軍卿山縣有朋は、近衛局・東京鎮台・教導団に対し、「諸隊及ヒ東京鎮台諸隊同社競馬場幷田安御門堀端ヨリ半蔵御門マテ隊号之順序ヲ以テ往来ノ妨ニ不相成様整列之事　但隊順ハ砲工歩騎輜重トス」と達し、さらに、工兵第一方面本署に「競馬桟敷幷相撲場等」をいつも通り設置するよう達している。[34]

先述したように、靖國神社では、東京招魂社時代（明治四年五月以来）から、その例祭（祭礼）時には、この「馬場」において競馬が行われてきた。[35]しかしながら、靖國神社競馬場の空間は、明治三十二年五月より、拝殿（宮内省内匠寮技師・木子清敬の設計）造営のため、「普請場」として提供し、競馬を施行することができなくなってしまった。明治三十四年九月十一日、靖國神社宮司の賀茂水穂は、普請場が明け渡された後に「朽損」していた埒（馬場周囲の柵）を全て取り除きたいという伺を出したが、陸軍省としては、東京市区改正の計画によってこの区域内を横断する道路を設ける予定（実際は行われず）となっており、これを実施する場合には競馬を実施することは不可能であることから埒柵の修理の必要を認めず、同月十八日に競馬場を廃止することと決定したのである。[36]

未だ拝殿が無く馬場（競馬場）があった時期の境内風景と拝殿竣功後における楕円形トラックが消えた旧馬場の景観の相違、変遷については、筆者が所蔵する明治二十八年十二月十二日印刷仝十三日発行「靖國神社全景」〔図3〕と明治三十八年五月に合祀者遺族へ紀念贈与した「別格官幣靖國神社全図」〔図4〕とを見比べてみれば明瞭である。

このように「競馬」並びに「馬場（競馬場）」は、明治三十四年にあっけなく廃されてしまったが、靖國神社としては、この措置によって境内が寂れてしまうのではないかという危機感を強く持っていたようである。なぜなら、賀茂水穂宮司は、たびたび陸軍省に伺い出て、「旧競馬場」の空間を、例大祭の際において「観物並ニ縁日商露店営業者」などの興行師に掃除料を課して場所を貸与することや(37)、祭日以外の好時期において「例大祭ヤ月並《ママ》祭ニ於テ開設スル範囲内ニ於テ諸店開設差許(38)」を求め、許可されているからである。

但し、新聞紙上では、明治三十八年の秋季大祭時に「六日は勅使の御参拝を始め陸海軍人の参拝も頗る多く祭典は最と厳粛に行はれしが茲に参拝者をして顰蹙せしめしは境内旧競馬場の周囲に小飲食店の常設ある事なり（祭典中臨時出店にあらず）此荘厳なる神苑には不似合といふ可し聞く所に拠れば社《ママ》司が斯る飲食店の常設を許可したるは貸地料を収入し神社維持費の増収を図る為めの由なるも靖國神社の維持費は定額ありて国庫より支弁し又宮中よりの御下賜もあり何為に貸地業を要せんや陸海軍当局者は速かに之を排斥し監督の責任を全うせよ（一記者）(39)」とこうした小飲食店を許可している神社側に批判を加えている。そのためか、明治三十九年には、靖國神社の旧馬場が荒れるに任されて「境内の風致」を損することが少なくないとして、社務所の方で地方参拝者の休憩などの便宜を図って馬場の北側に設けることを許可されていた五十軒の茶店を取払うことに決している(40)。

なお、この時期は、靖國神社境内の「狭さ」が問題とされた。明治三十九年の靖國神社臨時大祭では、「軍隊及び遺族者の参拝のみにても境内殆ど足掻のつかぬ有様となり已むなく玉垣内に入る事を屢中止したる程に狭隘を感ぜしめたり」として、創建期に「富士見町一二町目、三番町四番町等に通じ広大なる地域を招魂場の敷地として区画し置かんと主張したる」大村益次郎の先見を再評価する記事も見られる(41)。そして、同年六月十四日には、神社側が旧馬場における露店・出店の演説のため「衆人を集めるもの多く」、弊害が甚だしいとして禁札を立て、新聞も、陸海軍省が「境内の神聖なる風致を保持」するに努めるため、靖國神社旧馬場における露店行商人を厳禁にしたことを報じている。(42) なお、陸軍省は、同年十月三十日に、例大祭における旧馬場貸与は許可するものの「但中央両側ノ小店ハ之ヲ許サス」として、「旧馬場略図」によって大体の配置を示し、ある程度の規制をしている。(43) それに拠れば、本殿側を北に見立てると、南北の入口より六間を除いて、正中を挟む東西それぞれ四間ずつの縦長の空間は「此間本道ヨリ弐間ヲ除キ小店ニ与フ」とされ、それらの空間の両外側には四間の「急造道路」が設けられた。そして、さらにそれらの両外側に「行商及小飲食店」「興行物」「小屋掛飲食店」のエリアがそれぞれ配置されていたのである。

さて、話は少し「馬場」そのものから離れるが、明治四十年五月には、『全国神職会会報』で靖國神社隣接地を対象とする帝都の「一大神苑」構想が次の如く提唱された。

別格官幣靖國神社は、帝都の中心に位し、地景高燥にして空気又清涼、四時の眺望に富み、社殿は古式を改良したる韓破風造りにして、最も壮厳美麗なるは他に見る処なし、斎る処の神霊は、甞て維新前より国事に殉し王事に斃れし幾万の忠臣義士の幽魂を合祀する処にして、所謂国家の宗祀として、個々宗旨の何たるを問はず、国民挙て尊信すべきは更に喋々の弁を要せず、加之日清戦役より継で北清事変、近くは日露戦争に不幸陣歿せし幾万の将卒は等しく合祀の恩典に浴し、斯て春秋例祭には、畏こくも天皇陛下御親祭の特典を賜り、死して尚余栄ありと云ふべし、之に由て国民は更なり、外人と雖も粛然階下に伏して敬意を表すべき義務あるは争ふへからず、将来必ず老幼婦女子にいたるまで、国民たるものは言ふに及はず、清韓暨ひ欧米人と雖も、一たび身を都市に容るゝものは、翕然として此社前に参拝せざるものなきを期するなり、然るに斯国家の宗祀として斎く処の神社の附近に、未た閑雅幽邃なる神苑の設なきは、帝国の首府たる東京市の欠点なりとす、僅かに東端に牛が淵公園ありと雖、規模甚た狭隘にして、人目を惹くの価値なし、之に由て予は神社崇敬上敢て僭越を顧ず、靖國神社宮司及ひ在朝在野の士民を問はず、全市の有志に勧告して、神社に接続せる富士見六丁目を中心として、東は飯田町二丁目より電車々道に添へ、北は同町五丁目の堀端牛込門を限り、西は三番町の一角市ヶ谷門を限り、数万坪の地を買収して、一大神苑を開設せむことを望む、然る上は神社の壮観を益し、従て参拝者の数を増加するは必然の計と謂つへし、熟ら地形を検するに、高底自然の岫形を装ひ、池を造り山を築く等、蒼然として天然の風致を観ること、彼の日比谷浅草等の平地公園と同日の論に非ず、況や高台には巍然たる官幣社あるに於てをや、蓋し地型半ば天工に係る礫川後楽園に対立して、寧ろ遜色なきを証すべし、以上神苑の成功せる上は、刻限を定め家屋の構造を聴すと雖も、神聖無垢の囿苑なるを以て、風俗を害する営業は勿論、鄙猥に渉る下等の演芸場を開くことを禁じ、之に替るに全国物産を収聚網羅して、即売を為す一大商館を建設し、添るに諸種の売店を公許し、将来都鄙の民衆は靡然として浅草公園の俗街に歩を嚮けず寧ろ幽趣閑麗なる富士見公園に遊ひ、人間唯一の興楽苑たることを識らしめむとす、(44)

この投書が以後の靖國神社の境内整備を直接促した訳ではないが、明治末年の段階では、靖國神社こそが〈帝都東京〉において「一大神苑」を備えるべき神社と目されていたことが分かる。

一方、明治四十四年における靖國神社宮司賀茂百樹の『靖國神社事歴大要』には、この時点における靖國神社社域全体の描写があるが、それには、次のようにあった。

九段阪上より下瞰すれば、街衢縦横の人物、櫛比魚鱗の家屋、一眸に入りて、眺望頗る佳なり。阪下牛ヶ淵を隔て、、附属地あり。これ、亦、当社の神苑たり。苑の最も整へるものを、社殿四周の地とす。無数の桜樹、枝を交へて彼蒼を覆ひ、雑木其の間に点栽せられ、春は不言の花、咲ひて人の帰るを留め、秋は錦繍の紅葉、照りて賽者の目を酔はしむ。逍遙杖を曳かんか、所在配置の巨砲、長へに祭神の遺烈を語り、噴水あり、泉池あり、亭あり、新聞縦覧所あり、四時人跡を絶たず、境内常に殷賑にして、独り神慮を慰むるのみに非らず。苑池の設備も、其の旨、人心の感化に資するものあるを見るなり。大鳥居を出でて、前方、広闊の地、これ、旧馬場なりしが、今は神苑の一部となりぬ。両側に、桜樹を栽植し、華族会館寄献の石燈籠は、列を正して崇敬の誠を表し、本社創建に功労ありし、大村氏の銅像は、其の中央に屹立して、英姿颯爽、当年の意気に観ぜしむるあり。(45)

これに拠れば、当時の靖國神社では、「社殿四周の地」を中心に、九段坂下の牛ヶ淵附属地や九段坂上の靖國神社大鳥居前方に位置する「広闊の地」たる「旧馬場」をも含め、全てを靖國神社「神苑」と見做していることが分かる。以上、本節では、明治後期における靖國神社境内、とりわけ「馬場」が変貌してゆく過程やその祭典時における境内の「狭隘さ」という問題の露呈などの「現実」とともに、「理想」をも含めた靖國神社の社域全体に対する眼差しについても若干言及してきた。こうした前提のもと、大正期においては、具体的な境内構想が登場して来るのである。

三、靖國神社における「外苑（旧馬場）」構想と明治神宮造営——大正期——

ここでは、大正期の靖國神社における「旧馬場」をめぐる境内構想について見てゆきたい。その際、大正期において、国家的・国民的一大プロジェクトとして〈帝都東京〉に創建されることとなる明治神宮の造営過程を横目で睨みながら、両者の往還的眼差し、影響関係を意識しつつ論述してゆきたいと考える。(46) なぜなら、明治神宮の造営過程において、〈帝都東京〉において創建された「先例」として、靖國神社の境内が意識されている面があり、逆に靖國神社の方においても、画期的な明治神宮の内苑・外苑造営の影響をかなり受けていると思われるからである。

大正元年八月七日の『東京朝日新聞』では、明治天皇奉祀の神社（明治神宮）造営に関する長岡安平（東京市嘱託員）の意見を紹介している(47)。その意見は次のようであった。まず「青山」に神社を建て、そこを公園にしようとする説があるようだが絶対に反対である。「市民の行楽地」である「公園」に「神霊」を祀るべきではなく、両者を混同してはならない。そして、伊勢の神宮の神苑も「五十鈴川の清めの場所附近まで」公園組織となって「何となく聖地を俗了したる観」を呈しており、「九段靖國神社の如き国難に殉せる武夫の雄魂を祀る場所なるに崇高の念を生ずる自然の形勝例へば丘陵もなければ樹木の見るべきものもなく悪く言へば今や一種の醜業を意味する高台たるの嫌ひあるは、要するに当初に在りて霊地選定の不注意に胚胎するのであらう、然ればです今回明治聖帝の御社を斎き奉るに当りては深く此辺に意を用ひ既往将来を鑑みて呉れぐ〵も土地の選定を慎まねばなるまいと存じます」と主張している。要するに、靖國神社境内の選定や現状を引き合いに出し、それを批判することによって、当面の課題である「明治神宮」の鎮座地選定においては「風致」を最重視すべきことを説いているのである。

また、大正三年一月十日の『東京朝日新聞』の記事(48)は、靖國神社神苑が「余りに俗受け専門的」に出来上がっているため、「一寸した富豪の庭園かさもなければ下手な公園である、旧馬場は徒らに広く許りあつて雨が降れば泥濘り乾けば紅塵を霧の様に飛ばすかと思へば華表の前を汚物車が行き境内を魚屋が天秤で通行すると云つた始末だ、それに神苑は名も知れぬ植木屋が勝手に作つたもので設計も何も為たものではない、」と酷評した。その上で、東京市技師の長岡安平が夙に靖國神社神苑改造の意見を有しているとして、その内容を紹介している。

それに拠れば、境内の桜、梅等は悉く取り払い、扁柏(ひのき)や杉、松など大きくなる針葉樹を主木として植え付け、通り抜けの道路は閉ざして「不体裁な商人等」は入れないようにする、馬場には中央に石を敷いて舗道を作り、左右には「森荘の趣ある樹木」をたくさん植え付けて九段坂上から一直線に神苑を通って社殿に参拝するようにしなければならぬ、鳥居前の南北に横切る道路は二、三間掘り下げれば神社からは車馬の通行が見えなくて済み、その上

図５　九段靖國神社境内大村銅像(絵葉書)　出典：筆者所蔵

には意匠を凝らした橋を架ければよい、大祭の活動写真や芝居は附属地の牛ヶ淵に廻し、露天商のみ境内もしくは傍らの道路に出させればよい、などと具体的な提案をしている。

そして二月二十二日の『東京朝日新聞』には、かかる改造の議に対し、靖國神社側でも神苑改造を実行することに決定したと報じられた(49)。それに拠ると、長岡案とは違って、広場の大部分は残して置き、余興や店を出すに都合の良い空間にするため、華表(鳥居)を九段坂上の神社入口に移すことを考えており、大村益次郎銅像(明治二十六年二月五日竣功、東京初の銅像、明治二十一年六月付の三條実美碑文)の移動も話題に上ったという〔図５〕。

同年七月には、賀茂百樹靖國神社宮司による「外苑築造大鳥居移転ノ件上申」が岡市之助陸相に出された(50)。この上申には、「当神社外苑(旧馬場)築造大鳥居移転ノ義ハ数年来ノ懸案」であり、すでに明治二十九年には獅子石の据え付けに際して鳥居の移転を期待してその位置を選定し、また、日露戦役後にも再移転の問題が起ったものの、遊就館増修その他施設の整備などに忙しく今日にまで至ってしまったが、「今ヤ別記ノ通蓄積金ヲ生ジ、且ツ他ノ一般神社ニ於テモ、何レモ境内ヲ拡メ神苑ヲ築キ、孜々トシテ神厳ヲ加ヘ居リ候。」という状況であり「大正新政ノ記念」ともなるので、改築委員若干名を置いて実行したい旨が記されている。そして、追って逓信省経理課東京市公園嘱託の長岡安平をして考案せしめ、設定図案・予算書及び神社積立金計算書等を別紙にて相添えるとも書いてある。ただ、この案に関しては、構想は立てられたものの、実現はしなかった。因みにこの鳥居(大正十年に第一鳥居が建設されたため、第二鳥居となる)の移転は、実際には昭和八年の神門新築の際に行われている。

この文書において重要なのは、「外苑」という言葉である。靖國神社において「内苑」や「外苑」という呼称が現れる時期は、この大正三年七月頃ではないかと思われるのである。つまり、明治神宮「内苑」「外苑」の造営構想が具体的に固められている時期に、靖國神社神苑も「内苑」「外苑」という表記で表現するようになったのである。この時期までは、神社の社域(境内、神苑を含む)を「内苑」「外苑」と区別することは無かった。

ここで明治神宮造営過程において「内苑」「外苑」の弁別がどのようになされたのかについて、簡単に説明しておく。まず、明治天皇奉祀の「神宮」創建推進という流れは、御陵の東京誘致断念以来、早くから世論として定着していた。実業家の渋沢栄一、東京市長の阪谷芳郎、東京商業会議所会頭の中野武営、弁護士の角田真平らが中心となって展開された動きが最も有力であり、大正元年八月の「覚書」に結実する。[51] これは良く知られた文書であるが、「外苑内ヘハ頌徳紀念ノ宮殿及ヒ臣民ノ功績ヲ表彰スヘキ陳列館其他林泉等ノ設備ヲ施シ度候」「青山ニ於ケル御葬場殿ハ或ル期間ヲ定メ之ヲ存置シ人民ノ参拝ヲ許サレ候事ニ致度候」「前項ノ御葬場殿御取除ノ後モ該地所ノ清浄ヲ保ツ為メ差向東京市ニ於テ相当ノ設備ヲ為シテ之ヲ保管シ追テ神苑御造営ノ場合ニハ永久清浄ノ地トシテ人民ノ参拝ニ便ナル設備ヲ施シ度候」などの記述も見出せる。また、これ以後、大正二、三年頃の史料においては、「内苑」(代々木)と「外苑」(青山)について、「内宮」と「外宮」、「内外宮殿」、「内宮苑」と「外宮苑」というような表現も出て来る。[52]

しかし、大正三年六月にまとめられた『神社奉祀調査会特別委員会報告』の時点では、「十三、青山旧練兵場跡附属外苑設備ニ関スル件」で「頌徳記念ノ建造物」と表現され、その説明資料である「（参考五）青山旧練兵場跡附属外苑設備ノ説明」においては、骨子となった渋沢・阪谷・中野の建議に触れつつも、「覚書」の時点の表記であった「頌徳紀念ノ宮殿」ではなく、あえて「頌徳記念館」と読み替えを行い、参拝施設構想も消えている。少なくともこの時点までには、従前の「宮殿」や「人民ノ参拝ニ便ナル設備」などという、明治天皇・昭憲皇太后を祀る「神社（神宮）」の主体たる社殿やそれを取り巻く林苑（鎮守の森）から成る祭祀空間としての「内苑」の性格とは聊かも抵触しない「頌徳記念」の「建造物」に限定した、あくまでも「神宮附属」としての新たな「外苑」概念が確立したと見て良い。

このように、明治神宮において「内苑」と「外苑」の弁別がなされ、具体的な造営構想が具体的に固められてゆく時期に、靖國神社の社域も「内苑」「外苑（旧馬場）」と表現するようになるのである。[53] 要するに、「旧馬場」から「外苑」への呼称の変化や社域の構想は、明治神宮造営過程とパラレルな動きであったのである。

さらに、『東京朝日新聞』大正四年二月二日の「靖國神社の神苑改造」という記事では、「大村の銅像と大華表の移転」「境内の梅桜は常緑樹と代る」「原型なき迄に大々的の改造」などの見出しが躍った。[54] そして、「靖國神社境内改良設計図」[55] やこれに賛同する賀茂百樹宮司の談話も掲載された。

ここには、「外苑の構造　外苑となるべきは旧馬場の広場で先づ九段坂上の入口の処から拝殿に達する間に十二間（車道八間歩道二間宛）の道路を作り左右には檜並木を植ゑて十分密生する様にし尚苑の周囲には悉く樹木を植付けるは勿論其内部には適宜に樹木を植ゑて如何にも神社の境内らしい感じを与へさせ尚現在境内に沢山植つて居る梅、桜其他の樹木を始めとして制札や燈籠等は皆持つて来て外苑に配置するのである、而して樹木を植る処は凡て置土をして三尺位盛上げる筈である、又此処には四阿、茶屋、便所等を数箇所設けることになつて居る」とあり、真直ぐな道路を作るために都合が悪いため、大村の銅像や大華表の移転が想定されている。また、「森厳な内苑　内苑は現在の梅や桜や其他の雑木は大抵取払つて了ひ檜を主木とし其他樟、椎等の常緑樹を密生せしめ其間に少し宛、欅、楓、公孫樹の喬木落葉樹をも混へるが要するに四時鬱閉を保つて日本に於ける神社の特徴を最も好く発揮せしめて此神社に近づく者をして思はず森厳の気に打たれて謹粛な心持を持たなければ居られない様にするのを以て理想とするのである、而して神苑の周囲には土堤を作り常緑樹を密植して俗寰との隔壁と為す」とも記されていた。その他、池や南門、裏門、相撲場などの改造にも言及がある。つまり、この時期には、靖國神社の社域に関して、森厳な「内苑」と公園的道路としての「外苑」という、あるべき「理想」(構想)の風致がイメージされていたのである。

次に、同様の内容を報じた『全国神職会会報』の記事を引用しておこう。

▲靖國神社の神苑改造　靖國神社の神苑改造は目下陸海軍多忙のため具体的の決定を見ないが既に大体の設計は出来上つて期日確定次第工事に着手する筈である、設計の大要は外苑となるべきは旧馬場の広場で先づ九段坂上の入口の処から拝殿に達する間に十二間の道路を造り左右には檜の並木を植ゑ尚現在境内に沢山植ゑてある梅桜の其の他の樹木を始めとして制札や燈籠などは皆持つて来て外苑に配置するのである大村の銅像は広場の真中に立つて居るため真直ぐな道路を造るに都合が悪いので東北端消防分署を前へ持つて行き南面して立てる又大鳥居は高さ五十尺柱の太さ直径六尺で数万貫の重量があるのだから動かすだけでも一事業で外苑の入口の処へ持つて行くのに約六千円を要すと云ふ話である内苑は現在の梅や桜や其の他の雑木は大抵取払つて檜を主木とし其の他楠、椎等の常緑樹を密生せしめ其の間に少しづゝ欅楓、銀杏の喬木落葉樹をも雑へるが要するに四時鬱蒼を保つて日本に於ける神社の特徴を最もよく発揮せしめて此の神社に近付く者をして思はず森厳の気に打たれるやうに

するのを理想とするのである又遊就館と社殿との間にも五尺程の堤を造つて植樹し古風の建築たる社殿と西洋風の遊就館とが一時に見えないやうにするのださうだ(56)

また、同年四月二十三日には、『読売新聞』に「靖國神社移祀の議　現在の地域は狭隘且殺風景　明治神宮の外苑最も可なり」という記事が掲載された(57)。これは、同月二十一日の市区改正委員会常務委員会において誰からともなくかかる話しが出て、内議があったものと伝えられている記事である。これに拠れば、東京市助役宮川鉄次郎は、「此の話は曩に明治神宮造営の案が立てられた節からあつたもので自分等は非常に賛成の意見を持つて居る、独り自分等が賛意を表して居るのみでなく靖國神社側でも何処か好い処があつたら移転し度いといふ希望を有して居ると聞いて居る、現在の招魂社は地域狭隘なる上森林などが無い為め甚だしく崇厳の気を欠いて居る、これを青山に移して明治神宮のお傍へ奉祀すると云ふ事になれば、同社に祀られてある神々は何れも先帝の馬前に斃れた人達であるから永久に先帝のお側に奉仕する意味になつて地下で大いに悦ぶ事であらうと察せられる」云々と語っている。一方で内務省神社局員は、この案を一蹴する談話を出している。

同年七月三日には、『読売新聞』に「赤坂区の二問題　陸軍射的場撤廃と靖國神社奉遷の議」という記事が載った(58)。赤坂区会議員託摩武彦はじめ区内有志(赤坂倶楽部)は、靖國神社の明治神宮外苑奉遷をも盛り込んだ趣意書を頒布しているが、賀茂百樹宮司や麴町区長は未だ沈黙しているという内容である。

後に賀茂百樹宮司は、「実は大正四年のことでありました、当時明治神宮奉斎の御詮議最中で、青山練兵場をその外苑にするといふ問題が起つた時、赤坂区では靖國神社を其地へ御遷座して頂きたいといふ輿論が起り、遂に同区ではその請願方を決議した処、麴町区では、御遷座反対を決議したやうな訳です。／私はその時に、靖國神社の御遷座は兎も角、現在の御位地のまゝでも、伊勢の内外両宮の如き御関係を以て祭祀せらるゝことが、我が国体を顕彰せらる、一大活教訓にも成りはしないか、即ち始めに申し述べました通り、明治神宮は国民忠誠の結晶であり、靖國神社は皇室御仁慈の発現である、其処に我が国の美はしき君臣の情誼が言挙げせずして事実に示されて居る、さういふ国体の精華をも不言の間に宣揚することにもなるのであると思ひ、折柄杉浦重剛翁が参拝せられた砌、この事を語つて見た処が、翁も手を拍つて同意せられた事があります。」と述べている。[59] この明治神宮と靖國神社の「対照化」も非常に興味深い認識といえるが、賀茂百樹宮司は、「此処で私の最も欣快とする処は、それは全国の各地より上京せらる、明治神宮参拝者が、同時に此の靖國神社の参拝者であり又、必ず二重橋前にも参進して其処から遥かに拝賀の心持を捧げらる、ことであります。」[60]とも述べており、上京者にとっての〈帝都東京〉の巡拝地として宮城（皇居）・明治神宮・靖國神社の三者が挙げられていることも注目される。

因みに、宮城・明治神宮・靖國神社の三者は、結果的にはいずれも「外苑」なる空間を擁することとなったという共通点を持つ（但し、それぞれの「外苑」という空間の性質は必ずしも同一のものではない）。明治神宮と靖國神社については前述した通りだが、「内苑」「外苑」なる名称に関しては、宮城における使用が最も早い。宮城においては、明治時代より、「内苑」なる語の使用に伴い、一応「外苑」（宮城前広場）との区別もなされていたが[61]、市川之雄（内匠寮庭苑係長・宮内省技師）『宮城風致考』の記述[62]や当時の新聞記事などを踏まえると、「宮城外苑」の呼称が定着するのは、宮城の「内苑」「外苑」にも一定の示唆を受けて構想された明治神宮内外苑の造営過程において、全く新たな「内苑」「外苑」の概念や形式が打ち出された後である大正五年一月八日の陸軍観兵式からであったと見られる。つまり、「外苑」呼称の生成と伝播の過程において、宮城と明治神宮には往還的影響関係があったのである。

一方、靖國神社と明治神宮の間にも往還的影響関係が見出せる。大正五年三月三日、阪谷芳郎は、演説のなかで、明治神宮外苑を「一つの紀念碑」と捉えるという認識を示しているが、本稿において重要なのは、明治神宮「外苑」

造営に当たって、招魂社（靖國神社）の馬場や浅草公園における膨大な「参詣者」という先行する問題を念頭に置きつつ、十万人規模の「動員」という次のステージを見据えた「西洋のスタジヤム」（運動施設）の建設構想について、「馬場」という表現を用いて語っていることである。次にその箇所を引いておこう。

> 夫れから今一つは明治神宮の御祭には非常な人出があると云ふ事も今から予想しなければならぬ、年中伊勢の大廟に次いで全国より各方面の参詣者も非常に多いで御坐いませうが、十一月三日と云ふやうな大祭日には非常な人出があるだらう、此多人数が混雑なく婦人子供にも危げなく愉快に一日を楽んで、斯くの如く日本の国家は天皇の崩御の後も繁昌致して居りますと云ふ事の意味を其処に現はす為、大勢の人が楽しめるやうな設備をしなければ成りませぬ、夫れには競馬とか体育競争とか多くの人か一緒に見られるやうに、大競技場を造つたらよからう是も併し乍ら普通の物では危なう御坐います、皆さん御承知の通り招魂社の前に広い馬場が御坐いましたが、何分群集が多くつて危いので競馬は止めて御坐います、それで今度は十万人位混雑しないで見えるやうな風に造り、其馬場の周囲は雛段が出来、其段の上に登つて見るやうにしたらよからうと云ふので、西洋のスタジヤムと云ふやうな趣向に夫れを造つたらどふか《ママ》、近頃の調べに浅草の公園には日々百万人から観音様の参詣人が出這入りして随分混雑して居りますが、ナカ〳〵明治神宮の御祭には百万人処で無く大した混雑でせうが、併し御境内は随分広いのでありますから、先づ十万位の人が集つて競馬とか体育の競技とかを観る事の出来る広い馬場を一つ造りたい、之れも紀念の事業の重もなものである。
> 要するに青山練兵場全体の場所は之を一つの紀念碑と看做して、其場所に紀念として物を言はせると云ふ事が一つの理想に成つて居ります。[63]

この言を踏まえるならば、明治初年に創建された靖國神社の「馬場」の記憶、つまり慰霊の「公共空間」としての靖國神社の空間構成に関する記憶そのものが、大正期に造営されてゆく明治神宮の内苑・外苑が登場する前提、或いは明治神宮「外苑」構想への〈媒介項〉となっていることが分かる。[64]

さて、大正初年における靖國神社境内の改造構想は、明治神宮の造営過程の影響を受けながら、靖國神社独自の「内苑」「外苑」を構築しようというものであったが、いずれも決してそれらの「理想」がそのまま「実現」した訳では無かった。但し、アンタッチャブルであったという訳でも無く、現実的な部分で徐々に境内整備に取り組んでいた。例えば、靖國神社では、「鎮座五十年」に当たる大正七年の十月十九日に「神苑改築嘱託」である田村剛（東京帝国大学農学部実科講師、本多静六の弟子で明治神宮造営局にも係わり、「国立公園の父」ともいわれた林学系造園学者）の同意を得て「制札掲示所」を移転し、元の場所附近には、「参集所（参拝者休憩所）」が十二月十一日に竣成しているし、同十年には大鳥居（第一鳥居）が竣功している。[65]しかしながら、大正十二年九月一日における関東地方の大地震による関東大震災によって、靖國神社は、本殿基壇、拝殿、社務所、遊就館、能楽堂などに甚大な被害を被った。[66]靖國神社は境内・内苑（第二鳥居前）・外苑（旧馬場）・牛ヶ淵附属地を開放して罹災者の避難に努め、やがて外苑や附属地にバラックが竣功して多数の罹災者を収容し、外苑に露店を開くことも許可したが、大正十四年三月三十一日には九段バラック居住者の解散式が境内相撲場で執行され、同年四月二十日には外苑・牛ヶ淵附属地の撤去が完了した。

大正中期から末期にかけての靖國神社については、すでに別稿[67]で詳述しているものの、ここにおいても再度触れておかなければならない事柄がある。それは、靖國神社宮司と陸海軍省との路線の相違のことである。[68]

靖國神社の内務省移管問題に関して賀茂百樹宮司が大正十三年九月二十五日に提出した意見書には、当時陸海軍省が「歴史的関係」及び「軍人及社会教化の見地」の両観点から陸海軍省管理に固執していたのに対し、賀茂は内務省移管に一理あると考え、「陸海軍省が靖國神社を管轄するは軍人の訓育に補益する所ありと雖、一面一般国民に及す教化に至りては欠くるものあるが如し。移管の後に之に全力を注がれんことを望む」と記した。その上で、それまで軍事上の参考に供するための「武器陳列場」と位置付けられていた「靖國神社附属遊就館」は、あくまでも「祭神の功績を欽慕する」ことを主とすべきと説き、その管理も陸海軍大臣から靖國神社宮司へと換えるべきだと主張した（賀茂宮司は大正十一年四月二十二日から三十日まで「館長事務取扱」とはなったことがあるが、宮司は館長にはなれなかった）[69]。即ち、現在の「英霊顕彰」を目的とする遊就館構想の先駆となる意見であるが、陸海軍省がこの提案を受け入れることは無かった。このように賀茂宮司は、陸海軍省の意向とは独立した形で、靖國神社の境内、とりわけ遊就館の性質の変更を図ることで「英霊顕彰」を通した「国民教化」に繋げようとしていたのである。

この方向性は、大正十四年六月十七日、内閣に設置され、内務大臣を会長とした行政調査会の「靖國神社ヲ内務大臣ノ管轄ニ移スコトニ関スル小幹事会調査案」[70]において、靖國神社を単に「陸海軍人ニ特別ノ関係アルモノ」とせず、「広ク一般国民ノ神社タラシムルハ正ニ国民精神作興上必要アルニ因ル」とする主張は「理論上有力」とされたことと同様のものであった。大正期の靖國神社において、かかる「国民教化」の〈場〉〈空間〉として神社境内を捉える認識と、「外苑」設定・境内景観刷新構想、「参集所」建設など「参拝者」即ち「国民」本位の境内整備は、密接に関連していたといえるのではなかろうか。

四、〈聖域〉としての靖國神社の「神域浄化」と神域拡張構想――昭和戦前期――

昭和に入ると、大正天皇大喪儀、昭和天皇大礼という大きな儀礼を経て、親閲式、帝都復興完成式典をはじめ様々な行事が「宮城外苑」で行われるようになる。[71]その最たるものが、昭和十五年十一月十日の「紀元二千六百年式典」、十一日の奉祝会であった[72]。東京市は「宮城外苑整備事業計画要綱」をまとめ、「宮城外苑の一郭は申すも畏き事乍ら宮城の前庭にして国民が宮城を拝し森厳なる雰囲気の裡に皇室の御隆昌を寿ぎ奉るに最もふさはしい聖地である。常時に於ては清浄にして、俗情を忘れる場所でなければならぬ。又式典に当り　陛下の御臨御を仰ぐ時に於ては即ち最も崇高厳粛なる式場とならねばならぬ、然るに現在の外苑は必しも此の要請を充してゐるものとは謂はれない。されば本市は宮内省当局の御指図を受けて之が整備に万全を期したいと思ふものである。而して之が計画を樹てるに当つては亦極めて慎重を要するものがあるので市長を会長とし学界の権威関係官庁官吏を網羅する紀元二千六百年記念宮城外苑整備事業審議委員会を組織しその答申に基き計画要綱を決定したのである。」という方針を立てた[73]。

さらに「紀元二千六百年記念宮城外苑整備事業奉賛会」が組織された。端的にいえば、「宮城外苑を愈々森厳清浄なる聖域となし奉るべく計画[74]」されたもので、昭和十四年十一月十四日に起工式を挙げ、また翌日「東京市肇国奉公隊」が結成されて一般の勤労奉仕の体制も整え、着々と事業を推進したのである（昭和十八年の暮れに第一期事業の約八割を残して中止）。事業計画の内容は、「御親臨台予定地並広場造成」、「石塁装備」、「道路改」、「造園」、「周囲石塁内側土手築造」などであった。こうした「現実」の宮城外苑整備においても多用されているように、「外苑」という共通の呼称を持つ「公共空間」を整備してきた宮城・靖國神社・明治神宮は、昭和戦前期、とりわけ「紀元二千六百年」頃までにいずれも〈聖地〉〈聖域〉なる修飾語が冠されるようになってくる。元来、日本における新聞報道で「聖地」といえば、エルサレム、メッカ、ベナレス、ルルドなどの外国の地名に冠する言葉であり、日本の地域には冠されることは殆ど無かったにも拘らず（鉄道の広告にはあったが）、昭和戦前期、とりわけ昭和十年代に入ると、宮城外苑・明治神宮外苑・靖國神社外苑のいずれにも〈聖域〉〈聖地〉という言葉が冠されるようになってゆくのである[75]。

改めて靖國神社に立ち返ると、昭和三年五月二十一日には、九段坂改修工事に伴う靖國神社外苑の整備工事が終了している。これ以後、外苑石積玉垣、社号標、大小の燈籠、石獅子等の位置、形状は、殆ど異動がなくなる。(76)同八年十一月十日に第二鳥居移転奉告祭が執行され、同九年十月十八日には第一徴兵保険株式会社が奉納した神門竣成祭が執行された（神門は葦津珍彦が代表を務める合資会社社寺工務所の施工によるもの）(77)。そして、昭和十四年一月三十一日、東京市立小学校教員・児童七十五万余人から靖國神社に対して総額七万四千円の寄附がなされ、二月二十七日に中門鳥居並びに玉垣の改築工事が竣成した。(78)これらが準戦時下における「現実」の靖國神社の境内整備であった。

昭和十二年七月九日以降の「支那事変」（日華事変、日中戦争）の最中であり、「紀元二千六百年」を翌年に控えた同十四年二月二十六日、『東京朝日新聞』に「神域の森厳保持に〝九段名物〟閉出し　今春から　断行のお達し」という記事が掲載された。(79)この記事のリードには、「聖戦下に迎へる二度目の春季大祭を前にして靖國神社では神域の荘厳を図るため、此の大祭から同神社外苑に出される見世物興行並びに露店の営業を許さぬことに決定、これで大祭毎に靖國神社の境内を賑やかに埋めた約二十の興行物と三百有余の露店などの九段名物は全くその姿を消すことになつた。」とある。同記事には、「この見世物は明治二年同神社が東京招魂社として創建された頃からの古い歴史を持ち尼港惨劇の英霊合祀祭のときに一回だけ姿を見せなかつただけで日清、日露の昔から賑々しく神々を慰霊するといふ趣旨で毎年社頭をお祭気分で賑はし明治年間は東京名物の一つに数へられた程だつた／最近「神域は出来るだけ森厳に」との声が高まつてきたので同神社ではこゝ数年来之等興行物に対し厳選主義で臨み更に昨秋の臨時大祭には興行物数を最少に制限したが、今春の大祭を期してこの全廃の断行となつたもので靖國神社境内興行者世話役黒須秀之助、同露店商世話役岡田庫三の両氏は最近それ〴〵麹町憲兵分隊からその旨達を受けた。／この全廃に代つて神域を彩るものについては神社側並に陸軍当局の祭典委員が具体案を練つてゐるが催し物は奉納武道、能、相撲などに主力をおき、外苑石垣沿ひには今事変の戦利品を陳列するほか／今後外苑には全国から寄進する樹木を植ゑて公園化するなど神域浄化に邁進することになつた／**靖國神社興行者事務所談**　九段には長い間御世話になりましたが今度当局の御命令で姿を消すことになりました、九段の興行には私達は毎年全力を挙げ小屋がけに千円近くも費すのもあります、何しろ長い間慣習となつてゐた九段を離れるとなると色々離れがたい気持もあります、これからは地方の開拓にでも努力しなければなりません／**同露店商世話役岡田庫三氏談**　商品の仕込み前に当局からお話がありましたので助かりました、何しろ年二回の大祭で一年中の生活費を稼ぐ仲間が三、四割もをりますからね」とあり、当時の様子が良く分かる。実際、後年の靖國神社側の記録でも、この記事を踏まえ、四月二十四〜二十八日における臨時大祭について、「従来、春秋の例大祭ごとに社頭は約二〇の見世物興行と三〇〇有余の露店で賑わい、東京名物の一つに算えられて来たが、これらは神域の森厳を図るためその姿を消すことになる。催物は奉納武道・能・相撲などに主力を置き、外苑玉垣沿いに今事変の戦利品を陳列するほか、全国から寄進する樹木を植えて公園化するなど、神域浄化に努める。」と記されている。(80) この記事のニュアンス（書きぶり）から読み取れるのは、靖國神社側にとっては、すでにここ数年、政府当局や世論による同調的「圧力」によって、それまでは「九段名物」であったはずの露店や興行に対して厳しい態度を取らざるを得ない状態であったが、ここに至って靖國神社境内から興行者や露店商を完全に締め出す「神域浄化」に踏み切らざるを得ない時勢となったということである。

また、昭和十四年七月十六日には、『東京朝日新聞』に「靖國神社神域の拡張——現在の数倍に・市電は地下を——官民の熾烈な要望」という記事が掲載された。リードには「護国の英霊神鎮まる靖國神社の神域は余りにも狭隘であり、全国民敬崇の聖地として、今事変を契機に神域の大拡張を行へ——との声が官民の間に翕然と起つて来たので、関係当局でもいよ〳〵具体的研究を開始した」とある。そして、「この国家的の聖地たる靖國神社神域が電車、自動車の頻繁な交通に囲繞され、周囲には住宅が密集して神社の尊厳を害する傾きがあり同時に年二回の大祭にも狭い境内に参拝者は雑沓する有様、更に今事変により英霊とみに増した現状から見て、事変を契機に、神域の大拡張を行ふべし、との声が、民間を始め各方面から昂まり、国民の輿望となりつゝあるので、陸軍内務を始め関係各当局に於ても、時局当然な要望であるため、神域拡張に関する具体的調査研究を着着進めてゐる／関係当局で目下考慮されてゐる拡張案は数種あるがその中の一案は、現在の偕行社横から市立一中、三輪田高女、九段電話局をよこぎつて電車通りを越え、富士見町三番地から牛ヶ淵の電車通りへ至る地域であつて、これは約三万坪の現在の神域を数倍に拡大する案である、電車は神域の下をトンネルで山手昭和通りへ結び、かくして拡張の上国防館等々、国家的な諸施設を包含しようといふのである／これに対し一方では九段坂附近をも大拡張して、アテネのアクロポリスの丘の様に壮大無比な規模にすべしとの案も持上つてゐるが、これには用地買収乃至換地問題が附随し、その費用も二千万円以上を要するものと見られるので、戦時下に於ける資材問題をも含んで関係当局は極めて慎重な態度を持して研究を進めてゐる／かくて国民、心の中心、靖國神社の神域拡張問題の成行は今や全国民の絶大な期待と注目の的とならうとしてゐる」[81]という。靖國神社の「神域浄化」とともに、官民から神域（境内）拡張構想が打ち出され始めたのである。

次いで、同月二十一日には、「宮城前、神宮、九段を　一大聖域に結ぶ　都市美協会の計画」なる記事が出され、「靖國神社の神域を拡張して、広大且つ荘厳にせんとの意嚮が、官民両方面から興つたことは既報したが、今回阪谷芳郎男を会長とする都市美協会が本問題を取りあげ「神域拡張」の声を急遽全国に向つて呼びかけることとなつた／来週早々理事、評議員等による役員会を開催、神域拡張計画に対する同協会としての意見をまとめ、全国的にこれを発表して広く輿論にうつたへようといふのでこの役員会に出席する人々の顔触れは、都市美協会副会長近新三郎、佐藤功一両氏、顧問本多静六氏、理事今井、石井、榧木、菊池、岸田、谷川、星島諸氏を始め各役員で／宮城前外苑の整備と共に靖國神社神域拡張を行ふべき綜合プランを樹立、宮城前外苑、明治神宮外苑と結んで厖大な聖域を実現し、新東亜に興隆する全国民の心の中心をこゝに建設しようとするのであつて、建築、造園、土木等各界の権威を集める同協会の第一声は必ずや強い反響を喚び起すものと、来週の役員会は頗る注目されてゐるが、同時に本問題はこゝに官民一体、輿論化の第一歩を踏み出すわけでその実現を見る日が今や熱烈に期待されるに至つた[82]」という。

要するに、この当時、大正末期に生じた「都市美運動」を牽引していた「都市美協会」(阪谷芳郎会長)が、東京市の「紀元二千六百年」記念事業として実行されている「宮城外苑」の整備とともに、宮城外苑・明治神宮外苑・靖國神社神域(即ち「外苑」の拡張)という、それぞれの「外苑」を結合した「一大聖域」をも視野に入れた「靖國神社神域拡張」の提唱を行ったのである。さらに続報の「二千万円で拡張　九段神域と都市美協会協議会」では、「靖國神社の神域拡張問題を正式に協議する都市美協会役員会は二十八日午後五時から日比谷公園松本楼で開かれた／参会者は都市美協会副会長近新三郎氏、同佐藤功一博士を初め代議士星島二郎、工博大熊喜邦、前市議中村舜二、板垣鷹穂、内務省神社局田阪美徳、同本郷高徳、市土木局長今井哲、二千六百年記念事業部長谷川昇、市土木局建築課長石原憲治、同公園課長井下清、同河川課長酒井勇、同土木局庶務課長武藤騏駛郎、林博田村剛、勧銀主事渡邊喜一諸氏／先づ神域拡張案には参会者一同賛成した後、愈各人各説の発表をする／一、現在の三万坪を少くも十万坪にしたい／一、社殿の裏をひろげて森厳にする／一、大祭時の興行物は行ふべし、但し神域外に適当な広場を造りそこでやる／一、拡張に際しては展望を害さぬ様注意したい／一、現在の社殿は本殿と神門が神明造り、拝殿のみ権現造りだから統一したい／一、遺族参拝に便ならしめる様にする／等々であつたが結局東は中坂と九段坂の間の一画を取り払ひ、西は一口坂まで南は東郷公園北側に沿ふ道路まで、北は中坂から市立一中、白百合高女を結ぶ線まで拡張、電車はトンネル乃至東郷公園北側道路に移す、この予算、用地買収、移転補償、電車線路移動等で少くも二千万円と云ふ数字が計算された、かくて、都市美協会は、今後も活潑に具体案を練つた上、関係官庁に陳情すると共に全国各方面に積極的によびかけることを申し合せて午後九時半散会した(83)」と報じられた。

　このように、都市美協会協議会では二千万円が算出されたが、同年十一月十三日には「靖國神社神域拡張ニ関スル建議案」(「靖國神社境内拡張区域図」も附けられている)が作成され、機関誌『都市美』に掲載されて

靖國神社神域擴張ニ關スル建議案

靖國神社ノ神域ハ創設當時ニ比シ其ノ環境ハ著シク變化シ近代文化ノ發達ニ伴ヒ交通ノ激化ト騒音トニ依リ崇高ト尊嚴トヲ傷ケラルルニ至レリ

然ルニ今次聖戰下ニ於テ我ガ國民ノ敬仰ト感謝トノ純情ニ依リ神域擴張ノ議澎湃トシテ興レル實狀ニアリ惟フニ神域擴張ハ盡忠報國ノ英靈ニ對スル吾等銃後國民ノ責務ト謂フベク且ツ國民精神ノ強化ニ貢獻ル處大ナリト信ズ多年都市ノ整備ニ盡瘁セル本會ハ愼重審議ノ上別紙ノ通神域ヲ擴張シ森嚴ナル聖域トナスヲ最モ適切ナルモノトシ其ノ實現ヲ希望スル次第ナリ

右本會ノ決議ニヨリ建議候也

昭和十四年十一月十三日

都市美協會
會長　男爵　阪谷芳郎

擴張區域（上圖）

東ハ中坂ト九段坂間ヲ通迄、西ハ一口坂迄、南ハ東京家政學院ニ沿フ道路迄、北ハ中坂ヨリ市立第一中學校及白百合高等女學校ヲ結ブ線迄夫々擴張シ、電車線ハ地下又ハ東郷公園北側道路ニ移サレタシ

図6　靖國神社神域拡張ニ関スル建議案
出典：『都市美』第29号

いる(84)〔図6〕。この「靖國神社神域拡張ニ関スル建議案」には、「靖國神社ノ神域ハ創設当時ニ比シ其ノ環境ハ著シク変化シ近代文化ノ発達ニ伴ヒ交通ノ激化ト騒音トニ依リ崇高ト尊厳トヲ傷ケラルルニ至レリ／然ルニ今次聖戦下ニ於テ我ガ国民ノ敬仰ト感謝トノ純情ニ依リ神域拡張ノ議澎湃トシテ興レル実情ニアリ惟フニ神域拡張ハ尽忠報国ノ英霊ニ対スル吾等銃後国民ノ責務ト謂フベク且ツ国民精神ノ強化ニ貢献ル処大ナリト信ズ多年都市ノ整備ニ尽瘁セル本会ハ慎重審議ノ上別紙ノ通神域ヲ拡張シ森厳ナル聖域トナスヲ最モ適切ナルモノトシ其ノ実現ヲ希望スル次第ナリ／右本会ノ決議ニヨリ建議候也／昭和十四年十一月十三日／都市美協会会長　男爵／阪谷芳郎／拡張区域（上図）／東ハ中坂ト九段坂間ヲ通迄、西ハ一口坂迄、南ハ東京家政学院ニ沿フ道路迄、北ハ中坂ヨリ市立第一中学校及白百合高等女

学校ヲ結ブ線迄夫々拡張シ、電車線ハ地下又ハ東郷公園北側道路ニ移サレタシ[85]」と記されていた。

さらに、こうした流れに沿って、靖國神社の神域拡張構想を前提とした新聞連載も行われた。『東京朝日新聞』では、昭和十四年七月二十九日から八月二日まで、五回に亙って「靖國神社物語」が連載された。この連載は、当時における靖國神社神域の大拡張への希求について、それを「帰するところ国民の心の古里として、大業翼賛の忠魂神鎮まる唯一の神域として、広大、森厳極まりなき神社たらしめたいといふ熾烈な国民的希望」と捉え、八月六日には恩賜財団軍人援護会制定の「遺児の日」も迫っているため、「この機会に九段靖國神社の七十年を回顧しつつ神域拡張に対する各方面の希望、意見を紹介しよう」というものであった。次にその連載を簡単に紹介してみよう。

まず、「靖國神社物語①　復せ、七十年前の神域　今の五倍・品川から見えた燈籠」（七月二十九日）では、昨年靖國神社宮司を辞したばかりの賀茂百樹の談話が掲載され、「翁は――かういふ時節に神域を拡張せんけりや、モウ永久に出来ませんわい――と強く叫ぶ「国の勢を旺んにするなら神社を盛んにしなくてはならない、現在の神域は余りにも狭い、少くも明治二年、靖國神社（当時の招魂社）が叡慮によつて定められた当時の神域に恢復せよ」これが賀茂翁の痛切な希望である、実際現状の神域三万四千余坪は、神社創建当初の十五万坪に比べると僅五分ノ一に過ぎない、幾度か神域の拡張が企てられながら、出来なかつた今日までのことを知る賀茂翁が、時局下の現在「明治二年の姿に恢復せよ」といふのもゆゑあるのだ、」と記されている。

次いで「靖國神社物語②　銅像の主に先見の明　圓玉師の語る「九段招魂社」時代」（七月三十日）では、講談師の悟道軒圓玉に東京招魂社時代のことを語らせているが、記事の力点は、当初の広大な十五万坪余の社地の削減に反対した大村益次郎には、先見の明があったというところにある。

「靖國神社物語③　偲ぶ日露戦役酣の頃　縁り深き両氏の思ひ出と希望」（七月三十一日）では、陸軍大学校で統計学を教授し、明治三十九年に文官として初めて靖國神社の大祭委員になつた統計学社名誉社長の横山雅男と、大正八年の大鳥居建設の主任で震災後の遊就館を設計建設した東京大学名誉教授の伊東忠太から靖國神社神域拡張整備案を聴取している。横山は「富士見町、三番町、土手三番町附近を買収し、神社には参天の樹木がなくてはならないから、鬱蒼と茂らせる、たゞ現在の神域はどうも杉、檜が育たないが、何とか杉、檜を植ゑたい、又大村益次郎の銅像が大鳥居の内、即ち内苑にあるのはをかしい、銅像は外苑に移した方がよいと思ふ」と述べ、伊東は「外苑と内苑にして現神域を内苑に、内濠に沿ふ九段坂上一帯、即ち現在の九段坂病院辺から宮内大臣官邸に至る附近の地を外苑にする更にこの機会に境内の銅像を整理すること、元来神は銅像などにすべきでなく、神域内には一切銅像を建てるべからず」と主張している。但し両者とも、すでに神域の周囲は人家が密集しているため、当局の「余程の英断」が無いと実現しないだろうとして、それを求めている。

「靖國神社物語④　社殿・見透しの美なし　建物は削り電車は地下へ」(八月一日)では、「常に国民と共にある靖國神社、一旦緩急の際、この一点で国民の心を固く結束する九段靖國神社の名は、童心にも深く刻まれた〝僕等の中心〟だ、遺児達には、父に会へる最も喜ばしい所であり、国民には貴い先駆者が、親しい同胞が神鎮まる聖地である、靖國神社に関する限りそれは貴賤上下を超越した皆の問題である「神域拡張」と「九段の思ひ出」を今日は紙上座談会で聞かう」ということで、東京大学教授(工博)の岸田日出刀、代議士の星島二郎、元靖國神社主典鈴木寒之助、愛国婦人会評議員・分会長の丹羽花子、東京市市民局長の上原六郎がコメントしている。特に岸田は、神域拡張は「靖國神社の性質からいつても、又今事変の記念といふ点からいつても、或は都市計画の立場からも、この時期に断乎大規模且壮大にやるべきだと思ひます、」と述べ、さらに「我国の神社には伝統的約束があり、神社的雰囲気が必要なのに、靖國神社にはこの大切な雰囲気が欠けてゐる、神域は飽まで素朴神厳にする、更に見透しの美が必要だ、現在参道から見ると、鳥居の位置が曲つてゐて、街の建築物が邪魔をして社を見透せない、これを削り電車を地下に入れるなりして整理し、国家的式典、祭典を行ふ広場を造るべきだ、紀元二千六百年広場といふやうなものをネ」と提唱している(86)。

「靖國神社物語㊁　武神にほしい武徳殿　社殿の背後は山に」(八月二日)では、当時靖國神社宮司の鈴木孝雄と日本画壇の大御所横山大観の談話を掲載している。鈴木宮司は、「靖國神社に奉仕する者として云へば、現在の神域は慥に狭い、大祭の時などこまる許りだ、森厳でなくてはならないのに現状は丸裸の様で誠にまづい、神域を広くして、もつと森林を多くしたい、又武の神であるのに武徳殿も無い、祭の際見世物を出す広場と共に、是非とも武徳殿を欲しいと思ふ――」と述べた。そして横山は、「今の靖國神社は、あんまりお粗末です、私の拙い筆では描けません、つく〴〵現状に対して不満を感じました、私の理想としては、神域拡張は勿論ですが、出来れば社殿の背後を山にするか、地盛りをして社殿を高くするかしたいのです、参道は現在の坂一杯の石段とし、段々は九ツ、偕行社のある所も山にして松と山桜、楓を植ゑ、社殿の裏山は杉の森にする、神域は垣で囲み、三ヶ所の鳥居から入り、域内に掘抜き井戸を掘り、この水を坂下の参道へ流して御手洗とし、一の鳥居は俎橋を渡つた所に建て、木造でありたい、電車やバスの車掌に注意されなくても前を通れば自然に頭が下がり、襟を正したくなる様にしたいのです」と語り、紙面には「理想の靖國神社神域」のスケッチも掲載されている〔図7〕。

かかるジャーナリズムにおける「靖國神社神域拡張キャンペーン」は、『東京朝日新聞』だけに留まるものでは無い。例えば、当時の『読売新聞』においては、靖國神社の境内浄化やその拡張を志向する意見に賛意を示しつつ、独自の見解を披露した文化人の文章が見られる。同年八月五日に小説家松岡譲のユニークな「靖國神社外苑論」が掲載され、また、八月十一日には、リベラルなジャーナリストとして知られる長谷川如是閑が「都会の聖域」について持

靖國神社物語（完）

武神にほしい武德殿

社殿の背後は山に

図7　靖國神社物語㊛
出典：『東京朝日新聞』昭和14年8月2日

論を展開している。どうやら、「靖國神社神域拡張」については、民間において概ね好意的に捉えられているだけではなく、それ以上に各人のイマジネーションを掻き立てる素材であったらしい。

松岡譲の「拋物線　靖國神社外苑論」においては、次のように記されている。

九段の靖國神社聖域の浄化と荘厳がしきりに叫ばれて居る。現在の狭隘な多少森厳感を欠く境内は当然拡大されてこゝに理想的な一大聖域を現出せしめる事は、全国民の要望に違ひない。これは早晩実行に移さるべきが護国の英霊に対する吾々国民の聖なる義務であらう。／それにつれて考へるのは外苑の設置だ。現在の九段には社殿の背後に神苑あり、相撲場あり、能楽堂ありだが、この程度では明治初年の招魂社好みを出ないので現在の大靖國神社にとつては余りに貧相だ。宜しく他へ外苑を設けて、全国民崇敬の為めの森厳化を計るべきであらう／外苑候補地としては隣接の田安門内の近衛師団の敷地なら申分ないが、禁裏守護に任ずる近衛の移転は問題にはなるまい。とすると門外漢として一見実行可能と思はれるのは後楽園一帯の砲兵工廠跡だ。こゝにはすでに野球のスタヂアムがあつたり柔道の道場があつたりだが、これを組織的に計画して行けば、明治神宮外苑とは自ら異つた色合の立派な外苑が出来さうだ。／さうして帝都に行はれる武道やスポーツは、春は九段外苑を中心に、秋は明治神宮外苑中心に、それ〳〵大祭の神事として催されるのがいゝ。元来日本の闘技といふものは神事として奉納されるのが本当なのだから。これには異存のある者はない筈だ。かくしてその統一は期して待つべきものがあらう。当局に一思案願ひたいものだ。【筆者は文藝家】(87)

一方、長谷川如是閑の「一日一題 都会の聖域」には、次のように述べられている。

靖國神社の社域を拡張する議があるといふが、これはいろ〳〵の意味で最も望ましいことである。わが国神社の尊厳は鬱然たる深林の景致なしには決して満足に表現されないのに拘らず、靖國神社がその点で十分でないことは遺憾である。／最初の設計では、現在の幾倍にも当る大きい地域をもつたものであつたが、当時の財政上の都合で已むなく縮小されたものと聞くがあの財政逼迫の時代に今日の人々も思ひ及ばないほどの広大な神域を設計したのは、或る意味で明治時代を建設した人々の気宇を示した事実として面白い。その設計者は当時にあつては外国通の大村益次郎であつたといふが、しかしその設計は彼の外国の知識から出たものではなく、元来邦人にある心理の産物だつたに相違ない。／古来日本人は都会建設の一つの理念として、その都会相当のそれぞれの広さの空地または緑地を神社仏閣の聖域としてもつことを、意識的にまたは無意識的に企画したものであつた。同じ事を欧米人もまた古来都会建設の形式として守つて来たが、たゞそれをわれらのやうに国民的信仰と結合せしめなかつた。そこに彼我の差はあるが、都会内の緑地帯を重要視した意識は一つであつた。／それを忘れたのは今日の日本人である。徳川時代に江戸の随所に神社仏閣を中心とした大小幾多の緑地帯が作られてあつたのを、片ツ端から市街地化してしまひ、さうしないものもいろ〳〵の建造物で見る影もなく狭いものとして、植林された深林も朽廃に瀕してゐるのが多い。そのうへ徳川時代の人々が都会の安全地帯として意識的に設けてあつた何々原といつた空地をも大抵何かで塡めてしまつた。明治神宮への緑地奉仕は誠にその罪滅しのやうだが、その経営の規模においても態度においても大なる皇帝とその時代を象徴するものとしては勿論、大都会の主要緑地帯としてもなほ一段の奮発が要求されねばならぬ。／緑地帯を聖域とする邦人の観念は自然林尊重の観念と結びついて山も森も林も樹木も悉く神化されるまでになつたが、この伝統的信仰ほど人間生活の原理と合理的に一致してゐるものは少い。現代の日本人はさうした信仰の薄らぐとゝもに、その生活原理をも失はんとしたのが、今や信仰の回復からその生活原理をも取り戻さんとしてゐるのは、何にしても喜ぶべきことである(88)。

以上のように、「紀元二千六百年」の前年において話題となり、様々な人々が〈帝都東京〉の空間における「理想」を語った「靖國神社神域拡張」案は、結局「紀元二千六百年」奉祝事業の一環にもなることなく、いずれも具体化にはほど遠い段階に留まり、「現実」化することはなかった。全ては各人の「絵に描いた餅」に過ぎなかったのである。

むすび——靖國神社の空間規定能力——

以上で見てきたように、「東京奠都」後の明治初年に創建され、明治の歩みのなかで〈帝都東京〉における慰霊の「公共空間」として、確固たる存在感を放っていた靖國神社境内(特に「馬場」)の記憶は、大正期における明治神宮造営(特に「外苑」)の前提となる〈媒介項〉になったといえよう。少なくとも、新しい形式を持つ明治神宮の空間構成を「神社」の伝統のなかに位置付けるための「根拠」として、伝統的な神社の性格を継承しつつも(それは「祭礼」という在り方からも明らか）、〈モダンな神社〉の先駆となった靖國神社の境内（馬場）が持ち出されてきたことは確かである。

しかしながら、そのベクトルは一方通行では無く、往還的なものであり、相互に影響を与える性格のものであった。とりわけ、明治神宮「内苑」「外苑」という斬新な形式（特に「内苑」に隣接していない場所にあり、「祭祀（参拝）施設」を含まない附属記念施設・公園的施設としての「外苑」概念の誕生）の衝撃は、自ずから、ほぼ同時進行に近い形で靖國神社境内（乃至は宮城）の在り方を〈逆照射〉する役割を果たした。その「空間」の捉え直しのなかで問題となったのは、慰霊の「公共空間」たる靖國神社境内の「狭隘さ」であり、それに伴う「俗っぽさ」であった。

注目すべきは、昭和戦前期においては、その克服のため、東京招魂社創建期においては多少なりとも可能性のあった、大村益次郎の広大な社域構想に思いを致すというような、恐らく「神武創業」（王政復古の大号令）をも視野に入れた「明治維新リヴァイヴァル」とでもいうべき志向性が見られることである。かかる志向性は、当時流行した古典由来のタームや国学・儒学・水戸学の「流行」、慰霊や招魂の系譜のルーツ探しなど、あらゆる点に係わるものと考えるが、この点については、また別の機会に詳しく考察してみようと思っている。

また、昭和戦前期には、〈帝都東京〉における代表的「公共空間」として、宮城外苑、明治神宮外苑、靖國神社外苑の三者に言及されることが多くなり、いずれも天皇に密接な場所の意を籠めた「聖」を含む〈聖域〉〈聖地〉という修飾語が冠せられるようになる。こうした言葉は、日本人にとっては、かつては声高に言わなくとも（声に出さなくとも）、当然の如く「聖性」を伴うものとして認識されていたはずの「空間」「場」に附ける「枕詞」として、盛んに用いられるようになってゆく。準戦時下や戦時下、総力戦体制とはこういうものだと言われれば返す言葉も無いが、かかる大仰な物言いや、靖國神社境内における「神域浄化」の実行は、まさに対外的な視線を意識せざるを得ない〈帝国日本〉の「焦り」や「自信の無さ」の裏返しであり、さらには、明治・大正期までは曲がりなりにも維持されてきた、異分子や猥雑なものをも含んで「清濁併せ飲む」姿勢というような余裕が全く消えてしまった状態が露呈されたものというほかない。かかる印象論的な批評はともかく、結局、〈聖域〉化した三者の「公共空間」を結合・拡大した〈帝都東京〉における「一大聖域」構想をはじめとする「理想」案は、決して右翼や民族派から発信したものではなく、どちらかといえば多分にリベラルな性格の論者（知識人）をも含んだ官民の各方面、即ち広範囲に亙る「国民」の同意を背景として盛んに提示されたといえるが、一切「現実」化したものは無かった。なぜ、「紀元二千六百年」という「国家神道」の「絶頂期」とされる時期において、「国民」の期待を背景とした靖國神社の神域拡張が少しも「実現」しなかったのだろうか。勿論そのような余裕が無かったともいえるが、翻っていえば、本考察を以て、村上重良以来、過剰なまでに「国家神道」の重要資源（支柱）と評価されてきた、〈帝都東京〉における慰霊の「公共空間」としての「靖國神社」そのものが持つ〈空間規定能力〉の程度が改めて知られるのでは無いだろうか。

註

（1）拙稿「〈書評論文〉「国家神道」概念の有効性に関する一考察——島薗進著『国家神道と日本人』の書評を通して——」（『明治聖徳記念学会紀要』復刊第四八号、平成二十三年）を参照。

（2）葦津珍彦著・阪本是丸註『新版　国家神道とは何だったのか』（神社新報社、平成十八年）九頁。

（3）村上重良『国家神道』（岩波新書、昭和四十五年）一四四頁。

（4）島薗進『国家神道と日本人』（岩波新書、平成二十二年）。

（5）阪本是丸「近代の皇室祭儀と国家神道」（大原康男・百地章・阪本是丸『国家と宗教の間——政教分離の思想と現実——』日本教文社、平成元年）、拙稿「国家神道体制成立以降の祭政一致論——神祇特別官衙設置運動をめぐって——」（阪本是丸編『国家神道再考——祭政一致国家の形成と展開——』弘文堂、平成十八年）、同『近代国学の研究』（弘文堂、平成十九年）第八章

「大正・昭和戦前期における祭政一致観の相克――八神殿奉斎問題と神道人・国学者――」などを参照。

(6) 拙稿「国家神道と靖國神社に関する一考察――神社行政統一の挫折と賀茂百樹の言説をめぐつて――」（『國學院大學研究開発推進センター研究紀要』第一号、平成十九年）、同「近代日本における「怨親平等」観の系譜」（『明治聖徳記念学会紀要』復刊第四四号、平成十九年）、同「日本における慰霊・追悼・顕彰研究の現状と課題」及び同「国家神道と靖國神社に関する一考察――近代神道における慰霊・追悼・顕彰の意味――」（國學院大學研究開発推進センター編『慰霊と顕彰の間』錦正社、平成二十年）、同「戦死者の霊魂をめぐる慰霊・追悼・顕彰と神仏両式――明治前期における招魂祭の展開を中心に――」（國學院大學研究開発推進センター編『霊魂・慰霊・顕彰の間――死者への記憶装置――』錦正社、平成二十二年）、同「日清・日露戦争後の神仏合同招魂祭に関する一考察」（『國學院大學研究開発推進センター研究紀要』第四号、平成二十二年）、同「慰霊の「公共空間」としての靖國神社」（『軍事史学』第一八七号、平成二十三年）を参照。

(7) 『靖國神社百年史　史料篇上』（靖國神社、昭和五十八年）「社地一覧」。

(8) 木下直之『美術という見世物――油絵茶屋の時代――』（平凡社、平成五年、講談社学術文庫版、平成二十二年）、坪内祐三『靖国』（新潮社、平成十一年、新潮文庫版、平成十三年）などを参照。

(9) 前掲、村上重良『国家神道』二〇六頁。

(10) 宮崎幸麻呂「招魂社の濫觴」（『如蘭社話』巻二十二、明治二十四年）、靖國神社編『靖國神社誌』（靖國神社、明治四十四年）、桑貞彦「東京招魂社について」（『神社協会雑誌』第三四巻第四、六号、昭和八年）、『神道史研究』第一五巻第五・六号（昭和四十二年）の「靖国神社特輯」、鳥巣通明「靖国神社の創建と志士の合祀」（千家尊宣先生古稀祝賀論文集・神道学会編『出雲神道の研究』神道学会、昭和四十三年）、小林健三・照沼好文『招魂社成立史の研究』（錦正社、昭和四十四年）、村上重良『慰霊と招魂――靖国の思想――』（岩波書店、昭和四十九年）、大江志乃夫『靖国神社』（岩波新書、昭和五十九年）、阪本是丸『国家神道形成過程の研究』（岩波書店、平成六年）補論2「靖国神社の創建と招魂社の整備」、小堀桂一郎『靖国神社と日本人』（ＰＨＰ新書、平成十年）、武田秀章「靖国神社・護国神社と玉串料」（『神社本庁教学研究所紀要』第一号、平成九年）、川村邦光「靖国神社と神社の近代」（川村邦光編著『戦死者のゆくえ』青弓社、平成十五年）、阪本是丸「「国

家神道体制」と靖國神社――慰霊と招魂の思想的系譜・序説――」(『神社本庁教学研究所紀要』第一二号、平成十九年)、津田勉「幕末長州藩に於ける招魂社の発生」(『山口県神道史研究』第二一号、平成二十一年)、同「招魂社の発生――靖国神社・護国神社の源流を求めて――」(『國學院大學研究開発推進センター研究紀要』第三号、平成二十一年)、武田秀章「馬関戦争と下関招魂場の形成」(前掲、國學院大學研究開発推進センター編『霊魂・慰霊・顕彰』)などを参照。拙稿については、註(6)に挙げた論考を参照のこと。

(11) 『孝明天皇紀』第四(平安神宮、昭和四十四年)文久二年八月二日条。

(12) 前掲、拙稿「戦死者の霊魂をめぐる慰霊・追悼・顕彰と神仏両式――明治前期における招魂祭の展開を中心に――」を参照。当初、東京招魂社をめぐっては、兵部省と弁官・神祇官の意図が相違し、政府の中でも一枚岩では無かった。一例を挙げれば、明治三年四月四日、兵部省は、弁官宛に「楠公以下名和菊池児島等諸将」について、「何分是等ハ別テ御叮嚀御祭典無之テハ招魂社御造営ノ名義モ不相協ニ付是迄御祭祀等不相成分ハ御贈位等御坐候テ招魂社へ配祀候様被仰出候テハ如何御坐候哉」(「癸丑庚寅以来王事奔走非命ニ斃レ候者共」或は高山彦九郎等も「同様相成度」)と請うたが、「一昨年楠社造営被仰出追々名和菊池等祭典モ可被為挙行儀ニ付招魂社へ配祀ノ義ハ不被及御沙汰候尤癸丑以来王事ニ斃候者等ハ御取調中ニ付追テ御沙汰有之事」と許可されず、また、「追テ先般神葬ノ典被仰出候ニ付テハ諸官員ノ者共死去ノ節ハ招魂社地内へ埋葬且招魂社側へ小社建構子孫ノ者霊祭為致此段御決議相成候ヘハ当省へ御沙汰相成普ク御布告被仰出度候也」と請うたが、これも華族百官の神葬地は神祇官に交付してあるため、許可されなかった。つまり、兵部省による南朝忠臣の招魂社「配祀」や境内埋葬地化の上申は却下されたのである(国立公文書館所蔵『太政類典』第一編・第百二十九巻・教法・祭典四「兵部省楠以下名和菊池児島等招魂社へ配祀ヲ請フ允サス王事ニ斃ル、者等追テ沙汰アルヘキ旨ヲ批示ス」)。

(13) 前掲、『靖國神社誌』二丁。

(14) 前掲、『靖國神社百年史　史料篇上』一八頁。

(15) 景山致恭『安政再版　東都番町大絵図』(金鱗堂・尾張屋清七板、嘉永三戌年新刻・安政五午年再刻)。

(16) 前掲、『靖國神社百年史　史料篇上』四四頁。

(17) 前掲、『靖國神社誌』七二丁。
(18) 前掲、拙稿「慰霊の「公共空間」としての靖國神社」を参照。
(19) 前掲、『靖國神社誌』六八丁。
(20) 前掲、坪内祐三『靖国』六三、六四頁。
(21) 斎藤月岑著・金子光晴校訂『増訂武江年表2』(平凡社、昭和四十三年)二二八、二二九頁。
(22) 前掲、斎藤月岑著・金子光晴校訂『増訂武江年表2』二三二、二三三頁。
(23) 前掲、斎藤月岑著・金子光晴校訂『増訂武江年表2』二三五、二三六頁。
(24) 前掲、斎藤月岑著・金子光晴校訂『増訂武江年表2』二四〇頁。明治初年の物産会については、鈴木廣之『好古家たちの一九世紀』(吉川弘文館、平成十五年)を参照。
(25) 『靖國神社百年史　事歴年表』(靖國神社、昭和六十二年)四七頁。
(26) 前掲、斎藤月岑著・金子光晴校訂『増訂武江年表2』二四二—二四四、二四七、二五一、二五九頁。また、明治五年には、東京の「所々に西洋画の覗きからくりを造り設け、見物を招く。」ことがなされていたが、九月より「九段坂上」にも出来ている(二五一、二五二頁)。因みに前掲、坪内祐三『靖国』六三頁では、東京招魂社創設当時は一般の人々の認知度が低く殆ど人気が無かったため、明治四年秋に来日した仏国スリエ曲馬団の招魂社興行が失敗したのも多分そのためだと指摘しているが、本文に引いた『武江年表』には、曲馬団そのものの出し物に対する不評をはじめ、高価や寒気など他の理由が書かれており、すでにこの時点までに東京招魂社境内、周辺の賑わいは定着していたものと見られる。なお、明治初年における東京招魂社の祭礼に注目したものとして、佐藤俊樹「社の庭——招魂社・靖国神社をめぐる眼差しの政治——」(『社会科学研究』第五七巻第三・四号)がある。
(27) 服部誠一『東京新繁昌記』初編(山城屋、明治七年)「招魂社」。但し、引用は聚芳閣版(大正十四年)からである。
(28) 『読売新聞』明治十一年十一月十二日。
(29) 前掲、拙稿「慰霊の「公共空間」としての靖國神社」を参照。

(30) 前掲、『靖國神社誌』、前掲、『靖國神社百年史　史料篇上』第七「社殿の造営整備」、『靖國神社百年史　史料篇中』(靖國神社、昭和五十八年)第一〇「遊就館」、第一一「能楽堂その他の附属施設」、第一二「記念像・記念碑」、『高橋由一油画史料』(中央公論美術出版、昭和五十九年)、靖國神社・やすくにの祈り編集委員会編『御創立百三十年記念　やすくにの祈り　目で見る明治・大正・昭和・平成』㈱産経新聞ニュースサービス、平成十一年)などを参照。

(31) 国立公文書館所蔵『公文録』明治三年・第三三巻・兵部省伺「招魂社境内馬場ニテ外国人競馬差許届」。

(32) 前掲、『靖國神社誌』一一五丁。

(33) 国立公文書館所蔵『公文別録』陸軍省衆規渕鑑抜粋・明治元年~八年「招魂社祀典御親兵礼拝式ヲ定ム」。

(34) 防衛省防衛研究所所蔵『陸軍省大日記』明治十年「大日記　本省達署一月達乙　陸軍省第一局」、「招魂大祭に付競馬相撲執行の儀」。

(35) 靖國神社の馬場における競馬の様子については、数多くの錦絵で描写されている。『靖國神社遊就館所蔵　東京名所錦絵展——錦絵にみる靖國神社のあけぼの——』(靖國神社遊就館、昭和六十一年)を参照。

(36) 防衛省防衛研究所所蔵『陸軍省大日記』明治三十四年乾「弐大日記九月」、「靖國神社競馬場廃止の件」。

(37) 防衛省防衛研究所所蔵『陸軍省大日記』明治三十五年乾「弐大日記十月」、「例大祭之節旧競馬場を興行師に貸与の件」。

(38) 防衛省防衛研究所所蔵『陸軍省大日記』明治三十六年乾「弐大日記十二月」、「靖國神社旧競馬場内に於て諸興行及諸物品販売許可の件」。賀茂水穂は、旧馬場における祭日以外の興行や物品販売について、これまで競馬や煙火などの余興に加え富士見町道路側などで諸興行や諸物品販売店が賑わっていたのが、競馬・煙火の中止や警視庁の道路取締規則のため諸興行も差し止めになったため、明治三十一年の臨時大祭から、競馬場内で諸興行や諸物品販売店開設を許可しているが、何ら支障がないのみならず、祭事の賑いなど便益が少なくないことを理由に挙げている。

(39) 「靖國神社境内の清掃」(『東京朝日新聞』明治三十八年十一月八日)。

(40) 「靖國神社境内の茶店取払ひ」(『東京朝日新聞』明治三十九年一月十六日)、「旧競馬場出店商の恐慌」(『東京朝日新聞』明治三十九年一月二十日)、「靖國神社境内の出店取毀し」(『東京朝日新聞』明治三十九年一月二十九日)。

(41)「故大村大輔の先見(靖國神社境内の狭隘)」(『東京朝日新聞』明治三十九年五月十二日)。
(42)前掲、『靖國神社百年史　事歴年表』一六九頁、「靖國神社境内露店禁制」(『東京朝日新聞』明治三十九年七月三日)。
(43)防衛省防衛研究所所蔵『陸軍省大日記』明治三十九年乾「弐大日記十月」、「靖國神社例大祭旧競馬場貸与の件」。
(44)山口正興「帝都に一大神苑の開設を望む」(『全国神職会会報』第百三号、明治四十年五月二十日発行)。
(45)賀茂百樹編『靖國神社事歴大要』(国晃館、明治四十四年)「社殿並建造物及域内神苑の事」二七、二八頁。
(46)明治神宮の造営過程に関する研究については、差し当たり、拙稿「明治神宮史研究の現在――研究史の回顧と展望――」(『神園』第六号、平成二十三年)、同「近代神苑の展開と明治神宮内外苑の造営――「公共空間」としての神社境内――」(『國學院大學研究開発推進センター研究紀要』第六号、平成二十四年)、同「青山葬場殿から明治神宮外苑へ――明治天皇大喪儀の空間的意義――」(『明治聖徳記念学会紀要』復刊第四九号、平成二十四年)を参照。
(47)「青山は不適当」(『東京朝日新聞』大正元年八月七日)。
(48)「靖國神社神苑改造の議起る」(『東京朝日新聞』大正三年一月十日)。
(49)「靖國神社神苑愈改造」(『東京朝日新聞』大正三年二月二十二日)、「九段神苑と大村銅像の位置」(『東京朝日新聞』大正三年三月四日)。
(50)前掲、『靖國神社百年史　史料篇上』五三九頁。
(51)「明治神宮建設ニ関スル覚書」(明治神宮蔵『明治天皇奉祀ニ関スル建議並請願』)、明治神宮編『明治神宮叢書』第十七巻・資料編(1)、明治神宮、平成十七年)。
(52)「明治神宮奉建の閣議決定」(『竜門雑誌』第三〇七号、大正二年十二月)、「神宮奉建調査会　官制近く発布されん」(『中外商業新報』第九九三一号、大正二年十二月)、「神宮参道の変更」(『全国神職会会報』第百九号、大正三年八月)。
(53)前掲、拙稿「近代神苑の展開と明治神宮内外苑の造営――「公共空間」としての神社境内――」を参照。
(54)「靖國神社の神苑改造」(『東京朝日新聞』大正四年二月二日)。
(55)恐らくこれに係わる図面として、㈶東京都公園協会「緑と水」の市民カレッジみどりの図書館東京グリーンアーカイブス所蔵「靖國神社旧馬場改良計画図」がある。

(56)「靖國神社の神苑改造」(『全国神職会会報』第百九十六号、大正四年二月二十五日発行)。

(57)「靖國神社移祀の議　現在の地域は狭隘且殺風景　明治神宮の外苑最も可なり」(『読売新聞』大正四年四月二十三日)。

(58)「赤坂区の二問題　陸軍射的場撤廃と靖國神社奉遷の議」(『読売新聞』大正四年年七月三日)。

(59)賀茂百樹『明治神宮と靖國神社』(大日本皇国会本部、大正十一年)二六、二七頁。但し、引用は、同文の賀茂百樹『明治神宮と靖國神社との御関係』(有備会本部、昭和九年)二五、二六頁に拠った。

(60)前掲、賀茂百樹『明治神宮と靖國神社との御関係』二七頁。

(61)「〇又皇后宮には内苑の御茶畑へも臨ませられ茶摘の業を御覧に為り又内藤新宿の植物園へも行啓在せられて華族の妻女方の養蚕の様を御覧になる由今に初めぬ事ながら民の母に在せばとて養蚕製茶の事に迄　御心を添らるゝは実に有難事にこそ」(『大阪朝日新聞』明治十四年四月二十七日)、「〇外苑の電気灯　新皇居正門外苑へ今度電気燈十数基を建設する事になり已に昨今右の工事に着手中なるが御移りの上は毎夜点火する由なり」(『読売新聞』明治二十一年十月十九日)などの記事、また、明治三十七年二月十六日の宮内省達甲第三号「内苑局官制」、宮内省達甲第四号の「宮内省官制」第三十九條の改正における「内匠寮ニ左ノ職員ヲ置キ宮殿庁舎及外苑ノ土木庁舎ノ管守ニ関スル事務ヲ管理シ主管ニ属スル会計ヲ掌ル」などを参照。

(62)宮内庁書陵部図書課宮内公文書館所蔵『宮城風致考』上篇(市川之雄述、大正十一年五月)「第四章　宮城前外苑」「第二外苑内部ノ現状」)。ここには、「外苑ハ元外構三門内ト称シタルモノ大正ニ入リテ陸軍観兵式ヲ行ハル、ニ際シ宮城正門前外苑ト命名セラレタルモノニシテ明治十年頃迄ハ尚幾分旧時ノ邸館ヲ存シタレド漸時他ニ移転セシメ一時近衛練兵場ニ使用セラレタリ。後皇居御造営ト共ニ明治十七八年頃ヨリ二十年頃迄ニ縦横ノ道路ト芝地ヲ設ケテ松樹ヲ植栽シタルモ更ニ明治三十八九年ノ二ヶ年度ニ於テ現在ノ如ク正門ヨリ馬場先ニ至ル四十間道路ト中央南北ニ通ズル二十間ノ縦横大道路ニ拡張シ芝地ノ模様ヲ改メ樹木ヲ増植セリ。南面日比谷ノ新道ト馬場先ノ取拡ケモ此際ノ工事ニシテ経費ハ宮内省ヨリ下附シ東京市ニ於テ施工シタルモノナリ。而シテ其竣工ト共ニ日露戦役ノ戦利品ヲ陳列シ特別観兵式ヲ挙行セラレタリシカバ中央ナル南北縦走道路ハ一ニ行幸道路ノ称アリ。其後明治四十二年帝室林野管理局ノ建設アリテ特ニ一郭ヲ占ムルニ及ビ附近道路芝地ノ変更ヲナシ更ニ大正六年千代田文庫ノ撤却アリシヲ以テ翌々八年此処ニ和田倉門ニ至ル斜道ヲ新設シ樹木ヲ植栽シ以テ今日ニ至レルナリ。」と記されている。

（63）阪谷芳郎「明治神宮奉賛会経過（大正五年三月四日麻布区役所楼上にて演説）」（前掲、明治神宮編『明治神宮叢書』第十九巻・資料編(3)）。

（64）なお、明治天皇奉祀の神社建設に向けて活動していた神社奉祀調査会特別委員長の阪谷芳郎は、大正三年五月四日の特別委員会で、神社と競馬・流鏑馬との関係について他の特別委員たちに次のように問い掛けていた（「神社奉祀調査会特別委員会会議録（第二回）」（明治神宮蔵『神社奉祀調査会特別委員会々議録（第一、二回分）』）。

〇阪谷委員長　チヨツト話ヲ挟ミマスガ、福羽（引用者註・逸人）サンガ御出ガナイガ、神社ニハ競馬ノ絵ナドガ能ク掲ゲテアリマスガ、競馬トカ流鏑馬トカ云フモノハ神社ト何カ関係ガアルノデスカ。／〇荻野（引用者註・仲三郎）委員　其神社ニ奉納セラレタリシタ因縁デアルノデス、ダカラ此処デヤラウト思ヘバヤツテモ宜イノデス。／〇井上（引用者註・友一）委員　サウ云フ問題ハ絵馬堂能楽堂ニ付テモ同ジダラウト思ヒマス、若シ寄附ガアレバヤル、今ノトコロハ直接必要ナルモノダケデアリマス、サウ云フモノハ外苑ト同ジク、寄附等ノモノガアレバヤツテモ宜カラウト思ヒマス。／〇阪谷委員長　サウ云フコトハ福羽サント伊東（引用者註・忠太）サンノ方ノ担任ニナルノデスガ、落チテシマツテハイケナイカラ一寸言フテ置クノデアリマス。／〇井上委員　自然外苑問題ノ時分ニ併セテ御研究ヲ願ヒマセウ。

ここでの阪谷芳郎の発言は、占領期に明治神宮「外苑」の意義を主張し、神社における管理の必要性を代弁した折口信夫「新神道の顕現」（昭和二十六年、伊達巽「明治神宮の創建と発展」『神道史研究』第一三巻第五・六号、昭和四十年）という論考において、「明治神宮のあの広い外苑の広さもわれわれは馬場だと考へる。外苑の印象が馬場の構造の印象を失った時代の人々の内に復活したものと考へることによって信仰の深さを思はずには居られない。外苑を計画するにあたって技術の頭が馬場の幻影を持ったことを思はずには居られない。参道から鳥居を越え真すぐにのびるのが近世のやしろの形だが、それのみが必ずしも古式ではない。絵画館、野球場等のあるあの外苑の形も理由のあることである。同様の絵画館がわれわれの考へでは明治神宮の構造を模索した人々の心につきつめられて現れた形と見る時、絵馬堂、絵馬殿の印象が拡大されて考へられたのであらふ（ママ）。（…中略…）明治神宮外苑には明治大正時代の神道の理想をどういふやうにするかと追求した結果が部分部分にあらはれてゐる。ただそれが統一的でないから神社とは無関係である如く見えるかも知れないのである。それを綜合統一して―明治時代の幻影、新しい神道の理想を実現する必要があると思ふ。（…中略…）明治神宮は今までの神道のうちどめであり、これからの神道の出発点になるやうな感じがする。」と述べられていることを思い起こさせる。

(65) 前掲、『靖國神社百年史　史料篇上』四九四―四九六、五四三―五四七頁、靖國神社大鳥居再建事業委員会編『靖國神社大鳥居再建の記録』（昭和五十一年）を参照。
(66) 前掲、『靖國神社百年史　史料篇上』一三二―一四九頁、前掲、『靖國神社百年史　事歴年表』二六二―二六七頁。
(67) 前掲、拙稿「国家神道と靖國神社に関する一考察――神社行政統一の挫折と賀茂百樹の言説をめぐって――」。
(68) 前掲、『靖國神社百年史　史料篇上』一四九―一五六頁。
(69) 『靖國神社百年史　史料篇中』（靖國神社、昭和五十八年）九六頁。
(70) 「行政調査会書類・十二幹事会小幹事調査案」（国立公文書館所蔵『各種調査会委員会文書』）。
(71) 原武史『増補　皇居前広場』（ちくま学芸文庫、平成十九年）六九頁。
(72) 『天業奉頌』（紀元二千六百年奉祝会、昭和十八年）を参照。
(73) 『紀元二千六百年記念　宮城外苑整備事業概要』（東京市、昭和十四年十一月）。
(74) 『紀元二千六百年記念　宮城外苑整備事業奉賛会要覧』（東京市、昭和十五年四月）、『紀元二千六百年記念　宮城外苑整備勤労奉仕　東京市肇国奉公隊要綱』（東京市）、『東京市紀元二千六百年奉祝記念事業志』東京市役所、昭和十六年）を参照。なお、東京における「紀元二千六百年」記念事業については、東京都『東京百年史』第五巻（ぎょうせい、昭和五十四年）「第四編　ファッショ化への進展」のところで「第一章　二千六百年の東京」、「第二章　神がかりの記念事業」として言及がなされている。但し、このタイトルからも分かるように、その内容は、一方的な価値評価で貫かれている。

(75) 例えば、「聖域二重橋から騒音を駆逐　お濠の石垣に沿ふ半円の大車道　全長千米、百万円の新工事　大通りは遊歩道へ　全国民景仰の聖域である宮城の外苑の森厳と美観を保ちかつまた年々ふえる宮城遥拝者群のために二重橋前の大道路から爆音を駆逐する計画がなつた。(…後略…)」(『読売新聞』昭和十年六月二十二日)、「東京大会は聖域で　外苑だけで不足なら代々木練兵場あり　赤坂の誘致運動白熱　四谷、渋谷両区と提携して〝オリムピック競技場の神宮外苑招致〟に堂々乗り出した赤坂区では六日午前十時から区役所会議室にオリムピック対策理事会を開催(…後略…)」(『読売新聞』昭和十一年十一月七日夕刊)、「桜散る靖國の聖域に「戦ふ日本」の姿再現　遺族、パノラマ、ジオラマに感嘆」(『東京朝日新聞』昭和十八年四月二十一日)など。なお、〈聖域〉と〈聖地〉では、そのニュアンスに差異があったり、ほぼ同義の場合もあったりと、その使用法は区々である。

(76) 前掲、『靖國神社百年史　事歴年表』二九四頁。

(77) 前掲、『靖國神社百年史　史料篇上』五四〇—五四二頁、五六三—五七一頁、前掲、『靖國神社百年史　事歴年表』三一八、三二六、三二七頁、『神門修復工事記録』(靖國神社社務所、平成九年)を参照。

(78) 前掲、『靖國神社百年史　史料篇上』五七二—五七五頁、「靖國神社神域に　神明造の大鳥居成る　東京市全訓導児童の赤誠で」(『皇国時報』第七〇一号、昭和十四年三月十一日)。

(79) 「神域の森厳保持に　〝九段名物〟閉出し　今春から　断行のお達し」(『東京朝日新聞』昭和十四年二月二十六日)。

(80) 前掲、『靖國神社百年史　事歴年表』三五六頁。

(81) 「靖國神社神域の拡張——現在の数倍に・市電は地下を——　官民の熾烈な要望」(『東京朝日新聞』昭和十四年七月十六日)。

(82) 『東京朝日新聞』昭和十四年七月二十一日。

(83) 『東京朝日新聞』昭和十四年七月二十九日。

(84) 日本の都市美運動を詳細に考察した中島直人『都市美運動——シヴィックアートの都市計画史——』(東京大学出版会、平成二十一年)二三二頁では、「構想倒れに終わったと推測される紀元二千六百年記念都市美審議会」といふ記述とともに、「その他、都市美協会単独の建議活動としては、一九三九年一一月の「靖国神社神域拡張に関する建議書」があったが、単発であった。」と記すのみである。

(85)「靖國神社神域拡張ニ関スル建議案」(『都市美〈都市美特輯　記念施設〉』第二九号、昭和十五年五月二十五日発行)。本号には、「新東京景観――明治神宮外苑――」、「宮城外苑の沿革」、「宮城外苑整備事業概要」、佐藤功一「忠霊塔の図案設計に就て」等も掲載されている。

(86)但し、岸田日出刀『堊』(相模書房、昭和十三年)「新春建築三題」三、四頁においては、靖國神社大鳥居前前方五十メートルの「地点からの見透しの素晴らしさに心奪はれるのを常とする」と述べ、「神苑の尊厳さは、時に周囲の深い森とか山のやうな自然によつて強められるのを普通とする。靖國神社にはさうした自然の好ましい背景といふものはないが、鳥居をくぐりこの神門の前に立つ時、参拝者の心には無形の神々しさがひしひしと胸に迫り、護国の英霊に謝してその忠烈を讃へること以外の如何なる想念も起きないであらう。」と記している。また、岸田は「靖國神社物語④」とほぼ同時期に、東京市における忠霊塔の構想を披瀝して、「わたくしの理想案は、靖國神社の神域を大拡張して内苑と外苑とに分け外苑に広大な皇紀二千六百年記念広場を営み、その首部に大忠霊塔を建設したらと思ふ。挙国熱望して止まぬ靖國神社神域拡張といふことゝ、紀元二千六百年記念広場といふものと、更にこの一大忠霊塔とを結びつけて、そこに三位一体国家的式祭典の中心を新たに創り出さうといふのである。／第二案は明治神宮に隣接する代々木練兵場に紀元二千六百年記念大広場を新に造ると共にそこに同じく大忠霊塔を営んだらと思ふ。」(「忠霊塔私見(中)」『東京朝日新聞』昭和十四年八月七日)と述べている。さらに丹下健三の「忠霊神域計画」が一等入選したことで有名な昭和十七年の設計競技「大東亜記念営造計画」において、審査員の参考作品という形式で発表された岸田の「靖國神社神域拡張並整備計画」は、靖國神社を中心に、「大東亜民族広場」、「大東亜会館」、「武徳殿」、「大東亜博物館」、「大東亜図書館」、「国史館」、「大東亜記念館」などを含み込んだ壮大な総合的記念空間として構想されていた。以上については、佐藤利之「国家記念の場に関する岸田日出刀の構想と見解――「靖国神社神域拡張計画」について―(1)立案の歴史的経緯――」(『建築史学』第三七号、平成十三年)も参照。

(87)松岡譲「靖國神社外苑論」(『読売新聞』昭和十四年八月五日)。松岡は、「スポーツ界雑記帳④【特に在外同胞に贈る】

神宮大会と九段外苑」(『読売新聞』昭和十五年一月十三日)においても、同趣旨の見解を述べている。

(88) 長谷川如是閑「一日一題　都会の聖域」(『読売新聞』昭和十四年八月十一日第二夕刊)。

附記　本稿は、平成二十四年度学研究費助成事業(科学研究費補助金)基盤研究(C)「帝都東京における神社境内と「公共空間」に関する基礎的研究」(研究課題番号:二二五二〇〇六三、研究代表者・藤田大誠)並びに平成二十四年度科学研究費助成事業(学術研究助成基金助成金)基盤研究(C)「近現代日本の宗教とナショナリズム――国家神道論を軸にした学際的総合検討の試み――」(研究課題番号:二三五二〇〇七九、研究代表者:小島伸之)における研究成果の一部である。

慰霊・追悼の政治性・宗教性
――問題視される「慣習」とは何か――

藤本頼生

はじめに

慰霊と追悼の問題を語る場合、近年、中国や韓国など近隣諸国との外交関係や国内の政治的な駆け引きの中で、毎年夏には必ずといってよいほど、首相や閣僚が靖國神社参拝をするか否かが新聞紙上やテレビ等をはじめとして取り上げられており、平成二十一(二〇〇九)年九月に自民党から民主党へと政権交代して以降も、依然として同社への参拝の是非は注目を集める問題の一つとなっている。[1] 一方、毎年、一月四日ないし五日頃に行われる首相の伊勢の神宮参拝については、現在、いわゆる内閣(首相官邸)の新年の恒例行事の一つとして執り行われており、マスメディア等でも毎回報道されながらも、これをことさらに問題にしようとする向きは少ない。[2] あるいは明治神宮には首相も参拝に赴く以外にも、アメリカ大統領なども参拝に訪れているが、近年、小泉首相の折に俄かに話題となった他は、とりわけマスメディアに取り上げられることは殆どない。[3]

神宮と靖國神社は、それぞれ成立の時期は大きく異なるものの、ともに「国家と祭祀」の関係を考える上において重要な神宮・神社であることはいうまでもない(4)。加えて靖國神社に至っては「国家と祭祀」といった観点に加えて「国家と慰霊・追悼」という問題にも大きく関係する。とくに慰霊・追悼の政治性、宗教性といった観点からみても国政の頂点に位置する首相の参拝をどう捉えるのかという問題はこれまでもさまざまな学問的な観点からなされてきたことはいうまでもない。

しかしながら、両社への首相の参拝に関してのみ言えば、社会への反響の差異はいかなるものだろうか。このことは単なる首相のみならず、国会議員(政治家)の神社参拝という問題においても、戦前の国家の管理にあった時期の神社と国家との関係を問い直す上でも、また近代から現代までの神社の性格を窺い知る上でも非常に意義のあるものと考える。そこで、本稿では、この点を歴代首相の神宮参拝と靖國神社参拝それぞれの歴史的な経緯を比較しつつ、明らかにしてみたいと考える。さらには靖國神社に関しては、首相の参拝といった観点以外にも国会議員の集団参拝という観点からも検討することで、慰霊・追悼の政治性、宗教性の問題を明らかにしてみたい。

一、首相の伊勢神宮参拝について

1　戦前期における首相の伊勢神宮参拝

まず、この問題を考える前提として、比較対象となる問題視されない事象、その代表例として伊勢の神宮の首相の参拝について近代以降、どのような参拝がなされてきたのかを明確にしておく必要があろう。

神宮は、現在、歴史的にみても、また一般的な認識としても皇祖とされる天照大御神を祀る宮として、あるいは全国に約八万社ともいわれる神社の中心的な存在としてもその名を知られている。[5] 明治維新以降、特に神社は明治四年五月十四日の太政官布告第二三四により、「国家ノ宗祀」として取り扱われ、[6] 明治政府によって神宮及び神社制度の法整備が行われてゆくが、その後、明治十八年十二月二十二日には内閣制度(太政官達第六九号)も発足する。では、内閣制度の成立以降、いわゆる各省を束ねる国務大臣、それら大臣の筆頭たる内閣総理大臣の神宮参拝はいつから、どのように行われ始めたのであろうか。

内閣制度発足前においては、のちに二度、首相を務めた大隈重信が明治五年の参議、大蔵大輔時代に太政官の御雇外国人と英公使館の外国人を連れ、伊勢の神宮を参拝したことが知られており、[7] また明治二十年十一月二十八日に豊受大神宮(外宮)を森有礼文部大臣が参拝し、いわゆる不敬事件を引き起こすこととなったことが知られている。[8] そのような中にあって、内閣制度発足以降、戦前における歴代首相の伊勢の神宮への参拝の嚆矢となるものは、記録を遡る限り、第十一代首相を務めた桂太郎首相(第一次桂内閣)である。桂首相の神宮参拝は、明治三十八年十一月十六日(外宮)、十七日(内宮)であり、現在のような年頭の神宮参拝ではなかった。

桂首相のこの参拝は、明治天皇の第四回目の神宮参拝と時を同じくするものであり、天皇の日露戦争平和克復奉告参拝における総勢百十九名の供奉員の一員として、清浦圭吾内務大臣、田中光顕宮内大臣らとともに、内宮、外宮両宮の参拝を行ったとされる。[9]

桂首相が神宮参拝を行った時期は、日露戦争という大きな社会的事件が終わった時期にあたり、明治維新以降最初の対外戦争であった日清戦争の八倍強にあたる軍事費総計約十七億四千六百万円という巨額の戦費が投じられ、さらには日清戦争の六倍強にあたる戦死者約八万四千名、戦傷者約十四万三千名という多大なる人的犠牲を伴うものであった。日露戦争の勝利によって軍事力の面のみならず、経済的、政治的な意味においてもわが国が欧米列強に肩を並べる存在となる一方で、国力は中央、地方を問わず疲弊し、つまり日露戦後の財政的重圧とその解決が至上命題となっていた時代でもあった[10]。そうした社会背景の中で、神社整理などの神社に対する施策や農村改良をはじめとする地方改良運動、社会事業の基礎ともなる感化救済運動などが政府の施策として行われていった時期でもある。

このような時代背景とは別に桂首相の神宮参拝自体は、明治天皇の供奉員の一員としてのものであり、また当時は首相といえども、天皇の下にある臣民の一人、つまり臣下の一人としての首相及び閣僚であった。また当時の首相は、法律的には権限は弱く、単に国務大臣の筆頭としての存在であって、現在のような首相の位置づけ、権限とは大きく異なるものであった。そのため、現在のような首相の神宮参拝と同様な意義を持つものではないと考えられる[11]。ゆえに現在の首相が神宮の参拝を行う際に私的な参拝としながらも国民の代表として、その多くが「国家の安泰」を祈願するのとはその意味合いが異なり[12]、明治期の首相の神宮参拝自体が大きな社会的な意味をなすものであったかどうか、さらには日清戦争の終了時にはなかった明治天皇の神宮参拝がこの時期になされたのは何故か、という点はさらなる検討を要するものであると考えられる[13]。逆をいえば、神宮であれ、靖國神社であれ、首相参拝よりも、両社とも創祀の経緯からみてもむしろ天皇陛下の御親拝が第一であるということでもある。

桂首相の参拝後、首相の神宮参拝は、筆者の調査の限り、現在、公開されている史料の中で、参拝の事実を知り得ることのできる史料が少ないこともあって、二十六年間、十四代九名の参拝についてはこれを行ったかどうかは不明である。表1に示したように桂首相以後の参拝は記録にある限り、昭和六年五月一日の第二次若槻礼次郎内閣の首相新任奉告の参拝であり、若槻首相以後は犬養内閣、斉藤内閣、以下阿部内閣までの八名の首相はいずれも新任、退任の際に神宮への奉告参拝を行っている。八名の内閣はいずれも年頭などの参拝ではなく、新任奉告、退任奉告で参拝したという事実は押さえておく必要があろう。しかし、これらの首相が、新任、退任の奉告という以外に国政奉告や

表１　戦前期総理大臣の神宮・靖國参拝記録

歴代	氏名	在職期間	在職日数	伊勢神宮年頭参拝他		靖國神社参拝 (春秋大祭・終戦記念日他)	備　考 (特に断らない限りは神宮関係事項)
11 (6)	(第１次) 桂　太郎	M34/6/2～ M39/1/7	1,681		M38/11/17		明治天皇４回目の参拝(11/16･17　日露戦争平和克復奉告)130名の供奉
12 (7)	(第１次) 西園寺公望	M39/1/7～ M41/7/14	920		M40/5/5		津市供進会視察(翌日6日)にあわせ参拝。原内務大臣、水野神社局長は４/30神宮文庫開館式に併せ翌日正式参拝
13 (7)	(第２次) 桂　太郎	M41/7/14～ M44/8/30	1,143		M42/12/2		単独参拝
19 (10)	原　　敬	T7/9/29～ T10/11/4	1,133		T7/12/12		
21 (12)	加藤友三郎	T11/6/12～ T12/8/24	440		T11/6～7月		正確な日時は不明。首相以下、水野内相、蒲田文相、岡野法相、市來蔵相、前田逓相、荒井農相も同時期に就任奉告参拝
25 (15)	(第１次) 若槻禮次郎	T15/1/30～ S2/4/20	446		S2/5/20	－	
26 (16)	田中義一	S2/4/20～ S4/7/2	805		資料なし	－	
27 (17)	濱口雄幸	S4/7/2～ S6/4/14	652		資料なし	－	
28	(第２次) 若槻禮次郎	S6/4/14～ S6/12/13	244	新任奉告	S6/5/1	－	
29 (18)	犬養　毅	S6/12/13～ S7/5/16	156	新任奉告	S6/12/28	－	鳩山一郎文相も同行、新任奉告参拝
	(臨時兼任) 高橋是清	S7/5/16～ S7/5/26	(大蔵大臣　高橋是清が内閣総理大臣臨時兼任)		機会なし	機会なし	5･15事件発生、首相逝去につき、臨時代理
30 (19)	齋藤　實	S7/5/26～ S9/7/8	774	新任奉告	S7/6/18	－	靖國神社へは(S7/6/28)に河内国楠公邸址の楠移植を総理、東郷平八郎元帥自ら奉仕
					S8/4/1	－	
				退任奉告	S9/10/13	－	
31 (20)	岡田啓介	S9/7/8～ S11/3/9	611	新任奉告	S9/7/26	－	
					S10/11/8	－	
32 (21)	廣田弘毅	S11/3/9～ S12/2/2	331	新任奉告	S11/4/8	－	
33 (22)	林　銑十郎	S12/2/2～ S12/6/4	123	新任奉告	S12/4/11		2/12館東京都知事(前神社局長)就任奉告参拝
						S12/6/5	退任奉告参拝
34 (23)	(第１次) 近衛文麿	S12/6/4～ S14/1/5	581	新任奉告	S12/6/13	S12/6/17	靖國神社国威宣揚･武運長久祭にも参列(9/15)
					S12/11/27	S12/10/23	
35 (24)	平沼騏一郎	S14/1/5～ S14/8/30	238	新任奉告	S14/1/12	S14/1/7	就任奉告参拝
				退任奉告	S14/9/16		
36 (25)	阿部信行	S14/8/30～ S15/1/16	140	新任奉告	S14/9/10	S14/8/29	就任奉告参拝
						S14/9/3	
						S14/10/20	
37 (26)	米内光政	S15/1/16～ S15/7/22	189		資料なし	S14/1/20	就任奉告参拝
						S15/7/23	退任奉告参拝
38	(第２次) 近衛文麿	S15/7/22～ S16/7/18	362		資料なし	S15/7/25	就任奉告参拝
						S16/5/1	
39	(第３次) 近衛文麿	S16/7/18～ S16/10/18	93		資料なし		7/19小泉厚生大臣、7/20田辺内務大臣、7/21柳川国務大臣、7/25左近司商工大臣、7/26岩村司法大臣いずれも就任奉告のため参拝
40 (27)	東條英機	S16/10/18～ S19/7/22	1,009		資料なし	S16/10/19	就任奉告靖國神社宣戦奉告(臨時大祭)にも参列(12/14)
						S17/1/8	(靖國･大詔奉戴、詔勅奉読式)
							勅令にて官国幣社で大東亜戦争完遂祈願祭典(中祭式)を斎行することを定められる。祈願祭に参列(12/21)、第81回通常国会召集により内ケ崎作三郎衆院副議長以下140名議員参拝
							靖國神社国威宣揚･武運長久祭にも参列(S18/12/8)
41 (28)	小磯國昭	S19/7/22～ S20/4/7	260		資料なし	S19/7/23	
						S20/1/1	
						S20/4/8	退任奉告参拝

(参考文献)神宮神部署編『瑞垣』(昭和６～14年)、靖國神社略年表、靖國神社百年史(事歴年表)(昭和62年６月)(いずれも靖國神社編・発行)を参照。全国神職会会報、神社協会雑誌、『神宮史年表』戎光祥出版(平成17年)等を参照した。

国家安泰などを祈願するという意志のもとになされた参拝なのかどうかという点は記録からは、知り得ることができない。

これに関連した論として、藤谷俊雄は、明治四十一年（一九〇八）の皇室祭祀令以下皇室関係法規の制定以降、皇室の藩屛たる皇族に対して統制が強化され、大正三年（一九一四）神宮祭祀令・神宮正式参拝内規の制定によって神宮の官社、全国神社の大本山的な機構、地位が整えられていくと述べている。(14) さらに藤谷はこれらの制度の整備とともに国務大臣以下の政府官僚をはじめ、一般国民までもが、「臣民としての義務」として伊勢参宮がなされることとなり、小学生の伊勢参宮の慣習が一般化するとともに(15)、軍隊の神宮参拝がなされていくと述べている。この点については、以後の旧制中学、高等女学校の伊勢への修学旅行など、団体参拝の問題なども含め、近年研究が進みつつある鉄道の整備、旅客の増加など、宗教とツーリズムの問題とともに多角的な観点から検討を進める必要がある。(16)

さらに藤谷は、「正式参拝内規の制定は、神宮参拝が公式の儀礼として強制されるにいたったことを端的にしめしている。内規には皇族をはじめ勅任、奏任、判任のそれぞれの官吏身分に従って参拝位置をさだめており、外国人やすでに廃止された教導職および神仏各宗派管長の参拝についても規定していることは神宮をはじめとする神社の参拝が明らかに国民の義務として法制化されつつある姿がみられる」と述べ(17)、神宮への参拝が義務化されているかのごとく説いている。しかしながら、神宮正式参拝内規は、単に国民各界各層の種々の参拝にあたって、その参拝位置を便宜的に定めたものであり、既に神宮では内規として定められていたものが制度化されただけであって、これが藤谷の説くような神宮への参拝の義務化、強制に即、繋がったと捉えることができるのかどうかは甚だ疑問といわざるを得ない。(18) この点、実際に神宮祭祀令、神宮参拝内規の制度の整備にあたっての経緯のなかで神宮参拝を義務、強制化する文言はない。さらには、前述したように当時は臣下の一人であった首相の参拝が、藤谷の述べるように制度化されたことによって臣民の義務となったという説が正当性をもつかどうか、さらに史料から検討を進めてゆく必要があると考える(19)。

なお、犬養内閣の参拝の際には、後に首相となる鳩山一郎文部大臣(当時)も同行参拝していた。戦後、鳩山自身は首相として二十五年ぶりに神宮への参拝を行っているため、当時の鳩山大臣の参拝は、自身の神宮への信仰や認識を窺う意味でも大変興味深い事象として窺うことができる。また戦前期は官公吏の新任の際には、神社に参拝して就任の奉告を行っていたという事例もある(20)。こうした事例は、当時の自治体と地域社会、神社との関係、神社のもつ政治性や宗教性を考える上でも大事な問題であり、この点は今後さらなる調査、検討が必要であると考える。

2 戦後の首相の伊勢神宮参拝

昭和二十年八月十五日以降、つまり先の大戦以降の首相の神宮参拝については、隔年で神宮司庁が発行している『神宮便覧』に現在までの首相の参拝が纏められている(21)。これを後述する靖國神社の首相参拝記録と合わせて一覧に纏めたのが表2である。戦後の首相の神宮参拝は、昭和二十年九月九日の東久邇稔彦首相の参拝を嚆矢とする(22)。その後、約七年間にわたって、連合軍最高司令官総指令部(GHQ)による本格的な占領下におかれるとともに、同年十二月十五日に発せられた「國家神道、神社神道ニ對スル政府ノ保證、支援、保全、監督竝ニ弘布ノ廃止ニ關スル件」、いわゆる「神道指令」が公布されたこともあって(23)、官公吏は公の資格にて戦前のように新任の奉告参拝を行うことは不可能となった(24)。そのため、占領が終わり、サンフランシスコ講和条約によって我が国が独立を恢復し、公の資格での神社参拝を禁止した神道指令の効力が無効となって以後(25)、昭和三十年一月五日に鳩山一郎首相が参拝を行うまで、公人の首相の伊勢神宮への参拝は約十年間にわたって途絶えていた。

前述したように鳩山首相は、文部大臣就任の際の奉告参拝以来、二十五年ぶりとなる神宮参拝であった。この参拝は足が不自由であった鳩山首相が夫人を伴い、神妙な面持ちで宇治橋前で額づく姿が当時の新聞の一面に報道されている。(26)これが戦後における神宮への年頭参拝の嚆矢ともいうべきものであろう。(27)

また参拝に閣僚の同行を伴う場合があるが、この点については、記録にある限り、戦後は昭和三十年一月の鳩山首相の参拝で河野一郎農林水産大臣が同行したのが嚆矢であり、ついで、三十三年一月三日の岸信介内閣では堀木謙三厚生大臣、赤城宗徳農林水産大臣、のちに首相となる田中角栄郵政大臣の三閣僚が同行している。以後、閣僚の一部、衆参両院議長などが、しばしば単独参拝を行っている。戦後の参拝において、年頭参拝が定着するのは昭和四十二年の佐藤首相の参拝以降であり、年頭を除く参拝は鳩山一郎、石橋湛山、岸信介、池田勇人、田中角栄の五名のみであり、この五名はいずれも就任、退任奉告の意味合いを持った参拝であったことが当時の新聞記事等からも明らかである。(28)戦後の首相の伊勢の神宮への参拝は、「国家の安泰」を祈願したと報道される一方で、立場を明確にしていない首相もいるが、私的参拝と捉えられて報道されており、その点も戦前と異なる点であろう。(29)

この点については、首相の参拝が国政の奉告、就任・退任の奉告参拝にあたるか否か、官公吏の資格においての参拝が是か否かという点にも繋がるものであり、占領下、神道指令の第三次草案作成の段階においても「官公吏は就任や政情を報告するために公的な資格で神社参拝をしてはならない」との条項が盛り込まれていたことに対し、飯沼一省神祇院副総裁、曽根益終戦連絡事務局第一部長とＧＨＱ宗教文化資源課長で神道指令の草案を作成したケネス・Ｗ・バンス博士（大尉）と行われた数度の会談において議論がなされている。(30)また、当時皇典講究所専務理事であった吉田茂（元内務省神社局長・吉田茂元首相とは別人）ともこの問題について話し合われている。(31)バンス博士との二回目（昭和二十年十二月四日）、三回目（同二十年十二月十七日）の会談において、バンスは飯沼や曽根に「国務大臣等の神宮への国

表２　戦後の内閣総理大臣の神宮・靖國参拝記録

歴代(人数)	氏名	伊勢神宮年頭参拝他		同行大臣・議員他(数字は同行した大臣の数)		靖國神社参拝(春秋大祭・終戦記念日他)	同行大臣・議員他	備考(特に断らない限りは神宮関係事項)
42(29)	鈴木貫太郎	－	機会なし			S20/4/8	新旧大臣12名	前任の小磯内閣も首相就任時に靖國神社を閣僚以下と正式参拝、本参拝には小磯前首相も参拝
43(30)	東久邇宮稔彦王	－	S20/9/9			S20/8/18	司法大臣以下8名＋文部大臣(19日)	戦後の首相の伊勢神宮参拝の嚆矢
44(31)	幣原喜重郎	21年新春	参拝せず			S20/10/23		例大祭
						S20/11/20	海軍大臣、陸軍大臣以下国務大臣	臨時大招魂祭
45(32)	(第1次)吉田　茂	22年新春	参拝せず			参拝せず		
46(33)	片山　哲	23年新春	参拝せず			参拝せず		
47(34)	芦田　均	－	機会なし			参拝せず		
48	(第2次)吉田　茂	24年新春	参拝せず			参拝せず		
49	(第3次)吉田　茂	25年新春	参拝せず			参拝せず		
		26年新春	参拝せず			S26/10/18	例大祭には各閣僚、衆参両正副議長とある、文部大臣(19日)	戦後初の公人の資格での昇殿参拝(9/10ＧＨＱ総司令部示達に基づく）S26/10/19東京都知事安井誠一郎参拝
							5/4厚生大臣、5/5官房長官(首相代理)	4/22例大祭には法務大臣以下閣僚、衆院正副議長、参院議長参拝。翌日運輸大臣、警察予備隊長官参拝。25日農林大臣参拝
		27年新春	参拝せず			S27/10/17	翌日、厚生大臣、外務大臣以下各国務大臣とあり、参議院議長佐藤尚武参拝。	S27/4/28ＧＨＱによる日本占領終了、(4/22:安井東京都知事靖國参拝)尚、当時はすべて特別参拝。
50	(第4次)吉田　茂	28年新春	参拝せず			S28/4/23	前日、大蔵大臣参拝	
51	(第5次)吉田　茂	29年新春	参拝せず			S28/10/24	(首相代理・国務大臣安藤正純)	
						S29/4/25	(首相代理・国務大臣安藤正純)	「やすくにの祈り」には24日参拝とあるが、24日は朝日新聞によると朝から大磯の私邸に向かったとある。百年史では25日に国務大臣安藤正純代理参拝
							10/20首相代理・国務大臣副総理緒方武虎参拝、18日草葉厚生大臣参拝	

歴代(人数)	氏名	伊勢神宮年頭参拝他		同行大臣・議員他(数字は同行した大臣の数)		靖國神社参拝(春秋大祭・終戦記念日他)	同行大臣・議員他	備考(特に断らない限りは神宮関係事項)
52(35)	(第1次)鳩山一郎	30年新春	S30/1/5	夫人同伴、農相	1	参拝せず	4月大祭参院正副議長、国務大臣参拝	外宮・内宮の順で参拝、内宮は宇治橋から玉串参拝。犬養内閣の際に文部大臣就任報告の際に参拝、S6以来25年ぶり
53	(第2次)鳩山一郎	–	S30/10/8	夫人同伴	0	参拝せず	10月衆参両院議長参拝、衆院副議長参拝	
54	(第3次)鳩山一郎	31年新春	S31/1/4	夫人同伴	0	参拝せず	10月法務大臣参拝、衆参両院議長参拝	
55(36)	石橋湛山	32年新春	S32/1/5	夫人、令嬢同伴、三議員同行	0	参拝せず	1月厚生大臣参拝	新任奉告参拝。二見浦で記者会見
56(37)	(第1次)岸　信介	–	S32/5/3		0	S32/4/25	4/22衆院副議長、厚生大臣参拝	(山口県に帰郷途次)
		–	S32/5/26	※臨時代理官房長官石井光次郎氏外7名参拝	1		10/21官房長官、厚生大臣参拝	
		33年新春	S33/1/3	厚生、農林、郵政	3		4/23厚生大臣参拝	
57	(第2次)岸　信介		S33/8/27	官房長官	1	S33/10/21	10/18法務大臣、橋本厚生大臣、衆院議長参拝	
		34年新春	S34/1/2	官房長官	1	参拝せず	4/8厚生大臣参拝、4/22橋本文部大臣参拝、10/18労働大臣参拝 11/5衆参両院議長参拝	
		35年新春	※(S35/1/1)			参拝せず	2/6衆院議長参拝	但し往路電車乗車中東海道本線電車事故のため、※参拝中止
		–	S35/9/6					退任奉告参拝
58(38)	(第1次)池田勇人	–	S35/8/7	本人のみ	0	S35/10/18	9/3厚生大臣参拝	神宮については新任奉告参拝
						S36/6/18	4/22 西村国務大臣、荒木文部大臣参拝、総理は渡米前に夫人と参拝	
59	(第2次)池田勇人	36年新春	参拝せず			S36/11/15	7/18小坂外務大臣欧州訪問後奉告参拝、首相は東南アジア歴訪に先立ち参拝、12/2小坂外務大臣帰国奉告参拝	元日は大磯で静養
		37年新春	参拝せず			S37/11/4	欧州六カ国訪問に先立ち奉告参拝	元日は大磯で静養
		38年新春	参拝せず			S38/9/22	首相は東南アジア4カ国訪問に先立ち奉告参拝 8/15賀屋法務大臣(遺族会会長)、8/14佐藤榮作国務大臣、小林厚生大臣参拝。この年から政府主催全国戦没者追悼式開催	元日は大磯で静養
60	(第3次)	39年新春	参拝せず			参拝せず	7/21厚生大臣参	東京私邸⇒熱海。

歴代（人数）	氏名	伊勢神宮年頭参拝他		同行大臣・議員他（数字は同行した大臣の数）		靖國神社参拝（春秋大祭・終戦記念日他）	同行大臣・議員他	備考（特に断らない限りは神宮関係事項）
	池田勇人						拝、8/15神社外苑で全国戦没者追悼式（両陛下臨席）10/18増原国務大臣参拝	首相最終年は喉頭がんで病気療養。
61（39）	（第1次）佐藤榮作	40年新春	S40/1/4	厚生、農林、自治、官房長官	4	S40/4/21	4/22船田中衆院議長、増原国務大臣、赤城農林大臣参拝	外宮、内宮の順で参拝、内宮にて記者会見。船田衆院議長は二荒山神社、明治神宮を元日参拝、神宮は5日に参拝
		41年新春	参拝せず			S41/4/21	4/22衆院正副議長、参院副議長、自治大臣参拝	S41/1/3に鶴岡八幡宮で初詣参拝。中村文相伊勢参拝、6日山口、園田衆院議長、副議長参拝
							10/18衆院議長、参院副議長参拝	
		42年新春	S42/1/4	農林	1	S42/4/22	同日衆院議長参拝	以後、伊勢の神宮への年頭参拝が官邸の新年行事として恒例化。
							10/18衆院正副議長、増田国務大臣参拝	
62	（第2次）佐藤榮作	43年新春	S43/1/4	厚生、農林、国務(2)、官房長官	5	S43/4/23		宇治山田駅で記者会見。
		44年新春	S44/1/4	厚生、農林、運輸、労働、建設、国務(2)	7	S44/4/22		
						S44/10/18	保利官房長官同行参拝、厚生大臣参拝	
		45年新春	S45/1/4	厚生、農林、運輸、労働、建設、官房長官	6	S45/4/22	保利官房長官同行参拝同日衆院正副議長参拝	
						S45/10/17	10/18衆院議長参拝	
63	（第3次）佐藤榮作	46年新春	S46/1/4	外務、厚生、農林、労働、自治、国務(1)、官房副長官	6	S46/4/22	同日衆院議長参拝	
						S46/10/18	単独参拝	
		47年新春	S47/1/4	厚生、労働、建設、自治、国務(3)、官房副長官	7	S47/4/22	同日衆院議長参拝	
64（40）	（第1次）田中角榮	−	S47/8/9	法務、厚生、農林、運輸、労働、自治	6	S47/7/8		（伊勢、靖國ともに首相就任奉告参拝）
						S47/10/17	10/18衆院議長参拝	
65	（第2次）田中角榮	48年新春	S48/1/4	文部、農林、郵政、自治、官房副長官	4	S48/4/23		
						S48/10/18		
		49年新春	S49/1/4	官房長官代理参拝、文部、農林、郵政、建設	5	S49/4/22		伊勢の年頭参拝については官房長官が代理参拝。（顔面神経痛のため年末より入院、正月から退院し、通院状態のため）。6日より東南アジア歴訪
						S49/10/19		

歴代(人数)	氏名	伊勢神宮年頭参拝他		同行大臣・議員他(数字は同行した大臣の数)		靖國神社参拝(春秋大祭・終戦記念日他)	同行大臣・議員他	備考(特に断らない限りは神宮関係事項)
66(41)	三木武夫	50年新春	S50/1/4	文部、農林、自治、国務(2)	5	S50/4/22		5閣僚と共に参拝、内宮参集殿で記者会見⇒以前は内宮神楽殿で
						S50/8/15		神宮参拝については公私別は明言せず。靖國神社参拝については、私的参拝と明言。これ以後公的、私的参拝の問題が生じる。戦後初めて首相として8/15に靖國神社参拝
		51年新春	S51/1/5	労働、農林、国務(2)	4	S51/10/18		5閣僚と共に参拝
67(42)	福田赳夫	52年新春	S52/1/4	外務、文部、運輸、農林、郵政、厚生、国務(4)、官房副長官	10	S52/4/21		閣僚10名、中には鳩山威一郎、海部俊樹、石原慎太郎氏も。この年より内宮参集殿から神宮司庁庁舎内での年頭記者会見に変更
		53年新春	S53/1/4	農林、労働、郵政、自治、国務	5	S53/4/21	労働、郵政、国務各大臣、衆参両院議員19名参拝	伊勢は5閣僚
						S53/8/15	安倍官房長官、稲村総理府総務長官、中川農林水産参拝、(加藤自治、服部郵政、荒船行革、熊谷科学技術：参拝するが記帳せず)	
						S53/10/18		
68(43)	(第1次)大平正芳	54年新春	S54/1/4	農水、国務(2)、官房副長官	3	S54/4/21		大平首相自身はクリスチャン
						S54/10/18		
69	(第2次)大平正芳	55年新春	S55/1/4	厚生、農水、建設、労働、官房副長官	4	S55/4/21		
	(臨時代理)伊東正義	－	機会なし			機会なし		大平首相急死につき臨時代理
70(44)	鈴木善幸	56年新春	S56/1/5	文部、農水、運輸、建設、国務(3)、官房副長官	7	S55/8/15	同日宮澤官房長官参拝、徳永参院議長参拝(8/15の参院議長参拝は初)	7閣僚、神宮参拝については「私人の資格」で参拝と発言。靖國神社参拝については公私の名言をせず。
						S55/10/18		
						S56/4/21	4/22「みんなで靖国神社に参拝する国会議員の会(竹下登会長)」約200名参拝。集団の国会議員参拝は初	
						S56/8/15		
						S56/10/17		
		57年新春	S57/1/4	厚生、農水、運輸、建設、自治、国務(3)、官房副長官	8	S57/4/21		8閣僚
						S57/8/15		
						S57/10/18		

歴代(人数)	氏名	伊勢神宮年頭参拝他		同行大臣・議員他(数字は同行した大臣の数)		靖國神社参拝(春秋大祭・終戦記念日他)	同行大臣・議員他	備考(特に断らない限りは神宮関係事項)
71 (45)	(第1次) 中曽根康弘	58年新春	S58/1/4	文部、農水、運輸、自治、国務(3)、官房副長官	7	S58/4/21 S58/8/15 S58/10/18		
72	(第2次) 中曽根康弘	59年新春	S59/1/4	文部、農水、通産、郵政、国務(3)官房長官	8	S59/1/5 S59/4/21 S59/8/15		8閣僚
		60年新春	S60/1/6	法務、厚生、農水、通産、運輸、郵政、労働、国務(2)、官房長官	10	S60/1/21 S60/4/22		日米首脳会談のため5日帰国、10閣僚
						S60/8/15	藤波官房長官同行参拝	8/15の参拝はいわゆる靖国懇の答申を受けた一礼方式による公式参拝。翌年から中国韓国の猛烈な反発があり、問題化、中止のやむなきに
		61年新春	S61/1/4	文部、厚生、農水、運輸、郵政、国務(4)、官房副長官	9	参拝せず		9閣僚、1月9日に明治神宮を正式参拝
73	(第3次) 中曽根康弘	62年新春	S62/1/4	法務、文部、農水、通産、国務(4)、官房副長官、農水大臣官房長	8	参拝せず		
74 (46)	竹下　登	63年新春	S63/1/4	法務、厚生、農水、通産、運輸、郵政、労働、建設、自治、国務(4)、農水大臣官房長	13	参拝せず		戦後最多の13閣僚が参拝。首相自身は1月1日に都内の北沢八幡神社に初詣、1月5日には明治神宮にも正式参拝。
		64年新春	S64/1/4	農水	1	参拝せず		1月1日に都内北沢八幡神社に初詣
75 (47)	宇野宗佑	−	機会なし			機会なし		
76 (48)	(第1次) 海部俊樹	2年新春	H2/1/4	自治、国務、食糧庁長官	2	参拝せず		1月5日には明治神宮を参拝。
77	(第2次) 海部俊樹	3年新春	H3/1/4	農水、運輸、郵政、自治、国務(2)、官房副長官、食糧庁長官	6	参拝せず		6閣僚。1月5日には明治神宮を参拝。
78 (49)	宮澤喜一	4年新春	H4/1/4	大蔵、郵政、労働、総務庁長官、北海道沖縄開発庁長官、官房副長官、食糧庁長官	5	参拝せず		1月6日には明治神宮を参拝。
		5年新春	H5/1/4	大蔵、厚生、農水、運輸、郵政、労働、自治、官房副長官、食糧庁長官	7	参拝せず		靖國神社については私的に社頭参拝をしていたとのちに本人談
79 (50)	細川護熙	6年新春	H6/1/4	農水、官房副長官	1	参拝せず		1月5日には明治神宮を参拝。自民党一党単独政権の終焉、左派連立政権の誕生。退任後の8月9日に参拝
80 (51)	羽田　孜	−	機会なし			参拝せず		退任直後の7月1日に参拝
81 (52)	村山富市	7年新春	(H7/1/4)	副総理、法務、大蔵、厚生、農水、労	7	参拝せず		1/7には明治神宮を参拝。占領下を

歴代（人数）	氏名	伊勢神宮年頭参拝他		同行大臣・議員他（数字は同行した大臣の数）		靖國神社参拝（春秋大祭・終戦記念日他）	同行大臣・議員他	備考（特に断らない限りは神宮関係事項）
				働、官房副長官、国土庁長官、食糧庁長官				除き、初の社会党出身の首相。首相自身は風邪のため、当日参拝中止。河野副総理以下7閣僚は参拝。
		8年新春	H8/1/4	通産、大蔵、文部、農林、運輸、労働、自治、経済企画庁長官、科学技術庁長官、国土、食糧庁長官、官房副長官	10	参拝せず		首相は「私人として慣例に倣い参拝、初詣」と述べる
82（53）	（第1次）橋本龍太郎	－	機会なし			H8/7/29		自身の誕生日にあわせ靖國正式参拝。中国韓国の反発を受け、以後見送り。（首相本人は前日本遺族会会長でもあった。）
83	（第2次）橋本龍太郎	9年新春	H9/1/4	大蔵、厚生、農水、通産、運輸、自治、官房長官、総務庁長官、北海道沖縄開発庁長官、防衛庁、科学技術庁、環境庁、国土庁、食糧庁長官、官房副長官	11	参拝せず		報道では 10閣僚。1/5には明治神宮参拝も
		10年新春	H10/1/5	外務、大蔵、農水、通産、運輸、官房、北海道沖縄開発庁、防衛庁、科学技術庁、環境庁、国土庁、食糧庁、官房副長官	11	参拝せず		11閣僚、1/6には明治神宮参拝も　退任後も毎年靖國神社参拝
84（54）	小渕恵三	11年新春	H11/1/4	外務、農水、運輸、郵政、労働、官房、総務庁、北海道沖縄開発庁・国土庁、科学技術庁、環境庁、食糧庁、官房副長官、金融再生担当大臣	11	参拝せず		11閣僚、1/1には都内北区の神社に初詣参拝。1/5には明治神宮を参拝。
		12年新春	H12/1/4	文部、科学技術庁、農水、通産、運輸、労働、環境庁、食糧庁、官房副長官	7	参拝せず		報道では6閣僚、1/5には明治神宮を参拝。
85（55）	（第1次）森　喜朗	－	機会なし			参拝せず		
86	（第2次）森　喜朗	13年新春	H13/1/4	文部、農水、通産、建設・運輸、自治・郵政、国務・経済企画庁、食糧庁長官、官房副長官	7	参拝せず		7閣僚。前年12/31には都内の瀬田玉川神社に参拝。1/1には明治神宮を参拝。
87（56）	（第1次）小泉純一郎	－	機会なし			H13/8/13		中韓の強い反発、15日から前倒し参拝。国立戦没者慰霊施設建設構想に関する官房長官の諮問機関「追悼懇」

歴代(人数)	氏名	伊勢神宮年頭参拝他		同行大臣・議員他(数字は同行した大臣の数)		靖國神社参拝(春秋大祭・終戦記念日他)	同行大臣・議員他	備考(特に断らない限りは神宮関係事項)
								が設置
		14年新春	H14/1/4	行革担当、国土交通、経済産業、農水、防衛、国家公安委員長	6	H14/4/21		6閣僚。年頭の記者会見を神宮司庁で行わず、帰京後、首相官邸で(以後継続) この年、ブッシュ大統領の明治神宮参拝に同行せず問題化
		15年新春	H15/1/6	国土交通、環境、沖縄北方担当、防災担当	4	H15/1/14		靖國神社については「新年にあたって決意を新たにするために参拝」と述べる。
88	(第2次)小泉純一郎	16年新春	H16/1/4	農水、国土交通、経済産業、行革担当	4	H16/1/1		靖國神社参拝の理由については「初詣という言葉があるように日本の伝統ではないですかね」と述べる。
		17年新春	H17/1/4	農水、環境、国家公安、規制改革担当、科学技術担当	5	H17/10/17		社頭参拝
89	(第3次)小泉純一郎	18年新春	H18/1/4	法務、農水、行革、厚生労働、少子化、官房副長官	5	H18/8/15		この年、富田元宮内庁長官の「富田メモ」が発覚、いわゆるA級戦犯の合祀について天皇が問題視していたとするメモがあったとされ話題となる。退任後も毎年参拝
90(57)	安倍晋三	19年新春	H19/1/4	法務・厚生労働・農林水産、規制改革行革、少子化・男女共同参画大臣	5	なし		8月 15日には本殿前に内閣総理大臣安倍晋三名で真榊を奉納。退任後は靖國神社へ参拝
91(58)	福田康夫	20年新春	H20/1/4	総務、農林水産、経済産業、環境	4	なし		
92(59)	麻生太郎	21年新春	H21/1/4	農林水産、内閣府特命担当	2	なし		退任後は靖國神社へ参拝
93(60)	鳩山由紀夫	22年新春	H22/1/4	内閣府特命担当	1	なし		民主党へ政権交代
94(61)	菅　直人	23年新春	H23/1/4	農林水産、官房副長官	2	なし		
95(62)	野田佳彦	24年新春	H24/1/4	財務、文部科学、農林水産、防衛、行政刷新、内閣官房副長官、首相補佐官	5	なし		閣僚の8月 15日参拝が民主党政権後初めて行われる(羽田国土交通大臣、松原国家公安委員長)

閣僚同行数平均　5.1

(参考資料)『朝日新聞縮刷版』(昭和 20 年 8 月～平成 16 年 1 月)朝日新聞社、『靖國神社略年表』靖國神社社務所、『瑞垣』(昭和 29 年～平成 24 年新春号・神宮司庁)、『神宮便覧』(神宮司庁)平成 22 年版、『神宮要綱』昭和 3 年、神宮司庁

尚、平成 25 年新春には安倍晋三首相が 11 名の閣僚とともに参拝。

務報告(参拝)について如何に考えるか」と問うたところ、曽根は第二回の会談では、「私見トシテハ、右ハ陛下ノ官吏ガ皇室ノ御祖先ニ敬意ヲ表スルモノニシテ、何等国法的ノ意義アリト認メ難ク、何等差支ナキニ非ズヤ」と答え、バンスは「本問題ト宮中ニ於ケル儀式ニ官吏ガ参列スルコトハ、矢張リ神道、神社ニ対スル国家的保護政策ト考ヘザルベカラズ。前者ニ付テハ、大臣ガ個人ノ資格ニ於テ参拝スルコトハ異議ナシ」と述べ、公的資格での参拝を否定し、個人の資格において参拝することは問題ないと述べるが、曽根は「個人ノ資格ト国務大臣ノ資格トヲ使ヒ分クルトイフモ意味ヲ為サザルベク、斯カルコト迄モ立入ツテ心配スルコトハ同意シ難キ所ナリ。後者ニ付テモ官吏ノミナラス、一定ノ資格(位勲等)ヲ有スルモノハ、陛下ノ赤子トシテ、陛下ノ宗教的儀式ニ参列スル迄ナルヲ以テ、何等問題ニスル要ナキモノト思惟ス」と反駁し、第三回目の会談においては国務大臣の神宮参拝は国務奉告ではなく、単なる参拝に過ぎないのが近年の慣習であるとした上で、「米国側ガ特ニ禁止スルコトハ、行過ギト思フモ、日本側トシテモ、斯カル公的資格ニ於ケル報告乃至参拝ヲ停止スルニ吝カナラズ。」とやや態度を軟化させ、妥協点を探るかの如く述べている。神道指令の第三次草案での「官公吏は就任や政情を報告するために公的な資格で神社参拝をしてはならない」とする条項自体は一旦、第六次草案で削除されたが、曽根が述べたような「単なる国務奉告ではなく、近年の慣習」としている点は現代の首相の参拝の意義を考える上でも興味深い問題である。[32] 結果として、曽根や飯沼の交渉も空しく、神道指令には、その後、役人(公人)の資格における神社参拝の禁止が命令されることとなり、占領を恢復することが翌年となった昭和二十六年九月十日の総司令部示達が出されるまで、いわゆる官公吏の新任退任、政情報告のための神社への「公式参拝」が禁止された。その後、神宮への参拝ではないが、前述の総司令部示達に基づき、吉田茂首相が、幣原首相以来六年ぶりに公の資格で靖國神社への参拝を行っている。[33] 以後、同社への首相の参拝は行われていくが、実際のところ、占領を恢復し、無効となったはずの神道指令の影響は大きく、我が国の神社や寺院と政治との関わりにおいて歴史的な伝統や文化的な背景を配慮することなく厳格な政教分離規定を設けた現行憲法と、現在では効力の無い、神道指令の条項が現在でも立場の不明瞭な参拝や政教訴訟を招く一因ともなっていると考えられる。[34]

3　変化する参拝の「慣習」

前節で述べてきたように首相の神宮参拝は、戦前は新任、退任の奉告参拝という意味合いが主であって、一月四日前後の官庁仕事始めに合わせた年頭の参拝はなされておらず、逆に戦後になってからは、新任、退任の奉告参拝から、昭和四十二年以降は、昭和四十七年八月九日に新任奉告参拝を行った田中角栄内閣を除けば、現在に至るまで完全に年頭の参拝へと定着している。この点を整理すれば、戦前、戦後の参拝時期の差異として、大きく三つの要因が挙げられよう。

その要因の一つとしては、まず戦前期に毎年一月四日の午前十時に宮中で行われていた「政始ノ儀」（現　奏事始）が挙げられる。

「政始ノ儀」は、皇室儀制令（大正十五年十月二十一日　皇室令第七號）にも規定されている宮中の公式行事であり[35]、内閣総理大臣及び宮内大臣が宮中にまかり出でて伊勢の神宮および各省庁の事について総理大臣が奏上し、皇室及び皇室祭祀について宮内大臣が奏上する公的な儀式であった。[36] しかしながら、昭和二十年八月の敗戦以降、GHQによる占領統治下におかれ、昭和二十二年五月二日に皇室に関する諸法令が廃止、同年五月三日に日本国憲法が施行[37]、旧皇室典範並びに大日本帝国憲法がその効力を失ったこともあって[38]、昭和二十四年以降は総理大臣、宮内大臣に代わって宮内庁掌典長がこれを務めており、同時に「奏事始」と改称、前年中の神宮及び賢所で行われた皇室祭祀が滞りなく終了したことを奉告する行事となっている。なお、この儀式自体は古くは平安朝時代から伝わっており、明治天皇即位の翌年である明治二年から今日まで絶えることなく続けられている行事であることが知られている。(39)

またもう一つの要因としては、「政始ノ儀」と同様にして毎年一月一日に行われていた「新年拝賀ノ儀」(現　新年祝賀の儀)が挙げられよう。同儀は、かつて「みかどをがみ」と称され、文武高官から勅任官待遇、宮内奏任官以上という広範囲の参列者もさることながら、非常に豪華な儀式であったことが知られており、(40)元勲らをはじめ、勲一等以上の高官に対しては、出席の案内がなされていたことが窺われる。現在、この儀式は一月一日に皇居で行われる「新年祝賀の儀」とよばれており、「新年祝賀の儀」では、皇居において、天皇陛下が皇后陛下とともに皇太子殿下をはじめ皇族方、衆参両院議長、副議長及び議員、内閣総理大臣、国務大臣、最高裁判所長官及び最高裁判所判事、その他の認証官及び各省庁の事務次官など立法、司法、行政各機関の主要な人々、都道府県の知事及び議会議長、各国駐日大使らから新年の祝賀をお受けになる行事で、親任式、外国大使の信任状奉呈式などとともに天皇の国事行為としての儀式として定められている行事である。臨時に行われる冠婚葬祭の諸儀式は別とすれば恒例儀式行事の中でも極めて重要である。尚、これ以外の国事行為に関する儀式としては、即位の礼、大喪の礼等の儀式があり、儀式自体の重要さがわかり得る。(41)

もう一点は交通事情である。戦前は前述したような「政始ノ儀」、「新年拝賀の儀」があったため、一月一日には首相は宮中に参内し、天皇に拝謁、また四日には神宮の事を奏する慣習となっており、加えて、昭和三十九年の東京―新大阪間の東海道新幹線が開業するまでは、当時の最新鋭の電車をもってしても、東海道本線、近鉄名古屋線を電車で約一日かけて行かなければならなかった。つまり、伊勢―東京間は名古屋ないし、伊勢にて宿泊する日程、つまり一泊二日間かけて伊勢へと西向する日程を取らざるを得ず、そうした交通事情もあって、官庁の仕事始に合わせた参拝や一月一日の初詣的な参拝を行うことは困難であったものと考えられる。逆をいえば、交通事情の発達に伴って、東京—伊勢間の日帰りが可能となり、一月四日の「政始ノ儀（奏事始）」への出席がなくなったことも相俟って、昭和四十二年以降の神宮年頭参拝の定着化が進んだとも考えられるのではなかろうか。(42)

しかしながら、こうした宮中儀式との関連、また戦後の交通事情の変化だけをもってして、直接新任、退任の奉告参拝から年頭参拝へと参拝時期が変化する要因となったのかどうかについては窺い知ることはできない。その他の要因もあり得るのではなかろうか。例えば村山首相参拝時の「初詣じゃ(43)」、小泉首相の「年頭にあたって…」など、歴代各首相の参拝後のコメントなどからその参拝の意義のニュアンスを若干窺い知ることはできるものの、その点は今後、さらなる検討を要する問題であると考えられる。またこうした歴史的な事実から考えられることとは別に、現代における個々の国民意識の中で首相の伊勢への参拝がいかに考えられているのかという問題も参考となろう。

この点で参考となる資料としては、神社本庁教学研究所が平成十六年四月に行った「『伊勢神宮』に関する意識調査」が参考となる。(44)同調査によれば、「歴代の総理大臣が、お正月に伊勢神宮を参拝していることを知っていますか」という問いに対して、知っていると答えた人が七〇・二％、「総理大臣の伊勢神宮参拝をどう思いますか」という問いに対しても「本人の自由である」が六四・五％、「ぜひ行くべきだ」の五・八％、「行ったほうがよい」の一二・七％を併せると約八三％が肯定的に首相の神宮の年頭参拝を捉えていると考えられる。また同様にして統計数理研究所が平成十五年に実施した「国民性の研究」（第11次調査）においても、(45)「あたらしく総理大臣になったとき、伊勢の皇大神宮にお参りに行く人がありますが、あなたはこのことをどう思いますか?」という問いに対して、「本人の自由」が六三・〇％であり、「行ったほうがよい」の一六・〇％、「行かねばならぬ」三・〇％を併せると八二・〇％が肯定的に捉えており、同様の傾向をみせていることから、国民の意識としては伊勢への参拝を概ね肯定的にみる傾向が窺える。「国家の安泰」祈願も、パフォーマンス的な要素の強い現代の首相の神宮参拝である中にあっても世論調査では、伊勢への参拝を概ね肯定的にみているといえよう。その点では神宮・神社の公共性という問題と社会との関係をみる上でも非常に注目される問題であるといえよう。

二、首相の靖國神社参拝について

1 戦前期における首相の靖國神社参拝

次に靖國神社への首相の参拝についてみておきたい。戦前期における首相の靖國神社参拝については、靖國神社が発行している『靖國神社百年史（事歴年表）』、『靖國神社略年表』にある記録から窺い知る限り、昭和十二年六月十七日の第一次近衛文麿首相の就任奉告参拝がその嚆矢である。(46) その十二日前の六月五日には、前日に首相を退任した林銑十郎前首相が退任奉告の参拝を行っているが、退任後であるため、首相としての参拝は近衛首相と考えてよいであろう。

近衛内閣以降、終戦時の首相であった鈴木貫太郎首相まで、つまり昭和二十年八月十五日以前の七代六名の首相は、表2に掲げたように在任期間がわずか九三日の第三次近衛文麿内閣を除いてはいずれも就任奉告参拝を行っており、米内内閣、小磯内閣においては、首相退任の際に退任奉告の参拝を行っている。この当時の首相の靖國神社参拝は、記録にある限り、他の閣僚も就任に際し、奉告参拝を行っているものが多く、また東條内閣の大東亜戦争完遂祈願祭、国威宣揚、武運長久祭を除いては、首相は就任、退任奉告のみの参拝しか行っていない。ゆえにこの点をどのように考えるかということになるが、戦前期においては、官公吏の神社への参拝というものが、新任の奉告、退任の奉告が主であったためというのが一つの事由として考えられる。[47]

2　戦後期における首相の靖國神社参拝

靖國神社問題の根幹にあるもの、また首相のいわゆる「公式参拝」についての法制的根拠、合憲、違憲という問題においては、国家護持問題当時の官房長官の答弁、藤波孝生内閣官房長官の私的諮問機関での議論以降の官房長官見解をはじめ、他に賛否両論を含め、多くの研究論文、政府見解が出されており、[48]近年では野田佳彦首相自身が靖國神社への参拝に関して政府への質問主意書を提出していたことも話題となったが、[49]それらの点については、本稿では紙面の関係もあり、各々の論文、見解に譲るものとする。そこで、本稿で述べるべき戦後の首相の靖國神社参拝については、表2に掲げた通り、昭和二十年八月十八日に首相であった東久邇宮稔彦王が司法大臣以下八名を連れ参拝したのがその嚆矢であることがわかる。

東久邇宮首相は約一ヶ月後の九月九日には伊勢の神宮へも参拝しており、在任期間が五十四日とわずかながらも当時、皇族の一員として、また首相としても伊勢・靖國双方へ参拝を行っていることは終戦の奉告とも相俟って特筆すべきことであろう。その後、占領下にありながらも幣原喜重郎首相が二十年十月二十三日の秋季例大祭と十一月二十日の二回参拝を行っているが、翌月ＧＨＱによるいわゆる「神道指令」が出され、以降、昭和二十七年のサンフランシスコ平和条約の調印により、独立を恢復する昭和二十七年四月二十八日までの間は神道指令の法的拘束力により参拝は原則としてできなかった。しかし、前述したように翌年に占領が終結し、独立を恢復することが明らかとなった昭和二十六年十月十八日に吉田茂首相が幣原首相以来、六年ぶりに公人の資格で靖國神社へ参拝し、例大祭には各閣僚、衆参両正副議長が参拝、同十九日には安井誠一郎東京都知事が参拝している。[50]吉田首相は在任期間中、神宮への参拝はなかったが、靖國神社においては昭和二十七年十月十七日、同二十八年四月二十三日に参拝を行っており、これ以外にも三回、官房長官を首相代理として代理参拝を行っている。以後、鳩山首相、石橋首相は参拝しなかったが、岸首相以降、昭和六十年の中曽根首相に至るまで、歴代首相がほぼ毎年春秋の例大祭を主に参拝していた。特に田中角栄首相は春秋の例大祭以降就任直後の昭和四十八年七月八日に就任奉告の参拝を行っており、伊勢へも翌月八月九日に就任奉告参拝を行っている。表2にあるように田中首相までは、靖國神社の参拝は春秋の例大祭が主であり、神社で最も重要な祭儀である例大祭への首相参拝が、ひいては戦没者への慰霊・追悼とともに遺族への慰謝にも繋がろう。当時の社会背景を考えると、昭和四十年代～昭和五十年代前半は五回にもおよぶ靖國神社国家護持法案が国会に提出され、継続審議、廃案を繰り返している時期でもあり、いわゆる現代よりも政治的な駆け引きの中に靖國神社の問題が社会に大きく晒されていた時期の真っただ中にあっても首相の参拝が続けられ、これが現在のような観点で問題視されていなかったことは特筆すべきであろう。

しかしながら、三木首相による昭和五十年八月十五日の終戦記念日の参拝の際に行われた記者会見でいわゆる「私的参拝」を強調し、以降の参拝が戦没者への慰霊・追悼、遺族への慰謝というよりも、いわゆる政治的な駆け引きの中で、終戦記念日である八月十五日の参拝ということが政治的パフォーマンス的な意味合いを含めて強調されるようになった。これ以降、靖國神社への参拝は慰霊・追悼という問題をかけ離れて、公的な参拝か私的な参拝かということがとりわけ問題とされるようになる。以降、福田、大平、鈴木首相までは公私の区別を曖昧にしながらも春秋の例大祭を中心として参拝を続けていたが、大平首相を除いては八月十五日の参拝が恒例化してゆく。その後、昭和五十七年十一月に戦後問題の総決算を掲げた中曽根康弘首相が就任し、靖國神社参拝に関しては、藤波孝生官房長官のもとに私的諮問機関を設置し、その答申を受けて、昭和六十年八月十五日にいわゆる「公式参拝」を行ったが、この参拝を最後にして、以後平成八年七月の橋本龍太郎首相までの十一年間、靖國神社への参拝が途絶えることとなった。橋本首相以降も中国、韓国の反発、公的・私的かといった議論、政教問題との関連などで、翌年から参拝を断念し、首相の参拝は再び途絶えるが、平成十三年四月に就任した小泉純一郎首相が靖國神社への参拝を就任時の公約としたこともあって、就任以来、退任するまで毎年一回、時期は不確定ながらも靖國神社への参拝を続けた。小泉首相の在任時は、中曽根首相の在任当時よりもさらに中韓をはじめとしたアジア諸国との外交関係や教科書問題、憲法問題など国内情勢も複雑かつ不透明でもあった。また、衆院の小選挙区制度の実施なども相俟って国民の政治に対する意識もさらに多様化したことや、全国各地で提訴された参拝をめぐる政教訴訟などもあるなかで参拝を継続したことは、在任時五回の参拝が例大祭前日、当日や正月、八月十三、十五日と一定しないという、パフォーマンス的な面がありながらも、近年の首相の参拝実績からみても意義あるものといえよう。その一方で、平均年齢が八十歳を超える戦没者遺族の高齢化も指摘されており、軍恩連盟全国連合会や日本傷痍軍人会など出征者関連団体の解散や、また戦没者遺族の息子・孫世代の慰霊・追悼に対する意識の希薄化も併せて指摘されるなど、創建以来百四十年を迎える靖國神社を取り巻く状況も変化し続けている。

こうした中にあって、毎年、首相が靖國神社への参拝を行うこと、そして継続することがいかなる意味をもつことか、首相自身、また近現代史研究の上からもこれまでの歴史的な経緯、事実を含めて確固たる説明を行ってゆくことがなされるべきであるし、それが問われているものと考える。また今では首相が靖國神社へ参拝するか否かが日中、日韓の外交関係のかけひきに利用されているが、昭和六十年以前の四十年間は、慣習として容認され、いわゆる左翼側のオピニオンにあっても靖國神社の国家護持には反対だが、参拝については何ら問題視していなかった。[51] この点が現在、変質してきていることは、現在の社会状況の変化、変容、神社に対する意識の変容とも何らの関係があるのではないかとも考えられる。また靖國神社への首相の参拝は、国家を代表する者の参拝と同時に、単なる慰霊・追悼という意味のみならず、遺族への慰謝、戦没者遺族への福祉の増進という面がある。地方自治体では特に各県、各自治体単位の遺族会と各社会福祉協議会との連携もあり、単なる参拝の法制的な合憲、違憲といった問題を越えて、慰霊・追悼という問題を個々の遺族に対する福祉という問題との兼ね合いで見ることの必要性を考えさせられる問題である。各県にある旧指定護国神社のみならず、個々の招魂社、護国神社で行われてきた慰霊のための祭祀が斎行されることが地方の個々の遺族にとって、どのような意味を持ち、どのような維持、支援のあり方が良いのかといった問題を含めて、個々の地域社会においても慰霊・追悼のあり方が大きく問われているともいえよう(52)。

3　戦後の国会議員・閣僚の靖國神社参拝について

前節では、戦後の首相の靖國神社参拝について述べたが、最後に国会議員の靖國神社参拝についても少し触れておきたい。靖國神社と戦没者遺族に関わる国会議員の議員連盟としては、かつてはいわゆる靖國三協(英霊にこたえる議員協議会、遺家族議員協議会(日本遺族会系)、みんなで靖國神社に参拝する国会議員の会)が著名であったが、前者の二つの会が平成十四年七月十七日に統合し、遺家族議員協議会として再発足し、現在は二団体が同社関連の議連となっている。そこで、本稿では特に「みんなで靖國神社に参拝する国会議員の会」の靖國神社への集団参拝の動向についてみてゆくことで、国会議員の靖國神社参拝がいかなるものかについて考えてみたい。

表3・図1に示したように平成四年から二十四年までの二十年間の国会議員の参拝を纏めてみたところ、いくつかの傾向を窺うことができる。一つは、平成九年の二二四名をピークに国会議員の参拝は減少しており、現在はその約

表３　みんなで靖國神社へ参拝する国会議員の会　参拝議員数内訳表

年次	衆議院	代理	参議院	代理	合計	本人合計	備考
平成4年春例大祭					195		閣僚10名参拝
平成4年8月15日					176	70	閣僚18名参拝（前日までに参拝の3閣僚含む）　7月参院選挙
平成4年秋例大祭					119		
平成5年春例大祭					179		閣僚9名参拝
平成5年8月15日	40	69	21	17	148	61	衆院選挙（7/18）非自民政権の誕生　自民･新生党派別参拝 さきがけ1名衆参不明
平成5年秋例大祭					180		自民･新生党派別参拝
平成6年春例大祭					179		
平成6年8月15日	38	79	28	21	166	66	自社さきがけ政権誕生、自民･新進党派別参拝
平成6年秋例大祭					180		
平成7年春例大祭					160		自民･新進党派別参拝
平成7年8月15日					168		終戦50年　7月参院選挙　閣僚10人参拝（14日1名含む）
平成7年秋例大祭					188		自民･新進党派別参拝
平成8年春例大祭					206		自民単独政権にもどる　自民･新進党派別参拝
平成8年8月15日	44	78	37	23	183	81	7/29　橋本首相参拝、今後は自民･新進が党派関係なく参拝していくことで合意　さきがけ1名衆参不明
平成8年秋例大祭					46		※衆院選挙（10/20）小選挙区比例代表制開始　新進党靖國神社議員連盟、みんなで靖國神社に参拝する国会議員の会参拝
平成9年春例大祭					224		各党派関係なく、合同での国会議員集団参拝となる
平成9年8月15日	48	91	26	25	190	74	閣僚12名参拝
平成9年秋例大祭					190		
平成10年春例大祭	72	64	36	29	201	108	
平成10年8月15日	38	76	16	30	160	54	7月参院選挙（自民党議席減）
平成10年秋例大祭					145		
平成11年春例大祭					200		衆145　参55（代理含む）
平成11年8月15日	41	82	16	27	166	57	7月に自自公連立　野中官房長官分祀･特殊法人発言
平成11年秋例大祭					161	51	
平成12年春例大祭	64	76	44	20	204	108	
平成12年8月15日	53	91	25	30	199	78	衆院選挙（12年6月）
平成12年秋例大祭					179	93	
平成13年春例大祭					183	86	衆参詳細不明
平成13年8月15日	59		29		194	88	7月参院選挙
平成13年秋例大祭	64	67	30	27	188	94	
平成14年春例大祭	68	64	26	27	185	94	小泉首相春季例大祭前参拝4/21
平成14年8月15日	42		24		185	66	
平成14年秋例大祭	67	68	31	15	181	98	
平成15年春例大祭	49	79	27	29	184	76	
平成15年8月15日	35		20		171	55	
平成15年秋例大祭					68	19	衆院選挙直前（15年11月）
平成16年春例大祭	65	57	19	28	169	84	
平成16年8月15日	43	71	22	25	161	65	7月参院選挙
平成16年秋例大祭	50	56	29	28	163	79	会員数267人
平成17年春例大祭					164	80	（衆･参詳細不明）日露戦役100年
平成17年8月15日	26	52	26	32	136	52	衆院郵政解散（8月8日解散、9月選挙）後
平成17年秋例大祭	74	60	27	34	195	101	小泉首相10/17参拝
平成18年春例大祭	62	71	35	23	191	97	
平成18年8月15日	38	77	24	31	170	62	小泉首相8/15参拝
平成18年秋例大祭					174	84	衆参詳細不明
平成19年春例大祭					159	39	（衆･参詳細不明）
平成19年8月15日					146	46	（衆･参詳細不明）7月参院選挙（自民党歴史的大敗:民主党勝利）
平成19年秋例大祭					171	67	（衆･参詳細不明）
平成20年春例大祭	43	77	19	20	159	62	
平成20年8月15日					163	53	（衆･参詳細不明）
平成20年秋例大祭	27	72	21	21	141	48	
平成21年春例大祭	61	83	26	25	195	87	
平成21年8月15日	23	52	13	21	109	36	衆院解散（7/21）8月30日選挙→政権交代（民主党政権）
平成21年秋例大祭	30	43	24	26	123	54	創立140年記念大祭
平成22年春例大祭					115	59	（衆･参詳細不明）
平成22年8月15日	20	36	21	18	95	41	7月参院選挙（民主党議席減、自民党勝利）後の参拝
平成22年秋例大祭	40	40	26	22	128	66	
平成23年春例大祭	34	46	20	22	122	54	
平成23年8月15日	28	42	26	21	117	54	
平成23年秋例大祭	43	40	25	23	131	68	
平成24年春例大祭	50	29	31	19	129	81	
平成24年8月15日	35	40	20	30	125	55	
平成24年秋例大祭	39	41	28	15	123	67	

（参考文献『神社新報』縮刷版〔平成4年〜平成23年〕、および『神社新報』平成24年発行分）

図１　靖國神社への国会議員集団参拝者数の推移（平成４年〜24年）

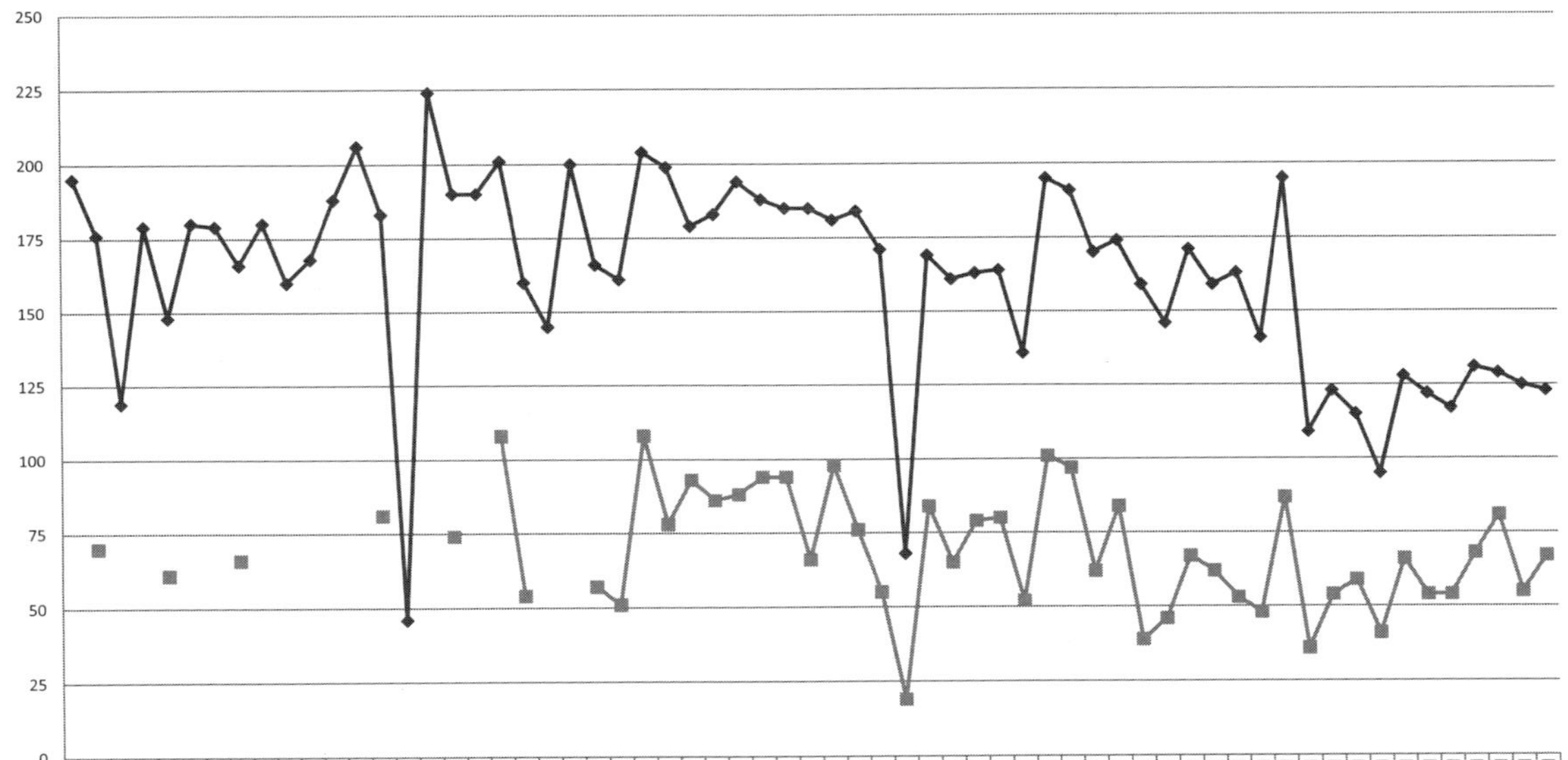

	平成4年春例大祭	平成4年8月15日	平成4年秋例大祭	平成5年春例大祭	平成5年8月15日	平成5年秋例大祭	平成6年春例大祭	平成6年8月15日	平成6年秋例大祭	平成7年春例大祭	平成7年8月15日	平成7年秋例大祭	平成8年春例大祭	平成8年8月15日	平成8年秋例大祭	平成9年春例大祭	平成9年8月15日	平成9年秋例大祭	平成10年春例大祭	平成10年8月15日	平成10年秋例大祭
合計	19	17	11	17	14	18	17	16	18	16	16	18	20	18	46	22	19	19	20	16	14
本人合計		70			61			66						81			74		10	54	

	平成11年春例大祭	平成11年8月15日	平成11年秋例大祭	平成12年春例大祭	平成12年8月15日	平成12年秋例大祭	平成13年春例大祭	平成13年8月15日	平成13年秋例大祭	平成14年春例大祭	平成14年8月15日	平成14年秋例大祭	平成15年春例大祭	平成15年8月15日	平成15年秋例大祭	平成16年春例大祭	平成16年8月15日	平成16年秋例大祭	平成17年春例大祭	平成17年8月15日	平成17年秋例大祭
合計	20	16	16	20	19	17	18	19	18	18	18	18	18	17	68	16	16	16	16	13	19
本人合計		57	51	10	78	93	86	88	94	94	66	98	76	55	19	84	65	79	80	52	10

	平成18年春例大祭	平成18年8月15日	平成18年秋例大祭	平成19年春例大祭	平成19年8月15日	平成19年秋例大祭	平成20年春例大祭	平成20年8月15日	平成20年秋例大祭	平成21年春例大祭	平成21年8月15日	平成21年秋例大祭	平成22年春例大祭	平成22年8月15日	平成22年秋例大祭	平成23年春例大祭	平成23年8月15日	平成23年秋例大祭	平成24年春例大祭	平成24年8月15日	平成24年秋例大祭
合計	19	17	17	15	14	17	15	16	14	19	10	12	11	95	12	12	11	13	12	12	12
本人合計	97	62	84	39	46	67	62	53	48	87	36	54	59	41	66	54	54	68	81	55	67

図２　衆議院総選挙直後の各党議席数

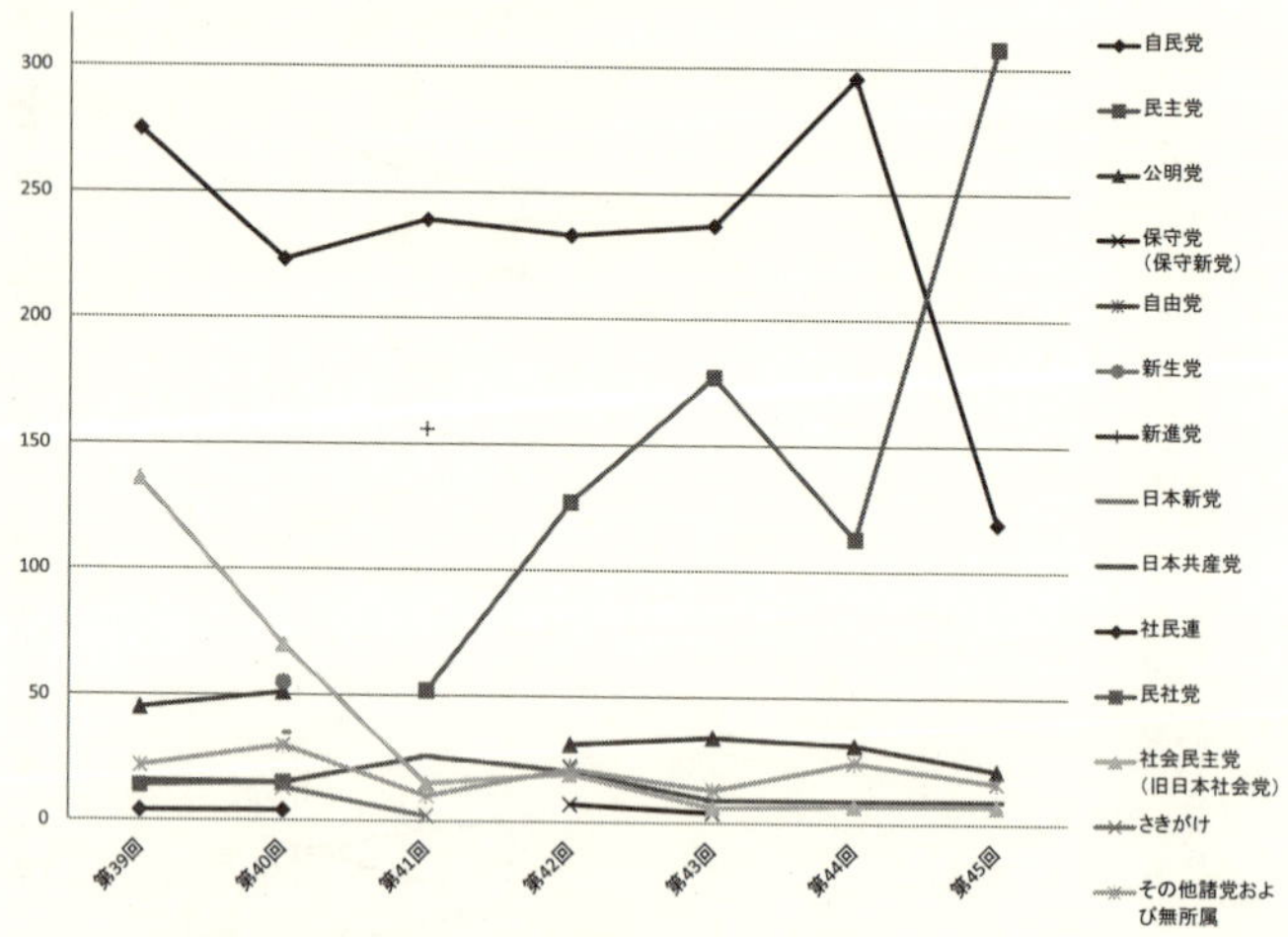

表４　衆議院総選挙直後の各党議席数

	自民党	民主党	公明党	保守党（保守新党）	自由党	新生党	新進党	日本新党	日本共産党	社民連	民社党	社会民主党（旧日本社会党）	さきがけ	その他諸党および無所属	合計
第 39 回（平成 2 年）	275		45						16	4	14	136		22	512
第 40 回（平成 5 年）	223		51			55		35	15	4	15	70	13	30	511
第 41 回（平成 8 年）	239	52					156		26			15	2	10	500
第 42 回（平成 12 年）	233	127	31	7	22				20			19		21	480
第 43 回（平成 15 年）	237	177	34	4					9			6		13	480
第 44 回（平成 17 年）	296	113	31						9			7		24	480
第 45 回（平成 21 年）	119	308	21						9			7		16	480

五五％程度（一二〇名余）にまで低下していること、また、議員本人の参拝にしても平成十年、十二年の一〇八名をピークに減少し、現在は同じくピーク時の五五％程度にまで低下している点である。この全体数の落ち込み自体は、表４・５、図２・図３に記したように、ここ二十年間で衆参両院の各選挙を経るなかで、日本遺族会など、遺族および戦傷病者、旧軍人の福祉運動関連団体を有力支持団体の一つ[53]とする自民党の議席自体が減少してきたことも一因として挙げられる。保守政党として遺家族議員連盟などいわゆる靖國三協に所属する国会議員の多い自民党自体の議席が減ることは、そのこと自体が即「みんなで靖國神社に参拝する国

図３　参議院通常選挙直後の各党議席数

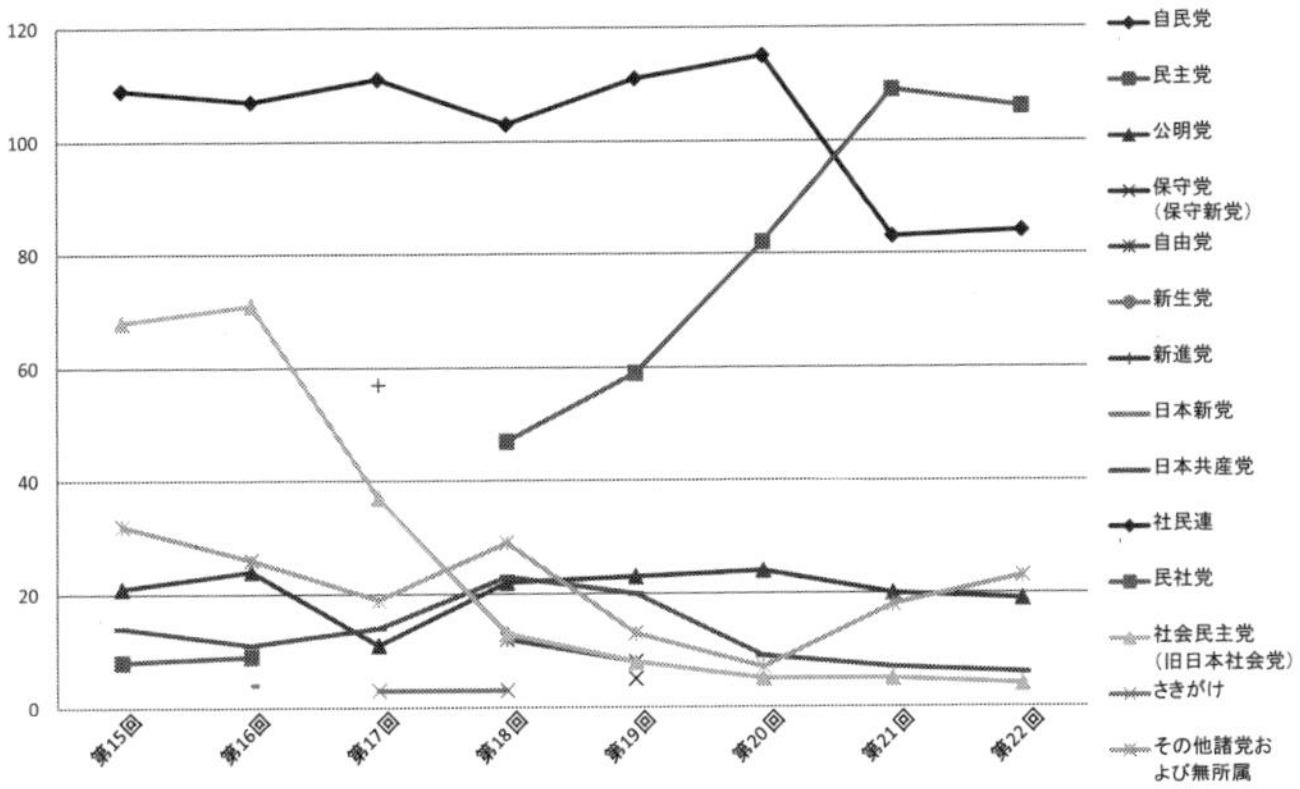

表５　参議院通常選挙直後の各党議席数

	自民党	民主党	公明党	保守党（保守新党）	自由党	新生党	新進党	日本新党	日本共産党	社民連	民社党	社会民主党（旧日本社会党）	さきがけ	その他諸党および無所属	合計
第 15 回（平成元年）	109		21						14		8	68		32	252
第 16 回（平成 4 年）	107		24					4	11		9	71		26	252
第 17 回（平成 7 年）	111		11				57		14			37	3	19	252
第 18 回（平成 10 年）	103	47	22		12				23			13	3	29	252
第 19 回（平成 13 年）	111	59	23	5	8				20			8		13	247
第 20 回（平成 16 年）	115	82	24						9			5		7	242
第 21 回（平成 19 年）	83	109	20						7			5		18	242
第 22 回（平成 22 年）	84	106	19						6			4		23	242

会議員の会」の参拝にも影響するからである。また、全体的な傾向としては、衆参それぞれの選挙期間中にあたる時期は大きく参拝者数の落ち込みがある以外に、遺家族議員連盟に所属する議員の多い自民党国会議員が与党多数派を占めていたか否かを問わず、春季例大祭への参拝が比較的多いことであり、これは、通常国会の期間中でもあるため、東京に議員本人がいることが多いためと考えられる。しかしながら、八月十五日の団体参拝については時期的にも通常国会と臨時国会の合間の期間であり、かつ、この時期は国会がないこともあって地元へ帰る国会議員も多いことから参拝自体を軽視する傾向にある。そのため、秘書などによる代理参拝が多く、もう一つの参拝機会であ

る秋季例大祭については臨時国会期間中であれば、議員自身、東京にもいるため、議員本人の参拝者数が多く、選挙などが入らない限りは参拝議員数が多いという傾向にあることである。とはいえども、ここ十年は参拝議員数そのものが減少にあるといえよう。

こうした集団参拝の参拝議員数の漸減傾向を考える上では、いくつかの要因が考えられるが先にも述べたように、とくに平成に入ってから、特に五年以降、自民党の一党による政権支配が終わり、同党が郵政解散での大勝利時を除けば、徐々に衆参両院での議席数が減少していることが一つの要因であるといえよう。さらには、自民党の衆参での獲得議席数そのものの減少を差し引いても、とくにこれまで自民党の大票田の一つであった日本遺族会の会員たる戦没者遺族の高齢化や会員そのものの減少、軍恩連盟全国連合会や日本傷痍軍人連盟など、遺族・出征軍人関連の団体の会員数の減少や団体の解散(55)などもあり、国会議員にとって靖國神社への参拝が軽視されつつある傾向を窺うことができる(54)。本来ならば、国会議員本人の戦没者への慰霊や追悼に対する信念が形に表れるのがまさに護國神社や靖國神社への参拝という行為であるが、実際には表3に掲げたような代理参拝の数字からは、そうした信念よりもいわゆる選挙目当てのパフォーマンス的な要素で参拝していることが一部窺える。一方、そうした議員自身の強い慰霊への信念を窺い知ることができるのは、むしろ参拝議員が閣僚になってからの参拝動向の方であり(56)、表7に掲げたように、小泉内閣退任一年前の平成十七年以降、現在までの閣僚および首相経験者の参拝をみると、参拝する閣僚には、靖國神社に対して一定の信念を持つ、特定の議員が多いことがわかる。加えて、小泉首相の靖國神社参拝の折に首相の参拝によって、靖國神社への一般参詣者の増加に繋がったとの指摘があるが、表6・図4に掲げた通り、実際には平成十三年の参拝の折に一時的に増加をみたものの、小泉首相の退任間際の平成十八年八月十五日の参拝の折の方が参詣者が増加しており、参拝自体が参詣者数に影響を与えることがあっても単年であって、それよりもむしろ一般神社の

図4　8月15日の靖國神社参拝者数（『神社新報』記事による）

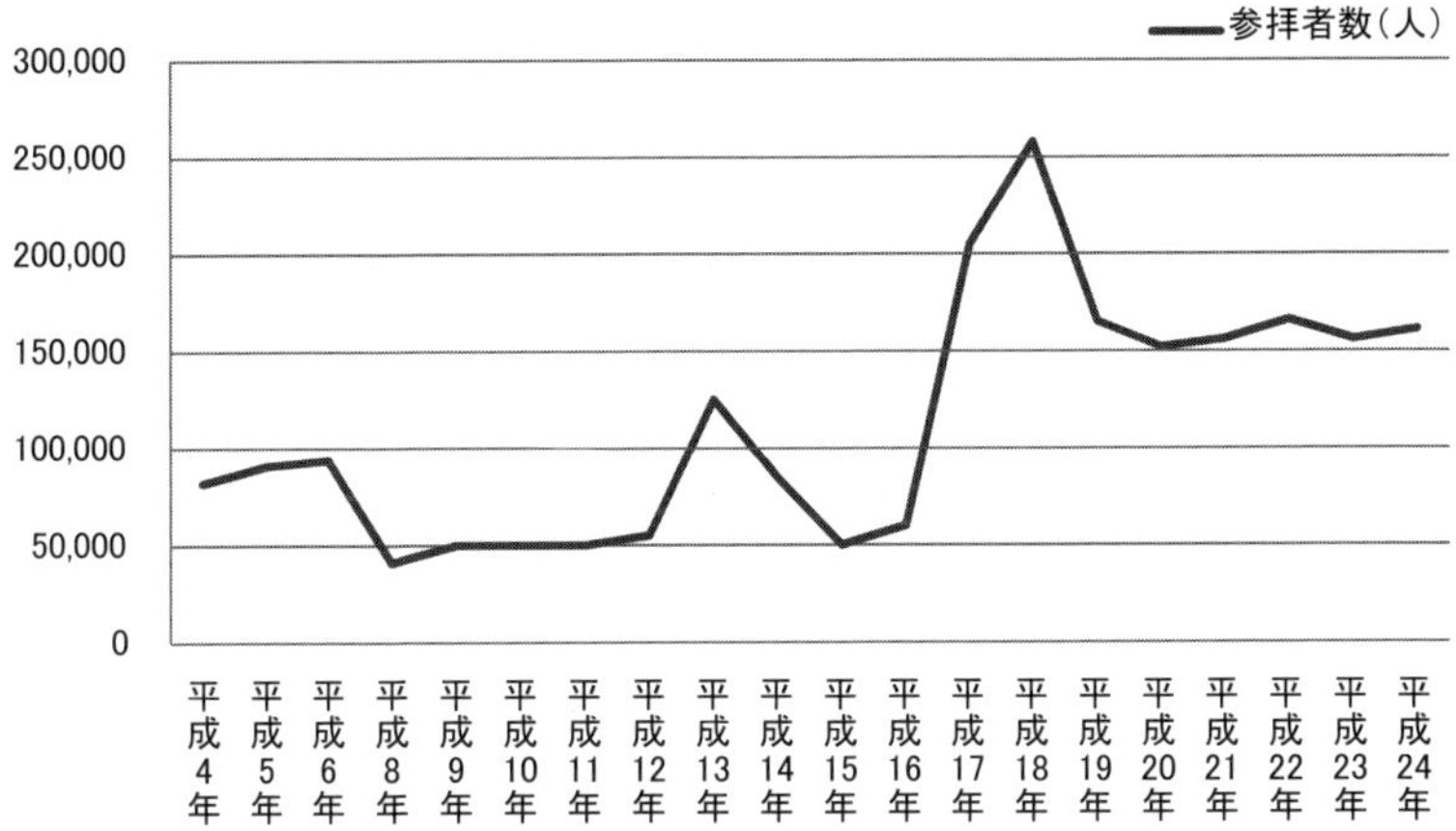

表6　8月15日の靖國神社参拝者数（『神社新報』記事による）

年次	参拝者数(人)	備考
平成4年	82,000	
平成5年	91,000	
平成6年	94,000	昇殿参拝は2000人以上
平成8年	41,000	
平成9年	50,000	当日の天候雨
平成10年	50,000	
平成11年	50,000	A級戦犯分祀・特殊法人化問題を論じたいわゆる野中発言が話題
平成12年	55,000	
平成13年	125,000	8/13小泉首相参拝
平成14年	85,000	
平成15年	50,000	当日の天候雨
平成16年	60,000	当日の天候雨
平成17年	205,000	
平成18年	258,000	小泉首相8/15参拝
平成19年	165,000	
平成20年	152,000	
平成21年	156,000	
平成22年	166,000	
平成23年	156,000	
平成24年	161,000	

(参考文献)『神社新報』縮刷版〔平成4年～平成23年〕、および『神社新報』平成24年発行分、社報『靖國』靖國神社社務所)尚、平成7年は記載がないため省略している。

初詣と同様、雨などの当日の天候の方が参拝者数を大きく左右することを窺い知ることができる。

表7　平成17年以降の閣僚の靖國神社参拝（大臣クラス・元首相に限る）

参拝年月日	参拝閣僚ほか
平成17年4月22日	麻生太郎総務大臣
平成17年8月14日	橋本龍太郎元内閣総理大臣、中川昭一経済産業大臣
平成17年8月15日	尾辻秀久厚生労働大臣、小池百合子環境大臣
平成18年8月15日	中川昭一農林水産大臣、沓掛哲男国家公安委員長
平成19年8月15日	高市早苗内閣府特命担当大臣（沖縄及び北方対策・科学技術政策・少子化対策・男女共同参画・食品安全）
平成20年8月15日	太田誠一農林水産大臣
平成21年8月15日	野田聖子消費者行政担当大臣
平成23年10月18日	衛藤征士郎衆議院副議長、尾辻秀久参議院副議長
平成23年10月19日	麻生太郎元内閣総理大臣（社頭参拝）、安倍晋三元内閣総理大臣
平成24年8月15日	松原仁国家公安委員長兼拉致問題担当大臣・羽田雄一郎国土交通大臣
平成24年10月18日	羽田雄一郎国土交通大臣・下地幹郎郵政民営化担当大臣

おわりに

以上、戦前戦後の首相の神宮及び靖國神社への参拝、あるいは国会議員の靖國神社への集団参拝の事実を概観してきた。事実の羅列に終始したため、歴史的な経緯をなぞるだけの観になってしまったことは否めないが、戦前・戦後それぞれの首相や国会議員の参拝の意義、意味合いの変化については若干その差異を窺うことができたと考える。

戦前においては、特に伊勢の神宮への参拝については確固たる事由、法律的根拠があった参拝であったことに対し、戦後の参拝は、現在その効力の全く無い、いわゆる「神道指令」に掲げられた「日本政府、都道府県庁、市町村ノ官公吏ハソノ公ノ資格ニ於テ新任ノ報告ヲナス為ニ、或ハ政治ノ現状ヲ報告スル為ニ、或ハ政府乃至役所ノ代表トシテ、神道ノ如何ナル儀式或ハ礼式タルヲ問ハズ之ニ参列スル為ニ、如何ナル神社ニモ参拝セザルコト」とした条項(57)、政教分離を定めた現行憲法の影響もあってか、首相をはじめ、地方自治体の首長、公務員らが私的な参拝であったとしても神社に参拝することが政教分離問題とも関連してさも悪しき印象をもつかのごとく取り上げられることがある。

一方、靖國神社の首相参拝に象徴されるように政教分離問題の混乱をはじめとして、神社や寺院への官公吏の参拝に対して、法制的な根拠や整備がないだけに、特に靖國神社に限っていえば、その参拝が戦前は就任、退任に対する、御神前への奉告といった意味合いや、戦後昭和四十年代までは例大祭時期に参拝し、慰霊・追悼の赤誠を捧げるといった意味合いが変化し、八月十五日の終戦記念日での参拝の是非という、極めてパフォーマンス的な意味合いの強いものとなっているものと考えられる。神宮は初詣的な色彩もあるが、靖國神社においては特に外交問題とも相俟ってその傾向がとくに強いように思われる。この点、特に問題となるのは、単に個々の首相ごとのカラーや首相本人の精神的心情、外交問題への配慮のみで、参拝を実施したり、逆に参拝を取り止めてしまったりすることである。そこには個人の信仰、信念の云々は別としても、戦前の公人の神社参拝の意義とは戦後の首相の神宮・靖國神社参拝は全く隔絶したものであると言わざるを得ない。特に昭和五十年以降、その傾向は顕著であり、小泉首相に至っては外交問題への巧みな配慮もあって日時そのものが一定しない。この点は各国会議員に至っては、議員本人の公の役職としての責務の軽重も含め、さらに顕著な傾向があり、パフォーマンスや大衆迎合的な側面、集票組織である遺族関連団体の組織を気にするという面もあるといえよう。

また互いの神社の性格上、安易に神宮と靖國の参拝を比較することはできないが、国家第一の大廟とも謳われる伊勢の神宮と戦没者慰霊の中心的施設たる靖國神社という、それぞれの社の性質上、国家の代表的立場にある首相、閣僚が参拝して敬虔な気持ちで神に国家の安泰や慰霊の誠を捧げることは、これがそもそも問題視され、咎められるようなものであるかどうか、単に政教問題、憲法問題という問題だけで捉えるのではなく、歴史、宗教、社会、民俗、思想など様々な学問的なアプローチの手法をもって検討を進めてゆくことが必要であると考える。ともあれ、この参拝が公的であれ私的であれ、歴代首相の参拝事実だけは明確である。

地方に於ても、各自治体でその地方ごとの歴史的、文化的な経緯や慣習に基づいて神社、寺院、教会、宗教的儀式への問題視されない参拝、参列がある一方で、福井市内における戦没者慰霊のための施設である足羽山招魂社のように市長が招魂社の奉賛会長を務めること自体が問題であると報道された事例[58]もあり、そのことが、結果的に全国各地で総代や責任役員といった神社関係の役職自体への就任にも影響を及ぼしている。[59]とくに戦没者慰霊を行う招魂社（護国神社）と遺族会、社会福祉協議会との関連性については、極めて難しい問題であり、その線引きを単に政教分離問題という法制度との問題だけで片付けることが果たして適当であるかどうかという日本人の法意識[60]全体で考えていかねばならない問題でもある。その点も含め、今後、さらに調査、研究を進めていきたい。

註

（1）例えば、野田佳彦首相についていえば、首相自身のこれまでの議員活動のなかで靖國神社にまつられる昭和殉難者（いわゆるA級戦犯）への認識と同社への首相の参拝に関する政府答弁書を求める質問主意書（平成十七年十月十七日、質問第二一号）の内容などが話題となったほか、同内閣での閣僚参拝（平成二十四年八月十五日・松原仁国家公安委員長兼拉致問題担当大臣・羽田雄一郎国土交通大臣、平成二十四年十月十八日・羽田雄一郎国土交通相・下地幹郎郵政民営化担当大臣）など、閣僚の参拝がなかった鳩山・菅内閣以降の新聞報道ではとくに大きく取り上げられたことは記憶に新しいところである。

（2）例えば、『産経新聞』平成十六年十二月二十五日（土）朝刊、三面「政治ナビ　伊勢神宮参拝　問題視されない「慣習」」がある。小泉首相が平成十六年四月に福岡地方裁判所にて判決の下された靖国神社参拝違憲訴訟の判決理由で「参拝は違憲（いわゆる傍論部分での裁判官の意見・請求自体は棄却）」とする憲法解釈の意見が示された際に「伊勢神宮も参拝しているが、憲法違反だという声は聞かない。靖国だけ問題にされるのか」と反論したように靖國神社は問題視されることが多い一方、伊勢の神宮への参拝は問題にされていないことは一つの特徴として挙げられよう。このことを示す事実としては、現在より約二十年前となる昭和六十一年一月三日の『朝日新聞』朝刊二面においても「首相の「伊勢」参拝」として、中曽根内閣の伊勢神宮参拝について「公式行事化し憲法論議ないが」としながらも問題視する向きを述べているが、事実上の公的行事であって、初詣的な意味合いも含んでおり、問題視されることはこれまでほとんどなかったとして、参拝自体を問題視することは少なかったことが述べられている。これ以前、以後の同新聞記事においても同様に参拝について問題視することは少なく、平成八年一月五日の『朝日新聞』朝刊の「天声人語」においては、当時社会党出身の首相であった村山首相の伊勢神宮参拝について、同首相が前年風邪を理由に参拝を見送ったことを逆に「どこか子どものずる休みを思わせる口実に、私はみえた」と皮肉ってみせており、この点に関しては、同紙が政教問題について述べている普段の論調とはどこか違う面を感じさせるものである。

（3）例えば、昭和六十一年一月九日の中曽根康弘首相の参拝以降、平成十三年一月の森喜朗首相までは、ほぼ恒例であった首相の年頭の明治神宮参拝（平成十九年一月六日に安倍晋三首相参拝）、あるいは、平成十四年二月十八日のブッシュ大統領の明治神宮参拝や、平成二十一年二月十七日のヒラリー・クリントン米国務長官の参拝などが挙げられる。

（4）伊勢の神宮については、特に古代における国家（律令国家）との制度を含めた密接な関わりがあったことは、歴史的にも明らかとなっている。この点をどう考えるか。単に近代以降の神社と国家との関わり、制度だけを取り上げて「国家と祭祀」との関係性を捉えるということの危険性とともに単純に現在の首相の参拝から伊勢の神宮や靖國神社の問題を考えるということがいかに困難であるかということを指摘しておく。それゆえに歴史的な事実をあとづけておくことがいかに大切であり、だからこそ本稿を論じておく必要があるものと考える。

（5）現在では、全国約八万社の神社を包括する神社本庁の「本宗」として、全国の神社の中心的存在となっている。

（6）明治四年五月十四日太政官布告第二三四（『法令全書』による番号）「神社ノ儀ハ国家ノ宗祀ニテ一人一家ノ私有ニスヘキニ非ラサルハ勿論ノ事ニ候処（以下略）」として神宮、神社の神職の世襲廃止をはじめ、神社に対する国家の取り組みを方向性として打ち出している。

（7）大正三年五月十六日大隈重信内務大臣演述（内務省神社局編纂『神社法令輯覧』、大正十五年四月、帝國地方行政學會、附録一〜三頁）。参拝自体は明治五年十一月二日。大隈重信はこの演述を行った当時は、内閣総理大臣であり、かつ内務大臣、外務大臣を兼任していた。明治五年当時、大隈は参議兼大蔵大輔、各国条約改定御用掛を務めていた。また大隈以外にも有名な話であるが、明治二十年十二月に三重県の学事視察の際に森有礼文部大臣が神宮を参拝しており、その際外宮においていわゆる「不敬事件」がおき、その参拝の際の行為にいきどおった内務省土木局雇の西野文太郎によって明治二十二年二月十一日の帝国憲法発布の日に森文相の暗殺事件が起こっている。

（8）神宮司廳編『神宮史年表』戎光祥出版、平成十七年三月、二二二頁。なお、森文相の神宮不敬問題については、中西正幸「森有礼の神宮参拝をめぐりて」『皇學館大學神道研究所紀要』第六号、昭和五十七年十二月、が参考となる。

（9）神宮司廳『神宮要綱』昭和三年十一月、五三五〜五四九頁。藤谷俊雄『神道信仰と民衆天皇制』法律文化社、一九八〇年十二月、二二八〜二二九頁。桂の参拝の詳細については、『全国神職會會報』第七十七號、明治三十八年十二月、四四〜四八頁を参照。

（10）この点については阪本是丸「日露戦争後の社会と文化――近代日本の精神主義と刹那主義の相剋――」『國學院大學日本文化研究所所報』No.161、平成三年七月二十五日、七〜九頁、同阪本「神社合祀策と政府・帝國議会　上」『神社新報』昭和六十三年十一月二十一日（いずれも阪本『近代の神社神道』平成十七年、弘文堂に所収）、が比較的平易に当時の状況を解説している。

（11）内閣総理大臣の権限は、内閣制度発足当時は非常に強力なものであったが、桂首相の当時は制度変更により大きく制限されていた。

（12）筆者は本稿執筆にあたっては、主として『朝日新聞』の新聞記事を調査したが、いわゆる戦後の神宮参拝の嚆矢ともいうべき、昭和三十年の鳩山首相の参拝以降、新聞記事に掲載される限りの首相のコメントでは、いずれも国家の安泰、安寧を祈り、国内の安定を願っている。平成十七年一月四日の小泉首相の神宮参拝後のコメントにおいても「紛争、戦争、そして自然災害と厳しい昨年だった。それだけに、平和で穏やかな、それぞれの人にとって実り多き年であるよう祈った」と述べており、国民の代表として、参拝する意味合いをも含んでいると考えられる。昭和三十年、三十一年の鳩山首相の参拝においても台風除けや五穀の豊作を祈ったとのコメントがあり、三十一年の参拝後のコメントでは「やっぱり去年と同じことをお祈りするよ」とした上で、「今年はね、ほかになんかお願いすることはないかと考えてみたんだ。例えば日ソ交渉がまとまりますようにとか、日米関係がうまくいきますようにとかね。しかし外国との問題をお伊勢さまにお願いするのは、ちょっとおかしいから国内のことならご利益もあろうと思って去年通りのお願いにするよ」(『朝日新聞』昭和三十年一月五日(水)夕刊、昭和三十一年一月四日(水)朝刊)と述べている。約四十年経ても変わらぬ首相の参拝の際の祈願内容は、伊勢の神宮がどのような性格の神社であるかということをあらためて示すものであると考える。

(13) ちなみに日清戦争終了時には神宮において、日清戦争平和克復御奉告の臨時祭が祈年祭に準じて執り行われている。(神宮司廳発行『神宮便覧』平成三年四月発行のもの参照)。

(14) 藤谷俊雄・直木孝次郎『伊勢神宮』(新日本新書)新日本出版社、一九九一年七月、一九三～一九四頁。

(15) 神宮への修学旅行での参拝が一般化する過程においては、当時の鉄道省の施策により、学校での団体割引が適用されたことによることも一因として考えられる。また当時の鉄道省は国有鉄道への乗車客の増加を狙って、『神もうで』やそれよりさらに部厚い『寺もうで』を出版し、寺社への積極的な参拝を勧奨するような書を多数刊行していることも挙げられる。詳しくは藤本頼生「伊勢神宮参拝と修学旅行の歴史」『神道文化』第二十四号、平成二十四年六月、五六～七五頁、を参照。

(16) 近年さかんとなっている宗教とツーリズム、鉄道と社寺参詣の問題については、星野英紀・山中弘・岡本亮輔『聖地巡礼ツーリズム』(弘文堂、平成二十四年)、平山昇『鉄道が変えた社寺参詣――初詣は鉄道とともに生まれ育った――』(交通新聞社、平成二十四年)、渋谷申博『聖地鉄道』(洋泉社、二〇一一年)、対馬路人「鉄道と霊場――宗教コーディネーターとしての関西私鉄――」、森悟朗「「湘南」の誕生と江の島の変容」、(両論文とも山中弘編『宗教とツーリズム――聖なるものの変容と持続――』世界思想社、二〇一二年)、などがある。

(17) 前掲、藤谷俊雄・直木孝次郎『伊勢神宮』、一八九～二〇一頁。同書は一九六〇年五月に同じ書名で三一書房より発行されていたものを再版復刻したものである。

(18) 外国皇族の参拝位置については、既に大正三年より二十五年前となる明治二十二年六月三日に内玉垣御門前と定められ(内務省伺(定))、更には同年七月二十二日に皇族以下(皇族以外の者を含む)参拝場所兼、着服等の儀が内規として定められており(『神宮公文類纂』)、神宮内部で既に参拝内規が定められていたものが、正式に国の神社制度として定められたのが大正三年の神宮参拝内規であったものと考えることもできよう。明治二十六年には内務省訓令にて衆議院正副議長、従四位、勲三等以上の者の参拝位置が既に定められ、重きに取り扱う旨が定められている。ちなみに外国皇族の参拝の最初となるのは、明治三十一年のイタリア、チュリン殿下が両宮に正式参拝したのが最初であるとされている。(以上、前掲『神宮史年表』、二二三～二八〇頁参照)。

(19) この点については、近年、阪本是丸『国家神道形成過程の研究』(岩波書店、平成六年)、葦津珍彦『国家神道とは何だったのか』(神社新報社、昭和六十二年)などの書により、いわゆる「国家神道」時代の官僚による神社・神道の法制度の整備過程について、詳細かつ緻密な研究成果が出されている。

(20) 中野周次郎「官公吏は新任就職の際神社に参拝して奉告祭を行はれんことを望む」『神社協會雑誌』第十年九號、明治四十四年九月、四五～四七頁。ここでは当時、名古屋市長が熱田神宮、東照宮に新任奉告参拝を行ったことが報告されている。しかし、これを以てして、首相の奉告、退任の際の神宮・神社への参拝が殊更に取り立てて特別なものではなかったと考えられるかどうかという点は他の多くの事例を集め、考察を行う必要がある。

(21) 神宮司庁発行『神宮便覧』「総理大臣参拝一覧(戦後)」、九六～一〇一頁。本稿執筆にあたっては、平成二十三年三月発行のものを用いた。

(22) 戦後閣僚の神宮参拝の嚆矢となるのは外務大臣重光葵で、昭和二十年八月二十九日に新任奉告のため、参拝を行っているが、重光は隻脚のため、斎館にて遥拝する形式をとっての参拝であったことが知られている。(前掲『神宮史年表』二五一頁)。

(23)「國家神道、神社神道ニ對スル政府ノ保證、支援、保全、監督竝ニ弘布ノ廃止ニ關する件」(昭和二十年十二月十五日、聯合國軍最高指令官總司令部参謀副官發第三号(民間情報教育部)終戦連絡中央事務局經由日本帝國政府ニ對スル覚書)。

(24) 前出の神道指令の条文の中に「日本政府、都道府県庁、市町村官公吏ハ、ソノ公ノ資格ニ於テ新任ノ報告ヲナス為ニ、或ハ政治ノ現状ヲ報告スル為ニ、或ハ政府乃至役所ノ代表トシテ、神道ノ如何ナル儀式或ハ礼式タルヲ問ハズ之ニ参列スル為ニ、如何ナル神社ニモ参拝セザルコト。」とあり、それまでの社会情勢から考えても極めて酷な指令であった。

(25)「神道指令その他の関係通牒などについて」(昭和二十七年五月二十九日、地宗第二六号文部省宗務課長より山口県総務部長宛回答)。

［照会］

標記のことについて、講和条約発効後の効力、適用の範囲などについて、至急何分の御指示願いたく照会します。

［回答］

一、神道指令について

神道指令は占領行政として連合国最高司令官から指令されたものであり、平和条約効力の発生とともに当然失効したものであります。

二、神道指令の関係通牒について

神道指令の関係通牒の主旨は、日本国憲法の信教自由、政教分離の原則に基き目下審議中であります。

なお、政教分離に關する政府の回答、通達、神道指令に関する政府の回答、通達については、大原康男「神道指令の實施に関する政府の通牒、回答等集成」(『國學院大學日本文化研究所紀要第六十一輯』、昭和六十三年三月、一一七〜一六九頁)、同「政教分離に関する政府の通達、回答等集成」(『國學院大學日本文化研究所紀要第八十八輯』、平成十三年九月、四一九〜四九一頁)に詳細と解説がある。

(26)『朝日新聞』昭和三十年一月五日(水)夕刊、一面には写真入りで鳩山首相の神宮への首相就任の奉告参拝を行ったことを伝えている。

（27） 阪本是丸「国家神道研究をめぐる断想」『神道宗教』第一九六号、平成十六年十月、神道宗教学会、四五頁（のちに阪本『近世・近代神道論考』〔弘文堂、平成十九年〕へ所収）。阪本論文においても、首相の伊勢の神宮参拝について、現在の野党党首の参拝なども検討しながら、子安宣邦が『国家と祭祀――国家神道の現在――』（青土社、二〇〇四年七月）の書において説く、「国家神道的な伊勢（神宮）の呪縛」について、氏の説く言説の矛盾を的確に批判している。

（28） 筆者は当時の『朝日新聞』（朝日新聞縮刷版）、『伊勢新聞』等の各記事をもとに調査した。

（29） 無論、参拝に際しての記帳やインタビュー、公式参拝か私的参拝かという問題以前に首相が参拝することに公的か私的かということを決める意味があるのかという問題がある。特に戦没者慰霊の中心的施設とされる靖國神社への参拝は公的か私的かという問題を別にして多くの戦没者遺族に対する政府としての慰謝の一環という捉え方もできるであろうし、古代より皇室第一の祖廟、国家の大廟とも言われ尊崇されてきた伊勢の神宮への参拝は国家の政治を司る首相という立場からは国家の安泰を祈るという点で捉えるならば大きな意義をもつものだと思われるからである。単純にこれを法制度的に違憲か合憲かということで割り切れない日本の政教関係の土壌、日本人の法意識、そして文化、歴史性、その事実という問題がある。この点をきちんと踏まえないで違憲か合憲かを思想的背景をもとに述べる論議は不毛でしかない。

（30） 岡田米夫編『神祇院終戦始末――神社の国家管理分離資料――』、昭和三十九年十月、神社本庁、六二～七五頁。

（31） 吉田とバンス博士との会談では、公的資格での参拝を否定し、個人の資格において参拝することは問題ないと述べるバンスに対し、府県社以下社格を有する十一万に及ぶ神社、いわゆる民社においては、明治以降地方長官が神職を任命してきたが古来より氏子が一切の神社関係事項を取り扱い、神職の任命においても氏子の推薦によって行われてきており、国家と神社との関係を断っても大なる影響は受けず、かつ毎年春季、秋季の大祭において地方長官並びにその使者が参拝する慣行があって、今後廃止されたとしても大なる影響は受けず祭祀がむしろ氏子の祭となって民衆は斯かる改革を歓迎すると述べている。

（32） 本会談の内容については、前掲、岡田米夫編『神祇院終戦始末――神社の国家管理分離資料――』のほか、神社新報社編『神道指令と戦後の神社神道』、昭和四十六年七月、に収録され、神道指令の制定過程と神宮・神社問題に対するＧＨＱと神社側の交渉の経緯についても述べられている。さらにこれらをもとに皇室祭祀との問題について詳細に検討し、天皇の神宮参拝を含めた官公吏の公的資格での参拝についても若干触れたものとして大原康男「神道指令と皇室祭祀」（『國學院大學日本文化研究所紀要』第六十輯、昭和六十二年九月、二九～七五頁）がある。

(33)「戦後初めて首相も参拝　靖国神社例大祭」『朝日新聞』昭和二十六年十月十八日（木）、三面（十一版）、「首相靖国神社へ」『朝日新聞』昭和二十六年十月十九日（金）、三面（十一版）。なお吉田は、例大祭の第一日目の夕刻、午後五時十五分に靖國神社へ到着、麻生太賀吉を伴って昇殿参拝している。

(34)一例としては、平成十二年二月二十九日に最高裁で判決の出された青森県倉石村長神社参拝訴訟（地裁合憲・高裁合憲、最高裁棄却）や平成二十二年七月二十二日に最高裁で判決の出された石川県白山比咩神社市長参列訴訟（地裁合憲、高裁違憲、最高裁合憲）などが挙げられる。

(35)皇室儀制令（抄）（大正十五年十月二十一日　皇室令第七號）（尚、傍線は筆者）。

第一章　朝儀

第一條　朝儀ハ他ノ皇室令ニ別段ノ定メアルモノヲ除クノ外本令ノ定メル所ニ依ル

第二條　新年朝賀ノ式ハ一月一日及二日宮中ニ於テ之ヲ行フ

第三條　政始ノ儀ハ一月四日宮中ニ於テ之ヲ行フ

第四條　新年宴会ノ儀ハ一月五日紀元節ノ式ハ二月十一日明治節ノ式ハ十一月三日天長節ノ式ハ天皇ノ誕生日ニ相當スル日宮中ニ於テ之ヲ行フ

第五條　講書始ノ式及歌會始ノ式ハ一月宮中ニ於テ之ヲ行フ

別ニ天長節祝日ヲ定メタルトキハ天長節ノ式ハ其ノ日之ヲ行フ

第六條　帝國議會ノ開院式及閉院式ハ貴族院ニ於テ之ヲ行フ

第七條　親任式親授式親補式竝信任状捧呈ノ式及解任状捧呈ノ式ハ宮中ニ於テ之ヲ行フ

第八條　天皇喪在ルトキハ新年朝賀ノ式新年宴會紀元節ノ式明治節ノ式天長節ノ式講書始ノ式及歌會始ノ式ハ之ヲ行

ハス攝政喪ニ在ルトキ亦同シ

第九條　天皇事故アリ其ノ他已ムコトヲ得サル事由アルトキハ帝國議會ノ開院式及閉院式ヲ除クノ外臨時ニ勅定ニ依リ本章ニ掲クル朝儀ノ全部又ハ一部ヲ行ハサルコトアルヘシ攝政事故アルトキ亦同シ

第十條　本章ニ掲クル朝儀ハ附式ノ定ムル所ニ依リ之ヲ行フ

第十一條　本章ニ掲ケサル朝儀ハ臨時ノ勅定ニ依ル

（中略）

皇室儀制令附式（抄）

附式

新年朝賀ノ儀

拜賀ノ儀

當日早旦御殿ヲ裝飾ス

時刻文武高官有爵者優遇者竝夫人及外國交際官竝夫人優遇ヲ受クル外國人竝夫人召スヘキ者ハ時ニ臨ミ之ヲ定ム、以下之ニ倣フ朝集所ニ參集ス

但シ服裝男子ハ大禮服正裝服制ナキ者ハ通常禮服女子ハ大禮服袿袴（禮服）ヲ以テ之ニ代フルコトヲ得關係諸員亦同シ

次ニ天皇御正裝出御

式部長官宮内大臣前行シ侍從長侍從侍從武官長侍從武官御後ニ候シ皇太子又ハ皇太孫、以下之ニ倣フ親王王供奉ス

次ニ皇后御大禮服出御

皇后宮大夫前行シ女官御後ニ候シ皇太子妃又ハ皇太孫妃、以下之ニ倣フ親王妃内親王王妃女王供奉ス

次ニ式部官臚唱ス

次ニ諸員順次御前ニ參進拜賀ス

次ニ天皇皇后入御

供奉出御ノ時ノ如シ

次ニ各退下

(注意)天皇事故アルトキハ參賀ノ儀ニ依ル攝政事故アルトキ亦同シ

宮中席次第二階以下ノ者ニ付テハ天皇皇后出御前班ヲ分チテ臚列シ出御ノ時一齊ニ拜賀セシムルコトアルヘシ

參賀ノ儀

當日何時文武高官有爵者優遇者竝夫人拜賀ノ儀ニ召サレタル者ヲ除ク參內ス

但シ服装男子ハ大禮服正装服制ナキ者ハ通常禮服女子ハ中禮服袿袴(禮服)ヲ以テ之ニ代フルコトヲ得關係諸員亦同シ

次ニ諸員順次參賀簿ニ署名ス

次ニ退下

(注意)判任官同待遇者ハ各其ノ所屬廳ニ參賀ス

(注意)天皇事故アリ其ノ他已ムコトヲ得サル事由アルトキハ儀注ハ之ヲ節略スルコトアルヘシ攝政事故アルトキ亦同シ以下之ニ倣フ

政始ノ儀

當日早旦御殿ヲ装飾ス

時刻國務大臣宮內大臣樞密院議長朝集所ニ参集ス

但シ服装通常服通常禮装關係諸員亦同シ

次ニ天皇御通常禮装出御

式部長官前行シ宮內大臣侍従長侍従侍従武官長侍従武官御後ニ候ス

次ニ天皇御座ニ著御

內大臣侍従長式部長官侍従武官長扉內ニ候シ其ノ他ノ供奉諸員扉外ニ候ス

次ニ諸員参進本位ニ就ク

内閣書記官長内閣書記官宮内次官宮内書記官扉内ニ候ス

次ニ内閣総理大臣先ツ神宮ノ事ヲ奏シ續テ各廳ノ事ヲ奏ス

次ニ宮内大臣皇室ノ事ヲ奏ス

次ニ天皇入御

供奉出御ノ時ノ如シ

次ニ各退下

新年宴會ノ儀

當日早旦御殿ヲ装飾ス

時刻文武高官有爵者及外國交際官朝集所ニ参集ス

但シ服装大禮服正装服制ナキ者ハ通常禮服關係所員亦同シ

次ニ諸員宴殿ニ参進本位ニ就ク

次ニ天皇（御正装）出御

式部長官宮内大臣前行シ侍従長侍従侍従武官長侍従武官御後ニ候シ皇太子親王王供奉ス

是ヨリ先キ宮中席次第一階第八以上ノ者外國大使公使便殿ニ候シ天皇通御ノ時ニ於テ拝謁扈従ス

次ニ天皇御座ニ著御

次ニ供奉竝扈従ノ諸員本位ニ就ク

次ニ勅語アリ

次ニ内閣総理大臣奉對ス

次ニ外國交際官首席者奏對ス

次ニ御膳竝御酒ヲ供ス

次ニ諸員ニ膳竝酒ヲ賜フ

次ニ入御
　供奉出御ノ如シ
次ニ各退下
　（注意）天皇事故アル場合ニ於テ本儀ヲ行フトキハ勅語ハ皇太子又ハ親王王之ヲ傳宣ス以下之ニ倣フ
（以下略）

(36) 前掲『神社法令輯覧』附録二頁に掲載されている大隈内務大臣の演述の中でも、「政始ノ儀」についてこれが如何なる意味を持つ儀式であるかということについて触れられている。大隈は「従来大政維新カラ今日ニ至ルマデ毎年一月ノ政治始ニハ如何ナルコトヲ奏上致スカト申スト、一番初メニ神宮祭典ノコト、即チ斯ウ云フコトヲ奏上致スノデアル、皇大神宮ノ御祭ガ無事ニスンダ、ト云フコトヲ四日ノ政治始ニ奏上スルノデアル、ソレヲ以テズッと今日ニ傳ッテ居ルノデアル、カヽル意味ノ神社デアルサウスレバ是ハ如何ニ近來ノ新思想ヲ稱ヘル人モ或ハキリスト教モ佛教モソノ他ノ人モ是ハ少シモ異論ノナイコトデアルト思フ、外国人ト雖モ必ズ行ツテ拜禮ヲスル」と述べ、大正十五年の皇室儀制令制定前においても同様の意味の政始ノ儀が行われていたことがわかる。

(37) 現日本国憲法では第二十条並びに第八十九条に政治と宗教との分離を定めた条項があり、これを以てして、単純に旧憲法にはなかったとする厳格な政教分離原則がとられていて、首相が神宮、神社へ参拝すること自体が問題であると取り立てて殊更に問題視しようとする考え方がある。しかしながら、現憲法の政教分離の考え方には様々な解釈があり、また憲法改正の世論が高まる中、自民党内の憲法改正草案などにも緩やかな政教分離を謳った条項が入れられている（『毎日新聞』平成十七年三月七日（月）朝刊、平成十六年五月三十日（日）朝刊）。こうした我が国の歴史的、文化的な経緯を踏まえた政教関係の在り方も問い直すような動きもあるため、この点は単純に旧帝国憲法などを引き合いに出して問題視することはできないと考える。

(38) 大日本帝國憲法と対等の効力を有した旧皇室典範は、昭和二十二年五月二日をもって現憲法と同時に制定、昭和二十二年五月三日に公布された現皇室典範の施行に伴ってその前日に廃止され、帝國憲法下において制定され、整備が進められてきた皇室令及び附属法令も廃止された。これに伴い「皇室令及び附属法令廃止に伴い事務取扱いに関する通牒」(昭和二十二年五月三日、宮内府長官官房文書課発第四十五号)が通牒されることとなった。これにより、従前の規定が廃止され、新たな規定ができていないものについては従前の令に準じて行われることとなった。

(39) 藤樫準二『皇室事典』、明玄書房、昭和五十一年十一月、一三八頁。井原頼明『増補皇室事典』、冨山房、昭和五十四年五月、一七八〜一七九頁。

(40) 前掲『皇室事典』六四〜六五頁。

(41) これに関連して、現在でも新嘗祭には首相をはじめ、最高裁長官、衆参両院議長ら三権の長が案内される慣例がある。

(42)『読売新聞』平成十六年一月六日(火)朝刊、四面には「半世紀近い恒例行事」とした上で、定着化した理由として、「64年に東海道新幹線が開通して、交通事情が良くなったからでは」という神宮弘報課のコメントを掲載している。

(43)『朝日新聞』平成八年一月五日(金)朝刊、二面。「記者団「(伊勢神宮では)内閣総理大臣と記帳しましたが、公人としてですか、私人としてですか」首相「私人として慣例に従って参った。初もうでじゃ(午後一時過ぎ、公邸で)」公人、私人の如何に関わらず、首相の伊勢の神宮参拝に反対し続けてきた社会党(当時)党首が参拝し、歴代の自民党首相となんら変わらない年頭の参拝を行ったことは意味があるものではなかろうか。

(44)「「『伊勢神宮』に関する意識調査」について」『神社本庁教学研究所紀要』第十号、平成十七年三月、神社本庁教学研究所、六一八〜六二二頁。

(45)「国民性の研究　第11次全国調査――2003年全国調査――」『統計数理研究所研究リポート　No.92』二〇〇四年四月、大学共同利用機関法人情報・システム研究機構統計数理研究所。

(46) 靖國神社編『靖國神社百年史(事歴年表)』昭和六十二年六月、原書房。森谷秀亮編『靖國神社略年表』昭和四十八年七月、靖國神社社務所、を参照。但し、尚、これら以外にも戦前の首相の参拝について窺い知ることができるかも知れないが、現在、筆者の調査の限りにおいては、昭和十二年の近衛内閣を嚆矢とする。神宮の参拝のところでも述べたように神宮の参拝では首相の参拝よりも天皇の参拝が第一にある。さらにいえば、帝国憲法下の首相の役割、権限においては、あくまで天皇の臣下の一員であったことから、首相の参拝はそれほど重要視されるものではなかったということも考えられる。

(47) この点については前掲中野周次郎「官公吏は新任就職の際神社に参拝して奉告祭を行はれんことを望む」『神社協會雑誌』第十年九號、明治四十四年九月、四五〜四七頁。

(48) なお、本稿では日本国憲法に定める政教分離原則に関連して、首相の靖國神社参拝自体の法制的根拠、その合憲性、違憲性の是非、また公式、私的参拝の是非について論じようとするものではなく、あくまでも戦前、戦後の首相の神社参拝の事実を歴史的にあとづけてゆくことで、国家と神社・祭祀ならびに国家と慰霊や追悼、社会との関係を窺おうとするものであることをあらかじめお断りしておく。なお、靖國神社公式参拝問題並びに政教分離問題、古くは国家護持問題との関連で違憲、合憲について論じたものとしては、国立国会図書館調査立法考査局編「靖国神社問題資料集」(調査資料七六—一)昭和五十一年五月、『ジュリスト　臨時増刊　緊急特集靖國神社公式参拝——政教分離のゆくえは——』有斐閣　昭和六十年十一月、江藤淳・小堀桂一郎編『靖国論集——日本の鎮魂の伝統のために——』日本教文社、昭和六十一年十二月、などが代表的なものとしてあげられよう。この他にも靖國神社問題に関連して、国家護持問題、首相の参拝賛成論、反対両論、昭和殉難者(いわゆるA級戦犯)の合祀問題とともに述べられた著書は数え切れないほど多くあり、この問題の根の深さを窺うことができる。近年では、とくに戦歿者の合祀手続きの問題にも焦点をあてた国立国会図書館調査及び立法考査局編『新編靖国神社問題資料集』(調査資料二〇〇六—三)平成十九年三月、が挙げられる。

(49) 平成十七年十月十七日提出質問第二一号、「「戦犯」に対する認識と内閣総理大臣の靖国神社参拝に関する質問主意書」(衆議院議員野田佳彦君提出)。

(50) 東京都知事の靖國神社参拝については、安井知事以降、東龍太郎知事も就任時には参拝しており、美濃部亮吉知事になって一旦途絶えたが、その後、石原慎太郎都知事も就任後参拝を行っている。石原都知事においては、就任後毎年八月十五日に参拝しており、出張など都合の悪い場合は十五日の数日後に参拝を行っている。

(51) この点は戦後昭和六十年までの『朝日新聞』に現われる靖國神社に関する記事への論調、識者らの意見を見てゆけば明らかである。

(52) 実際に近年、平成の大合併によって遺族会や社会福祉協議会などの合併が相次ぎ、護國神社などの運営などにも影響が出ているとの話もある。参考として、藤本頼生「地域社会の変容と神社神道——無縁社会・ファスト風土化する社会のなかで——」『神社本庁総合研究所紀要』第十六号、平成二十三年六月、二三~八五頁。

(53) いわゆる特定郵便局長会などの郵政関係団体、軍恩連盟、遺族会は自民党の有力支持団体の御三家ともいわれた団体である。

(54) かつては、御三家と呼ばれただけあり、軍恩連盟なども遺族会同様、一〇〇万以上の会員を誇った団体であるが、近年は宮城や長崎、富山など各県の軍恩連盟で解散が相次ぎ、全国組織自体(軍恩連盟全国連合会)も平成二十一年三月で解散し、六十年の幕を下ろしている。参考として、「《地殻変動：27》細る軍恩 「最後の一兵まで」」『朝日新聞』(デジタル版)二〇〇九年八月二十六日、http://www.asahi.com/senkyo2009/special/TKY200908260048.html (平成二十四年十二月四日アクセス)。

(55) 一例として傷痍軍人会の解散を挙げておく。「傷痍軍人会解散へ　来年11月末　高齢化、会員が減少」『読売新聞』平成二十四年八月十六日(木)社会、三〇面(14版)。これらは靖國神社崇敬奉賛会とも関係がある団体であった。

(56) 例えば、民主党の議員のなかで、二十年以上参拝を続けてきた松原仁前国務相、羽田雄一郎国土交通相の参拝が挙げられる。「2閣僚、15日靖国参拝へ　松原氏、羽田氏民主政権で初」『読売新聞』平成二十四年八月十日(金)夕刊、六面。

(57) 前掲「國家神道、神社神道ニ對スル政府ノ保證、支援、保全、監督竝ニ弘布ノ廃止ニ關する件」(昭和二十年十二月十五日、聯合國軍最高指令官總司令部参謀副官發第三号(民間情報教育部)終戦連絡中央事務局經由日本帝國政府ニ對スル覚書)。

(58) 『朝日新聞』平成十五年二月二十一日(金)朝刊、三九面「福井の招魂社　歴代市長が奉賛会長」。この報道により結果的に革新系から支援を受け当選した酒井福井市長は足羽山招魂社奉賛会長を辞任することとなった。招魂社奉賛会は招魂社の性格(神社が福井市山奥町にある山の頂上にあり、氏子が全くいない神社、また戦没者を祀っており、対象が福井市民全部であることなど)を鑑みて福井市長が奉賛会長に就任していた。

(59) 一例として、平成十五年四月十日に白子神社総代会長宛に林和雄白子町長(千葉県)名で出された「行政役職員と白子神社奉賛会役員の兼任について」という文書を挙げておく。これは、福井市の足羽山招魂社の影響を受けたもので、実際の送付文書には新聞記事のコピーが添付されている。

(60) 神社やコミュニティなど、日本の社会と日本人の法意識、あるいは自治感覚について興味深い論を説いているものとして、やや古いものだが、法学者の中川剛『日本人の法感覚』(講談社現代新書、講談社、一九八九年)、『行政評論――地縁・文化と法感覚――』(三省堂、一九八二年)、中川剛『町内会――日本人の自治感覚――』(中公新書、中央公論社、昭和五十五年)の一連の著作を掲げておく。判例重視や個人主義の偏重が進む現代社会ではあるが、我が国の宗教風土と近代法やそれ以前からの法の導入も含め、日本人特有の法と宗教に対する深層構造、自治感覚の理解なくしては、首長や政治家の神社・寺院などへの参拝行為の是非を説くことがある種、一面的な見方にしかならないとも考える。

※ 尚、本稿は、藤本頼生「歴代首相の神宮・靖國神社参拝をめぐる一考察――問題視される慣習と変化する慣習――」『神道宗教』第一九九・二〇〇号、平成十七年十月、四四九～四八〇頁、の論考をもとにその後、國學院大學研究開発推進センター主催の「慰霊・追悼研究会」での論議や阪本是丸センター長をはじめとする各先生方からのアドバイス、あるいはここ数年の社会情勢、政治状況の変化なども踏まえて、新たな知見も加え、本書掲載に際して大幅な加筆・削除、訂正を行ったものである。また本論文の図表作成にあたっては一部、神社本庁総合研究所の河村忠伸氏の助力を得た。ここに記して心より御礼を申し上げたい。

加えて、本稿脱稿後、第46回衆議院議員総選挙が実施(平成二十四年十二月十六日)され、自民党が大勝し、安倍晋三(自由民主党総裁)氏が第96代内閣総理大臣に就任した。安倍首相は、翌二十五年一月四日に神宮を参拝、十一名の閣僚と、内閣官房副長官一名、首相補佐官一名、鈴木英敬三重県知事も同行参拝したことを付記しておく。

海外慰霊巡拝覚書き

——千葉県・栃木県護国神社主催、「東部ニューギニア慰霊巡拝」の事例から——

中山　郁

はじめに

にいちゃん帰ろう
　アラカンの山に語りかけ[1]

戦没者への慰霊・追悼・顕彰に関する研究は、これまでに主に靖國神社などの、近代日本における国家的な戦没者慰霊施設の性格と、その当否を巡る議論を中心として展開されてきた観がある。しかし、近年は、こうした、ともすれば政治的対立に結びついた論争のみならず、若手・中堅研究者を中心として、あらためて近代日本における戦没者慰霊の諸相を、史資料やフィールドワークに基づいて丹念に検討を加えたうえで、その実態を解明しようとする優れた研究が多く見られるようになった。[2]このなかでも焦点のひとつとされたのは、戦没者に対する国家や地域社会、家などの社会集団が行なう「慰霊」「追悼」「顕彰」の諸相と、そこにみられる霊魂観念の問題である。

こうした問題については、概念レベルの議論がすすめられるとともに、とくに民俗学の分野では、故田中丸勝彦氏や岩田重則氏の業績に示されるように、民俗的な事例の掘り起こしと、それを通じた優れた研究成果が出されている。これらの研究では、靖國神社や護国神社などの近代の国家的、公的な慰霊・追悼を相対化する対抗軸として、民俗的な慰霊観念を位置づけてゆこうとする傾向が窺える。その一方で、「英霊」を祭祀する靖國神社や護国神社に対する信仰や神観念についての研究事例は多くはないものの、近年、その信仰が必ずしも、これまでの先行研究で述べられているような画一的・没個性的な祭神観に基づくものではなく、民俗的な霊魂観を反映した、個別性の側面を持つことが、池上良正氏などの研究によって明らかにされている。(3)

しかし、戦没者に対する慰霊は国、地域社会、家などの多様な次元で営まれ、その方式も、民俗宗教的なものから仏教、神道などの成立宗教的な要素が絡み合って織り成されているのが実状である。とするならば、今後の研究にとって重要なのは、それらの個別の事例の正統性を問うことではなく、先ずはこうした様々な次元と宗教観念のなかに見られる霊魂観について、フィールドワークを通じて事例を積み重ねたうえで、その動態的な把握を試みることではないだろうか。

ところで、戦後、多くの遺族たちが国外の戦場に消えた肉親の消息を求め、或いは遺骨を捜し、またはその最期の地を訪れ香華を手向け霊魂を供養し、その魂を故郷に連れて帰ろうと努力を払ってきた。これらの「遺骨収集」や「慰霊巡拝」と呼ばれる営みは、戦争終結から六十八年目になる今日も、なお継続されている。とくに、過酷な環境の中で行なわれることの多い遺骨収集に比して、より多くの遺族が参加することが可能な慰霊巡拝は、いわば昭和という時代と戦争を背景に、日本の宗教文化が生み出した、新しい慰霊のかたちということができよう。しかし、海外における戦没日本人の霊魂を慰めようとする旅、すなわち海外慰霊巡拝について検討を加えた先行研究は、これまで

あまり見られなかった。(4)

海外における慰霊巡拝は、国や地方公共団体はもとより、神道、仏教などの宗教団体、遺族会や戦友会などの様々な団体によって担われるとともに、家庭や地域社会、靖國神社など多様な次元の慰霊と関わりながらも、現地での慰霊祭や供養を必要と考える戦友や遺族達の参加によって続けられている。これらの旅に参加する人々は、いわば、戦没者の霊魂をとりまく様々な次元と関わりつつ、戦没者の霊魂を戦没地で慰霊することから、この旅には、戦没者に対する参加者の霊魂観が如実に表現されていると考えられる。

そこで、本稿では、「慰霊巡拝」を、「旧戦跡を巡り、その地で戦没した人々を悼み、慰めることを主な目的とする旅。主に国や地方公共団体、遺族会や戦友会、宗教教団等の民間団体や個人によって行なわれ、多くの場合、戦没者に対する慰霊・追悼を目的とする宗教的、又は無宗教的な儀礼を伴う。」ものとしてとらえてみる。そのうえで、筆者が参与観察調査を行なった千葉県・栃木県護国神社が主催する慰霊巡拝について報告しながら、そこに見られる神職や参加者の霊魂観や、今後、海外慰霊巡拝を研究する上での課題について若干の考察を試みたい。

一、戦後の慰霊事業と慰霊巡拝

海外の戦跡を巡り、その地で仆れた将兵の霊魂を慰める目的で行なわれる旅を「海外慰霊巡拝」と呼ぶならば、それは日露戦争後から日中戦争期にいたるまでの時期にも見られたことであるし、これに関する研究も近年行なわれ始めている。(5) しかし、大まかに言うならば、戦前における慰霊巡拝が、満州や中国大陸における戦役で倒れた将兵を悼みながらも、日本の国防と大陸進出の礎としてその勲功を讃えるという、当時の国策と密接な関連を有したものであったのに対して、戦後のそれは、聊か性格をことにする。

大東亜戦争が終結し、外地からの復員が一段落したのちに問題となったのは、各戦地に残された夥しい将兵の遺体（遺骨）還送の問題であった。日本政府は占領解除直後の昭和二十七年から遺骨の調査に着手し、同二十八年一月のいわゆる「南方八島遺骨収集」を皮切りに本格的な収骨活動を開始するとともに、サイパン島やニューギニア島などの二十一箇所に「戦没日本人の碑」を設置した。これらの遺骨収集事業は第一次（昭和二十八年～三十三年）、第二次（昭和四十二年～四十七年）第三次（昭和四十八年～五十一年）にわたって実施され、十八万七千六百六十五柱の遺骨が日本に還送され、氏名が判別したものについては遺族に引き渡され、それ以外のものは昭和三十四年に建設された、千鳥ヶ淵の国立戦没者追悼墓苑に収められたことは周知の通りである。(6) また、これらの事業には戦後日本各地で結成された戦友会が協力し、ビルマや東部ニューギニア、フィリピンなどで行なわれる遺骨収集事業に会員を派遣し、旧戦地の案内や埋葬地の特定、遺骨の発掘にあたったが、(7) こうした収骨事業への関与と、それを通じた現地旅行のノウハウ蓄積が、のちに各戦友会や遺族会、そして旅行社による慰霊巡拝実施の基盤となっていくのである。(8)

このような遺骨収集事業の展開とともに、日本政府は昭和四十六年、海外の主要戦域に本格的な慰霊碑を建立することとし、その建設要領「海外戦没者の慰霊碑建設について」を策定し、平成二十四年現在までに十五箇所の慰霊碑を建立した。(9) これらの慰霊碑は各戦域における中心的な慰霊施設として、現在に至るまで多くの遺族たちによって参拝されている。

また、厚生省（当時）は昭和五十一年から、戦没者の遺族（配偶者、父母、子、兄弟姉妹）を対象とした「戦跡慰霊巡拝」を開始した。これに加え昭和六十三年、㈶日本遺族会から戦没者遺児中心の慰霊巡拝制度確立の要望を受け、従前の慰霊巡拝に加えて、遺児中心の慰霊巡拝も行なわれるようになり、これが平成三年から㈶日本遺族会が厚生省の委

託・補助を受けて実施する、「戦没者遺児による慰霊友好親善事業」として現在まで継続されている。(10)

一方、昭和三十九年の海外渡航の自由化と、日本の高度経済成長による経済的な安定を踏まえ、各県遺族会や、戦友会をはじめとする各団体主催の慰霊巡拝も次第に活発に行なわれるようになり、これに伴い旧戦地に続々と慰霊碑が建立されていった。こうした民間団体による慰霊巡拝の実数を把握することは不可能であるものの、現在千五百基余りにのぼると言われる在外慰霊碑の存在から、慰霊巡拝の盛況の一端をうかがい知ることができよう。(11)

以上のことから、戦後の日本における海外戦没者に対する慰霊活動は、大まかにいうならば、先ず政府による遺骨収集事業によって口火が切られ、その進展によって旧戦地の状況や旅行情報が次第に明らかにされるとともに、政府や遺族会、そして戦友会等の各団体による慰霊巡拝が展開していったということができる。また、こうした慰霊巡拝事業の担い手は、大まかには国、または日本遺族会などの行政機関やこれと密接な関連を有する組織と、戦友会や遺族団体、宗教関係者などの民間団体とに分けて考えることができる。前者は基本的に国や県の援護行政の枠組みのなかで実施されているといえ、後者はダイレクトに慰霊や追悼を目的とした慰霊巡拝を組織してきたといえよう。

一方で、近代日本における国家的な戦没者の慰霊・追悼の軸とされてきた靖國神社、護国神社の側から、主体的に慰霊巡拝団を組織するという動きは、これまで余り見られなかった。こうした状況の中で、近年、千葉県護国神社、栃木県護国神社においては、例年遺族を主体とした慰霊巡拝団を組織し、神職同行のうえで送り出し続けている。次に、この両神社による慰霊巡拝成立の経緯と、その運営について述べてみたい。

二、千葉県・栃木県護国神社主催の海外慰霊巡拝

千葉県護国神社、栃木県護国神社の両神社は、平成十二年から現在（平成二十四年）まで、毎年海外への慰霊巡拝を計画・実施している。神社界においてはそれまで、神職会組織の記念行事として海外で慰霊祭を行なったり、各護国神社の神職が戦友会、遺族会等の慰霊巡拝に随行して祭祀を行なった例はしばしばみられたものの、戦没者を祭神として祀る護国神社が、例年慰霊巡拝を主催する事例はほとんどなく、珍しい例といえよう。

この慰霊巡拝の主催者は千葉県護国神社と栃木県護国神社であるが、実際の旅行の企画、運営は東京都港区の旅行会社、ワールドビジネスコミュニケーションズ（以下、ＷＢＣと表記）が行なっている。[12]各年度の巡拝計画は、例年秋に千葉県護国神社の竹中啓悟宮司とＷＢＣの社長、高橋直行氏との協議によって決定されている。

次に、この慰霊巡拝が始められたきっかけは、竹中宮司が靖國神社の祭務課長当時、ＷＢＣの前身である太平洋観光が企画した、船による「南太平洋慰霊巡拝の旅」に、湯澤権宮司（当時）とともに靖國神社から派遣されたことに端を発する。こののち、竹中氏が千葉県護国神社に移ると、ＷＢＣが当時担当していた「ラバウル・ニューギニア陸軍航空部隊会」による、平成十二年度の慰霊巡拝に神職として参加を依頼された。[13]このとき、竹中宮司は自身が参加するだけではなく、千葉県護国神社の崇敬者や、関東地方の他護国神社にも参加を呼びかけ、栃木県・群馬県護国神社の神職がこれに応じて参加している。その後、ラバウル・ニューギニア陸軍航空部隊会関係者の高齢化もあり、平成十三・十四年は関東地区護国神社会の、十五年以降は千葉県・栃木県護国神社を主催として現在に至っている。[14]いわばこの慰霊巡拝は、戦友会の慰霊巡拝の流れを引き継ぐかたちで開始されたということができよう。また、こうした成立の経緯から、竹中宮司が巡拝企画の中心を担い、栃木県護国神社はその趣旨に賛同して協力するという姿勢を保っている。

各年度ごとの巡拝地域は竹中宮司とＷＢＣの高橋社長との協議によって決定される。しかし、この巡拝は基本的に千葉県、栃木県両護国神社の崇敬者とされる千葉県、栃木県民の遺族を主要な対象とすることから、両県出身者が多く戦没した戦域への巡拝が大きな柱となる。とくに千葉県の場合、佐倉の歩兵第五十七聯隊(15)がフィリピンのレイテ島で壊滅したこともあり、フィリピン方面への巡拝を希望する遺族が多い。一方、栃木県護国神社の場合は、宇都宮編成の各師団が、インド・ビルマ国境で戦われたインパール作戦や、東部ニューギニア戦線、パラオ諸島などに投入されたことから、ビルマや東部ニューギニア方面、パラオ諸島への巡拝希望が多くみられる。このため、例年巡拝を計画する地域が固定化する傾向がある。

これらの巡拝地域は、いずれも熱帯の開発途上国であるうえ、旧戦地は密林や山岳地帯にあることも多く、さらにパプアニューギニア・インドネシア国境や、ビルマ・インド国境地帯のように、現地政府によって入域が制限されている地域もあるなど、必ずしも全ての参加者が希望する巡拝地を踏めるとは限らない(16)。しかし、この慰霊巡拝のコンセプトについて、竹中宮司やＷＢＣの高橋社長が「できるだけ、一歩でもゆかりの地に近いところで」と胸を張って語るように、各遺族ゆかりの祭神の戦没地か、そこに「もっとも近づける場所」まで進んで慰霊祭を行なうことが目指されている。ただし、参加者の多くが高齢者であることから、「もっとも近づける場所」とは、原則的に車などの交通手段を用いて入れる場所、ということになる。しかし、可能である場合には、ジャングルを歩いたり、無人島に船を廻すなどして戦没地を訪ねるなど、参加遺族が納得して参拝できる場所まで進み、慰霊祭を行なうように運営されている。

現地で行なわれる慰霊祭は神式であり、巡拝に随行する神職が出張祭典用の祭壇、大麻や玉串、皿や瓶子などの祭具、神札、神酒、神饌、さらには立烏帽子、浄衣、浅沓といった装束など、祭典用具一式を現地に持参して行なわれる。これらの慰霊祭は、日本政府が建立した慰霊碑の前で行なわれる合同慰霊祭と、巡拝行程中に参加遺族ゆかりの祭神の戦没地（現地に行けない場合は、そこにもっとも近づいた場所）で斎行される慰霊祭とに分かれる。前者はその慰霊碑が対象とする戦域における全ての戦没者を慰霊するもので、後者はその場所で戦没した遺族の父・兄弟・伯叔父など、個別の戦没者を対象として斎行される。そのため各神社においては遺族からの巡拝参加の申し込みを受けると、祭神名簿をもとにその祭神（戦没者）の所属部隊や戦没地などの情報を確認し、現地の慰霊祭で用いる神札を調製する。一方、WBCでは各遺族が希望する戦没地へ行けるかどうかを現地に確認するとともに、必要な場合、高橋氏が靖國神社偕行文庫に足を運び、祭神が所属した部隊の足跡を調査したうえで巡拝日程を組み、慰霊祭実施地点を決定するのである。

次に、この企画の参加者は、どのような人々なのであろうか。栃木県護国神社が開設した、慰霊巡拝紹介のホームページでは、慰霊巡拝への参加資格について、「戦没者の遺児やその配偶者、お孫さんはもとより、ご兄弟やその親族、さらには御遺族以外にも、慰霊の気持ちをお持ちになる方全てがお申し込みいただけます。もちろん、千葉・栃木県民以外の方々もご参加いただけます。」と記されている。(17) つまり、戦没者に対する慰霊の気持ちを持つ者であれば、誰でも参加を申し込むことができるとされているのである。しかし、実際に申し込みを想定されているのは、主に戦没者の遺児や兄弟、甥などの親族である。つまり、現在の慰霊巡拝の中心である、日本遺族会が政府から委託、補助を受けて行なっている慰霊巡拝「戦没者遺児による慰霊友好親善事業」の場合、参加資格が戦没者遺児とされていることから、(18) 戦没者の兄弟や親族、さらには遺児でも再度戦没地への訪問を希望したり、妻や兄弟など肉親揃っての参拝を望む人など、日本遺族会の慰霊巡拝に参加できない層に対して慰霊巡拝の機会を提供しようという旅行企画上の戦略を反映し、日本遺族会の慰霊友好親善事業との差異化が図られているのである。とはいえ、千葉県・栃木県護国神社主催の慰霊巡拝の場合、主に神社の崇敬者を中心として参加者が募集されることから、実際には千葉県、栃木県在住の遺族が参加者の多くを占めるのが一般的である。

参加者の募集方法は各神社に任されている。たとえば千葉県護国神社では、戦没者の命日に神社で祭典を行なう永代祭祀命日祭(永代講)を申し込んだ崇敬者八千四百件分の名簿をもとに、このうち例年参拝しにくる家族を中心に、各戦域別に神社からの案内状やWBCの旅行パンフレットを送り参加を呼びかけている。さらに春秋の大祭の際には過去の巡拝参加者を特別招待し、神社と参加者の懇親を図るほか、巡拝に興味を持つ人が参加経験者から体験談を聞く機会を設けている[19]。一方、栃木県護国神社の場合、正月期間と四月二十八日の例大祭(栃木県戦没者合同慰霊祭)、八月十五日に行なわれる戦没者追悼平和祈願祭の際にチラシを配布するとともに、境内に慰霊巡拝の様子を紹介した写真パネルを展示するほか、平成十八年には慰霊巡拝活動を紹介するホームページを作成するなど、参加者の募集に努めている。また、両神社の大祭にはWBCの社員が出張し、境内で遺族たちに旅行パンフレットの配布が行なわれている[20]。

それでは、実際にこの慰霊巡拝に参加するのは、どのような人たちなのであろうか。それを示したのが表1・2である。先ず、表1は慰霊巡拝参加者の一覧表である。これによると、平成十二年から十九年まで、神職を抜かして百十一名が巡拝に参加している。これらの参加者のうち、戦没者の遺児が三十九名、戦没者の兄弟が十七名、戦没者の孫が九名、甥姪が十三名を占め、戦友三名、一般(取材など戦没者と直接の血縁関係を持たない者)五名を大きく引き離しており、この慰霊巡拝が主に戦没者の肉親によって支えられていることが理解される[21]。因みに戦没者の遺児よりも兄弟の参加が多いのは、日本遺族会の慰霊に参加できない人々を的に絞ったこの慰霊巡拝の狙いを端的に表しているといえよう。また、戦友が占めるパーセントの低さについては、この企画が始まった当初から、すでに戦友会の高齢化によって会員の慰霊巡拝参加が難しくなっていたことを表している。さらに、注目すべきはリピーターの数で、全体

表1　慰霊巡拝参加者一覧

氏名	性別	住所	戦没者との関係	家族関係	平成11年東部ニューギニア	平成12年東部ニューギニア	平成13年東部ニューギニア	平成14年ビルマ	平成14年西部ニューギニア	平成15年フィリピン	平成16年ヌンホル島	平成16年フィリピン	平成17年ビルマ	平成17年フィリピン	平成17年パラオ諸島	平成17年東部ニューギニア	平成18年フィリピン	平成18年トラック諸島	平成18年ヌンホル島	平成18年サイパン島	平成18年パラオ諸島	平成19年フィリピン	平成19年東部ニューギニア
O·M	男	岐阜県恵那郡	弟		○		○																
K·H	女	愛知県豊川市	兄		○	○	○																
K·A	男	東京都中央区	戦友		○																		
S·M	男	茨城県水戸市	戦友	夫婦	○		○																
S·MS	女	茨城県水戸市	兄		○		○																
S·K	男	茨城県水戸市		SM家族	○																		
S·S	女	茨城県水戸市			○																		
S·KA	男	茨城県水戸市			○																		
H·Y	女	茨城県水戸市			○																		
T·M	女	福島県二本松市	父		○																		
H·Y	男	東京都足立区	戦友		○																		
S·K	男	千葉県四街道市	妻の父		○																		
竹中啓悟	男	千葉県護国神社	宮司		○	○	○																
I·Y	女	千葉県千葉市	父			○																	
Y·K	女	千葉県千葉市	父			○																	
S·U	男	千葉県印旛郡	父			○																	
SU·F	女	千葉県印旛郡	父			○																	
N·F	女	栃木県宇都宮市	父			○																	
H·T	男	栃木県鹿沼市	父			○																	
F·K	男	栃木県宇都宮市	父			○																	
F·M	男	栃木県宇都宮市	父			○																	
稲寿	男	栃木県護国神社	禰宜（当時）			○																	
I·M	男	群馬県護国神社	禰宜			○																	
HI·K	男	東京都目黒区	孫	SM家族			○																
K·H	男	茨城県取手市	孫				○																
S·H	男	茨城県水戸市	孫				○																
N·Y	男	千葉県市原市	父				○																
N·T	女	千葉県市原市	NY 妻				○																
MI·K	男	千葉県千葉市	叔父				○																
中山郁	男	栃木県護国神社	助勤				○		○						○	○				○			○
M·D	男	千葉県千葉市	一般				○																
H·M	男	千葉県富津市	父					○															
NA·H	女	千葉県印旛郡	叔父					○															
KA·M	女	千葉県印旛郡	叔父					○															
NA·K	男	千葉県千葉市	兄	兄弟				○															
N·CHI	女	千葉県千葉市	兄					○															
M·M	男	千葉県護国神社	禰宜					○		○		○		○			○		○			○	
T·H	男	千葉県館山市	父	夫婦					○		○								○				
T·HI	女	千葉県館山市							○		○								○				

氏名	性別	住所	戦没者との関係	家族関係	平成11年東部ニューギニア	平成12年東部ニューギニア	平成13年東部ニューギニア	平成14年ビルマ	平成14年西部ニューギニア	平成15年フィリピン	平成16年ヌンホル島	平成16年フィリピン	平成17年ビルマ	平成17年フィリピン	平成17年パラオ諸島	平成17年東部ニューギニア	平成18年フィリピン	平成18年トラック諸島	平成18年ヌンホル島	平成18年サイパン島	平成18年パラオ諸島	平成19年フィリピン	平成19年東部ニューギニア
F·K	男	千葉県千葉市		夫婦					○										○				
F·A	女	千葉県千葉市	父						○										○				
Y·K	女	千葉県千葉市	父						○														
O·T	女	栃木県佐野市	父						○														
T·T	男	群馬県勢多郡	父						○														
O·I	男	栃木県真岡市	兄							○													
K·K	男	千葉県茂原市	父							○		○		○			○						
S·M	男	千葉県茂原市	兄	夫婦						○		○		○			○						
S·M	女	千葉県茂原市								○		○		○			○						
T·M	男	千葉県市原市	配偶者の叔父							○													
N·T	男	千葉県千葉市	兄	夫婦						○		○											
N·M	女	千葉県千葉市								○		○											
F·H	男	千葉県鎌ヶ谷市	父							○													
MI·S	女	千葉県市原市	父							○		○		○			○						
MI·M	女	千葉県市原市	兄							○		○											
S·T	男	千葉県八日市場市	兄									○		○			○						
S·K	男	千葉県市原市	父										○										
Y·E	男	千葉県銚子市	叔父										○										
S·H	女	栃木県宇都宮市	父·叔父										○おじ		○おじ			○父					
S·M	男	栃木県宇都宮市											○					○					
K·H	男	栃木県護国神社	権禰宜										○								○		
E·S	男	千葉県鴨川市	父											○									
N·U	男	千葉県印旛郡	叔父											○			○						
H·K	女	千葉県市原市	父											○									
S·Y	女	千葉県市原市	父	姉妹										○									
B·I	女	千葉県山武郡	父											○									
K·M	女	東京都八王子市	父	姉妹										○									
I·S	女	栃木県栃木市	父											○									
O·Y	男	栃木県宇都宮市	父											○									
S·Y	男	栃木県鹿沼市	兄											○									
S·S	男	栃木県下都賀郡	叔父											○									
M·Y	男	栃木県大田原市	叔父	夫婦										○						○			
M·T	女	栃木県大田原市												○						○			
T·T	女	栃木県宇都宮市	夫											○			○						
K·Y	男	栃木県護国神社	権禰宜											○									
S·S	男	栃木県さくら市	叔父												○								
T·S	男	栃木県さくら市	兄												○								
T·M	女	栃木県宇都宮市	父·叔父												○おじ			○父					
O·K	女	栃木県宇都宮市	父·叔父												○おじ			○父					

氏名	性別	住所	戦没者との関係	家族関係	平成11年東部ニューギニア	平成12年東部ニューギニア	平成13年東部ニューギニア	平成14年ビルマ	平成14年西部ニューギニア	平成15年フィリピン	平成16年ヌンホル島	平成16年フィリピン	平成17年ビルマ	平成17年フィリピン	平成17年パラオ諸島	平成17年東部ニューギニア	平成18年フィリピン	平成18年トラック諸島	平成18年ヌンホル島	平成18年サイパン島	平成18年パラオ諸島	平成19年フィリピン	平成19年東部ニューギニア
K·Y	女	栃木県さくら市	孫	親子											○								
K·CHI	女	栃木県さくら市	ひ孫												○								
S·K	男	栃木県河内郡	父	夫婦											○								
S·TU	女	栃木県河内郡													○								
K·Y	女	栃木県河内郡	父	SK妹											○								
T·S	男	横浜市泉区	弟												○								
T·M	女	横浜市泉区		TS家族											○								
A·S	女	横浜市中区													○								
F·S	女	東京都品川区													○								
S·C	女	栃木県宇都宮市	兄													○							○
S·R	男	栃木県河内郡	父													○							
T·KI	女	栃木県鹿沼市	父	夫婦												○							○
T·K	男	栃木県鹿沼市														○							○
H·Y	男	栃木県鹿沼市	兄	兄妹												○							
H·S	女	栃木県鹿沼市	兄													○							
I·S	女	栃木県鹿沼市	兄													○							
M·M	男	栃木県宇都宮市	叔父													○							
S·K	女	千葉県柏市	父	親子												○							
S·H	女	千葉県柏市	孫													○							
T·F	女	千葉県木更津市	父	親子													○						
T·M	女	千葉県木更津市	孫														○						
T·TU	女	千葉県千葉市	夫	親子													○						
O·E	女	千葉県千葉市	孫														○						
M·K	女	千葉県鎌ヶ谷市	父														○						
T·S	男	栃木県宇都宮市		TM夫														○					
O·T	男	栃木県宇都宮市		OK夫														○					
K·S	女	栃木県宇都宮市	父	夫婦																○			
K·Y	男	栃木県宇都宮市		ST姉																○			
S·T	女	栃木県宇都宮市	父	夫婦																○			
S·K	男	栃木県宇都宮市		KS妹																○			
T·M	男	千葉県館山市	一般	夫婦																○			
T·MI	女	千葉県館山市																		○			
N·T	男	愛知県名古屋市	取材																	○			
O·K	男	京都府京都市	視察																				○
K·M	男	愛知県名古屋市	一般																				○
T·Y	男	千葉県市原市	視察																				○
N·K	女	東京都足立区	孫																				○
M·T	男	愛知県刈谷市	一般																				○
Y·S	男	福岡県福岡市	叔父																				○

の二十四パーセントにあたる人々が、二度以上参加をしており、中には四回参加した例も見られる。これらのリピーターは、フィリピンのレイテ島・ルソン島関係者と、東部ニューギニア関係者が多いが、とくにルソン島、レイテ島の場合、千葉県の遺族たちが固定客化しており、毎年グループを組んで巡拝している。一方、東部ニューギニアの場合は栃木県の遺族が中心となっている[22]。

次に、参加者の年齢層であるが、表2の、栃木県護国神社が神職を派遣した巡拝時の記録をみると、平均年齢六十五歳であるとともに、兄弟でつれそろって巡拝するという事例が多く見られる。さらに、ゆかりの祭神欄を見ると、佐倉や宇都宮で編成された、いわゆる郷土兵団に所属していた戦没者の遺族の参加比率がかなり高い。このことから、慰霊巡拝と郷土兵団の戦歴とが、密接に関連していることが確認される。

このような郷土色の強さは、各ツアーの構成に大きな影響を与えている。この旅行はほとんどの場合、最少催行人数が十名でツアー成立となるが、その際、参加申し込みの多い県の護国神社から神職を派遣することになっている。このため、たとえば千葉県からの参加者が多いフィリピン方面の慰霊には、千葉県護国神社から神職を派遣し、栃木県関係者の多い東部ニューギニア方面には栃木県護国神社から神職を派遣するというように、巡拝地域によって神社カラーが出る傾向が見られるのである。ただし、平成十二年、十三年の東部ニューギニア、平成十六年のフィリピンのように、参加者多数の場合、千葉・栃木(平成十二年のみ群馬県護国神社神職も参加)の両護国神社から一名ずつ派遣している例もある。

しかし、こうした神職の派遣・同行は各神社にとっても社務上・財務上の負担となりかねない問題であり、また、この慰霊巡拝企画に千葉県、栃木県以外の各県護国神社が踏み込めない大きな理由もそこにある。この慰霊巡拝が平成十三年・十四年に関東地区護国神社会の行事として実施が決定されたとき、竹中宮司が関東地区の各護国神社を廻

表2　平成17年度慰霊巡拝参加者一覧（但し、栃木県護国神社神職派遣のもの）

平成17年フィリピン慰霊巡拝

氏　名	年齢	住所(県)	戦没者との続柄	家族関係	戦没地	所属部隊	戦没年月日
E・S(男)	66	千葉県	父		レイテ島カンギポット	1師団輜重兵1聯隊	昭和20年7月1日
M・H(女)	69	千葉県	父		レイテ島カンギポット	独立歩兵171大隊	昭和20年6月30日
K・K(男)	62	千葉県	父		アンチポロ	海上挺進13大隊	昭和20年3月24日
S・T(男)	80	千葉県	兄		ルソン島クラーク	761海軍航空隊	昭和20年4月24日
S・M(男)	71	千葉県	兄		レイテ島リモン	1師団歩兵57聯隊	昭和19年11月5日
S・MI(女)	70			S・M妹			
N・I(男)	82	千葉県	兄		レイテ島リモン	1師団歩兵57聯隊	昭和19年11月13日
H・K(女)	74	千葉県	義兄		レイテ島リモン	1師団歩兵57聯隊	昭和19年11月15日
S・Y(女)	74		兄				
B・I(女)	48		叔父				
I・S(女)	63	栃木県	父		ルソン島クラーク	建武18456部隊	昭和20年3月25日
K・M(女)	65	東京都		I・S兄			
O・Y(男)	65	栃木県	父		レイテ島カンギポット	26師団司令部	昭和20年7月3日
S・Y(男)	75	栃木県	兄		レイテ島カンギポット	1師団輜重兵1聯隊	昭和20年7月1日
S・S(男)	68	栃木県	叔父		ルソン島バガパック	14師団59聯隊	昭和20年8月1日
M・Y(男)	65	栃木県	叔父		ルソン島クラーク	マニラ陸軍航空廠	昭和20年4月30日
M・T(女)	61			M・Y妻			
T・T(女)	84	栃木県	夫		ルソン島クラーク	建武18451部隊	昭和20年3月15日

平成17年パラオ諸島慰霊巡拝

氏　名	年齢	住所(県)	戦没者との続柄	家族関係	戦没地	所属部隊	戦没年月日
S・S(男)	65	栃木県	叔父		アンガウル島	14師団歩兵59聯隊	昭和19年12月31日
T・S(男)	73	栃木県	兄		マカラカル島	独立歩兵346大隊	昭和20年3月10日
S・H(女)	70	栃木県	叔父		アンガウル島	14師団歩兵59聯隊	昭和19年12月31日
T・M(女)	69			S・H妹			
O・K(女)	63			S・H妹			
K・Y(女)	44	栃木県	祖父		パラオ本島	14師団歩兵59聯隊	昭和20年6月8日
K・C(女)	21		曾祖父	K・Yの子			
S・K(男)	64	栃木県	父		南西諸島方面	海軍302設営隊	昭和19年8月9日
S・T(女)	61	栃木県	義父	S・K妻			
K・Y(女)	60	神奈川県	父	S・K兄弟			
T・S(男)	82	神奈川県	兄		ペリリュー島	14師団	昭和19年12月31日
T・M(女)	45	神奈川県		T・Sの子の嫁			
A・S(女)	70	神奈川県	兄	T・S妹			
F・S(女)	72	東京都	兄	T・S妹			

平成17年東部ニューギニア慰霊巡拝

氏　名	年齢	住所(県)	戦没者との続柄	家族関係	戦没地	所属部隊	戦没年月日
S・C(女)	78	栃木県	兄		マリン	41師団239聯隊	昭和19年9月
S・R(男)	63	栃木県	父		マルジップ	41師団238聯隊	昭和19年9月3日
S・H(女)	67	千葉県	父		カラワップ	電信3聯隊	昭和19年8月6日
S・K(女)	44		祖父	S・H娘			
T・KI(女)	64	栃木県	父		モロネ	51師団輜重兵51聯隊	昭和20年10月7日
T・K(男)	58		義父	T・KI夫			
H・Y(男)	78	栃木県	兄		スマタイン	41師団歩兵239聯隊	昭和19年11月7日
H・S(女)	71			H・Y妹			
I・S(女)	76			H・Y妹			
M・M(男)	68	栃木県	叔父		ハンサ	51師団司令部	昭和18年10月28日

注：参加者のうち、家族や兄弟で参加した者は氏名欄を黒枠で囲み、さらにゆかりの戦没者の戦没地、所属部隊、戦没年月日の枠を広くして表示した。また、戦没年月日はあくまで遺族が受け取った公報に従った。なお、所属部隊については、海軍部隊のみ部隊名称に「海軍」とつけた。それ以外は全て陸軍である。なお、14師団、41師団、51師団は栃木県、1師団は千葉県の郷土兵団である。

り説明を行なったところ、神職の少なさと派遣費用の問題から、参加に慎重な姿勢を示した神社が幾つかあったという。[23] 実際に、これまで慰霊巡拝に神職を派遣したのは、千葉県護国神社以外では栃木県護国神社、群馬県護国神社のみに留まっている。このうち栃木県護国神社の場合、神社社務所が栃木県遺族連合会の事務局をかねていることから、現宮司で遺族連合会事務局長の稲寿氏が、過去に同会主催の海外慰霊巡拝に十四回随行するなど、慰霊巡拝の経験と理解が深いことが原因と思われる。また、群馬県護国神社は平成十二年度に神職を派遣しているが、これは当時の石川宮司（故人）がビルマ戦線の生還者であったという影響が考えられよう。

しかし、慰霊巡拝にかかる費用は、比較的安いサイパン島やフィリピンでも十四万円から二十万円、東部ニューギニアで三十四万円、最も高い西部ニューギニアだと三十九万円というように、かなり高価であることから、心情や信仰だけで毎年神職を派遣することは不可能である。[24] さらに、各県の護国神社は一部の神社を抜かせば神職・職員数が多くないことから、派遣に伴う社務の負担を考えると、軽々には神職を派遣することが出来ないという現実がある。それでは千葉県や栃木県護国神社では、このハードルをどのように越えているのであろうか。

先ず、神職の派遣費用はその巡拝への参加希望者の人数によって変わってゆくことから、各神社では先述したように情報の発信に力を入れ、出来るだけ多くの人々に巡拝参加を呼びかけることで対処している。また、神職の派遣についても、教化活動の一環として慰霊巡拝の意義を重視する立場から、出来る限りの努力が払われている。[25] 例えば、栃木県護国神社の場合、日々の社務を宮司と権禰宜の三名で行なっていることから、神職の巡拝参加による社務の負担はかなり大きいものの、日程の調整や、宮司や権禰宜が参加できない場合、慰霊巡拝に慣れた助勤神職を派遣することで巡拝に協力している。[26]

以上のように、千葉県、栃木県護国神社主催の慰霊巡拝は、戦友会主催の慰霊巡拝を継承し、日本遺族会が行なう

「戦没者遺児による慰霊友好親善事業」に参加できない層をターゲットとして募集を行なっているのである。また、慰霊巡拝の対象となる地域は、千葉県、栃木県護国神社の祭神が所属した郷土兵団の戦場であり、その部隊に所属した戦没者の遺族が主な参加者となるなど、地域性が強く反映されていると考えることができよう。

次に、これらの慰霊巡拝の様子について、筆者が同行した平成十七年の東部ニューギニアにおける慰霊巡拝の事例を通じて紹介したい(27)。

三、慰霊巡拝の現場から

現在のパプアニューギニア独立国(以下、パプアニューギニアと表記)の北海岸一帯、ミルンベイ州・オロ州・モロベ州・マダン州・東セピック州・サンダウン州にまたがる広大な地域は、先の大戦中に日本軍と連合軍(アメリカ軍、オーストラリア軍)が激しい戦いを繰り広げたことで知られている。日本側はこの戦域を「東部ニューギニア戦線」と呼んだことから、現在も厚生労働省をはじめとする国や地方自治体などの援護行政や、民間の慰霊団体等においては、これらの地域を「東部ニューギニア」と呼んでいる(図1参照)。

東部ニューギニアにおける本格的な戦いは、昭和十七年夏、オーストラリアの委任統治領パプアの首府であったポートモレスビー攻略を目指した日本軍の進攻作戦によって口火が切られた。日本軍は海路および北岸のブナ地区からオーエンスタンレー山脈を越えてポートモレスビーを目指したものの、補給の不調と連合軍の反撃により失敗、昭和十八年二月には北海岸の根拠地であるブナ地区を失った。ブナを奪回した連合軍はニューギニア北岸沿いに進撃してフィリピン奪回を企図したことから、日本軍は東部ニューギニア戦線を担当する第十八軍を強化するためにマダ

図１　ニューギニア島
（森山康平編『米軍が記録したニューギニアの戦い』草思社、平成７年、より引用）

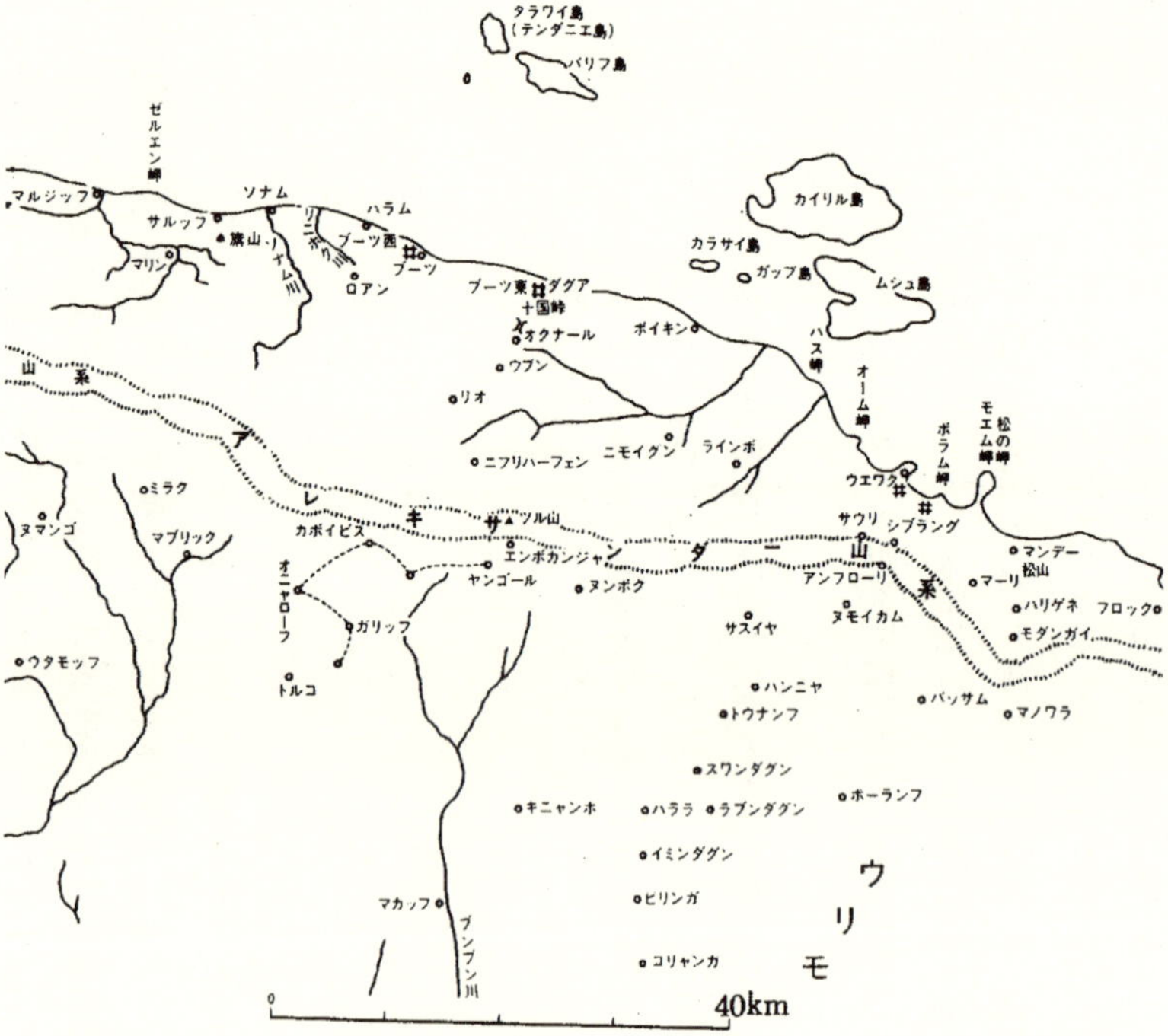

図２　ウエワク、ブーツ、アイタペ地区要図（ラバウル・ニューギニア陸軍航空部隊会編『幻　ニューギニア航空戦の実相』昭和61年、より引用）

ン・ウエワク・ハンサなどに飛行場や補給基地を設け、第二十、第四十一、第五十一の各師団や第四航空軍などの大部隊を投入した。これらの部隊は十八年春以降、ラエ・サラモア地区やフィンシュハーフェン等で連合軍と激戦を繰り広げたものの敗退し、昭和十九年春には防衛線の縮小を図るために全面的な後退を開始した。しかし、四月二十二日に米軍が十八軍の後方基地であるホーランジャとアイタペに上陸するにおよび、補給線を断ち切られて孤立してしまう。これに対して十八軍は総力を挙げてアイタペの米軍を攻撃（アイタペ作戦）したが、一ヶ月にわたる会戦の末に約一万三千名の戦死者を出して敗退。以後、各部隊はウエワク周辺や内陸部（山南地区）、さらにはセピック河流域の村落に分散し現地自活を図りながら、植民地奪回を目指すオーストラリア軍と終戦まで戦い続けた。

東部ニューギニア戦の特色は、密林や湿原、標高四千米を越す山岳地帯などを交えた長距離の撤退行と、補給の不調に由来する長期間の飢えと病による戦没者の多さにある。この地域における日本人の戦没者は十二万とも十六万名とも言われるが、その多くが飢餓と病によって斃れたとされている。とくに昭和十九年春以降は補給が完全に途絶したため、日本軍将兵はタロ芋やサツマイモ、サクサク（サゴヤシ澱粉）などの現地食はもとより、鳥、ねずみ、とかげ、昆虫、野草など、ありとあらゆるものを口に入れて飢えを凌ぎつつ、追撃するオーストラリア軍と戦闘を繰り広げたという。この「人として堪え得る限界を遥かに超越」（十八軍司令官、安達二十三中将の遺書）した戦いの末、日本に生還し得た者は、わずか一万名であるが、これらの人々が生還することができたのは、現地民の援助によるところが大きいとされている。(28)

また、相次ぐ激戦と、飢餓に耐えながらの撤退行は、遺体の収容や遺骨の還送を困難なものとし、日本軍の撤退路上には飢えと病に斃れた将兵の遺体が埋められずに散乱するという無残な状況を呈した。さらに辛うじて各部隊が管理していた戦没者の遺骨も、オーストラリア軍の進攻に伴い放棄せざるを得なかった。このため、東部ニューギニア戦没者の遺骨は、多くの場合、遺族のもとに還されることはなかったのである。[29] この、未還送遺骨の多さと、弔いどころか、土に埋められることすらなかった大量の遺棄死体の存在は、遺族たちを東部ニューギニアへの慰霊に向かわせる大きな動機となっていると考えられる。

ところで、第十八軍の主力部隊は第二十師団（朝部隊）、第四十一師団（河部隊）、第五十一師団（基部隊）の三個師団であったが、このうち四十一、五十一師団は宇都宮で編成されたことから、多くの栃木県民が所属し、東部ニューギニアで生命を喪っている。そのため、栃木県護国神社の全祭神、五万五千三百六十一柱のうち、約八千柱がニューギニア戦関係者とされており、東部ニューギニアへの慰霊巡拝を希望する遺族も多く、慰霊団としても比較的成立しやすい。このような事情のため千葉県・栃木県護国神社主催の東部ニューギニア慰霊巡拝を行なう場合、参加者の多くが栃木県民となり、随行神職も栃木県護国神社から派遣されるケースが多くなるのである。

東部ニューギニアへの慰霊巡拝は、例年正月頃から参加者の募集が行なわれ、申込者が最少催行人員に達した段階でツアー成立となる。そして旅行出発一ヶ月前位に参加者に対する説明会が行なわれるが、平成十七年の東部ニューギニア慰霊巡拝の場合、参加者のほとんどが栃木県民であったことから、説明会は栃木県護国神社において行なわれた。説明会に集まった参加者たちに対して、先ずWBCの高橋社長から、旅行の準備や参加にあたっての注意点とともに、パプアニューギニアでは道路状況が悪く、車の旅も決して快適ではないこと、天候や道路状況によっては、希望の慰霊場所に行けない可能性があること、とくにウエワクにおいてはホテルの設備が良くないことなど、決して通常の海外旅行とは違うという説明がなされた。ついで神社側からは、現地の慰霊祭に持っていくべき供物などについてレクチャーがおこなわれ、参加者たちに、現地慰霊祭の供物として、ゆかりの英霊の好物や故郷の酒、家の井戸水や水田で収穫された米などを準備するほか、飴玉やノート、鉛筆などの学用品も現地の子供たちへのお土産として持っていくと喜ばれる等の説明がなされた。さらに、慰霊祭は神式で斎行されるものの、祭典終了後は随意に参拝できることから、線香や灯明、塔婆などを持っていくのも差し支えないことなども伝えられた(30)。参加者たちはこうした説明に基づき、旅行の準備を整えてゆくのである。

次に、慰霊巡拝の様子について紹介したい。先ず、この年の東部ニューギニア慰霊巡拝は、左記の日程でおこなわれた。

平成十七年東部ニューギニア慰霊巡拝日程　※ウエワク地区の巡拝地の位置関係については図2を参照。

九月三日（土）　成田空港集合、二十一時発

九月四日（日）午前　五時二十分　ポートモレスビー、ジャクソン国際空港着。入国手続き後、国内線に乗り換え、十一時半にウエワク空港着、ホテルにチェックイン。

午後　十四時、ホテル発、ローカルマーケットで神饌買出し、洋展台、高射砲陣地跡、阿部岬を巡拝後、十六時に平和公園の日本政府慰霊碑に着、東部ニューギニア戦没者合同慰霊祭（M・M氏、T・KI氏慰霊の言葉）、十七時半にホテル着

九月五日（月）　八時にホテル発、ランドクルーザー二台に分乗。ボイキンを経てカラワップへ。九時十分よりカラワップで慰霊祭、遺族のS・H、S・K親子が慰霊の言葉。ついでソナムを経て十二時半、マルジップ村で慰霊祭、S・C氏およびS・R氏慰霊の言葉。十三時四十五分、スマタインにて慰霊祭。H氏三兄弟による慰霊の言葉。十五時にスマタイン発、十八時半にホテル着。

九月六日（火）　朝食後ウエワク滞在中のマイケル・ソマレ首相（当時）が参加者のS・C氏を訪ねてホ

テルに来る。遺族一同で記念写真を撮影。

七時四十分にホテル発。八時四十分にモダンガイ村に着、ここからT・KI氏の父君戦没地を遥拝後出発、十一時、カウプ村着、S・C氏ゆかりの小中学校や村内を訪問、十三時五十分発。帰路は雨天で道が泥濘化し難渋。十八時にホテル着

九月七日（水）午前　ウエワクから国内線にてマダンへ、着後、朝食と休憩
　　　　　　　午後　十四時に巡拝発、ヤボフ村の慰霊碑参拝後、アレキシスハーフェン、高射砲陣地跡などを見学後、十六時五十分にアムロンの丘（十八軍司令部跡）に着、セピック、ハンサ方面遥拝。ローカルマーケット見学後にホテル着

九月八日（木）午前　マダン湾巡拝発、SIAR島で日本軍防空壕、大発（日本陸軍の上陸用舟艇）や米軍機の残骸を見学後、クランケット島経由でホテル帰着
　　　　　　　午後　ビレッジツアーでビルビル村へ。シンシン見学ののち十八時半にホテル着

九月九日（金）午前　マダンから国内線にてポートモレスビーへ着
　　　　　　　午後　ポートモレスビー市内観光後、ホテルへ

九月十日（土）午後　ポートモレスビーから成田へ、成田空港にて解散(31)

以上の行程中、ウエワクでの滞在がもっとも長いのは、この街が昭和十八年から二十年五月にかけて日本軍の根拠地であり、ことに十九年七月から八月のアイタペ作戦や、その後の現地自活、終戦まで続いたオーストラリア軍との戦闘など、東部ニューギニア戦末期の惨劇がこの街の周辺で繰り広げられたことによる。多くの戦没者がウエワクから西のアイタペ、バニモへ向かう海岸道周辺や、現地自活と豪軍との戦いの舞台となった山南地区、セピック河流域

に眠ることから、もっとも多くの巡拝希望が寄せられる地域である。このため、戦没地への巡拝とそこでの慰霊祭は、ウエワクに滞在する三日間に集中することが多い。また、ウエワクの次に泊まるマダンも日本軍の主要な拠点とされた場所であったが、これまでマダン地区における戦没者の遺族が参加する例は多くなかったことから、ここでは慰霊祭を行なわず、周辺の戦跡見学を兼ねた観光を行なうことが多い。遺族たちはウエワク周辺での緊張と疲れを、美しいリゾート地として名高いマダンで癒してから、首都のポートモレスビーに戻り、市内観光とみやげ物の買い物をしたのちに帰国の途につくのである。

日本軍高射砲陣地跡を訪ねる遺族たち（ウエワク）

さて、以上の巡拝日程を見ると、慰霊巡拝がかなり過密な旅行スケジュールの上に成り立っていることが理解されよう。ひと昔前の戦友会が行なっていた慰霊巡拝の場合、ウエワクを中心にして参加者めいめいが「オプショナルツアー」として、かつて自分が自活していた村や戦友の戦没地などの目的地に分散したものであった(32)。しかし、千葉県、栃木県護国神社の慰霊巡拝では、基本的に参加者全員が揃って各地を巡拝する形態をとっていることから、連日十時間以上の行程となりがちであり、遺族の身体的負担は決して軽くはない。

さらに疲労に拍車をかけるのが、ウエワク周辺の交通・宿泊事情である。パプアニューギニアにおいては、道路整備が進んでおらず、とくにウエワク付近は街の郊外からは、整備の良くない砂利道の連続となり、河に橋がないのも、チャーターした車がおんぼろで、クーラーも座席も壊れているのも、数年前まではごく普通のことであった。例えば平成十九年度の慰霊巡拝の際には、座席のない工事用トラックがツアー用に廻されてきたため、添乗員が急遽ホテルから椅子を借りて、トラックの荷台に座席を作ったほどである。ゆえに遺族たちは暑い砂埃だらけのがたがた道を一日中、クーラーもなく、汗とほこりにまみれながら揺られ続けることになる。これは高齢の参加者達にとっては極めてきつい苦行といえる。さらにそうした旅の疲れを癒すホテルも、首都のポートモレスビーやマダンと違い、ウエワクやセピック地区の場合、エアコンの不調や停電はもとより、シャワーのお湯も出ず、部屋の壁にヤモリが這い回るのは当たり前である。また、慰霊祭で訪問する村々は、高床式の、いわゆる「ニッパハウス」が多く、そこに住む大人や子供ははだしであり、初めての参加者には、「未開」の生活空間に居るという印象を強く与えるものである。以上のような巡拝中の体験は、遺族のなかでも少なからぬ人々にカルチャーショックとなるようである。「もう、家でおさんどんしているほうがよっぽどまし！」という感想を、切実に述べた主婦もあったほどである。(33)

しかし、こうした不自由さは必ずしもマイナスのものとしてのみ捉えられてはいない。参加者の多くが大なり小なり、東部ニューギニア戦について「ジャングル」「未開」「原始的」な世界を舞台とし、飢餓と病に苛まれた戦地であったというイメージを持っているうえ、その印象をテレビなどのマスメディア情報を通じて強められていることから、ある程度の不自由を覚悟してきている。そのうえで、むしろ、シャワーのお湯が出ないのも、ホテルの壁にヤモリが這い回るのも、暑さも、がたがたな道路の旅も、すべて「兵隊さんが経験した」ものであり、「兵隊さんの苦労に比べれば」ものの比ではないとして受け止められていく。つまり、こうした不自由さや苦労は、自身の肉親も含めた日本軍将兵の苦労の追体験という枠組みの中で捉えなおされ、前向きに受け止められていくのである。そのうえ、こうした厳しい旅行条件にも関わらず、むしろ高齢者たちが旅を通じて元気になっていく例すらしばしば見られる。

例えば平成十三年に愛知県から参加したK・H氏（女性、当時六十九歳）は、体と足が弱く、杖を突いて成田空港に来て、歩くのも大儀そうであったが、ポートモレスビーに着くと足がしゃんとし、ウエワクに着いて巡拝がはじまると、いつのまにか杖なしですたすたと歩いて元気に巡拝していた。また、弟をアイタペ方面で亡くされたO・M氏（当時八十二歳）も、セスナに乗ってアイタペの滑走路に降り立った途端、そこから十五分ほどかかる海岸の慰霊碑まで、他の同行者を置いて一目散に小走りに走り、周囲を驚かせたものである。以上のような例は慰霊団のなかではしばしば見られ、参加者に「兵隊さんから力をもらっている」と受け止められ、語られている。慰霊巡拝の旅は、戦没者の霊魂との交流が、当たり前とされる世界観のうえに成り立っているのである。そうした観念をもっとも表出しているのが、各地で行なわれる慰霊祭である。

慰霊祭

慰霊巡拝中に行なわれる慰霊祭は、基本的にその地域にある日本政府建立の慰霊碑前で行なわれる「合同慰霊祭」と、参加遺族の肉親の戦没地等で行なわれる慰霊祭の二つに分かれる。前者はその地域で戦没したすべての日本軍将兵や軍属を対象とし、また、そこでの慰霊を希望する遺族ゆかりの英霊も併せて祀られる。一方、後者は各参加遺族の希望により、ゆかりの英霊の戦没地か、そこにもっとも近づける場所において、主に個別の戦没者を対象として行なわれる。平成十七年の例に即していえば、ウエワク平和公園において全東部ニューギニア戦没者合同慰霊祭が行なわれるとともに、山南地区のモロネで亡くなったT・KI氏の父親と、部族間紛争のためその年は巡拝不可能とされたハンサ地区で戦没したM・M氏の叔父の慰霊祭が行なわれた。一方、S・H氏は父親をカラワップの「第二猛錦山（日本軍呼称）」で亡くしているが、そこまでは車が入れないため、林道終点から少し歩いた民家の庭で慰霊祭を行なった。さらにマルジップで父親を亡くしたS・R氏と、そこから上流の№3マリンで兄が戦没したS・C氏は、マル

慰霊祭の祭壇（アファ村）

ジップ村の中に設けられている慰霊堂で、また、スマタインで兄を失ったH・Y氏兄弟はスマタイン村中で慰霊祭を行なっている。なお、翌六日にはT・KI氏の父が戦没したモロネの隣村、モダンガイ村まで車で入り、そこからモロネを遥拝するというように、戦没地、またはそこに一番近い場所で慰霊祭が行なわれている。

慰霊祭に当たっては、まず添乗員と現地ガイドが、その村の村長や長老に慰霊祭執行の許可をうける。そのあと、祭壇を組み立て、神籬を刺し立て、神饌を並べる。神饌は米・酒・塩・水・海のもの（海産物）は日本から準備し、野菜や果物は地元のローカルマーケットで購入したものを用いる。祭壇の準備が終わると、その場所での慰霊祭の、いわば施主となる遺族から、故人の好物や故郷の水、酒、米などが供えられ、さらには故人の写真はもとより、現在の家族の様子を知らせるために作成された写真パネル、戒名を記した塔婆などが立て並べられる。もちろん、他の参加者も思い思いにお菓子や食べ物、タバコ、造花などを備え、さらには祭典前から線香をたく人もみられる。通常の神事や神社の祭典とは違い、故人の好物や写真が備えられるという点で、葬祭や年忌法要のような雰囲気がかもし出されるのである。祭壇の準備が終わると神職は白の浄衣に着替え、添乗員を典儀（司会）として、次のような順序で慰霊祭がすすめられる。

黙禱（当該地域で戦没した英霊に対して）

修祓

降神の儀
献饌
祭詞奏上
追悼のことば
玉串拝礼
撤饌
昇神の儀
退下(34)

神職が奏上するのは、神前で神に対して奏上される「祝詞」ではなく、神葬祭や年祭(神道式の年季供養)など、神道の死者祭祀で用いられる「祭詞」である。その祭詞では戦没英霊の在りし日の活躍と戦没のさまを述べ、その死が戦後日本の繁栄の礎となったとしたうえで、はるばる日本から参拝に来た遺族に対する加護が祈られる。しかし、慰霊祭においてもっとも重要なのは、神職による祭詞奏上のあとに遺族が述べる「追悼のことば」であろう。これは日本出発前から、施主となる遺族に予め準備してもらっているものである。奏上のスタイルは各人各様であり、紙に書いて読み上げる人、うちわに慰霊の和歌を書き、それを読み上げる人、紙を持たずに、とつとつと霊に向かって語りかける人、さまざまであるが、肉親の戦没地で、肉親の霊魂に語りかけるということから、しばしば感情の奔騰と流出の場ともなる。

例えば平成十三年の東部ニューギニア慰霊のとき、O・M氏は弟が戦没したサンダウン州アイタペに建立された慰霊碑に黒の紋付をきせかけてから慰霊祭に参列した。そして、神職の祭詞が終わると、「追悼のことば」を記した紙

「追悼のことば」を読む遺族（アファ村）

を持って、ゆっくりと祭壇の前に進んだ。しかし、氏は追悼のことばを拡げず、突然「H！（戦没した弟の名）、この服はなぁ、母さんがまゆから作って織った服だ、これで包んでやるから、これ着て安らかになってくれぇ」と、搾り出すような泣き声で叫んだ。[35] また、平成十九年の慰霊巡拝に参加したY・S氏は、第二十師団歩兵七十八聯隊に所属していた叔父が戦没したサンダウン州アファ村での慰霊祭で読むために、全ニューギニア戦没者と、叔父へのメッセージを記した手紙を一枚ずつ準備した。しかし、朗読し始めてすぐに言葉を詰まらせてしまったうえ、「おじさあん、もし聞こえていたら手を振ってくれえ、K（戦没者の弟）の次男、Y・Sが迎えに来た。ここにおるぞと手あげてくれ、手をあげられんやったら木をゆさぶってくれぇ、…日本に帰ろおぅ」と、祭壇越しに見える日本軍陣地跡に向かって大声で呼びかけ、折角準備した手紙を読み上げることができなかった。[36] こうしたいわば「魂よばい」ともいえる営みが行なわれる一方、祭壇の前に招かれた霊魂に対して、たんたんと語りかける例もある。たとえば東セピック州ボイキンの兵站病院で最愛の兄を失った妹は、

「兄ちゃん、兄ちゃんと別れたときはH子は小学四年だったけど、このごろかあちゃんに似てきてるって言われるよ。そうかな、もうこんなん年とってしまって、もう七十歳になるけど、また来ました。兄ちゃんが兵隊にとられて出征する時、浜松の駅でほんの少し面会できたとき、とうちゃんかあちゃんと行って会って、話して、そのあと汽車に乗らなくちゃならないっていうんで、兄ちゃん前の方に行って、とうちゃんは後ろに行きかけたけ

ど、私はもう一度「兄ちゃん」て呼びたくて、また兄ちゃんのところに行ったよね。そしたら兄ちゃん「H子、しっかり勉強するんだぞ」って声をかけてくれたよね。けどそのあと父ちゃん達のほうに行っている途中、ぱんぱんって、びんたの音が聞こえてきたけど、あれ、兄ちゃんやられてたんじゃないかって思ったのよ。「兄ちゃん」って呼びたくて、でもそれで兄ちゃんたたかれたのならごめんね。今までだれにも言ってなかったけど、H子はそれが言いたくて。とうちゃんが、兄ちゃんの戦死の公報入ったとき、ずっと、代わってやれれば、生きていてくれればってずっと言っていたよ。船村徹さんの歌を先ず歌うね…（「誰か故郷を思わざる」など三曲を歌う）…みんなのおかげでここまで来られたけど、もうH子も七十で、これから先、来られるかわからないけど、もう、来られないかもしれないけど、でも、又、来られたら兄ちゃんに会いたいと思います」

と語りかけている。(37)

彼女の場合、兄と最後の別れをした六十年前と同じように、童女に帰り、その当時の兄弟の関係に戻ったうえで語りかけている。こうした事例はしばしば見られるもので、父を失った遺児が、「とうちゃん」と語りかけ、五・六歳の子供のように泣きじゃくるというように、時を越えた、年齢を超えた霊魂との交流光景が現出するのはしばしば見られることである。このような「追悼のことば」において、よくみられるのは、魂に向かい、日本に帰ろうとよびかけることと、または、戦友とともにいつまでも安らかに眠ってほしいという語りかけである。いずれにしても、「追悼のことば」の様子からは、肉親の霊魂が旧戦地に存在し、現地においてその霊魂と相互に交流することができるという遺族の霊魂観を如実に示しているのである。

先にも記したように、東部ニューギニア戦に斃れた将兵の遺骨の多くは、遺族の下に帰ることがなかったうえ、戦死はもとより、後退中に飢餓や病で斃れた将兵の遺体は、しばしば埋められることもなく密林の中で朽ち果てていっ

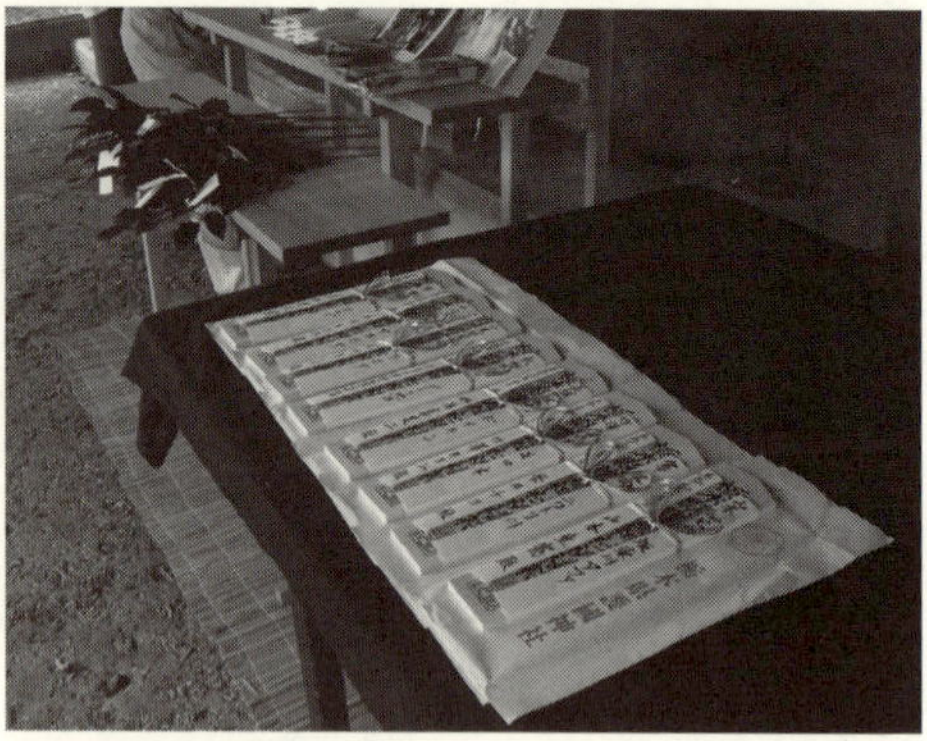

慰霊祭の祭壇に供えられた神札（ウエワク）

た。戦後、日本において家族たちは遺骨のないままに葬式を行ない、また、その魂は靖國神社や護国神社に「英霊」として祀られたり、市町村単位での慰霊祭が行なわれるなど、家や国、地域社会などでの宗教的なケアは行なわれたが、戦場に埋められることもなく残された遺体には、弔いも埋葬も無縁のものであった。そのため、遺族たちは、遺骨とともに肉親の霊魂が旧戦地に残っているのではないかと考えるのである。つまりは、霊魂の祭祀は日本国内で行なっているものの、ニューギニアに残された遺体には、何らの宗教的なケアがなされていないということが、旧戦地における霊魂の存在を確信させているのかもしれない。

　こうした遺族の観念をもっともよく表しているのが、戦地の石や砂を持ち帰るという風習である。遺族の中には、慰霊祭終了後、現地の石を拾って持ち帰る人が多い。これは肉親の霊魂を石に依りつけ、日本に連れ帰り、遺骨のかわりとして墓や仏壇に収めようとするもので、いわば、「魂の復員」とでもいえる観念に基づいている。[38] こうした観念は、慰霊祭に際して千葉県や栃木県護国神社から遺族に渡される神札にも現れている。これらの神札には戦没者の氏名、戦没地、施主等が記され、戦没地に最も近い場所での慰霊祭で祀られた後、参加遺族や、巡拝に参加できずに神札のみを申し込んだ遺族に授与されている。千葉県護国神社の竹中宮司によれば、これらの神札は、神社としては現地で祀ったお札以上の意味を付与していないというが、[39] 遺族の中には、それを現地に残る御霊の依り代として意識する人もみられる。平成十九年にニューギニア慰霊に参加したN・K氏が、帰国後、友人の遺児に依頼された神札を渡したことについて「無事に日本についてから、お父様をお渡ししました」と手紙に記しているのは、そうした観念の表れといえよう。[40] つまり、慰霊祭は、現地に戦没者の魂が存在していることを前提として、その魂に語りかけ、慰めるとともに、魂を日本につれて帰ろうという観念のもとに成り立っているということができるのである。

それでは、慰霊巡拝参加者の参加動機はどのようなところにあるのであろうか。先に挙げたO・M氏は慰霊祭を終えた後、弟への思いについて「ほら、十五で少年航空兵に行って、「お国のためと覚悟してたんだから」と思ってきたんだけど、今になってみればかわいそうでかわいそうでしかたがないんだ」と語っていた。[41] また、平成十七年と十九年に参加したT・K氏夫妻は、奥さんの父が第五十一師団衛生隊の一員として東セピック州モロネ村で戦没している。彼女は幼いころから父が死んだ場所としてニューギニアという名前に親しんでいたものの、日々の生活のためなかなか行くことができなかった。しかし、バブルがはじけた頃からニューギニアへお参りしたいという気持ちが夫婦の間に芽生え、商売も軌道に乗り、息子たちが育って落ち着いた平成十七年に、栃木県護国神社が募集する慰霊巡拝の存在を知り、はじめて東部ニューギニアの慰霊に参加をした。さらに平成十九年と二十年の巡拝では、父の戦没地であるモロネ村の駐屯地跡まで、ジャングルの中を往復一時間半ほど歩いて行くことが出来た。遺児である妻は、足が弱かったものの、そのときは無我夢中であったという「夢中で何も感じなかった。早く行かなきゃ、早く行かなきゃ、魂に引っ張られている感覚で、密林の中に居るという感じがしなかった。帰りにみなさんが丘の上に見えてから、心臓がばくばくしてきたけど、それまではまったく気がつかない、やりとげようという気持ちで自分が自分でなかった」という。夫のT・K氏は夫婦での巡拝参加について「線香をあげに」というが、しかし、必ずしも霊を慰めるためばかりではないという。この点についての妻のT・KIさんに伺ってみると、慰霊巡拝に参加したことによって「ひっかかっていたものが抜け落ちた気持ちである」という。「どういうところで亡くなったのか、想像でしかない、物資がなく、食べ物も無く、暑くて人の住むところではない、とは聞いていたが、実際に行ってお参りすることで、自分自身の心で感じ取って、ああ、ご苦労さんでした、と感じることが出来る。だから、どんな苦しいときでも、父が食もなく、暑いところで苦しんだと思い、どんなに辛いことも苦しく考えずに通り抜けてこられた。その心の支えが実感できた。」という。つまり、慰霊巡拝に行くことは、必ずしも戦没者への供養だけではなく、むしろ、現在までの自分の生きた軌跡や生のあり方を、いわば戦没者の霊を鏡として向かい合うという役目もあるのである。さらにT・KIさんは「今の世の中は厳しい厳しいと言っているが、そのわりにみんな贅沢なのではないか、だから厳しいのじゃない？　ニューギニアの慰霊に行って自分が置かれている生活が、どれほど幸せなのか感じることができました。これは父との別れとかなんとか以上の、今の生活の幸せを感じた。なんつうかな、父の魂が教えてくれた、「あんたは幸せなんだよ」と。慰霊慰霊というだけではなく、そうしたことを感じた」という。[42]つまり、彼女は父の慰霊を行なうことをつうじて、自分の人生を振り返り、今の生活を確認するという働きを、慰霊巡拝に感じているというのである。

こうした例は参加者にしばしば見られるものであり、例えば平成十七年の参加者であるS・R氏は、マルジップにおいて父の慰霊を終えた夜、父が戦没したのち、祖父母の家に引き取られてからの苦労について、涙ながらに語っていた。[43]また、平成十三年の参加者であるS・M夫妻は、妻の兄が昭和十八年にモロベ州サラモア方面で戦死した際、遺品を家に持ってきた元部下の将校がいまの夫君である。夫妻はたびたび子や孫を同伴して東部ニューギニアの慰霊に参加しているが、これは、自身の家族の原点が、ニューギニアに、さらには靖國神社の祭神に深く結びついていることを家族に教えるためであるという。[44]

以上のように、慰霊巡拝には必ずしも、遺族が戦没者の魂を一方的に「慰める」というだけではなく、遺族も慰霊を通じて力を獲得し、「慰められる」という、いわば「慰め、慰められる」という関係性の上に成り立っているということができよう。「慰められる」というのは、具体的には、戦没者の魂を慰めることを通じて、あるいは慰霊の旅の中で自身の人生と向き合うことを通じて、今の人生を振り返り、前向きにとらえることができるようになる、ということであろう。これが、「兵隊さんたちからちからをもらう」という感覚なのかもしれない。

四、若干の考察

以上、千葉県・栃木県護国神社による海外慰霊巡拝について紹介してきた。この慰霊巡拝は護国神社が主催者となるという意味で珍しい事例であるが、先に書いたように、主催者側の負担は少なくない。それではこの二社は、なぜそうした負担をしてまで慰霊巡拝を行なうのであろうか。また、この慰霊巡拝に見られる霊魂観は、いかなるものであり、護国神社の信仰とどのような関係性を持っているのであろうか。以上二点について、若干の考察を試みたい。

1　護国神社と海外慰霊巡拝

先ず、これらの神社が慰霊巡拝に熱心であるのは、宮司や神職がこの旅を非常に大切なものとして考えているからだということができよう。こうした志向は慰霊巡拝や遺骨収集への参加を通じて涵養されていくものと思われる。たとえば千葉県護国神社の竹中宮司は、慰霊に関心を持つようになったのは、靖國神社から遺骨収集に派遣されたのがきっかけであったという。靖國神社においては、松平永芳宮司の時代、靖國の神職は主典（神職の職位）のときに一回は遺骨収集に従事すること、という方針が出されたことから、当時靖國神社の若手神職であった竹中氏は、日本遺族会や厚生省の人たちとパラオの遺骨収集に行き、二十日間収骨作業を行なった。そのときに、戦没者の遺骨に触れ、遺族や戦友の心情を知ったことが、靖國神社での奉務とは別に、非常にいい経験であったという。さらに平成六年二月、靖國神社祭務課長のとき、太平洋観光の洋上慰霊祭に湯澤権宮司とともに同行し、多くの遺族や慰霊巡拝に熱心な旅行社と巡り合ったことによって、積極的に慰霊巡拝に関与してゆくようになっていったのである。

竹中宮司によれば、これまで神職が戦友会や遺族会から誘われて慰霊を行なう例は聞くが、靖國神社や護国神社から声を掛けて毎年行なう慰霊巡拝というのは、これまで無かったという。その理由として、「みたま観念もあるのかな。みたまは靖國神社にあり、毎日のまつりを我々（神職）がやっている、そういう意識でした。」つまり、戦没将兵の魂は日本に戻り、神として靖國神社や護国神社に祀られていることから、神社における祭祀以上に、外地での慰霊祭に注意を向けることがなかったというのである。竹中宮司は、そうした観念を転換させたものとして、靖國神社神職の遺骨収集参加を決定した松平宮司の判断を、「神社界の外部から宮司になられた松平さんの、いわば外からの発想が突破口になった。それまではそういう発想がありませんでした。」と高く評価している。そのうえで、こうして氏が慰霊巡拝の仕事を行なっているのも「松平さんのお陰ですよ！」と言い切っている。(45) そして「護国神社が慰霊巡拝を行なうと、なによりも参加する遺族の方々が喜びます。それだけで実施してよかったな、と心から思います。」(46)と、護国神社が行なう慰霊巡拝の意義を強調している。

また竹中氏は、積極的に慰霊巡拝に取り組むもうひとつの目的として、護国神社の祭神について意識をもった崇敬者を育てたいという希望があるからだという。というのも、氏自身は神社界のこれからについて非常な危惧感をもち、今後は観光地の神社や、厄除け、初宮詣でなどの祈禱によって、一部の神社のみが伸びていく方向になると考えている。その場合、もし護国神社が無自覚にそうした路線に踏み込んでしまうと、護国神社が担う慰霊の機能や祭神観が薄れ、地鎮祭などの出張祭典や人生儀礼を行う「普通のお宮」になってしまうのではないか？　そうした危機感もあり、「靖國・護国の心」の真髄を知る人を少しでも多くつくる必要があることから、遺族が健在なうちに慰霊巡拝を行ない、これを通じて本当の意味での崇敬者を育てようと考えているという。千葉県護国神社の場合、そうした試みは少しずつ芽を吹き始めているようである。というのも、現在神社の崇敬者総代を勤めているN氏は、竹中氏とともに平成十三年の東部ニューギニア慰霊巡拝に参加した遺族であり、また、例年千葉県護国神社の大祭には、慰霊巡拝に参加した遺族達が同窓会のように集まり、これらの人々は平成十七年に神社が鳥居を新調した際には揃って寄付を納めている。竹中宮司は言う。「これからの崇敬者はNさんみたいに私と同時に慰霊巡拝に行ったという、強固な意識と強い崇敬心を持ってもらいたい。定年になって、これから自由が出来る遺児の皆さんの意思を慰霊巡拝を通じて刺激したい。地味ですが、でも、それをしなくなったら靖國、護国の心の部分なくなってしまう。[47]」。つまり、慰霊巡拝を通じて意識の高い崇敬者を育成することをめざしているといえよう。

同じことは栃木県護国神社についても言うことができる。この神社は戦後、栃木県遺族連合会の寄贈による「護国会館」の運営を基盤に祭祀と神社の維持を行なってきた。しかし近年、会館における神前結婚式の減少や、栃木県遺族連合会や戦友会などの基盤組織の弱体化を受け、ここ十年ほど前から祈願や出張祭典などに力を入れるとともに、数年前から「みたままつり」「盆踊り」「そば祭り」「節分祈願祭」など新しい祭典やイベントを神社境内で企画し、ホームページを通じて盛んに情報発信を試みている。いわば、遺族以外の人が集まる「普通のお宮」としての方向性を一方では打ち出しているのである。それだけにこそ、戦没者のみたまを慰め、平和を祈るという神社本来の使命を守り、果たす活動の一環として、慰霊巡拝に熱心に取り組む必要があると考えているという。

以上のことから、千葉県・栃木県護国神社の慰霊巡拝は、ある意味で、神社の生き残りを掛けた時代の中で、地域における戦没者慰霊の施設という性格から、祈願や出張祭典による社頭収入で神社を維持し、おまつりの時に人が集まってくるという、いわば、「普通のお宮」へと変化しなければならない方向性のなかで、戦没者を慰霊し、顕彰するという神社の本質的な性格を守ろうとする意志によって育まれていったということが出来よう。

それでは、遺族や神職が慰霊巡拝に行って知ることが期待されるものとは何であろうか。竹中宮司は次のように語っている。「(ニューギニアに行ったとき)常々思うのは、中山君、アイタペに行く国道で一人になったことを想像したことある?そこでマラリアになって倒れていった兵士が、ひとりでどういう気持ちになったか、慰霊巡拝に行くたびに考えるよ。戻ってきて神社で奉仕していても思い浮かべる。自分で整理しきれない気持ちがあるから慰霊巡拝に出て、それを整理しに行くのだろうね。行くとまたよく来てくれた、という御英霊の声も聞こえるし。[48]」。また、栃木県護国神社の稲宮司も、体験を非常に重視する。「御英霊だ、慰霊だというのは、頭で考え、口で言って、本で読んでわかるものではない、逆に、慰霊巡拝で現地を踏むことによってこそ初めて体感できるし、それが今後の(神職としての)勉強の弾みになる[49]」と語っている。確かに「靖國・護國の心」とは、神社界の立場からすれば、国難に殉じる日本人の精神といってもよいのかもしれない。しかし、千葉県・栃木県護国神社の宮司たちが、慰霊巡拝を通じて遺族達に感じて欲しいと考えるのは、そうした抽象的な理念ではなく、先ずは、体験に基づく祭神との一体感なのであるといえよう。

2　慰霊巡拝に見られる霊魂観

次に、慰霊巡拝の参加者たちは、基本的に戦没者の魂が現地に存在するという観念を共有し、それが現地での遺族の行動や発言、儀礼、追悼の言葉などに表出しているということができる。ここで課題として考えなければならないのは、まず、第一に、慰霊巡拝で慰霊対象とされる霊魂の性格についてであり、第二に、こうした現地を中心とした霊魂観念と、靖國神社、護国神社などの、日本国内における、いわば公共性をおびた戦没者追悼施設、さらにはマチ・ムラなどの地域社会やイエにおける民俗的な死者祭祀との相関についてである。これについて明確なモデルを提示するのは本稿の役目ではないし、未だそこまでのデータも揃っていないので、ここでは結論めいたことを述べることはできない。しかし、今後さらなる研究を行なっていくために踏まえなければならない点について、若干提示してみたい。

先ず、第一の点についてであるが、これらの霊魂は、神職はもとより、遺族などの参加者にとっても靖國神社、護国神社に祀られている「英霊」として、神格を帯びた存在であるという認識は、ある程度自明のものとされている。しかし、慰霊祭の際に神職が「祝詞」ではなく「祭詞」を奏上し、綺麗な色目のついた狩衣ではなく、葬祭や年祭にも用いられる白の浄衣を身にまとうことに象徴されているように、そこで祭祀される「英霊」は、一方で「戦死者」という、死者の属性も帯びた存在とも認識されているということができよう。もちろん、神職の側からすれば、戦没者はあくまで国内の護国神社で祀られる神社祭神であるという認識である。しかし、装束や慰霊祭で読み上げられる「祭詞」などの儀礼上の象徴を分析する限りにおいて、慰霊巡拝中の祭祀のあり方は、国内の社殿において、神社の「祭神」として奉仕される祭りのあり方とは、いささか性格を異にしているといえる。さらに先出の竹中宮司の言葉に示されるように、神職自身も、慰霊巡拝中には、戦没者の霊魂に対して祭祀を行なうという意識がうかがわれる。つまり、神職にとって現地の慰霊祭でまつる対象は、「英霊」であり「祭神」であるものの、同時にその戦場で死んだ「戦没者の霊」という、死霊の属性を兼ね備えたものとして認識されているといえよう。

一方、遺族などの参加者の場合、祭壇を飾る好物や家の水、作物や菓子、煙草といった供物や家族の写真のパネル、さらには戦没者の遺影を飾り卒塔婆を供え、祭典中、もしくは祭典後に線香を焚くなど、その行動は日本国内における死者儀礼の延長線上にあると考えられる。さらに慰霊祭の間に行なわれる「追悼のことば」に至っては、激しい死者への悼みの感情の発露や、時と年齢差を越えて、遺族と戦没者が別れた当時の人間関係を示す言葉で語りかけるというように、その言葉は、死者への語りかけという感を呈する。つまり、遺族の場合、神職の霊魂観よりもダイレクトに、生々しい肉親の死者としてのカラーがあらわれていると考えられるのである。その意味で、慰霊巡拝で浮かび上がってくる「英霊」像は、国内で一般的に言われるものと違い、より死者としての属性を強く帯びたものである可能性が考えられる。つまり、靖國神社、護国神社に祀られている「英霊」という神格が内在させている、神と死者の霊魂という両義性が、はげしくせめぎあいながら表出してくるのが、海外慰霊巡拝にみられる霊魂観の、特徴のひとつといえるかもしれない。

但し、それではこれらの霊魂は、神職や巡拝参加者にとって、どのような性格を持つものとして考えられているのであろうか。死者、ことに若くして横死を遂げたり、戦乱などで無念の最期を遂げた人の魂は、怨霊となり人々に災いをなす、あるいはそうした霊を和め祀ることによって、社会にプラスの神格と化すという信仰が日本にはみられる。いわゆる「御霊信仰」である。これまでの先行研究においては、戦没者の魂はしばしば御霊信仰の範疇で捉えられ、あるいは靖國神社や護国神社などの近代日本における戦没者祭祀それ自体を、御霊信仰で説明しようとする研究も多く見られた。東部ニューギニア戦線に送られた人々のいのちは、想像を絶する悪戦と過酷な飢餓、病のなかで、密林や泥濘のなかでほろんでいった。しかし、慰霊巡拝においては、それらの人々の霊魂は慰め、鎮められる対象であるとともに、家族の現在を報告し、あるいは「元気をつけてもら」い、さらには家族の幸せと、日本と世界の平和を祈り、誓う祈願の対象ともされているのである。もし、横死者や御霊に対する供養、鎮魂の営なみと、近世後期以来の神道的な人を神に祀る祭祀の相違を、藤田大誠氏がいうように、前者が「慰霊」「追悼」「鎮魂」に終始するのに対して、後者はこれに加えて「顕彰」と祭神の遺志の継承、加護の祈願が並存している点にあると考えるならば、慰撫のみならず、誓いや祈りの対象ともされている、戦地に眠る戦没者のみたまは、必ずしも遺族達にとって、「御霊」とはとらえられてはいないことになる。(50) もちろん、これは、かつて悪戦の限りを尽くした末に文字通り、草生すかばねとして密林の中に遺骨が散乱しつづける生々しさと表裏の関係にある。過去の慰霊巡拝や遺骨収集に参加した遺族や戦友の間にも、非常に生々しい幾つかの怪異譚が伝えられてもいる。(51) こうした生々しさと背中合わせの霊魂観を、どのように考えてゆくべきかについては、今後も事例を注意深く集めた上で検討しなければならない課題であろう。しかし、これまで述べてきた事例に則していえば、遺族達は怨念を鎮めるために慰霊の旅に参加するのではない、ということはできよう。彼らは戦没者が無念にも、食や病いに苦しみつつ、国のために戦い、家族に思いを残しながら死んでいったと考えるがゆえに、その魂を慰めようとするのである。慰霊祭の最中、遺族達がしばしば述べる「来るのがおそくなってごめんなさい」ということばは、その地で斃れた肉親の慰霊や供養に来るのが遅れたから発されるものであり、怨念を鎮めるというニュアンス自体は薄いように思われるのである。

第二に、こうした現地を中心とした霊魂観と、靖國神社、護国神社などの、いわば公共性をおびた戦没者追悼施設、さらにはイエなどにおける民俗的な死者祭祀との相関である。先にあげたように、慰霊巡拝の場において見られる霊魂観念は、神社神道の教学上でいわれる「英霊」や、民俗宗教的な霊魂観では割り切れない要素が見られる。つまり、神社の祭神と位置づけられながらも、神社を離れた旧戦場においては死者的なニュアンスのもとで慰霊され、遺族の間では家庭での年季法要を営まれたり、靖國神社や各地の護国神社の祭神として考えられながらも、旧戦地での慰霊祭では、なまなましい死者として遺族達は対面し、語りかける。しかし、その死者は慰撫の対象でありながらも、しばしば家族を見守り、力を与える存在としても期待されているのである。このように、慰霊巡拝の現場では、戦没者の霊魂に対して、神職側も遺族側も、互いに幅広い解釈の元に儀礼を営なんでいるといえる。それは同時に、ひとつの霊魂に対して、国や地域、家など、各レベルにおける解釈や位置づけが重層的に重なっている状態であると考えられよう。

近年の民俗学的な戦没者慰霊の研究においては、田中丸勝彦氏や岩田重則氏に代表されるように、「クニ」「ムラ」「イエ」の各レベルにおける慰霊の実態調査をもとに、国家的、神道的な戦没者に対する慰霊・追悼・顕彰を相対化させたうえで検討する議論が見られる。[52] たとえば岩田氏は、戦没者祭祀のフィールドワークを通じて戦没者祭祀が「異なる信仰体系による祭祀が成立しやすいものであった。二重祭祀とは、ひとつはいうまでもなく家の信仰体系による祭祀であり(靖國神社・護国神社も含めれば三重祭祀)、ふつう単一の祭祀となる家の死者とは異なる多重祭祀である。そして、戦没者祭祀が悲劇性を基礎とした祭祀であるがゆえに、実は実態は凄惨であるものの、国家的次元では抽象化された戦死者霊魂である「英霊」「殉国」「忠霊」と習合しやすい性格を持つものであったと考えられるのである。」とし、戦没者の祭祀が家や地域共同体、さらには国家的次元などの各次元において祭祀が行なわれる「多重祭祀」の問題を指摘している。そのうえで「日本の家およびムラは戦死者祭祀を行ってきた、家についていえば最終年忌の五十回忌までをも完結させた、という事実であった、そうした事実が存在していること、それ以上に必要な何があるのであろうか。ふつうの死者のように家での戦死者祭祀も済まされ本来の戻るべきところに戻って行った、それでよいのであり、たとえば、国家が不自然な多重祭祀を生み出すことなど、死者への冒瀆のきわみといってよいだろう。」として、靖國神社や護国神社・忠魂碑など、近代における国家的な祭祀システムに疑問を呈している。[53]

田中丸氏や岩田氏による、各次元における祭祀という切り口や、ことに岩田氏の指摘するいわば多重祭祀論は、戦没者慰霊の構造を整理するための切り口として重要な指摘であると考えられる。しかし、戦没者の魂が、いわば民俗宗教的な祭祀システムの中にのみ回収されないのは、戦没者自体が、家のみならず、近代国家と、その中の単位である地域共同体など、近代社会の中で多様な次元とのつながりを持つ存在であったからではないだろうか。むしろここで重要なことは、戦没者祭祀の正当性をどこに求めるかではなく、さまざまな次元におけるさまざまな霊魂観念を注意深く見ていくことではないだろうか。

今回紹介した慰霊巡拝の事例では、岩田氏が「抽象化された戦死者霊魂」とする「英霊」ひとつにしても、主催者側の護国神社側では、「一歩でも近くに行き」個別の祭神に対する個別の慰霊祭を行なうというように、個別性が重視されるとともに、その「英霊」自体も、神社の祭神としての性格を持ちつつも、戦没した死者としての属性を意識した祭祀が行なわれている。一方、遺族たちも、家での年忌法要とは別に、死者の霊魂と出会い、または神札や石にのせて故郷に連れ戻そうとするように、むしろイエでの年忌法要で満たされない気持ちをもとに、ニューギニアへ旅している。つまり、慰霊巡拝の場では「クニ」「ムラ」「イエ」など様々な次元と関連しつつ、「英霊」「祭神」「家のホトケ」「死者」という、多様な変換を遂げていく極めて動態的かつ多様な霊魂観が展開している可能性がある。(54) その意味で、海外慰霊巡拝にみられる霊魂観の事例は、戦没者に対する慰霊や祭祀の動態を明らかにする、ひとつの手がかりを与えてくれるかもしれない。

註

(1) 栃木県護国神社資料展示室所蔵の短冊から。作者はビルマ・インパール方面で兄が戦死した女性である。因みに「アラカン」とはビルマ・インド国境のアラカン山脈を指す。昭和十九年から行なわれたインパール作戦の際に、日本陸軍はこの山を越えてインパール攻略を目指し、作戦失敗後は、山中に多くの遺棄死体を残して撤退した。

(2) 近年の日本における慰霊・追悼・顕彰研究の動向については、藤田大誠「日本における慰霊・追悼・顕彰研究の現状と課題」(『神社本庁教学研究所紀要』第十二号、神社本庁教学研究所、平成十九年)を参照。

(3) 田中丸勝彦『さまよえる英霊たち』(柏書房、平成十四年)。岩田重則『戦死者霊魂のゆくえ――戦争と民俗――』(吉川弘文館、平成十五年)。池上良正「靖国信仰の個人性」(『駒沢大学 文化』第二十四号、駒澤大学文学部文化学教室、平成十八年)。

(4) 旧戦場を舞台とした遺骨収集、慰霊碑建立、慰霊巡拝の問題については、現在のところ沖縄戦戦没者の慰霊をめぐる研究が活発に行なわれ、多くの業績が公表されている。代表的なものとしては、北村毅『死者たちの戦後誌――沖縄戦跡をめぐる人びとの記憶』(御茶の水書房、平成二十一年)、土居浩「遺骨との出会いを問わず――沖縄遺骨収集奉仕と金光教の信心――」(『宗教研究』八十二巻四号、日本宗教学会、平成二十一年)、粟津賢太「媒介される行為としての記憶 沖縄における遺骨収集の現代的展開」(『宗教と社会』十六号、「宗教と社会」学会、平成二十一年)、佐藤壮広「「巫者の平和学」試論――死者の感受と沖縄からの平和祈念――」(『平和研究』三十二号、早稲田大学出版部、平成十九年)が挙げられる。一方、海外における慰霊巡拝は、あまり研究されてこなかったものの、先駆的な研究として木村茂「アジア太平洋戦争海外戦没者の遺骨収集事業――その経緯と問題点――」(『追手門学院大学文学部紀要』第三十六号、追手門学院大学文学部、平成十二年)、中野聡「追悼の政治――戦没者慰霊問題をめぐる日本・フィリピン関係――」(池端雪甫、リディア・N・ユー・ホセ編『近現代日本・フィリピン関係史』岩波書店、平成十六年)がある。また、山口誠『グアムと日本人 戦争を埋立てた楽園』(岩波新書、平成十九年)では、一九六〇年代のグアムにおける日本人慰霊団とグアム島民との関係、「慰霊公苑」設立時の問題などが述べられており、非常に参考になる。なお海外における慰霊の事例研究については、平成二十二年度から文部科学省科学研究費補助金による共同研究「戦争死者慰霊の関与と継承に関する国際比較研究」(代表、西村明鹿児島大学准教授)でも活発に推進されつつあり、同プロジェクトの研究会において、飯高伸五「〈異郷の故郷〉における慰霊祭の実践――沖縄県出身の旧南洋群島移民の活動を事例として――」、グレッグ・ドボルザーク「環礁の悲しみ～マーシャル諸島を巡る日本人の「慰霊」」、ミャッ・カラヤ「慰霊巡拝がもたらす日緬友好の現状」の各報告がなされている。なお、パプアニューギニア地域における慰霊巡拝に関する論文としては、中山郁「東部ニューギニア地域における遺骨収集と慰霊巡拝の展開」(『軍事史学』四十七巻三号、軍事史学会、平成二十三年)がある。

(5) 粟津賢太「戦地巡礼と記憶のアリーナ　都市に組み込まれた死者の記憶——大連、奉天——」(國學院大學研究開発推進センター『慰霊と顕彰の間——近現代日本の戦死者観をめぐって——』(錦正社、平成二十年)が大変有用である。

(6) 厚生省社会・援護局援護50年誌編集委員会『援護50年史』(ぎょうせい、平成九年)参照。

(7) 例えば東部ニューギニア方面においては、昭和四十四年に行なわれた東部ニューギニア地域での遺骨収集に、五十五名の団員を派遣し、遺骨収集に協力した(後藤友作編『ニューギニアへの道』東部ニューギニア戦友会、昭和四十五年)。また、ビルマ方面で戦った各部隊の戦友会も「全ビルマ戦友団体連絡協議会」を結成し、現在に至るまで遺骨収集に協力している(「勇士はここに眠れるか」編纂委員会編著『勇士はここに眠れるか　ビルマ・インド・タイ戦没者遺骨収集の記録』全ビルマ戦友団体連絡協議会、昭和五十五年)。彼らは旧戦場を良く知り、陣地跡や集団埋葬地など戦没者の遺体が埋められている箇所へ収集団を案内し、発掘も行なった。各地で行なわれた遺骨収集で戦友会が果たした役割は極めて高いものがある。

(8) 『別冊歴史読本　第九十八号、戦記シリーズ四十四　太平洋戦跡慰霊総覧』(新人物往来社、平成十年)。また、中山前掲「東部ニューギニア地域における遺骨収集と慰霊巡拝の展開」でもこの点につき、多少論じている。

(9) 前掲『援護50年史』三七三～三八六頁。

(10) 前掲『援護50年史』三六九～三七三頁。

(11) 『朝日新聞』平成十九年七月三日の夕刊に、平成十九年現在で二十三カ国に五百八十七基の慰霊碑が存在するという厚生労働省の報告が記載されていた。しかし、筆者がパラオ諸島の慰霊碑を調査したところ(南西諸島は除く)、平成二十三年二月現在で九十七基が存在し、マリアナ諸島のサイパン島には平成二十年十二月の時点で百三十六基現存していた。このことから考えても、在外慰霊碑は報道された五百八十余基を大幅に超えて存在すると考えられよう。

(12) ＷＢＣは北炭の系列会社として創立され、のちにＴＢＳ系列に入った太平洋観光を前身とし、平成五年、同社の部長であった高橋直行氏によって創立された。現在はマスコミの取材旅行の手配のほか、企業の視察旅行、手芸やフラワーアートアレンジメント見学の旅、そして海外慰霊巡拝を中心に事業を進めている(平成十九年十二月二十日、高橋社長から聞き取り)。

また、ＷＢＣのホームページ http://www.wbc-tour.com/index.html も参照。

(13) 「ラバウル・ニューギニア陸軍航空部隊会」はラバウルおよび東部・西部ニューギニア方面に展開した陸軍第四航空軍隷下の各部隊戦友会が結成した戦友会。これらの各部隊はニューギニアでの航空撃滅戦に活躍したものの、昭和十九年四月には航空機をほぼ喪失。以後、地上に残された搭乗員や整備員、飛行場大隊などの支援部隊は、悲惨な敗走行に巻き込まれたり、戦闘部隊に編入され地上戦に投入されたことから膨大な戦没者を出した。このため東部ニューギニア方面の慰霊巡拝に大変熱心に取り組んでいた(ラバウル　ニューギニア陸軍航空部隊会『幻――ニューギニア航空戦の実相――』昭和六十一年)。

(14) 平成二十年一月十一日、千葉県護国神社にて竹中氏より伺う。

(15) 歩兵第五十七聯隊に関する学術的な研究としては、樋口雄彦編『国立歴史民俗博物館研究報告　第一三一集　佐倉連隊と地域民衆』(国立歴史民俗博物館、平成十八年)がある。

(16) 例えばパプアニューギニアとインドネシアのパプア州国境地帯にあるアルソー、ソーヨなどの地域は、昭和十九年四月、東部ニューギニアから撤退してきた十八軍および第四航空軍の約四千名が、ホーランジャ(現、ジャヤプラ)とアイタペに上陸した米軍に挟み打ちにされ、壊滅した地域である。この地域は現在、インドネシアからの独立を求めるパプア人の武装組織が活動することから巡拝は難しい。平成十四年に千葉県、栃木県護国神社が行なった西部ニューギニア慰霊巡拝でも、パプアニューギニア国境のタミ川への巡拝を希望した遺族がいたが、そこに参拝することが出来ず、ジャヤプラで慰霊祭を行なった。

(17) 栃木県護国神社が製作した慰霊巡拝紹介ホームページ「海外慰霊巡拝」(http://www.gokoku.gr.jp/junpai/index.html)参

照。
(18) 日本遺族会「戦没者遺児の皆さんへ　平成19年度政府委託・補助事業　戦没者遺児による慰霊友好親善事業への参加募集のご案内」(パンフレット)参照。
(19) 平成二十年一月十一日、千葉県護国神社にて竹中宮司より伺う。
(20) WBCは例年、四月二十八日の大祭時に高橋社長ほか一名が来社し、境内入り口で参列者にパンフレットを配布している。
(21) 表1、2を作成するに当たってのデータは、WBCに提供していただいた。
(22) とはいえ、必ずしも郷土兵団の作戦地だけに慰霊巡拝希望が集まるわけではないことは、図1の中のフィリピン方面への巡拝者の中に、かなりの栃木県民が含まれていることからも分かるであろう。フィリピンはいわゆる栃木の郷土部隊の戦場とは考えられていないが、日米の決戦場として他の戦域とは比べ物にならぬ膨大な兵力が投入され、その多くが戦没したことから、必然的に栃木県出身のフィリピン戦没者も増大しているのである。加えて、東部ニューギニア方面で負傷した将兵の多くが、マニラの病院に送られていたことも付け加えねばならない。これらの人々の中には、東部ニューギニアの原隊に復帰できずにフィリピン戦にまき込まれた人も多い。
(23) 平成二十年一月十一日、千葉県護国神社にて竹中宮司より伺う。
(24) 平成二十年度の千葉県、栃木県護国神社主催戦没者慰霊巡拝の参加費用に基づいた。
(25) 平成二十年一月十一日、千葉県護国神社にて竹中宮司より伺う。
(26) このほかに、稲寿宮司は、神社に事務局を置く栃木県遺族連合会の事務局長を兼ねることから、毎年十一月上旬に同会が行なう、沖縄県に建立された「栃木の塔」への慰霊巡拝にも随行しなければならない。これには護国会館の職員も同行するが、この時期は七五三詣での最盛期に重なるため、留守をまもる神職、職員の負担は大きなものとなる。
(27) 筆者は平成十三年から千葉県護国神社・栃木県護国神社主催による海外戦没者慰霊巡拝に随行神職として参加しつつ、慰霊巡拝の様子について参与観察調査を試みた。この中で、東部ニューギニアに七回、西部ニューギニアに二回、パラオ諸島、サイパン島に各一回参加させて頂いた。この他、平成二十年の八月に東部ニューギニア戦友・遺族会、同九月に長野県ニューギニア会の慰霊巡拝に参加し、参与観察調査を行なった。

（28）　東部ニューギニア戦の概要については以下の文献を参考にした。まず、同戦線の全般状況については、防衛庁防衛研修所戦史室『戦史叢書　南太平洋陸軍作戦』の一巻から五巻（朝雲新聞社、昭和四十四年〜五十年）に拠ったほか、第十八軍編成から終焉まで参謀長を勤めた吉原矩『南十字星——東部ニューギニア戦の追憶——』（東部ニューギニア会、昭和三十年）、軍参謀であった田中兼五郎『パプアニューギニア地域における旧日本陸海軍部隊の第二次大戦間の諸作戦』（社団法人、日本パプアニューギニア友好協会、昭和五十五年）、五十一師団および十八軍参謀であった堀江正夫『留魂の詩——東部ニューギニア戦記——』（朝雲新聞社、昭和五十七年）など、十八軍の参謀が記した記録を参照した。また、近年ニューギニア戦に関する初の学術研究書として、田中宏巳『マッカーサーと戦った日本軍——ニューギニア戦の記録——』（ゆまに書房、平成二十一年）が刊行されたが、同書は今後、ニューギニア戦を研究するうえでの基礎的な文献資料となるであろう。なお、筆者は東部ニューギニア戦の生還者が記した戦記のうち、市販されたものについては大部分目を通しているが、各部隊が経験した戦場の状況については以下のものを参考にした（カッコ内はその本で主に描かれた部隊）。尾川正二『死の島ニューギニア——極限のなかの人間——』光人社、平成十年（第二十師団歩兵七十九聯隊）、鈴木正己『ニューギニア軍医戦記——地獄の戦場を生きた一軍医の記録——』光人社、平成十三年（第十八軍司令部・軍医部）、満川元行『戦記　塩——東部ニューギニア戦線ある隊付軍医の回想——』戦誌刊行会、昭和五十四年（兵站勤務第四十四中隊）、真辺武利『「戦争無用」回想録』金華堂、昭和五十五年（第四十一師団）、佐藤清彦『土壇場における人間の研究——ニューギニア闇の戦跡——』芙蓉書房出版、平成十五年（第四十一師団）。また、戦中の体験をもとに戦後、遺骨収集に従事した竹節梅蔵の体験記『御霊・安かれを祈る——南溟の地ニューギニア戦記——』（竹節梅蔵、平成五年）（第四十一師団歩兵二百三十九聯隊）も有用であろう。因みに日本軍の現地自活と地域住民の関係については各戦記にも良く描かれているが、このほかに奥村正二『戦場パプアニューギニア——太平洋戦争の側面——』中央公論社、平成九年、読売新聞大阪本社社会部『新聞記者が語りつぐ戦争（4）　ニューギニア』（新風書房、平成四年）も参照した。加うるに、戦後の慰霊巡拝関係者の著作としては、宮川雅代『ニューギニアレクイエム』(潮出版社、昭和六十年)、岩淵宣輝『翔べニューギニア二世——戦没者遺児の成長記録と提言——』(戦誌刊行会、昭和五十八年)などがある。

なお、ニューギニア戦に関してはオーストラリア戦争記念館と日本の研究者による共同研究が行なわれ、その成果の一端が豪日研究プロジェクトホームページおよびオーストラリア戦争記念館ホームページの「ニューギニア戦とその記憶」に掲載されており非常に有益である。さらに豪日研究プロジェクトのホームページからは、その成果出版『過酷なる岸辺から——オーストラリアと日本のニューギニア戦——』(オーストラリア戦争記念館、平成十六年)をPDFファイルにてダウンロードできる。

「豪日研究プロジェクトホームページ」

http://ajrp.awm.gov.au/ajrp/ajrp2.nsf/Web-Pages/HomePage_J?OpenDocument

オーストラリア戦争記念館ホームページ「ニューギニア戦とその記憶」

http://ajrp.awm.gov.au/ajrp/remember.nsf/

因みに本文中で挙げた安達中将の遺書は、巣鴨遺書編纂会編『世紀の遺書』(講談社、昭和五十九年)四九七頁より引用した。

(29) 第十八軍は過酷なニューギニア戦のさなかにおいても、できるだけ遺骨を本国に還送しようとしていたのは確かである。吉原前掲『南十字星』三〇二・三〇三頁には、米軍のホーランジャ上陸後、補給路を断たれた十八軍に対する潜水艦補給の際に遺骨を還送するため各部隊が管理していた遺骨をウエワクに集めたことが記されている。しかし、潜水艦が来なかったことから遺骨の還送は出来ず各部隊が引き取ったが、しかし、これらの部隊も玉砕が迫ると遺骨を放棄せざるを得なくなった。例えば歩兵六十六聯隊は、ウエワクへの敵上陸が迫った二十年四月二十五日、各隊が携行する遺骨約千二百柱をモダンガイにおいて埋め、経を読める下士官にお経を上げさせたという(『〇二部隊かく戦えり——歩兵第六十六聯隊誌——』(基部隊〇二会、昭和五十六年)一五〇頁、飯塚栄地『パプアの亡魂——東部ニューギニア戦玉砕秘録——』(日本周報社、昭和三十七年)二四九頁(但し、この本には五月二十五日とされている))。また、第二十七野戦貨物廠では本廠防空壕に安置していた遺骨をボイキン支廠に移し、潜水艦の入港に備えたものの、それが中止となったため、軍司令部の命によりボイキン支廠背後の大地に埋葬した（針谷和男『ウエワク――補給杜絶二年間、東部ニューギニア第二十七野戦貨物廠かく戦えり――』（昭和五十八年））。このような部隊の遺骨埋葬地は遺骨収集時に発掘が試みられ、このうちウエワクの一一七兵站病院が埋めたものについては、昭和三十年の収骨時に掘り出され日本に還送された（西山是兼『南溟に戦跡を弔う』（同朋社、昭和三十一年）五六・五七頁）。しかし、中には埋葬地を発掘したところ、既に遺骨は土に還ってしまい、わずかな遺品が検出されるに留まった例もある（温田市助『父の戦記――東部ニューギニア戦――』（鵬和出版、昭和六十二年）一七三頁）。なお、終戦後に降伏した十八軍将兵約一万二千名はウエワク沖のムッシュ島に収容されたが、極度の体力消耗とオーストラリア軍による給養の悪さなどによって、千三百名余が死亡している。これらの死亡者の墓地として軍墓地が建設され、軍司令官の安達二十三中将の筆により「遺芳千秋」と記された木の慰霊塔と納骨堂が建設された。しかし、日本側の交渉にもかかわらず、この墓地に埋葬された人々の遺骨は復員時の還送は許可されなかったという（針谷前掲『ウエワ』二七六、二七九、二九〇頁）。

(30) 以上、平成十七年八月十五日に護国会館で行なわれた説明会の内容に基づく。

(31) 筆者のフィールドノートに基づく。

(32) 平成十九年十二月二十日、WBCの高橋直行氏より伺う。

(33) 平成十七年九月五日、巡拝参加者のS・O氏から伺う。

(34) 次第としては、一般的な祭式次第といえる。

(35) 平成十三年八月二十五日、アイタペの「戦没日本人の碑」前における慰霊祭で観察。

(36) 平成十九年九月十日、アファ村に於ける慰霊祭で採集。また、Y・S氏の言葉については、氏が撮影して筆者に提供してくださったビデオから起した。

(37) 平成十三年八月二十四日、ボイキンにおける慰霊祭で採集。

(38) こうした観念については、北村前掲『死者たちの戦後誌』二七一～二七五頁において「魂の復員」として論じられている。また、筆者も拙稿「パプアニューギニアのお札」(『ラーク便り』国際宗教研究所宗教情報リサーチセンター、平成十五年)、同「戦没者慰霊巡拝覚書き――千葉県・栃木県護国神社主催、「戦没者慰霊巡拝」の事例から――」(『國學院大學研究開発推進センター研究紀要』第二号、平成二十年)で報告している。

(39) 以上の神札については、拙稿前掲「パプアニューギニアのお札」も参照されたい。

(40) 平成十九年十月九日、N・K氏からの書簡による。

(41) 平成十三年八月二十五日、O・M氏より伺う。

(42) 平成二十年一月二十三日、栃木県鹿沼市のT・K氏宅にて伺う。

(43) 平成十七年九月七日、マダンのホテルにおいてS・A氏より伺う。

(44) 平成十三年八月二十五日、ウエワクのホテル内にてS・R夫妻より伺う。

(45) 靖國神社第六代宮司の松平永芳氏は、陸上自衛隊に勤めたのち、宮司に就任している。

(46) 平成二十年一月十一日、千葉県護国神社にて竹中宮司より伺う。

(47) 平成二十年一月十一日、千葉県護国神社にて竹中宮司より伺う。

(48) 平成二十年一月十一日、千葉県護国神社にて竹中宮司より伺う。

(49) 平成十九年十二月三十日、栃木県護国神社内にて稲宮司(当時は禰宜)より伺う。

(50) 藤田大誠「近代日本における「怨親平等」観の系譜」(『明治聖徳記念学会紀要』復刊第四十四号、一一三頁、明治聖徳記念学会、平成十九年)。

(51) 筆者も例えば「戦没者の妻が夫の戦死したウエワクに向かう途中、マダンのホテルに泊まっていると、その晩に夫の霊魂が夢枕に現れて水を欲しがった。翌日、冷蔵庫に入れておいた故郷から持ってきた水が、封をされたまま中身が半減していた」「遺骨収集で東部ニューギニアに向かった遺族が、ウエワクに入ったとたん気がふれたようになったが、帰りに飛行機が成田空港上空に差し掛かった途端、正気に戻った。これは戦没者の霊が遺児に憑依したためであり、日本にもどったときに霊が離れ、故郷に向かったから正気に戻ったのだ」といった話を、巡拝団の中で聞いている。また、針谷前掲『ウエワク』の一四五頁には、十八軍高級軍医であった鈴木正巳少佐が、戦後に遺骨収集のため東部ニューギニアに入った遺児から聞いたという、次のような体験が引用されている。「たしか、それはマリン（マルジップ東南方）附近で露営したときのことだという。夜半に息苦しくなって眼を覚ますと、天幕の隅でカチカチと缶詰を突っつくような音が聞こえる。眼を凝らしてみると、闇の中に白く、缶詰の中身を忙しく口に運んでいる手だけが浮んで見えるのである。「泥棒だ！」と思って、飛び起きて、ろうそくの灯をつけてみると、そこには何の異常もなく、天幕の隅には寝る前と同じ状態できちんと積み重ねられた侭である。不思議に思って、そっと天幕の外を覗いてみると…オウ、何と！漆黒の闇の中に、無数の手が地上僅かの高さに白く浮んで、さかんに何か食物を口に運ぶような動作を繰り返しているのであった！彼は背筋も凍るような恐怖を覚えて、そのあとは寝もやらず一夜を明かした。夜が明けてから周囲を見渡すと、その付近一帯には、人間の手足の骨や歯の付いた侭《（ママ）》の下顎骨などが散乱していたと云う」。因みにマリン付近は、昭和十九年夏のアイタペ作戦後に現地自活のためトリセリー山脈を越えて奥地（日本軍呼称、「山南地区」）に向かった四十一師団の将兵の多くが飢えと病で斃れ、禍禍しい状況が現出したとされている場所である。

(52) 田中丸前掲『さまよえる英霊たち』、岩田前掲『戦死者霊魂のゆくえ』。

(53) 岩田前掲『戦死者霊魂のゆくえ』三三〇～三三一頁。

(54) つまるところ、戦死という異常死が、民俗の中だけで回収しきれないからこそ、新たな慰霊システムが近代に発生したのである。

本論文の作成に当たっては、千葉県護国神社の竹中啓悟宮司、栃木県護国神社の稲寿宮司、㈱ワールドビジネスコミュニケーションズの高橋直行社長、宮川幸子部長には大変お世話になりました。茲に謹んでお礼申し上げます。そして、なによりも千葉県・栃木県護国神社の東部ニューギニア慰霊巡拝に参加された遺族の方々からは様々なお教えを頂戴しました。衷心から感謝申し上げます。

南洲墓地・南洲神社における薩軍戦歿者の慰霊と祭祀

宮本誉士

はじめに

およそ八か月に亘った明治十年の西南戦争における戦歿者は、官軍六七八八人・薩軍六七六五人を数えた(1)。官軍戦歿者はそれぞれ官軍墓地に埋葬され、招魂社に祀られたのに対して、薩軍戦歿者は浄光明寺跡(時宗)のほか各地に埋葬された後に南洲墓地(旧浄光明寺跡)へと改葬され、同墓地参拝所(明治十三年建設、大正二年改築)が大正十一年に神社(無格社)として許可された南洲神社に奉祀された。

周知の通り、「維新の功臣」であり陸軍大将であった西郷隆盛は、西南戦争において陸軍大将・正三位の官位を褫奪されて「逆徒」の将となり、征韓論分裂によって下野した元参議江藤新平及び元侍従島義勇を首謀とする佐賀の乱、元参議前原一誠を首謀とする萩の乱、神官太田黒伴雄を中心とする敬神党が決起した神風連の乱、福岡において神風連の乱に呼応して起こった秋月の乱等と同様に、西南戦争も一連の「士族反乱」とされて現在に至る。

しかしながら、「反政府軍戦死者」祭祀についての研究を先駆的に進めてきた今井昭彦が指摘する通り、これら

「士族反乱」における戦歿者を含む「反政府軍戦死者」の祭祀・慰霊の様相は一様ではなく、それぞれ個別の検討を要する。(2)特に西郷については、正三位追贈による名誉回復が為されて早くに銅像が建設されたこと、わけても民衆の英雄として反政府性・反官僚性のシンボル的存在(3)とされると同時に政府要人の顕彰活動がおこなわれたこと、西南戦争以降も巷の西郷人気は衰えずに追贈以降は特にそれが顕著になったこと等も含めて、様々な影響関係を視野に入れなければならない。

換言すれば、西郷の評価の多様性は、維新期における功績と征韓論および西南戦争における評価等が複雑に交錯するところにあり、その点も含めて慰霊の諸相を探る視点が必要といえる。その慰霊の中心となり、当初薩軍生存者及び遺族・有志を中心として整備された南洲墓地・南洲神社は、五十年祭を迎えた昭和二年に鹿児島市も協力して参列者五万人以上の祭典を開催するに至るのであり、その経緯は西郷隆盛の名誉が正三位追贈によって回復し、さらに顕彰の対象となっていく過程でもあった。本稿は、こうした西郷の慰霊・顕彰活動と薩軍戦歿者慰霊との関係も含めて、現在七百五十五基の墓石と二千二十三人の碑名を刻む薩軍戦歿者墓地としての南洲墓地、そして同墓地に隣接する西郷隆盛命および桐野利秋命以下薩軍戦歿者を御祭神とする南洲神社が成立する過程を検討し、それが如何なる背景でどのような人々によって為されてきたのかを考察することを目的とするものである。

一、私学校と招魂祭

明治六年政変(征韓論分裂)により、近衛都督兼参議を辞して下野した西郷は、進退を共にした近衛隊武官をはじめとする陸軍軍人等のために、元陸軍少将篠原国幹が監督する銃隊学校と元宮内大丞村田新八が監督する砲隊学校からなる私学校を城山の旧厩跡に設立した。さらに戊辰戦争の戦功及び勲功に対して皇室から下賜された西郷および大山綱良・桐野利秋の賞典録を資源とする幼年学校（賞典学校）を鶴嶺社外（現在の照国神社境内）に、元陸軍教導団生徒を中心として開墾に従事しながら学問を修める吉野開墾社を吉野寺山に、それぞれ設立している。(4)

賞典学校の前身となった集義塾の建設本旨(5)には、「今日余生を得る者抑々第二等にして、誰か自ラ功とし労として安々と居る者ならむ哉」とあり、賞典録を集めて優秀な後継者を育成することは、恩典の基を築いた戊辰戦争戦歿者の霊魂を慰めることになるとして、「各々能く其の意を体認し、教師の教に順ひ、能く勉強して業を終へ、国家の用に供するに足らば、転た忠死の霊魂を慰し、且死者をして生存せしむる者に等し」とあって、教育者としての西郷の存念を窺える。また、私学校においては戊辰戦争戦歿者の志を継ぐ「天下之善士」を育成することを目途として、西郷自ら「私学校祭文」を左の通り草して講堂に掲げており、(6)戊辰戦争戦歿者のために西郷自ら草した祭文を霊前に捧げた招魂祭がおこなわれていた。

蓋学校者所三以育二善士一也。不二只一郷一国之善士一。必欲レ為二天下之善士一矣。夫戊辰之役、正レ名踏レ義、血戦奮闘而斃者、乃天下之善士也。故慕二其義一、感二其忠一、祭二之于茲一。以鼓二舞於一郷之子弟一。亦所三以尽二学校之職一也。

西郷隆盛謹誌

この他、戊辰の戦場となった各地に生徒を分遣して戦歿者を追弔する等、私学校においては戊辰戦争戦歿者を「天下之善士」とし、その志を継ぐことを目途として子弟を育成していた事実を様々な形で窺えるのであり、校費を以て明治八年にフランスに留学させた賞典学校生徒の不勉強を心配した西郷が、「戦死の士官に可二成易一志願を以テ修行いたし候訳に候得ば、必ズ卒業無レ之候ては不二相済一訳に御座候」と説いたことも、その一事例といえる。(7)

また、私学校の主義及び目的は、「私学校綱領」(8)に、「道を同し義相協ふを以て暗に聚合せり。故に此理を研窮し、道義においては一身を不レ顧、必ズ踏行ふべき事」、「王を尊び民を憐は学問の本旨、然らば此天理を極め、人民の義務にのぞみては、一向難にあたり一同の義を可レ立事」とある通り、一身を顧みずに道義を最優先し、尊王と憐民を実践することにあり、その根底には「有司専制」批判があった。

これら「私学校祭文」「私学校綱領」にみえる方針は、『南洲翁遺訓』に「草創の始に立ちながら、家屋を飾り、衣服を文り、美妾を抱へ、蓄財を謀りなば、維新の功業は遂げられ間敷也。今となりては戊辰の義戦も、偏に私を営みたる姿になり行き、天下に対し、戦死者に対して面目なきぞ」とあるのと同様、西郷の持論を具現した内容であったといえる。(9) また、明治三年七月二十七日に起こった鹿児島藩士横山安武諫死事件の三回忌に当たって同五年八月に西郷が草した碑文には、「朝廷百官遊蕩驕奢而誤レ事者多、時論囂々。安武乃慨然自奮謂、王家衰弱之機兆二于此一矣。苟為二臣子一者、不レ可レ不二千思万慮以救一レ之」とあり、憤慨して一死以て新政府の官吏を諫めようとした横山の死を嘆いた深い悲しみが表現されており、(10)「私学校祭文」「私学校綱領」にある内容は、維新以降西郷が常に持していた念慮であったことは言うまでもない。

また、鹿児島県における私学校党の勢力は、県令大山綱良の協力もあって、県内各地域の区長・副区長をはじめ戸長・学校長などに人材が採用され、警察の人事も掌握したことで鹿児島の一大勢力となり、さらに鹿児島の反政府的姿勢が「独立国」の如き観を呈したとされて、木戸孝允や大久保利通配下の官吏にも睨まれる存在となった。そして、政府が鹿児島県属廠の兵器・弾薬を大阪に運搬しようとして私学校党がそれを奪取したことを契機として、私学校党を中心とする薩摩士族は西郷を擁して挙兵することとなり、明治十年九月二十四日の西郷の死に至るまで八カ月の激戦が繰り広げられた近代日本最後の内戦となった西南戦争は、官軍・薩軍双方にわかれて師弟や肉親が敵味方となるケースも多く、鹿児島にとって悲劇的な戦争となったことは周知の通りである。

西南戦争終結後、城山で戦死した西郷を中心とする薩軍戦歿者を埋葬した浄光明寺においては、薩軍生存者有志及び遺族が中心となって参拝所を建設し、旧私学校系勢力が設立した三州社の面々が遺骨収集・墓地改葬等に協力し、徐々に整備がなされていった。薩軍幹部の生存者として活躍を期待された河野主一郎を首領として明治十四年に設立した士族結社の三州社は、(11)「第二の私学校」とも称され、士族授産・教育事業(私立学校三州義塾)に関わり、東京在住の鹿児島県人が明治十五年一月に組織した郷友会と対抗する勢力となり、「徳義を貴び、廉恥を重んじ、為すこと純正着実なるべき事」「完全なる立憲政体を確立するを以て目的とする事」(12)を掲げ、「節義ヲ研磨シ徳育ヲ重ンシ子弟ヲシテ軽躁ニ流レシメサルヲ以テ目的」として「県下一般ノ人心ヲ収攬シ基礎ヲ鞏固ニシ漸次歩ヲ進メ国家ノ為ニ力ヲ尽ス」ことを目途として活動をおこなった政治結社であった。(13)

因みに、当時三州社と対抗する勢力であった郷友会は、「郷友会会則」に「本会ハ懇親ヲ通シ情誼ヲ敦クシ会員子弟ノ教育ト授産ノ事ヲ議シ倶ニ便益ヲ謀ルヲ以テ主要トス」(第一條)とある通り、三州社と同様に士族授産・教育事業(鹿児島学校)を主な目的とする在京鹿児島県人の組織であった。(14)小川原正道は、この三州社と郷友会の対抗関係について、三州社側は郷友会を政府の手先と見て嫌い、郷友会側は鹿児島県の教育と授産事業を県と密接に連携しながら推進して圧力を加えるのみならず、県警をはじめとする県人事においても三州社関係者を一掃したと指摘する。(15)こうした情勢に河野主一郎が次第に絶望感を深め、明治十七年末には官途について東京に去り、求心力を失った三州社は明治二十二年四月に政治結社としての姿を消して郷友会に敗北する。小川原はこうした状況を西南戦争における武力による私学校党の敗北に続き、言論による抵抗でも敗北したと指摘する。(16)勝者はいずれも樺山資紀・川村純義・黒田清隆などの在京政府要人であったが、後述する通り、これら郷友会のメンバーは後に南洲墓地・南洲神社の整備にも関わることになる。

三州社の資金は、私立学校三州義塾の設立のみならず、薩軍戦歿者の招魂祭や各地の遺骨収集・改葬の費用にも充てたことが指摘されており[17]、現在でも、三州社が残した足跡の一端は、河野主一郎が依頼して副島種臣[18]が明治十六年十二月に記した「鹿児島改葬碑」の碑文のほか、南洲神社社務所前の三州社名義による大正八年九月建立の石灯籠等に確認し得る[19]。副島は、幼少の頃より国学者として著名な枝吉神陽の薫陶を受け、幕末の京都に遊学した際には矢野玄道・六人部是香・谷森外記・新宮涼庭などと親しく交わり[20]、征韓論分裂後に下野して、西郷とも親しかった。

また、当初より南洲墓地における祭典が神式で実施されたことは、既に指摘される幕末薩摩藩以来の「排仏」政策と明治以降の神祇行政の影響のみならず[21]、私学校における戊辰戦争戦歿者の招魂祭が念頭にあった故と推察される。南洲墓地には「招魂墓」と刻された墓碑も多数あり、各藩の戊辰戦争戦歿者が各地の招魂碑もしくは招魂社に祀られていた当時にあって、鹿児島にも招魂碑・招魂社が創建されており、南洲墓地における祭祀がそれに影響されていることは想像に難くない。そうした鹿児島の戦歿者祭祀の流れの中で、薩軍の招魂社に相当する神社を建設する声が上がり、南洲墓地参拝所の設置を経て、それを基とする南洲神社が創建されたと考えられる。

小林健三・照沼好文『招魂社成立史の研究』によれば、鹿児島県の招魂社は十八社あり、全国でも山口県の二十二社に次ぐ数である。同書には十八社の内訳の記載はないが、『靖國神社百年史 資料編下』[22]によれば、鹿児島招魂社(明治元年正月創建、現鹿児島縣護國神社)・出水西長島招魂社(明治元年七月創建、現西長島護國神社)・出水阿久根招魂社(明治元年十二月創建、現阿久根護國神社)・給黎知覧招魂社(明治元年創建、現知覧護國神社)・枕崎招魂社(明治二年正月創建、現枕崎護國神社)・川辺加世田招魂社(明治二年三月創建、現加世田護國神社)・日置中伊集院招魂社(明治二年七月創建、現伊集院護國神社)・阿多伊作招魂社(明治二年創建、現吹上町護國神社)・高城招魂社(明治二年十月創建、現高城護國神社)・出水上出水招魂社(明治二年十月創建、現出水護國神社)・日置東市来招魂社(明治二年創建、現東市来護國神社)・川辺招魂社(明

治三年四月創建、現川辺護國神社)・加治木招魂社(明治三年六月創建、現加治木護國神社)・谷山招魂社(明治四年二月創建、現谷山護國神社)・鹿屋招魂社(明治四年十月創建、現鹿屋護國神社)・高山招魂社(明治九年八月創建、現高山護國神社)・日置串木野招魂社(明治初年創建、現串木野神社)の計十七社を数える。その他、京都府京都市東山区本町の東福寺にある薩摩藩招魂社(明治二年七月創建)を含めれば十八社を数えることとなる。[23] 因みに、東福寺における「東征戦亡之碑文」は薩摩儒官今藤惟宏撰・西郷隆盛書の碑文である。[24]

こうした招魂社の系譜も含め、戊辰戦争戦歿者を祀る西郷の心情と行動が私学校における教育にも反映していたことを念頭に置いた上で、薩軍生存者・遺族および三州社・郷友会のメンバーの動向にも注目しながら、次に南洲墓地・南洲神社の創立過程について諸資料を基に[25]確認していくこととしたい。

二、南洲墓地の創立

1　浄光明寺の墓域整備と参拝所の創立

明治十年九月二十四日、官軍による城山総攻撃によって西郷隆盛以下百五十九人が斃れ、坂田諸潔以下二百余人が投降して終結した西南戦争の薩軍戦歿者の遺骸は、『鹿児島県庁日誌』[26]によれば、次のようにして葬られたとされる。

県令川村山県両参軍ニ就見シ賊徒ノ死屍ヲ請フ之ヲ聴ル因テ之ヲ協議シ西郷以下三十九人ノ死屍ヲ浄光明寺ノ境内ニ埋葬シ木標ヲ建ツ県令及ヒ属官数名之ニ会ス其百二十人ヲ元不断光院等ニ埋葬ス

城山における戦歿者は、官軍の参軍(副司令官)を務めた陸軍中将山県有朋・海軍中将川村純義等が検視し、鹿児島県令岩村通俊の請によって、浄光明寺境内に西郷以下三十九人が葬られ、そのほか旧不断光院に七十六人、草牟田に十九人、新照院ノ上に七人、城ヶ谷に十八人が仮埋葬された。後に南洲墓地となった浄光明寺境内に運ばれた戦歿者のなかで、西郷の遺骸は長持に納めてあったが、その他の屍は雨後の地上に並べてあるのみであったため、陸軍から毛布を譲り受けて遺骸をそれぞれ包んで埋葬し、それぞれ姓名を記した木の墓標を建てたという。岩村県令は、浄光明寺を四十七士が眠る高輪泉岳寺の如き霊域にしたいとの念願を持していたとされ、現在の南洲墓地の基礎はこのときに築かれたといえる。

明治十一年の新聞記事によれば、浄光明寺の西郷の墓は常に香花が絶えることなく、傍に「丈夫向敵着先鞭、勝敗難期天亦天、一戦斃丸嗟是命、霊魂応慰故山辺」と記した幟があり(27)、同年四月から五月にかけては浄光明寺への改葬がおこなわれて、西郷隆盛以下数百人の墓は多くの参詣者で賑わったという(28)。因みに、翌十二年四月には鹿児島市内外に仮埋葬した遺骨を収集して浄光明寺に改葬するのみならず、西郷以下戦歿者の遺骨も現在の位置に改めて埋葬し、さらに明治十六年までにおこなった九州各地の薩軍戦歿者の遺骨収集と浄光明寺への改葬によって現在までの南洲墓地の基礎が築かれた。

その後、明治十二年五月には、薩軍生存者及び有志が浄光明寺の墓地に参拝所を建設することを議して、左のような願書を提出する(29)。これに関する記述として、薩軍生存者加治木常樹が著した西南戦争の記録として知られる『薩南血涙史』(大正元年)には、明治十二年の時点で「南洲神社建設のことを県庁に請ひしも当時猶ほ時世に憚る所あり県庁之を允さず僅に参拝所なる名義を以て一祠を建設することを得たり」とあって、「参拝所」は当初より神社を想定したものであったと考えられる(30)。

私共儀

一昨十年戦歿致候西郷隆盛其他之輩ト多年交誼不浅殊ニ西郷隆盛之誘掖ヲ数年受候次第モ有之候ニ付這回同志相議シ各自之醵金ヲ以テ同人共墓所便宜之場所ヘ参拝所ヲ建設シ歳時相当之吊祭致シ聊故旧之情義ヲ表度懇願ニ有之候尤該所将来修繕等之儀ハ臨時同志中協議ヲ遂ケ不都合無之様営辨可仕候間何卒御免許被下度此段奉願候也

但建設場所之儀ハ追而取調何分可奉願候

明治十二年五月十二日

右願書に対して鹿児島県令岩村通俊が明治十二年五月十六日付で「書面願之趣聞置候事／但シ社堂ニ紛敷建物ハ不相成儀ト可心得事」と指令したことを受けて、願書提出者一同は「参拝所」に関する事務一切を担当する仮事務所を設けて寄付金を募集し、参拝所建築と墓域整備の計画を進めていく。すなわち、醵金金額により「参拝所建築及遺骸改葬費且大石碑建立費」を支弁し、残額は銀行に預けて「歳時吊祭臨時修繕等ノ用途」に充てることとし、「歳時吊祭ハ必ス毎年春秋二季（旧暦正月十日　同八月十八日）」とすることを定め、明治十二年六月、有志に向けて左の如き趣意書を発表したのである。

今回吾輩同志相議シ故西郷氏其他戦歿諸氏ノ為ニ参拝所ヲ設ケ歳時吊祭致度旨別紙ノ如ク願出候処朱書ノ通御指令ヲ得タリ因テ今本県全郡ノ有志諸君ニ其意ヲ告ントス抑内国大政維新ニ際シ西郷氏ノ偉勲アルハ中外普ク所知ナルニ由リ其功徳ノ如キハ今又茲ニ贅セス而シテ吾輩諸君ト同シク聊士人タルノ義務ヲ知ルハ是佗ナシ一ニ西郷氏ノ薫陶ト鼓舞トニ職トシテ是由ル然レバ則此情義豈ニ報セザル可ケンヤ桐野篠原村田諸君ノ虚心能ク容レ諄々諭トシテ不倦之厚意亦感スルニ不堪ナリ且肥後開戦ヨリ城山ノ敗ニ至ル迄殆八閲月奮闘劇戦虚日ナシ其間弾丸ニ倒ルル者数フルニ勝ユ可ラザル也是皆平日莫逆ノ友タリ今幽明相隔ツト雖モ其交誼猶諼ルヽニ忍ビス故ニ此挙ヲ謀ル所以ナリ諸君之ニ左袒スルアラハ共ニ此経費ヲ資ケハ如何（金ノ多少ヲ不論）而シテ又遺骸ノ所在姓名分明ニ

シテ改葬スルノ資力無キ者ハ其家族ノ望ニ任カセ之ヲ改葬セン或ハ死所分明ナラス其骸ヲ得ルニ由ナキモノ、如キハ参拝所ノ傍ラ大石碑ヲ建以テ其魂ヲ招キ永ク之ニ憑ラシメントス其費用ハ即チ今回醵金ノ全《ママ》額ヨリ之ヲ辨セハ亦可ナラスヤ是特リ死者ノ為ニスル而已ナラス併テ其ノ親戚ノ悲衷ヲ慰スル也夫此挙ヲ不告レハ他日有志諸君ノ呵責ヲ受ルアルモ不可測也因テ広告ス敢テ協同ヲ強ユルニアラス請諒セヨ（傍線部筆者）

右趣意書に基づいて集められた寄付金によって、明治十三年一月一日には、三十坪の参拝所とその左傍に十一坪の事務所（接待所）がそれぞれ落成した。同趣意書には、改葬費用を協同し、「死所分明ナラス其骸ヲ得ルニ由ナキモノ」には石碑に魂を招いて祭祀することが述べられており、醵金をそれに充てることが明記されている。ここに、当初より南洲墓地においては、遺骨を埋葬する墓のみならず招魂碑を建設して吊祭がおこなわれていたことを窺える。

2　正三位追贈以降の南洲墓地

その後、明治二十二年二月十一日の憲法発布式には、大赦令が布告されて西郷隆盛は特旨を以て正三位を追贈された。西郷の賊名はこれで除かれたのであり、三州社はじめ参拝事務所及び薩軍生存者有志は二月二十二日の定例祭と兼ねて奉告大祭をおこなうことを決した。参拝所建設当初より吊祭は神式で行われたようであり、この定例祭兼奉告大祭も、祭主井上千春以下神官によりおこなわれ、有志者多数が参列した。同日、三州社主催により祝意を表する大親睦会が開催され、来会者は参列者をはじめ四百余名に至ったという。

東京の芝公園彌生社においても、同年二月二十九日、鹿児島郷友会の主催で総理大臣黒田清隆以下文武大官及び鹿児島出身の有志者が集まり、正三位追贈の奉告祭が行われ、西郷隆盛紀念銅像建設のことが発議されて三月には東京府芝区芝公園地十六号彌生社構内に銅像建設のための事務所が設置され、明治二十二年十二月付で「紀念銅像建設趣意書」及び「遺像建設並募集手続」が発起人・委員の名を付して公表された[31]。

その後十年を経て、明治三十二年二月二十二日、南洲墓地における春期例祭の後に、南洲翁木像除幕式がおこなわれた。この木像は、東京市上野公園に建立された南洲翁銅像の原型として制作され、西郷隆盛紀念銅像建設事務所から南洲墓地に送られたもので、木像台石の前面には左の文が銘刻されたという（昭和二十年の空襲で焼失し、現存しない）。

嗚呼是故西郷翁之像也。翁已歿。天下追慕其遺徳不已。先是。朝廷特勅。追贈正三位。天恩優渥。足以慰衆心矣。於是吉井友實與同志。謀鋳銅像。朝旨賜金資之。建之上野山玉臺。此像即其原型也。是以翁門下之諸子奉之以歸。永欲使子弟有所矜式焉。有志之士聞此挙。皆争捐資経営。逾年而成。因記其事。以垂後昆云。

明治三十二年二月下浣

因みに、上野公園の紀念銅像建設の発起人総代は九鬼隆一と樺山資紀であり、そのほか発起人として伊藤博文以下、西南戦争における官軍の参軍であった山県有朋・川村純義などを含めた五十一人が名を連ね、委員には樺山資紀以下河野主一郎も含めた十七人が名を連ねており、かつて三州社と対抗関係にあった郷友会の力が大きく作用すると同時に河野を通して薩軍関係者との連携も執られたと推察される。「紀念銅像建設趣意書」には、「維新の元勲」であり、「蓋世の偉人」であった西郷を讃える文辞が並べられており、「惜かな晩節終へず」とも記して、「贈位の恩命あり吾儕　聖旨を拝し感泣措く能はず爰に相謀」ったとある。銅像は、賛助者の協力によって、模型彫刻を高村光雲、鋳造を岡崎雪声が担当した。明治三十一年十二月十八日におこなわれ、およそ八百名が参加した除幕式では、建設委員長樺山資紀、除幕委員長川村純義が挨拶し、山県有朋の祝詞があって、勝安房の和歌を川村が代読し、西郷従道の娘が帷幕を開いて、銅像が姿を現した[32]。この東京における銅像除幕式の約二カ月後、鹿児島の南洲墓地における南洲翁木像除幕式がおこなわれたのである。

明治三十二年四月二十八日には、戦歿者遺族が墓石を建て得ない埋葬地の漂木が湮滅することを防ぐため、参拝事務所にて石工に依頼した四十六基の墓石が竣工した。また、明治三十五年六月十五日には、浄光明寺祠堂において西郷の遺子寅太郎に特旨を以て侯爵を授けられたことを祝し、有馬要介はじめ有志者が奉告祭を挙行している。

その後、明治三十九年三月四日には、英国王エドワード七世から天皇に贈られたガーター勲章捧呈の使命を帯びた英国王室コンノート殿下及び随員が使命を終えて鹿児島の地を訪れ、西郷の墓に梅花を手向けて脱帽敬意を表した。この際、皇室の接伴員として随行した黒木為楨陸軍大将及び東郷平八郎海軍大将も西郷の墓前にて脱帽敬礼し、特に実兄小倉友周が西郷と同日に城山で戦死した東郷は、兄の墓をも弔った。

また同年六月三日には、西南戦争において官軍として戦った野津道貫陸軍大将等数名が南洲祠堂にて日露戦役凱旋奉告祭をおこなっており、野津道貫・伊東祐亨・樺山資紀・井上良馨・高崎正風・西徳次郎ほか計八名の連名による左の祭文を野津が霊前に進んで奉読した。

維時明治三十九年六月三日謹テ清酌庶羞ノ奠ヲ以テ故陸軍大将贈正三位西郷南洲先生ノ霊ニ告ク、嗚呼先生ハ一世ノ俊傑ヲ以テ中興ノ鴻業ヲ賛画シ其勲績赫々トシテ典型ヲ天下後世ニ遺スモノ尠カラス且道貫等ノ先生ニ於ケル郷国ヲ同シ夙ニ其誘掖ヲ被リ後忝クモ其戎幕ニ参シ今又三十七八年ノ戦役ニ従ヒ力ヲ行間ニ致シ幸ニ大過ナキ所以ノモノ実ニ先生匡益ノ賜ナリ今ヤ役終リ敵国既ニ好ヲ通シ兵ヲ満洲ニ撤シ地ヲ樺太ニ割キ韓国亦我保護ニ帰シ益善隣修好ノ誼ヲ厚フシ六師忝ク旅ヲ振ヒ凱ヲ奏シテ還リ皇威八紘ニ輝キ　聖徳千古ニ振フ実ニ古今罕レニ観ル盛事タリ嗚呼先生ハ維新ノ首勳国家の柱石タリ況ヤ韓国ノ事ノ如キハ先生数十年ノ前ニ於テ大ニ憂慮セラレタルニ於テヲヤ若シ先生ヲシテ今日ニ在ラシメハ其喜果シテ如何ゾヤ然リト雖モ逝クモノ復ヒ帰ラス先生ノ世ヲ捐ツル今ヲ離ル二十有九年墓木已ニ拱タリ道貫等今日墓門ニ拝シ平昔ヲ感想シ咨嗟低徊去ル能ハス因テ爰ニ薄奠ヲ具シ聊カ微忱ヲ展フ庶幾クハ先生ノ霊其レ幸ニ鑒臨セヨ。

同奉告祭では、嘉永朋党事件に関わって西郷・大久保と親交のあった薩摩出身の御歌所長高崎正風が、浄光明寺の寺号松峰山に因んで(33)「雪をれて後にいよいよ松峯の　まつのみさほはあらはれにけり」との歌を献詠している。そして、翌明治四十年九月二十四日には、有志者によって三十年忌大祭がおこなわれ、遺族総代河野主一郎が左の祭文を奉読した。

西郷南洲翁以下諸氏ノ遺族総代某霊前ニ謹ミ畏ミテ申ス噫諸氏ガ空前ノ雄図ヲ齎ラシテ城山一片ノ露ト化シ去ラレシヨリ星霜既ニ三十春秋ヲ経ヌ而シテ旧雨ノ感ニ厚キ有志ノ人々年忌ニ際シテ此ニ盛大ナル祭典ヲ営ミ諸氏在天ノ霊ヲ慰メント欲ス某等亦タ親ク盛儀ニ陪シテ霊光ヲ仰ク実ニ感極マリテ裁スル処ヲ知ラサルナリ聊カ胸臆ヲ披瀝シテ某等ノ微衷ヲ布ク尙クハ饗ヨ

明治四十年九月二十四日

遺族総代　河野主一郎

南洲墓地草創の時期に重要な役割を果たした河野は、明治三十年から三十二年まで青森県知事を務めた後に鹿児島に戻っており、遺族総代として、感極まりながら「在天ノ霊」を慰めたのである。

3　参拝所（南洲祠堂）の改築

明治四十三年七月二十八日、浄光明寺拝殿改築発起人総会が開かれ、拝殿改築の議を満場一致で可決し、同年九月六日に開かれた発起人第二回総会には旧薩摩藩三州の有志百四十余名が集まって寄付金募集規程を議決して、翌九月七日には、薩隅日三州の有志者によって西郷隆盛の霊前で日韓併合奉告祭がおこなわれた。委員長有川貞壽（鹿児島市長・明治四十年—大正二年）の祭文には「先生ノ雄図ハ三十有七年前ニ敗レテ而シテ死後ノ今日ニ成レルモノカ思フテ茲ニ至レバ先生及諸士ノ霊モ又聊カ慰スル所アラン」とあり、西郷の征韓論における足跡を振り返って顕彰すると同時に、西郷をはじめとする西南戦争戦歿者たちを慰霊するための奉告祭であったことを窺える。西郷を顕彰し慰霊する行為が、同時に西郷を擁して挙兵した薩軍戦歿者たちの慰霊ともなっていたのである。

翌九月八日に開いた委員会では、建築主務委員・寄附金募集主務委員などのほか推薦による常務委員外委員も決定した。この拝殿改築の議を以て有川貞壽委員が上京し、東京在住の委員伊地知峻を訪ねて協議し、先輩諸氏に諮って一同協賛を得て、鹿児島のみならず東京・大阪・京都・神戸の委員・顧問の承諾を得て、寄附金募集の件を委嘱した。そして、東京にも常務委員を置き、同年十一月二日には拝殿改築常務委員会を開いて、大山巌・松方正義・樺山資紀・河野主一郎・有川貞壽等の署名を以て趣意書を発表すること、寄附金取扱規程細則及び市町村寄附金募集委員会を開くことなどを決し、同趣意書を東京の委員会にも送付して、明治四十三年十一月十八日から二十二日まで五日間、鹿児島新聞及び鹿児島実業新聞に広告を掲載した。

明治四十四年十一月三十日には、鹿児島授産社から南洲翁終焉地である敷地八十坪が寄附され、墓地参拝所事務所の所有地となったが、「南洲翁終焉之地」の銘碑（明治三十二年九月建立）があった同地は南洲墓地とは離れた場所のために管理困難であったため、大正三年十月十三日鹿児島市長に寄附することとなった。

明治四十五年六月一日に着工した南洲祠堂の改築は大正二年四月二十五日に落成し、事務所は祠堂左側の東隅に移転改築された。祠堂の改築は宮内省内蔵頭吉田醇一を通して、西南戦争の際には岩村県令の補佐官を務めた宮内大臣渡邊千秋（元鹿児島県知事・明治十三年—明治二十三年）に内申して木曾御料林払下げの用材にて建築することの賛成を経て、設計図案は宮内省内匠寮の技師木子幸三郎、建築は京都の大工棟梁三上吉兵衛が担当した。同年十月二十四日には、南洲祠堂遷座式祭及秋季例祭が斎行され、遺族来賓その他が集まり、斎主勝目覚二(照国神社禰宜・明治四十二年十月十九日―大正四年七月二十六日)が祝詞を奏し、祭主有川貞壽が祭文を奉読して、祭主及び遺族総代・来賓が玉串奉奠をおこない、改築委員長の有川が社殿改築の報告をおこなった。

大正五年四月十一日には桐野利秋・篠原国幹・大山綱良・桂久武・村田新八の五人に贈位の命があり、大正五年五月一日に南洲祠堂にて贈位奉告祭がおこなわれ、薩軍生存者で南洲祠堂常設委員長を務めた山本徳次郎(鹿児島市長・大正三年―大正十一年)が祭文を奉読した。翌六年九月二十四日には、南洲祠堂にて四十年祭がおこなわれている。

また、大正八年四月に教育施設として開館した鹿児島市立教育参考館は、大正五年九月十一日に鹿児島市出身の川崎芳太郎川崎造船所長が、昭憲皇太后に仕えた高倉壽子典侍の旧宅(東京市麹町区平河町)を譲り受けて鹿児島市に寄附して南洲神社後方の隣接地に移築した建築物であり、西郷の遺物をはじめ、西南戦争の遺物史料を中心として、郷土の偉人の遺品多数を展示した(34)。

三、南洲神社の創立

そして大正十一年二月八日には、南洲祠堂の崇敬者たちが連署し、南洲神社創立許可の申請をおこなった。申請書には、「内外観光ノ客鹿児島ニ来ルモノ先ツ其祠前ニ稽首シ崇敬追慕ノ礼ヲ表セサルモノナキニ至レリ」と南洲祠堂の盛況を述べ、「隆盛ノ尽忠至誠ハ後世子弟ノ亀鑑タリ其ノ盛徳大業ハ社会風教ノ擁護タルヤ必セリ」と教育効果もあることを理由として掲げ、「神号ヲ請ヒ社格ニ列セラレンコト」を期して、鹿児島市出身の内務大臣床次竹二郎宛に認可を請願し、あわせて由緒を左の通り記して提出したのである。

本市上龍尾町廿三番ノ一ニ建設セル南洲祠堂ハ明治十年薨去セル維新ノ元勲明治ノ功臣西郷隆盛ノ遺霊ヲ奉祀スル所ニシテ隆盛南洲ト号シ南洲ノ名ハ天下ニ轟キ其ノ功徳風采ハ市井ノ走童モ尚ホ伝唱セル所今ノ国家ニ対スル勲業ノ一斑ヲ左ニ概記ス（中略）十年ノ事起ルヤ隆盛大隅山中ニ遊猟シテ在ラズ変ヲ聞テ帰リシガ遂ニ之ヲ制スル能ハズ其ノ養成セル子弟ニ殉ジ子弟亦師ニ殉ジ其年九月廿四日城山ノ朝露ト消エシハ実ニ明治史上ノ一大痛恨事ニ属ス明治廿二年二月特赦シテ其賊名ヲ除キ正三位ヲ追賜セラレ仝三十五年更ニ其偉勲ヲ追賞シテ嗣子寅太郎ヲ華族ニ列シ特ニ侯爵ヲ授ケラル此一事ニ徴スルモ亦其勲績ノ顕著ナルヲ知ルニ足ル浄光明寺墓地ハ即チ明治十年ノ役城山ニ斃レタル西郷隆盛以下猛将勇士ノ遺骸ヲ葬ル所ニシテ其霊ヲ慰ムル為ニ一小祠堂ヲ墓畔ニ設ケシガ日清日露両戦役ノ結果満韓鮮経略ノ事愈々行ハレ明治四十年其三十年祭ヲ行ハル丶ニ当リ日韓新協約成リ越エテ四十年愈韓国併合協約ノ発表サル丶ヤ有志相謀リ其報告祭ヲ行ヒ新ニ祠堂改築ノ議ヲ決シ其筋ノ認許ヲ得テ資ヲ江湖ニ募リ忽チ巨額ノ義金ヲ得三州ノ士民子来シテ工ヲ助ケ大正元年新築功竣リ其遷宮式ヲ行ヒタリ。

古来国家社会ニ勲功治績アル人士ガ死シテ神ニ祀ラル丶ハ勿論終ニ一郡一郷村ニ於テ産業徳教上ニ多少ノ感化ヲ与ヘタルモノニ対シテモ神号ヲ許サレ社格ヲ与ヘ給ヒシモノ歴朝其例ニ乏シカラズ隆盛ハ即チ維新ノ元勲明治ノ功臣トシテ千古ニ傑出シ常ニ敬天愛人ノ信念至誠ヲ発露シテ死生ヲ念頭ニ置カズ王政復興ト東津経略トヲ畢生ノ事業トシテ猛進敢行シ其勲績単ニ当代ニ冠絶セルノミナラズ其徳風余韻永ク後世子孫ノ景仰スル所トナリ名声四海ニ溢レ内外観光ノ客麑城ヲ訪フモノ先ヅ其墓前祠頭ニ稽首シテ崇敬追慕ノ礼ヲ表セザルモノナシ明治三十九年ニハ英国貴賓コンノート公殿下ノ礼拝アリ我

皇族諸殿下臨麑ノ際必ズ奠ヲ賜フ祠堂ノ在ル所土地高燥ニシテ最モ形勝ノ地ヲ占メ輪奐ノ美亦之ニ愜ヒ其祠堂維持管理方法ノ如キ鞏固ノ財団アリ特ニ社格ヲ認許シ給フトモ決シテ其尊厳ヲ冒瀆スルガ如キコトナキハ勿論愈々

神社トシテ公然之を礼遇スル事ヲ許サルレバ神威益々顕著ニシテ英霊永ク国家ヲ鎮シ後人ヲシテ愈々忠愛報国ノ誠情ヲ熾烈ナラシムベキヲ疑ハズ茲ニ謹ンデ社格認可ニ添付スベキ由緒ヲ記スコト此ノ如シト云爾

およそ四か月後、南洲神社創立許可之儀についての申請書及び右由緒の提出に対して、大正十一年六月二十八日付で内務大臣水野錬太郎から「大正十一年二月八日願南洲神社創立ノ件許可ス」との指令があった。これに基づき、同年九月九日南洲神社社務所に於いて神社陞格奉告祭準備協議会が開かれ、併せて木造鳥居を神社前に建設することを決し(大正十二年六月二十四日奉納)、それまでの南洲祠堂常設委員は南洲神社の崇敬総代として市及び各郡からこれを推薦することと決した。南洲神社陞格奉告祭は、大正十一年十月二十四日におこなわれ、陞格奉告祭委員長山本徳次郎の祭文、鹿児島県知事中川望の奉告文、前内務大臣床次竹二郎の祭文等が奉読された。

その後、大正十五年十月二十日に南洲神社社務所にて開かれた崇敬者総代会においては、桐野利秋はじめ薩軍戦歿諸士合祀の摂社を建設する議を決したものの、摂社は不許可とされ神庫名義となり、昭和二年三月に神庫建設願を鹿児島県知事長野幹宛に提出した。同年五月六日には「昭和二年三月十日附願神庫建築ノ件許可ス　但シ竣工ノ上ハ其旨報告スヘシ」との指令があり、五月十一日に起工し八月三十一日には神庫が落成し、九月二十四日には南洲神社本殿に合祀していた桐野利秋・篠原国幹・大山格之助・桂久武・村田新八以下西南戦争戦歿者の霊を社司瀬川小石麿が斎主をつとめて分霊し、神庫に遷座したのである。

そして、昭和二年十月二十四日におこなわれた南洲神社五十年祭は、五万人以上が参列する盛典となった。鹿児島県立図書館所蔵・南洲神社五十年祭奉賛会編『五十年祭南洲奉讃会資料』によれば、奉賛会記念事業実施のための協議が鹿児島および東京でおこなわれた後[35]、大正十五年六月に設立趣意書が出され、大正十五年(昭和元年)十二月に「南洲神社五十年祭奉賛会趣意書」が総裁東郷平八郎、会長長野幹(鹿児島県知事)、副会長山下卓馬(鹿児島県会議長)、同白男川譲介（鹿児島市長）の連名で左の通り提出されている。

西郷南洲先生ノ曠世ノ偉人タルコト今更贅述ヲ要セザルモ先生世ヲ歿セラレテ既ニ五十載其徳風益々彰ハレ其勲功弥々昭カナルヲ見テ後人之ヲ追慕シテ転タ其人格ノ崇高ナルヲ嘆美セザルハナシ蓋シ明治丁丑ノ戦役ハ先生ノ志ニアラス当時ノ事情ハ実ニ之ヲ燭照シテ余リアリ而シテ天日ヲ貫クノ赤誠モ一時之ガ為ニ浮雲ニ掩ハレ佐国ノ元勲ハ却ツテ賊名ヲ負ヘリ何人カ俯仰感慨絶大ノ痛恨ヲ感ゼザラン然レドモ浮雲漸ク散シテ天日忽チ露ハレ　先帝陛下ハ先生ノ忠誠ト勲功トヲ思召サレ明治二十二年二月特赦シテ正三位ヲ追賜遊バサレ三十五年更ニ其偉勲ヲ追賞シテ其嗣子ヲ華族ニ列シ侯爵ヲ授ケ備サニ　聖眷ノ優渥ナルヲ示シ給ヘリ是ヨリ先キ後進子弟ハ明治十三年一月一日浄光明寺墓畔ニ祠堂ヲ建設シテ追慕ノ誠ヲ表シタルガ大正二年九月更ニ有志者ノ醵金ニ依リテ之ヲ改建シ崇厳ナル祠堂成レリ越ヘテ十一年六月南洲祠堂ハ南洲神社ノ名ヲ許可セラレタリ是ニ於テ天意人心一ニ帰シ後進ノ先生ニ対スル景望ノ一端ヲ表明スルコトヲ得タリ然レドモ是仍ホ未可也蓋シ先生ノ徳性ノ宏大ニシテ識慮ノ高邁ナル到底其萬一ヲ彰ス能ハス顧フニ先生ハ王政維新ニ際シテ勇断果決能ク大局ヲ善導シテ　聖天子ノ鴻謨ヲ翼成シ四海昇平国運隆昌ノ基ヲ築カレ国本既ニ立ツ即チ意ヲ東洋経綸ニ傾ケ不幸事志ト違ヒ之ガ為ニ冠ヲ掛ケラレタルモ先生ノ歿後三十年ニシテ日清日露両大戦役ヲ経テ日韓併合ヲ実現シ先生ノ素志ハ其幾分ヲ酬イラレタリ嗚呼先生ハ逝キタルモ其精神ハ亡ビス現代ニ躍動シテ昭時ノ昌運ヲ冥祐スルニ似タリ敬天ノ信念愛人ノ至誠経国ノ大器日月ヲ貫クノ忠悃ハ古今ニ独歩シ後人ヲシテ追慕転タ切ナラシムルモノアリ先生世ヲ歿セラレテヨリ明年ハ方ニ五十年ニ達ス吾等ハ当日ノ祭典ヲ盛大ニシ且ツ記念事業ヲ計画シテ徳風ヲ顕彰シ聊カ世道ニ裨補スルコトアランコトヲ欲シ即チ奉賛会ヲ組織セリ仰キ希クハ大方諸彦御賛同ヲ賜ヒ其志ヲ達成スルヲ得セシメラレンコトヲ

大正十五年十二月

総　裁　伯爵　東郷平八郎
会　長　　　　長野　幹
副会長　　　　山下　卓馬
仝　　　　　　白男川譲介

奉賛会の顧問には徳川家達・島津忠重・島津忠承・山本権兵衛・牧野伸顕・井上良馨・大迫尚敏・上原勇作などが就任し、鹿児島市役所内奉賛会事務所が入会等の事務を担当した。「南洲神社五十年祭奉賛会規則」(36)には、同奉賛会は「南洲神社五十年祭執行ニ際シ之ヲ翼賛シ並ニ南洲翁ニ関スル記念事業ノ施設経営ヲ為スヲ以テ目的」(第一條)とするとあり、事務所を鹿児島市役所内に置いて(第三條)、記念事業の施設経営事項を「一、銅像ノ建設」「二、伝記ノ編纂」「三、遺物展覧会ノ開催」「四、講演会ノ開催」「五、神社境内ノ整理」「六、其他本会ニ於テ適当ト認ムル事項」(第四條)の六点として会員を募ったことの経緯が記されている。

そして迎えた南洲神社五十年祭の当日は、午前十時の城山からの烟花を合図として、神官溜所から報鼓あり、神扉を開き献饌、斎主祝詞奏上の後、五十年祭奉賛会総裁東郷平八郎の祭文を東京側理事山田直矢が代読し、玉串奉奠があって、全国各地からの祝電等が報告され、神舞・流鏑馬・長刀踊の奉納があって神霊を慰めた。翌二十五日には、南洲神社五十年祭奉賛会主催の記念大講演会が鹿児島市公会堂にて徳富蘇峰を講演者に招いて開催され、蘇峰は、西郷が「殉道者」であり、自己を捨てて君の為国の為他人の為に終始したところに真の偉さがあることを述べ、日本人は君国第一の義務心の大潮流が一貫していて、明治天皇とともに西郷は日本人の典型であるとした(37)。その他、維新史料編纂官勝田孫彌に依嘱した南洲神社五十年祭奉賛会編『西郷南洲先生傳』(昭和二年十月二十四日発行)が大祭にあわせて上梓され、大祭当日の十月二十四日から同三十一日までは南洲先生遺墨展覧会がおこなわれ、出品点数は三百点に達したという。

その後、鹿児島に設置された歩兵第四十五聯隊が満洲国守備の軍令を承けた際には、昭和七年十二月十五日の出征途次に照国神社および南洲神社に参拝して武運長久を祈願しており、南洲神社は時代の要請を受けて鹿児島における武運長久の神としても崇敬されたことを窺える。

昭和八年二月二十二日には、満洲国承認奉告祭兼祈年祭並に満洲国出動将士の武運長久の祈願祭が南洲神社でおこなわれ、崇敬者総代伊地知峻の祭文には「満洲国新に建国せられ我国之を助けて正義を大陸に拡充す皇威赫々国運隆々たり嗚呼先生の大志は先生世を歿し給ひて五十有余年にして始めて酬ひられんとす」とあって、崇敬者たちが当時の社会情勢を受けて西郷を時代の先覚者とする認識を持していたことが垣間見える。

そして、六十年祭を迎えた昭和十二年五月二十三日には、南洲神社五十年祭における記念事業として計画された西郷の銅像が(鹿児島出身の彫刻家安藤照制作)城山山麓に完成した。東京上野の西郷像は浴衣姿であるが、鹿児島市の銅像は陸軍大将の正装であった。昭和十四年には、東京奠都七十年を記念して、東京市から大常夜燈が南洲神社に献じられており、碑面には「江戸ノ開城セラルルヤ西郷南洲勝海舟両翁ノ折衝ニ依テ兵火ノ厄ヲ免レ以テ大東京殷盛ノ基ヲ成セリ仍テ奠都七十年ヲ記念トシテ感謝祭ヲ行ヒ常夜灯ヲ建ツ」と記された。また、六十五年祭を迎えた昭和十七年九月には、南洲神社崇敬会及び鹿児島史談会によって、南洲墓地の基をつくった鹿児島県令岩村通俊の記念碑が墓域に建設されている。

四、南洲墓地・南洲神社の現在

1　昭和二十年以降の南洲神社

南洲神社前宮司鶴田正義によれば、大正二年四月に南洲祠堂として建築された南洲神社本殿、そして昭和二年に桐野利秋等戦死者を祀る摂社として建築された神庫、明治四十三年に建築された社務所は、それぞれ昭和二十年七月三十一日の空襲で炎上して全て烏有に帰し、手水舎だけが残った[38]。その際に神社に保管されていた資料一切も灰燼に帰したという。

神社の御神体は一旦鹿児島市立教育参考館裏の仮横穴壕に奉遷した後、照国神社裏手城山の奉遷壕に遷し、仮遷座祭を斎行した。八月十五日に終戦を迎えた後には、県祭務官から罹災神社は速やかに御鎮座場所近くに遷座するよう指示があり、祇園の洲の八坂神社社務所に御同座を依頼し（八坂神社社殿は罹災し社務所に遷座していた）、九月二十四日の例祭は同所でおこなった。二か月程を経て、仮遷座は社務所ではなく然るべき神社社殿に遷すようにと県から指示があり、下荒田町荒田八幡宮の社殿に遷座した。そして、照国神社に隣接していた鹿児島県護国神社が新社殿に遷る際に、承諾を経て御神体を同神社に仮遷座し、昭和二十二年九月二十四日には西郷南洲七十年祭を執行している。

その後、旧護国神社社務所を本拠地として、元鹿児島市長白男川譲介はじめ総代諸氏と南洲神社復興に向けて会合を重ねた結果、仮殿建立資金募集を開始することとなった。昭和二十五年には建設会社大迫組から協力申出があり、同年九月に旧摂社跡に木造神明造小板葺屋根の仮殿及び社務所が完成し、九月二十二日には旧護国神社から御神体を運び遷座祭をおこなった。旧鎮座地に御神体が還ったのは五年二か月ぶりであった。

南洲翁歿後七十五年を迎えた昭和二十七年には、鹿児島市長勝目清を会長とする七十五年祭奉賛会を発足させ、東京・大阪方面の郷土出身者にも協賛を仰ぎ、祭典のみならず本殿復興・境内整備・遺族調査などの行事を計画して、十月二十四日におこなわれた祭典は、参列者一千人余の戦後最大の盛典となった。七十五年祭奉賛会事務局は残務整理のため二十八年八月まで継続し、その後社務所において事務をとり、県内外各地の寄附金募集は各委員が手分けしておこなった。寄附金は本殿建立の資金となり、旧本殿跡に鉄筋コンクリート流造銅板葺の本殿が昭和三十二年九月に完成し、九月二十三日に遷座祭を執行し、同月二十四日には八十年祭をおこなった。そして昭和三十七年の八十五年祭では、南洲墓地の一角に各地で獄死した薩軍従軍者の招魂碑を建立した。

明治維新百年を迎えた昭和四十三年には、御祭神の縁が深い照国神社・南洲神社合同の記念事業をおこなうこととなり、明治維新百年祭照国神社南洲神社奉賛会を設立(総裁島津忠重・会長金丸三郎鹿児島県知事)して募金活動をおこない、同年十月に維新百年祭を斎行した。行事費の残金は両神社で折半して、照国神社は楼門を建設し、南洲神社は拝殿を建設することとなり、昭和四十五年十二月、鉄筋コンクリート流造銅板葺の拝殿が完工し、罹災以来満二十五年を経て再建復興事業が完了した。

昭和五十二年に迎えた南洲神社百年祭は、崇敬会関係者の会議の結果、全県的組織として実施することとなり、西郷南洲百年顕彰会を発足させ、記念事業として西郷南洲顕彰館の創建、記念式典・記念講演の開催、遺訓集・伝記の発行頒布、遺族調査等を実施した。同年九月には境内整備事業として透塀玉垣が竣工し、同九月二十四日には約三千人が参列して百年祭が斎行された。

さらに、南洲神社百年祭記念事業として、西南役薩軍戦歿者名碑が計画され、御祭神六七六五柱の氏名が出身地別・五十音順に銅板に刻まれた。同碑建立計画の趣意は、南洲神社の霊域に薩軍戦歿者全員の芳名を碑に刻して幽魂を慰霊するとともに、その遺風余烈を敬仰せんとするもので、昭和五十二年に結成された西南役遺族会事務局において戦歿者氏名調査がおこなわれ、南洲神社・南洲神社崇敬会・西南役遺族会が発企人となって建設された。記載する戦歿者の定義は、「1、明治十年二月十五日より九月に至る間の戦死者、戦病死者」、「2、戦争期間中の傷病が原因で、終戦後、継続治療中に死亡した者」、「3、囚獄中の死亡者」、「4、裁判による死刑者」、「5、戦斗員《ママ》、徴用軍夫を問わない」ものとし、戦歿者確定の基準は、「1、出身地に建立してある招魂碑の氏名」、「2、出身地役場、教育委員会等で発行した町村史、西南役史等に、戦没者として記録してある氏名」、「3、南洲墓地、西南役戦没者墓地および各家の先祖墓に刻してある氏名」、「4、熊本県寺院に記録保存してある過去帳」、「5、各種の西南戦記に記述されている戦死者氏名」として資料調査がおこなわれ(39)、氏名を確定して昭和五十七年九月二十四日に南洲神社拝殿東側境内に西南役薩軍戦歿者名碑が竣工した。

2 西郷南洲顕彰会と西南の役遺族会

西郷歿後百年に当たる昭和五十二年に発足した西郷南洲百年記念顕彰会は、全国から寄せられた協賛金によって西郷南洲顕彰館(鹿児島市上竜尾町二―一)を建設した。同顕彰館は昭和五十三年七月一日に開館し、鹿児島市に寄附され、現在は鹿児島市教育委員会生涯学習課が所管し、財団法人西郷南洲顕彰会が市から同顕彰館の運営を受託している。その前身は、前述の鹿児島市立教育参考館であり、南洲翁を中心とする郷土偉人の遺品を展示していたが、昭和二十年七月二十七日の空襲で焼失した。

西郷南洲顕彰会の事業には、南洲遺訓学習会の開催、青少年研修、研修旅行、調査研究の実施、機関誌『敬天愛人』の発行、西郷南洲顕彰館の管理などがある。「南洲遺訓学習会」は、西郷南洲百年祭を迎えるにあたり、記念事業として重要なことは「南洲精神を深く学ぶこと」「その偉大な精神を次代を担う青少年に正しく伝えること」として、昭和五十一年十月二十日から現在まで続く月例勉強会で、大祭のある二月・九月及び西南役遺跡巡拝旅行のある十月以外の年九回（南洲遺訓素読・詩吟練習・西郷南洲及び西南戦争に関する講話）実施されている。そのほか、「西郷どんの遠行」（南洲先生遺跡巡り遠足）、「西南の役を偲ぶ旅」などの催しがある。

西南の役遺族会は、[40] 西南の役百年を記念して昭和五十二年八月に結成された組織であり、事務所を南洲神社社務所（鹿児島市上竜尾町二―一）に設置し（会則第二条）、西南の役で薩軍に従軍した兵士の遺族の親睦をはかり、南洲神社及び南洲墓地、西南の役の遺跡及び招魂碑などの浄化に奉仕協力し、南洲精神の昂揚を図ることを目的とする組織として結成された（会則第三条）。同会では、（一）英霊の顕彰および慰霊、（二）遺族の調査、（三）南洲神社の祭典に奉仕協力、（四）西南の役遺跡・招魂碑などの調査、等の事業がなされており、昭和五十三年から現在まで毎年発行されている会報に活動内容が報告されている。当初は南洲神社社務所に事務所を設置したが、平成二十四年現在の事務所は西郷南洲顕彰館にある。これまでの西南の役遺族会の活動には、南洲神社・南洲墓地参拝、各地招魂碑の慰霊祭、南洲墓地清掃奉仕、西郷どんの遠行参加、南洲遺訓学習会参加などがある。

むすび――正三位追贈と慰霊・顕彰――

以上、明治十年の西南戦争終結直後に鹿児島県令岩村通俊が浄光明寺に西郷以下戦歿者を埋葬した薩軍墓地の形成以降、現在の南洲墓地・南洲神社に至る経緯を縷々述べてきた。当初の南洲墓地は、薩軍生存者及び遺族有志を中心として整備が進められたのであり、明治十三年には参拝所が建設され、参拝所を改築した大正二年の南洲祠堂建設の際には大山巌・松方正義・樺山資紀等の協力もあり、大正十一年には鹿児島市長山本徳次郎等の尽力により神社昇格の許可を得て南洲祠堂を南洲神社とした。

こうした南洲墓地・南洲神社の整備過程を顧みると、当初からの薩軍関係者および遺族を中心とする鹿児島の地元有志の努力に加えて、明治二十二年二月十一日の憲法発布式による大赦令で西郷が特旨を以て正三位を追贈されたことを契機として、東京をはじめとする県外在住の鹿児島出身者たちが整備に協力した事実を窺える。すなわち、東京の芝公園彌生社において、郷友会の主催により総理大臣黒田清隆以下文武大官及び鹿児島出身の有志者が集まった正三位追贈の奉告祭が開催され、記念銅像建設が発議されて以降、東京を中心とする郷友会系の鹿児島出身者たちによる西郷顕彰の動きが活発化したのである。この背景には、西南戦争と西郷の死を深く悲しまれた明治天皇の大御心があり[41]、黒田清綱・岩下方平・松方正義などが西郷特赦の嘆願を建白したことも考慮しなければならない[42]。

また、西郷人気に基づく「西郷伝説」は、佐々木克によれば、「西郷星」と「西郷生存伝説」の二系統があり、西南戦争終結以前から既に見られた錦絵の「西郷星」は西郷批判の風刺的側面をもつものもあり、西郷がロシアに生存しているとする伝説が津田三蔵の犯行の一因とされる大津事件[43]は「西郷生存伝説」によって齎された負の結果であったが[44]、こうした西郷人気に基づくゴシップ記事に過ぎない内容もあった「西郷伝説」の世間に対する影響力を顧みれば[45]、西郷が死後も反政府派・反官僚派のシンボルとしてあり、西南戦争以降も巷の西郷人気が衰えなかった一端を窺える。

そして、正三位追贈以降は西郷の伝記も多数執筆されることとなり、勝田孫弥『西郷隆盛伝』（明治二十七年）をはじめ内村鑑三『代表的日本人』（明治二十七年）などの著名な西郷伝がこの時期に刊行されており、「政府の専制」に対する西郷の「日本国民抵抗の精神」を称揚した福沢諭吉の著名な西郷論である『丁丑公論』(明治十年執筆)も明治三十四年に発表されたほか、明治三十九年六月には「露国の南下を看取し予め之れが備へを為し、一事」を西郷以外に他の誰も企て及ばないことであると三宅雪嶺が論じるなど、ロシアの南下政策に対する先覚者として称揚する西郷論も台頭し[46]、明治三十年代以降、特に日露戦争以降は西郷再評価の動きが大きくなっていく。こうした西郷再評価の機運と南洲墓地・南洲神社の発展は決して無関係ではなく、英国王室コンノート殿下をはじめとする要人参拝、大正二年の参拝所改築、大正十一年の神社昇格なども、その時勢と密接に関連しており、その顕彰の内実を祭文などから推察するならば、反政府性・反官僚性のシンボル的存在としての側面を称揚するのではなく、維新の功臣として、国策の先覚者としての西郷を顕彰するものであったといえる。

さらに、五万人以上が参列した昭和二年十月二十四日の南洲神社五十年祭に見られる通り、鹿児島県・鹿児島市の協力もあり、戦後における南洲神社の復興、西郷南洲顕彰館建設に至ることは既述の通りである。薩軍戦歿者慰霊の中心地としての南洲墓地・南洲神社の維持・発展は、実質的には西南戦争従軍者及び遺族の慰霊活動なしにはあり得ないが、西郷の追贈・顕彰の動向や鹿児島県・鹿児島市の行政とも深く関わってきた事実を抜きにしては理解し得ないものがある。そして西郷を慰霊し顕彰することは、西郷を擁して西南戦争を戦った薩軍戦歿者達を慰霊することでもあった。こうして、薩軍戦歿者慰霊の拠点として出発した南洲墓地・南洲神社は、徐々に郷土の英雄を顕彰する拠点ともなり、さらに教育・観光の拠点ともなって現在に至るのである。

註

(1) 官軍戦歿者数については、靖國神社編『靖國神社百年史 資料篇上』(靖國神社、昭和五十八年)三一七―三一八頁、薩軍戦歿者数については、西南役遺族会事務局が戦歿者氏名調査を実施し、昭和五十七年九月二十四日に南洲神社拝殿東側境内に建設された西南役薩軍戦歿者名碑に刻まれた人数に拠った。

（2）宗教社会学的な視点で実施した慰霊の実態調査に基づく先駆的研究である森岡清美・今井昭彦「国事殉難戦没者、とくに反政府軍戦死者の慰霊実態――調査報告――」『成城文藝』第一〇二号（昭和五十七年）は、「反政府軍戦死者」の語彙を用いて戊辰戦争・西南戦争の戦歿者を論じており、今井昭彦『近代日本と戦死者祭祀』（東洋書林、平成十七年）においてもそれが踏襲されているほか、「反政府軍戦死者」の祭祀については、今井の論を敷衍しながら、「賊軍戦死者」の語彙を用いて論じた中島三千男「「靖國」問題に見る戦争の記憶」『歴史学研究』七六八（平成十四年）がある。特に南洲墓地・南洲神社を対象とする研究として、本稿においても適宜参照した前掲「国事殉難戦没者、とくに反政府軍戦死者の慰霊実態――調査報告――」は、「西郷らの埋葬が県令の指揮により速かにかつ鄭重に行われ、その後、薩軍戦没者を仮埋葬地から改葬して南洲墓地が着々造成されたことは、西郷に対する人気と、政府に薩摩出身者が多かったことに由るところが大きいと考えられる。明治二十年代から名誉回復が進み、ついには神社に祭られ時代の先覚者と仰がれるに至るのは、日本帝国の対外侵略が拡大していった時勢のしからしめるところである」と述べ、「西郷への地元の思いが、時の政治的状況と重なり合いながら、西郷ら戦亡者の慰霊活動を継続してきたのである」と結論づけており、それを再検討することも本稿の課題である。また、前掲『近代日本と戦死者祭祀』は、遺族関係者達にとって国家によって祀られることが特別な意味を有しておらず、その必要性も感じられていない事例として南洲墓地を掲げており、鹿児島において「南洲墓地は「賊軍の墓地」でありながらも、立派に整備され、維持管理されている」一方、「官軍戦死者を埋葬する官修墓地（現鹿児島市清水町・祇園之洲公園）には、一基の慰霊塔（「西南の役官軍戦没者慰霊塔」）と、僅かの墓碑が残されているのみ」（四〇一頁）で、賊軍と官軍との立場が、鹿児島では逆転していると指摘する。

（3）大久保利謙『大久保利謙歴史著作集八　明治維新の人物像』（吉川弘文館、平成元年）一四頁。

（4）私学校については、村野守治「西南の役と私学校群像」谷川健一編『明治の群像三　明治の内乱』（三一書房、昭和四十三年）、同「鹿児島私学校――国難に斃るるため――」『伝統と現代』五十六号（昭和五十四年）、同「西南戦争の研究――私学校反対派の動向について――」『鹿児島女子短期大学紀要』第二十号（昭和六十年）、芳即正「県令大山綱良と私学校」『敬天愛人』第八号（平成二年）など参照。

（5）渡辺盛衛編『大西郷書翰大成　第四巻』（平凡社、昭和十五年）一六五―一六八頁、「集義塾建設本旨　明治六年」西郷隆盛全集編集委員会『西郷隆盛全集第三巻』（大和書房、昭和五十三年）三三〇―三三三頁。

（6）渡辺盛衛編『大西郷書翰大成　第五巻』（平凡社、昭和十六年）二三六頁、「戦死者名と私学校祭文」西郷隆盛全集編集委員会『西郷隆盛全集第四巻』（大和書房、昭和五十三年）三二一―三二三頁。

（7）渡辺盛衛編『大西郷書翰大成　第五巻』（平凡社、昭和十六年）二五六―二五七頁、「賞典学校留学生（その二）」西郷隆盛全集編集委員会『西郷隆盛全集第四巻』（大和書房、昭和五十三年）三五〇頁。

（8）渡辺盛衛編『大西郷書翰大成　第五巻』（平凡社、昭和十六年）二四〇―二四一頁、「私学校綱領」西郷隆盛全集編集委員会『西郷隆盛全集第四巻』（大和書房、昭和五十三年）三三一―三三二頁。

（9）渡辺盛衛編『大西郷書翰大成　第五巻』（平凡社、昭和十六年）一五四頁、「南洲翁遺訓」西郷隆盛全集編集委員会『西郷隆盛全集第四巻』（大和書房、昭和五十三年）一九五頁。

（10）渡辺盛衛編『大西郷書翰大成　第五巻』（平凡社、昭和十六年）二三四―二三五頁、「横山安武碑文　明治五年八月」西郷隆盛全集編集委員会『西郷隆盛全集第四巻』（大和書房、昭和五十三年）二八七―二九二頁。

（11）三州社については、芳即正「鹿児島学校と三州義塾」『鹿児島純心女子短期大学研究紀要』第十三号（昭和五十八年）、小川原正道「鹿児島三州社の一考察――「第二の私学校」の実態について――」『武蔵野短期大学研究紀要』第十八輯（平成十六年）、同『西南戦争――西郷隆盛と日本最後の内戦――』（中央公論新社、平成十九年）参照。

（12）薩藩史料調査会編『鹿児島県政党史』（薩藩史料調査会、大正七年）二二頁。

（13）我部政男編『明治十五年 明治十六年 地方巡察使復命書　上』（三一書房、昭和五十五年）二九六頁、芳即正「鹿児島学校と三州義塾」『鹿児島純心女子短期大学研究紀要』第十三号（昭和五十八年）。

（14）「郷友会会則」国会図書館憲政資料室所蔵樺山資紀関係文書。

(15) 小川原正道『西南戦争──西郷隆盛と日本最後の内戦──』(中央公論新社、平成十九年)二二〇─二二二頁。
(16) 小川原正道『西南戦争──西郷隆盛と日本最後の内戦──』(中央公論新社、平成十九年)二二二頁。
(17) 芳即正「西南戦争戦死者の遺骨収集と三州社」『敬天愛人』創刊号(昭和五十八年)。
(18) 副島種臣には「祭南洲」と詞書のある以下の和歌五首がある。「汝かために　はしる涙ハ　民のため　君の御ためを思ふすゐから」、「子供すら　夜鳴ずありけり　大君の　醜の御楯と　汝かなりし時」、「大君の　右の腕とも　たのまれし事もにくけの　たねとしなるを」、「つみあるか　はたつみなきか　罪あるも　汝か功ハ　つぶさるへしや」、「一杯の水もてまつる　此こゝろ　汝ハ酌取て　淡しとや見る」。これは、西郷歿後一周年の明治十一年九月二十四日、宮島誠一郎・吉井友実・岩下方平・木場傳内等とともに南洲を弔う私祭を行った際に副島が詠んだものである。「和歌草稿」「解題」島善高編『副島種臣全集3　著述編Ⅲ』(慧文社、平成十九年)参照。南洲私祭については、松浦玲『勝海舟と西郷隆盛』(岩波書店、平成二十三年)参照。
(19) 芳即正「西南戦争戦死者の遺骨収集と三州社」『敬天愛人』創刊号(昭和五十八年)。
(20) 島善高「近代皇室制度の形成──副島種臣を手がかりとして──」『明治聖徳記念学会紀要』第四十一号(平成十七年六月)。
(21) 森岡清美・今井昭彦「国事殉難戦没者、とくに反政府軍戦死者の慰霊実態──調査報告──」『成城文藝』第一〇二号(昭和五十七年)、今井昭彦『近代日本と戦死者祭祀』(東洋書林、平成十七年)。
(22) 靖國神社編『靖國神社百年史　資料編下』(靖國神社、昭和五十九年)四六〇頁、四九四─五〇二頁。
(23) 靖國神社編『靖國神社百年史　資料編下』(靖國神社、昭和五十九年)三九五頁。
(24) 西郷隆盛全集編集委員会『西郷隆盛全集第四巻』(大和書房、昭和五十三年)三〇三─三〇七頁。
(25) 『南洲神社沿革概要』(南洲神社社務所、昭和八年)・鶴田正義『南洲神社・墓地由緒』(春苑堂出版、平成十五年)、鹿児島県立図書館所蔵『五十年祭南洲奉讃会資料』(南洲神社五十年祭奉賛会編)に拠る。
(26) 鹿児島県維新史料編さん所編『鹿児島県史料　西南戦争　第三巻』(鹿児島県、昭和五十五年)六九─七〇頁、『鹿児島県史料集(Ⅱ)　丁丑日誌(下)』(鹿児島県立図書館、昭和三十七年)二八─二九頁。

(27) 明治十一年三月十四日付『読売新聞』二頁。
(28) 明治十一年六月十四日付『読売新聞』一頁。
(29) 『南洲神社沿革概要』(南洲神社社務所、昭和八年)。以下、断りのない限り引用資料は同書に拠る。
(30) 加治木常樹『薩南血涙史』(薩南血涙史発行所、大正元年)九六四―九六五頁。
(31) 上野の西郷隆盛銅像建設については、恵美千鶴子「西郷隆盛銅像考――その建設過程を中心に――」『文化資源学』第三号(平成十七年)参照。銅像建設の発起人は、伊藤博文、井上馨、岩倉具定、板垣退助、伊集院兼寛、伊丹重賢、石井省一郎、仁禮景範、本田親雄、大隈重信、大木喬任、大迫貞清、折田平内、大村純雄、渡邊昇、渡邊清、勝安房、川村純義、樺山資紀、海江田信義、河田景與、吉井友実、高島鞆之介、谷干城、高崎五六、副島種臣、長岡護美、野津道貫、黒田清隆、黒田長成、黒田清綱、九鬼隆一、山県有朋、山田顕義、松平慶永、松方正義、松平正直、後藤象二郎、榎本武揚、寺島宗則、三条実美、酒井忠篤、酒井忠寶、佐々木高行、税所篤、吉川経健、島津忠義、島津忠亮、品川弥二郎、土方久元、毛利元徳の計五十一人(イロハ順)、委員は、樺山資紀、九鬼隆一、川上操六、小牧昌業、河島醇、児玉利国、柴山景綱、得能通昌、篠原国清、山下房親、谷元道之、河野主一郎、種田誠一、伊集院兼常、東郷翁介、肥田景之、水間良輔の計十七人であった。
(32) 明治三十一年十二月十九日付『東京朝日新聞』一頁。
(33) 『三国名勝図絵』巻二に、浄光明寺は「松峰山上の東南に在て石磴を登ること二町餘なり」とあり、松峰山上に位置していることが記されている。『浄光明寺略縁記』(浄光明寺住職近江正善、昭和十三年)参照。
(34) 鹿児島市役所編『鹿児島市史』(大正十三年)三三九―三四二頁、鹿児島市史編纂委員会編『鹿児島市史Ⅱ』(昭和四十五年)九八八―九八九頁。
(35) 鹿児島県立図書館所蔵『五十年祭南洲奉讃会資料』(南洲神社五十年祭奉賛会編)によれば、鹿児島に於ける小委員は、鹿児島県会議長山下卓馬、鹿児島市長上野篤、鹿児島市会議長鏡原隼人ほか計十五名、東京側の委員は床次竹二郎、大久保利武、樺山資英、勝田孫彌ほか計二十三名であった。

(36) 鹿児島県立図書館所蔵『五十年祭南洲奉讃会資料』(南洲神社五十年祭奉賛会編)。
(37) 徳富猪一郎「西郷南洲先生五十年祭典」『時勢と人物』(民友社、昭和四年)が、当日の講演内容を掲載する。
(38) 昭和二十年以降の南洲神社の復興経緯については、鶴田正義の以下の記述に拠る。鶴田正義「南洲神社戦後の復興史」『敬天愛人』創刊号(財団法人西郷南洲顕彰会、昭和五十八年)。同『南洲神社・墓地由緒』(春苑堂出版、平成十五年)。
(39) 児玉正志「西南役戦没者調査記」『敬天愛人』創刊号(財団法人西郷南洲顕彰会、昭和五十八年)。
(40) 『西南の役従軍者遺族会会報』第一号(昭和五十三年)―第三十五号(平成二十四年)参照。
(41) 『明治天皇紀　第六』(吉川弘文館、昭和四十六年)二〇一頁、坂本一登「明治天皇の形成」明治維新史学会編『講座明治維新〈4〉近代国家の形成』(有志舎、平成二十四年)など参照。
(42) 『南洲神社沿革概要』(南洲神社社務所、昭和八年)、坂田長愛『黒田清綱伝稿』(昭和十二年)など参照。
(43) 西郷生存伝説と大津事件との関係については、鎌倉利行『大津事件考』(大阪大学出版会、平成十五年)、同「大津事件考――供述調書等からみた犯行の動機――」『ノモス』十六号(平成十七年)、小林実「空想と現実の接点――大津事件に先立つ西郷隆盛生存伝説――」『日本近代文学』第七十三集(平成十七年)など参照。
(44) 佐々木克「西郷隆盛と西郷伝説」『岩波講座　日本通史　第十六巻　近代一』(岩波書店、平成六年)。
(45) 「西郷伝説」については、前掲佐々木論文のほか、河原宏『西郷伝説――「東洋的人格」の再発見――』(講談社、昭和四十六年)、寺尾五郎「「西郷伝説」とは何か」『現代の眼』十八―二(昭和五十二年)、五十嵐暁郎「西郷伝説の一〇〇年」上・中・下『思想の科学　第六次』七十四・七十七・七十八(昭和五十二年)、坂井新二「西郷伝説の再考察」『学習院史学』第三十三号(平成七年)、猪飼孝明「士族反乱と西郷伝説」松尾正人編『日本の時代史21　明治維新と文明開化』(吉川弘文館、平成十六年)など参照。
(46) 三宅雄二郎「南洲墓前の祭典(明治三十九年六月)」『偉人乃跡』(丙午出版社、明治四十三年)二〇三頁。

※本稿作成にあたり、南洲神社、西郷南洲顕彰会、鹿児島県立図書館の皆様に大変お世話になりました。記して御礼申し上げます。

「国家による戦没者慰霊」という問題設定

菅　浩二

はじめに――国立追悼施設構想が投げかけた問い――

本稿は、神社形式による戦没者慰霊に、向後もあたう限り公共的性格を読み込むべきである、と考える筆者が、特に「国家は追悼をしてはならない」との主張と自らの考え方との比較検討を通じ、「国家による戦没者慰霊」を問題として設定すること自体の意味を考えようとするものである。

本書の刊行より約十年と少しを遡る平成十五(二〇〇三)年一月十一日、筆者は、財団法人国際宗教研究所主催のシンポジウム「新しい追悼施設は必要か――若き宗教者の発言――」において「神社と公共性の保証」という題で発題した(1)。当時は、平成十三年八月十三日の小泉純一郎首相の靖國神社参拝をめぐり国内外に様々な反応が起きる中で、同年十二月十四日に内閣官房長官の私的諮問機関「追悼・平和祈念のための記念碑等施設の在り方を考える懇談会」(以下「追悼懇」)が発足、一年後の十四年十二月二十四日に「国立の無宗教の恒久的施設が必要」との報告書を提出したばかり、という状況であった。

筆者はこのシンポジウムの場で、新しい国立追悼施設は少なくとも現段階では必要ない、とし、その理由として①日本近代史評価をめぐる政治党争という背景、②「無宗教」をめぐる疑念、③靖國神社が戦没者「慰霊」において重きを為してきた事実、の三点を挙げた。筆者の主張は、靖國神社は現在も戦没者慰霊の中心的施設である、こんにち日本武道館で行われる「全国戦没者追悼式」は一時的に可能な「場」であって施設ではない、と認識した上で、多種多様な慰霊・追悼の場が相互否定でなく共存する状況を求めるものであった。そのためには新しい国立施設は不要で、多様な意見の交換が行われ続け、交流の場が形成されることの方が重要だ、とした。それより十年の間に、筆者は幾度か戦没者慰霊について論述する機会を得たが、今日に至るもこの見解に基本的に変更はない。

一方で、「何人もわだかまりなく戦没者等に追悼の誠を捧げ平和を祈念することのできる」国立追悼施設（内閣官房長官による「追悼懇」への要請文より）の構想自体は、皮肉にも議論百出の後に政治情勢の変動等の中で棚上げとなり、現在に至っている。首相の靖國神社参拝を機に検討が開始されたことから、この追悼施設を「靖國神社の代替施設」とする見解は当初より根強く、賛否の議論もほぼその範囲で終始した。「追悼懇」報告書もこの点を意識し、靖國神社と千鳥ヶ淵戦没者墓苑を挙げて「新たな国立の施設はこれら既存の施設と両立でき、決してこれらの施設の存在意義を損なわずに必要な別個の目的を達成し得るものである」と述べた。だが、そのことにより逆に、この施設構想は靖國神社問題解決の対案にすらなり得ない、との印象も与えたようである。この事実自体が、今日の日本における戦没者慰霊・追悼問題の深刻さを示している。

特に、この国立追悼施設構想が投げかけた問いが、単に施設の要不要にとどまるものではなかった点に注意を払わねばならないだろう。即ち

〈そもそも国家による戦没者追悼は必要なのか。必要ならばそれはどのような意味においてか、不要ならばそれはな

ぜか〉

という設問である。この問いは、本稿の議論において軸となるので、以下「設問」と表記する。

既述の通り筆者自身を含め靖國神社崇敬者側では、「靖國神社が戦没者慰霊の中心的施設だ」との理由で、この国立追悼施設構想に反対を表明した。他方の、靖國神社に否定的・批判的な側にも反対論があった。特に高橋哲哉『靖国問題』（筑摩書房、二〇〇五年）が「国立追悼施設の問題――問われるべきは何か――」（同書第五章）で提示した疑義は反響を呼んだ。高橋は「国立追悼施設は、どれほど明確な反戦・平和の意志と戦争責任認識を刻んでつくられたとしても、それに関与する国の政治がナショナリズムに向かうものになってしまえば、いつでも容易に「第二の靖国」となり、新たな戦争に国民を動員する役割を果たすようになる」とし、「問題は政治である」と断定した（同書二一八〜九頁）。

しかしそれ以前、「追悼懇」の報告書提出に先立つ段階で、既に宗教者の立場から以下のような理由で国立追悼施設に反対する人々もあった。

新たな国立追悼施設は「無宗教」形式をとるといいますが、本質としては靖国と何らかわらないものです。国家による追悼施設の新設は、何者にも介入されてはならない個人としての「生き死に」の意味づけを再び国家に委ねてしまうことに他ならないからです(2)（「国立追悼施設に反対する宗教者ネットワーク」設立宣言（二〇〇二年十一月九日））

先の「設問」に即すればここに、中央に「新たな国立追悼施設」を置く形で、「神社の形式における国家的な慰霊が必要」という立場と「いかなる形式でも国家による追悼は不要」という立場の、双方が向き合う構図がある。実際には前者と後者の立場は「設問」に対する両極の回答であり、その間には、首相の靖國神社参拝に反対しつつ、非戦平和を誓う象徴的な場としての施設建設を求める「新しい国立追悼施設をつくる会」や、千鳥ヶ淵戦没者墓苑の拡充整備を以て新しい国立追悼施設とする意見、「決定的なことは施設そのものではなく施設を利用する政治」とする高橋の立場、など、種々の見解が存在する。[3] また筆者自身の見解は前者の極に近いものの、あくまで個人的見解ながら、靖國神社祭祀の公共性の保証にとって、行政府の長の参拝は唯一の回答ではない、とも考えている。そして繰り返すが、諸々の慰霊・追悼の場の共存状態、交流、関わる人々の対話、或いは討論により、より大きな基盤を開くことを意識した上で、改めて個別の場の意味も問い直される、とも認識している。本稿における考察もこの点を念頭においている。

ところで本稿表題の「慰霊」はいうまでもなく「霊」の存在を前提にした行為であり、何がしかの宗教性が想定される用語である。一方、形式的な政教分離を大前提にした「追悼懇」の国立施設構想では、

…この施設における追悼は、それ自体非常に重いものであるが、平和祈念と不可分一体のものであり、それのみが独立した目的ではない上、「死没者を悼み、死没者に思いを巡らせる」という性格のものであって、宗教施設のように対象者を「祀る」、「慰霊する」、又は「鎮魂する」という性格のものではない。

…しかしながら、施設自体の宗教性を排除することがこの施設を訪れる個々人の宗教感情等まで国として否定するものでないことは言うまでもなく、各自がこの施設で自由な立場から、それぞれ望む形式で追悼・平和祈念を行うことが保障されていなければならない[4]（「追悼懇」報告書「第3　追悼・平和祈念施設の基本的性格」4および5より）

とされていた。相当な配慮の跡が見える表現である。「追悼懇」の方々の努力には素直に敬意を払いたいが、さてその配慮は、世俗化が進行し宗教的象徴性への抵抗感を持つ社会への文化的配慮なのか、それとも各種宗教団体への不偏不党の配慮なのか、或いは日本の軍事政策を文化次元でも牽制する近隣諸国政府への政治的配慮なのか。

死者を「追悼」するけれども、対象としての神や霊を一切想定せず、要するに祈る対象にリアリティを持たせない

まま「祈念する」ことによる平和実現を目指す施設を、行政府が構想し得る時代を、我々は生きている。はじめにこの事実は確認しておきたい。この観念論と唯物論とニヒリズムの打算的な配合での複合状態は、政治的な象徴というより消費財としてのキッチュに近くはないか。

一、公共宗教論と靖國神社問題の論点

ここで、明治初期および大日本帝国憲法下の時代を「近代日本」と呼ぶ。この近代日本はしばしば、「国家神道」の語が包含するひとまとまりの範疇として論じられてきた。そして靖國神社や招魂社・護国神社はその「国家神道」の中心的施設として、国民統合から更に戦争への国民動員を果たした、と位置づけられている。

政治と宗教との関係、特に近現代の時代状況として「世俗化」を見据えながら、宗教の政治化と政治の宗教化の動きに注目すれば、宗教国家のみならず世俗非宗教を掲げる国家も、時に国民統合における文化的側面を資源としつつ宗教的様相を呈する現象が、様々観察される。筆者の学術上の主な関心はこの点にある。こうした一例として、総力戦期の日本(ここでは大まかに、満洲事変を経てL・ヤングのいうTotal Empire(「総動員帝国」)が成立する一九三〇年代中期以降、第二次大戦終戦までを指す)に焦点を当て、「公共宗教」(public religion)論と関わらせながら、諸外国の事例との比較・考察の可能性を探りたいと考えている。(5)(6)

こうした筆者の問題関心は、市民宗教論やナショナリズムの公共宗教的側面に注目する先行研究より示唆を受けるところが大きい。ここでは、先の「設問」自体に対する議論を一度離れて、独特の方法と図式に従いつつ公共宗教の問題を論じている津城寛文による「靖国問題」論点整理を参照する。(7)津城の論考の本題は、世俗化と公共宗教論の観

点から、「靖国」と「葬祭」を同一の視野に収めて新たな視角を探るところにあり、靖国問題の整理はあくまでもその一階梯である。だが、霊の存在を前提とし他界観に注意を払った公共宗教論という問題意識の故に、「国家による戦没者慰霊」を考える本稿の導入として参照したい。

「靖国問題は多岐の論点にわたり、政治的に深刻であり、さまざまな立場から一致しがたい議論がなされ、考え得る主張はすでに出揃っている。(中略)靖国問題は多重に展開しており、主張も批判も一面においてなされることで、ほかの側面を無視してしまうか、あるいは逆にあらゆる問題に連想的に言及して、問題が拡散してしまう。」津城はこう述べながら、歴史、政治、文化、宗教の各論に属する以下の(1)〜(8)の八つのサブカテゴリによって、靖國神社問題の論点整理を試みる。

【歴史問題】
(1)神社の設立、事件、変化、現状、祭神の範囲等々
【政治問題】
(2)政教分離問題
(3)A級戦犯その他の合祀/分祀
(4)外交的対応
(5)新たな国立代替施設案
【文化問題】
(6)慰霊のあり方を「文化」として論じることの可否、是非
【宗教問題】

(7)分祀の神学的可否

(8)戦死者の意志（遺志）・感情

津城は更に、各論点をめぐる主張とその交錯、問題点について説明しているので、ここではそれらを踏まえ、更に筆者の観点からも補足を加える。

まず歴史問題である(1)は、問題の発生を探るもので、以下の政治問題、文化問題、宗教問題としての論争の前提となるが、津城は、基本的事実のうち各論者の立場から好都合な側面が強調される傾向があることを指摘している。更に筆者の観点からの補足として、特に戦没者慰霊・追悼研究の現状においては他の主題以上に、ある研究成果について内容自体の検討以前に、その研究者の「立場」性を織り込んで判断してしまうことがしばしば起こる、という事実を指摘しておきたい(8)。

政治問題の内、(2)の政教分離では、靖國神社の現在の法的地位（一宗教法人）と、戦前の公的性格の残存、との二面性からくる錯綜が問題となるとされる。(3)は、厚生省からの祭神名票提供、無断を理由とする遺族による合祀取り消し要求などの問題である。ここで合祀について指摘されているのは祭神名票提出という手続と、分祀の可否が問われる祭神の例だけであるが、これは行政による宗教団体への情報提供という意味では(2)ともかかわる。またそもそも合祀基準という、靖國神社全体に及ぶ制度運用と関わっている。(4)については、首相等の参拝に外交配慮の要を説く立場、内政批判に屈すれば別の内政干渉を招くとの立場、外国の批判の前に自ら戦争指導者を裁くべきとの立場、A級戦犯分祀は戦争責任の矮小化になるとの批判、などが挙げられている。すべて、政治的領域のみを第一義的に問題視する立場である。そして(5)については、いかなる場合でも達成されるのは憲法問題の形式的解決のみで、(3)と(4)の課題が残ること、これは死者祭祀が「無宗教」「非宗教」を標榜する限りで提示可能な案であって、「神道非宗教」の再来ともいえること、が指摘されている。(9) また「国立・国営」とは欧米に倣う「典型的なナショナリズムの産物」である、との批判もある事も述べられる。この(5)は言うまでもなく本稿の「設問」に直結する点なので、次節以下で更に詳細に論じる。

以上(1)～(5)の論点について、津城は「たしかに深刻な問題ばかりであるが、公共宗教の観点から原理的に見れば、問題そのものは単純である。政治主導の国家レベルの公共宗教の重要施設が、ナショナリズムに彩られるのは、定義上当然」だとして、以下の通り指摘する。即ち、以上の論点についての議論がここから向かう方向には、日本ナショナリズムへの「批判」と「擁護」の二つがあるが、それぞれにナショナリズム一般についても明示、暗黙、無自覚な、批判もしくは擁護の態度が伴う三つの場合がある。「政治的な公正」のためには、すべてのナショナリズムの思想と歴史を同じ基準で批判・擁護する原則が、随所に掲げられなければならない。その中で特殊日本の場合の問題が、「文化」の問題となる。

その文化問題である(6)は、靖國神社「英霊祭祀」を生者の感情、社会の習慣の側面で捉えることをどう評価するか、の問題である。「大方の日本人の伝統的な信念」を掲げた多数派による抑圧を告発する少数派側、のような対抗的図式や、天皇ご参拝により「感情の錬金術」が起きるとみなすなど、「国民感情」や「文化」の危険性の指摘がこれに関わる。高橋哲哉の用語として流布した「感情の錬金術」については、本稿でも後に取り上げる。津城は「このような特徴は、靖国問題に限らずあらゆる社会文化問題の根本にあるものであり、特殊な案件に共通の原因を持ち出すという意味で、賛否の議論とも説得的ではない」とする。

宗教問題としては、まず(7)の「分祀」可否について、津城は「神道神学、より限定すれば靖国神学の問題である。一般論として、神学は強制なしに拘束力はなく、特定の神学を主張し続けるのは無理が大きい」とする。ここで言われているのは、信仰による内面的強制、そして崇敬者への「拘束力」のことであろう。そして(8)の「戦死者自身の意志・遺志」は「戦死者はどのような祭祀を望んでいるか、求めているか」という問いである。それは生者の側の思惑だけであれば(6)の問題に転化してしまう。従って死者の「霊」のリアリティとつながる問題であるが、津城も指摘するように、これまでこの問いに即した反省はあまり目立っていない。そして筆者からすれば、靖国神学は何も「分祀」問題に限るのではないはずで、むしろこの(8)において深められる必要があると考える。

以上のように論点整理を行ったうえで、先述の通り津城は「死者祭祀」の観点から靖国問題と葬祭問題と同一の視野に捉える事を試みているので、彼自身の議論はこののち、上述の論点のおおよそ(6)と(8)の方向へ収斂していくことになる。そうした彼の議論についても後に触れたい。

尚、ここに項目として挙がっていない問題として、司法の場で問われる靖國神社問題がある。だがこれはつまるところ、歴史・政治・文化・宗教の各論に属する見解を法廷で提示し、自らの存在を社会的に認知せしめるために原告側が行っている運動と言えるので、政治を中心とする他の範疇に還元できるだろう。そして、ここでまず確認しておきたいことは、靖國神社に関する「文化」や「宗教」の問題も、一般の議論としては「政治」の領域の問題ととらえられがちである、という事実である。靖國神社がその設立の経緯から、津城のいう「政治主導の国家レベルの公共宗教」施設であり、私法人化後もその運動的性格を保持しているとすれば、政治の領域が第一義的とみなされるのは当然かもしれない。研究者の関心もその方面に偏ることが多く、尚且つ政治次元での解決の道が模索されてきた。国立追悼施設をめぐる高橋の「問題は政治である」との断言も想起される。またそもそもマスメディアが一斉に靖國神社に注目するのも、桜の開花情報を除けば政局や国際政治が絡む時ばかりである。

この事実は、「政治」以外のカテゴリについて具体的に考えても理解できる。例えば(6)を敷衍して裏返せば、「文化」特に「日本の伝統」文化を掲げることが持つ政治性の、最も見えやすい例が、現代日本の靖國神社問題という形で現されている、ということにもなろう。言い換えれば、靖國神社問題は文化ナショナリズムの政治性に関する問題である。(7)についても、津城に従って靖國神社を公共宗教の運動と捉える限りでは、(2)との関わりで問題になる「戦前の公的性格」が、宗教としての信仰的世界観の「拘束力」に連続し得るか否かの問題となる。そして全国民が靖國信仰告白を要求されるような、一目瞭然に「宗教」的な解決法があり得ない以上、結局のところは国民的合意の形成が世俗政治の次元に期待される傾向がある。これはもちろん(3)にまつわる「合祀基準」にも関係する問題である。(8)についても、一例として「靖國で会おう」と言って戦死した戦友自身の声に、何としてもこたえようとする生者の感情を対象とすれば、この場合は(6)の問題に変じてしまい、政治の領域に向かうことになる。実際には、靖國神社には政治に還元することの難しい側面も、主に「宗教」の領域に少なからず存在している。その一つは(7)の分祀をめぐる神学論であろうが、これについてすら半ば強引な政治的解決が模索されることもある。

全体の議論の前提となる(1)歴史問題も勿論、政治の領域と密接なつながりを持つ。「靖國神社問題」に限らず、一般にどのような歴史課題を論じるにしても、透明かつ完全な客観性は、そこへの限りない接近が歴史家たちの志向するところではあっても、実際には考えられない。従って、明白な錯誤や曲解を除く努力は継続的に続けられる必要があるが、「歴史」を明らかにしても即座に論争が止むようなことはない。むしろ歴史研究が何らかの立場に立つ主張に根拠を与え、新たな論争をも生む場合も多い。論争が止むことがあるとすれば、それはある「歴史」主張が他を圧倒するほどの「妥当性」を獲得した場合である。だからこそ誰もが納得できることをめざす説明の努力が続けられるのであるが、それだけでなく、しばしばその「圧倒」の手段として、やはり政治力学的な計算が用いられることがある。これは地域社会の次元から国際社会まで、構造的には共通している。

現在の「靖國神社問題」は、主には首相参拝の擁護派と批判派に代表される、党派性という意味での政治問題と理解されている。その政治問題の源をたどれば、昭和四十四年以来、国会で五度にわたり法案として問われた靖國神社国家護持をめぐる議論、そして廃案をくり返す中、「私人としての資格」を唱えて初めて八月十五日に参拝した昭和五十年の三木武夫首相以来、四十年ほどの歴史的経緯を有している。更には昭和三十四年から翌年に掛けて、日本遺族会により二百九十五万人分の靖國神社国家護持署名が国会に提出されてから数えれば、半世紀以上を経ている。

もともとこうした国家護持運動自体が、靖國神社が天皇親祭、即ち祭司君主としての天皇の神聖性の下に、党派次元の政治を超越した国家的総体性、公共性を表現する施設として成立し運営されて来た、との認識を基盤にしていた。もっとも、そこで表現されている「総体性」そのものが、もとを辿れば更に一世紀近くを遡る国家再統合、明治維新の過程で政治主導権を握った、内戦の勝者側の正義「勝てば官軍」という党派性に基づく、とも解釈し得る。もちろんこの見方にも、更に遡る別の事例を挙げての反論が可能であろう。いずれにせよ現在の論者たちは、しばしば自らの政治的主張に即して、このような歴史のどこかを強調しつつ援用することになる。

「歴史」の検討から、論争に於ける向後の「靖国神社側の選択肢について、最も明るい見通しを示した」と津城も参照する三土修平は、「一八六九(明治二)年から八〇年近くをかけて育成され、その絶頂期へと登りつめた靖國神社であってみれば、ほとぼりが冷めるにも八〇年ぐらいの歳月が必要であろう」と述べている(10)。第二次大戦直後の現行憲法制定以前、占領当局の「上位者の「私」が下位者の「公」になる」日本社会構造に対する見極めが甘く、その神社改革が「私法人化」+「厳格な政教分離」の一般適用に留まったために、自らの戦没者慰霊活動の国家公共性と軍国主義賛美を志向する施設を、信教の自由により私法人として保護する逆説が生じた——三土は「靖国問題の原点」をこの点に求める。

興味深い指摘ではある。しかしその「原点」も三土の視座から設定したもので、別の視座からは単なる歴史の通過点に過ぎず、更にさまざまな「歴史」が積み重ねられていることを思えば、そこから八十年を経ても論争は沈静化しないかもしれないし、逆にすぐにも「解決」するかも知れない。

二、招魂社の歴史――神社形式の戦没者慰霊――

ここで本稿の「設問」を再掲する。〈そもそも国家による戦没者追悼は必要なのか。必要ならばそれはどのような意味においてか、不要ならばそれはなぜか〉冒頭に述べた通り筆者は、靖國信仰を持つ自らの見解「神社形式の慰霊に公共性を読み込むべき」が、この「設問」に対する回答としては片方の極に近いことを認識している。他方で筆者はまた歴史解釈に基づく立論も行っているが、自らの主張に好都合な側面を拾い集めている、との誹りを、なるべく免れたいとも願っている。

あらかじめ述べれば筆者は、特に世俗国家統合の宗教性という課題に学術的に切り込む際には、以下二つの理由で「国家神道」は概念としては解体、或いは少なくとも分節化の対象とすべき、と認識している。(11) 第一の理由は、「国家神道」概念は、明治初期より昭和戦時期までの政治・文化・宗教史、また神社非宗教行政から国体信仰教育、そしてもちろん戦没者祭祀、皇室祭祀までの多様な現象を同一のまとまりと捉える包括性の故に、それら重層的な諸分野の研究が進展した今日では厳密な術語であることが難しい、という現状認識である。操作する対象の概念としては肥大化しすぎたのである。第二の理由は、第一の理由との関連で度々述べている所だが、神社非宗教行政を指すよりも大きな歴史概念としての「国家神道」はその範型を総力戦期に持っており、「戦後」に対する「戦前」の対照性を素に、第二次大戦中の事例を近代日本全体に塗り広げ、結果的に誤解を拡大する、との認識である。

しかしながら近代日本を通じて、祭司君主たる天皇の神聖性の下に国民の統合を神聖化する、国家次元の公共宗教が、国民のアイデンティティとして作用し続けていたことは事実である。それは、自らも半植民地状態(不平等条約下)にありつつ同時に近隣諸国を制圧し植民地帝国を形成し始める、という、中間的位置[12]から列強の一つにまで成長・膨張した国が、やがて世界的危機への対応の中で敗戦と壊滅に至る歴史を通じて作用を続けていた、国体イデオロギー、祭政一致制度(政教分離・祭教分離)、復古=革新思想、などの諸要素の複合体であり、筆者は仮に「神権政治と世俗的動員の間」と呼んでいる[13]。久野収・鶴見俊輔[14]による有名な「顕教」「密教」という天皇の権威・権力に関する二重解釈論も、この「神権政治と世俗的動員の間」を規定する基盤構造を説明したものと言えよう。そして現在に至る靖國信仰の直接的な源が、この「間」にあることは間違いない。

本節では前節での論点整理をも意識しながら、この靖國信仰の源を筆者が解釈する「歴史」の一端として、地域招魂社の護国神社化過程に注目し分析を試みた拙稿の、考察方法と結論部分を再述し、解説を補足してみよう[15]。その上で次節以降、筆者と対峙する形の「いかなる形式でも国家による追悼は不要」との立場からの見解を検討し、筆者との距離、何が異なるのか、などを考察したい。

ところで津城寛文は前節に紹介した靖国問題の論点整理に続いて、先の近代天皇制の「顕教」「密教」論を援用して、「密教/顕教としての英霊祭祀」という視角を提示している。「靖国神社は近代戦争に国民を動員するための機関である(密教)のに対して、戦死者はそこで国家の祭祀を受ける英霊となる(顕教)」津城は更にこの枠組を葬式仏教にも応用している。世俗化および反世俗化のせめぎ合いを考慮しつつ、津城はいくつかのことを浮き彫りにしているが、そうしたひとつに「いつかどこかで強烈だった(はずの)死者のリアリティが、現在、宗教者においてすら希薄化している」との指摘がある。(16)この指摘は、以下のような筆者の視座にとっても重要である。

死者のリアリティ――臨在する戦没者の霊魂と向き合う場を、祭祀の場として設定すること、これは法的な「宗教」扱いの有無にかかわらず、明治二年の創建以来、靖國神社が今日まで保持する性格である。各地の招魂社、現在の護国神社も含め、こうした祭祀の場に関わっては、

①多種の文化的要素を包摂しながら一個の形式に到達した結果、成立している

②多様な感情の生成する場として機能し、発展してきた複合的歴史現象である

の二つの動態がある。端的には①は場への「吸収」、②は場からの「放散」と表現できる。(17)この動態は、祭祀の場が地域の土着的信仰現場として示す「宗教」性と、世俗一般性を標榜する国家が要求した「非宗教」性との接合面で発生している。接合面にあるものが、戦死者の霊のリアリティであることはいうまでもない。神社形式での戦死者祭祀の場は、戦争死者の霊を対象化する行為が持つ多面性の、吸収／放散を連続的に生起せしめる、①→②→①→…の再帰的過程を具現化する装置でもあった。

総力戦期の昭和十四年に、一挙に「護国神社」と改称され行政上も神社扱いとなる以前、各地招魂社には「官祭」「私祭」の別があった。すべて招魂社祭神は靖國神社祭神であるが、「官祭」祭神は戊辰戦争時の官軍戦死者(明治八年の官費交付制時の定数)の霊であり、「私祭」祭神はそれ以降の戦死者(戦争ごとに増加)の霊である。大正二年に「別格官幣社靖國神社ノ祭神ハ地方長官ノ許可ヲ受ケ縁故アル地方ノ招魂社ニ合祀スルコトヲ得」(内務省令第六号第二条)と定められるが、実際にはこの法令は、その以前に各地の招魂社に日清・日露戦争戦没者の霊が、遺族の願いにより「私祭合祀」されていたことを、制度的に追認するものであった。(18)

こうして大まかには、官祭祭神を中心とした旧藩意識を覆うように、対外戦争に殉じた私祭祭神の近代国家性が、

各地招魂社に積み重ねられていく過程が、明治期から総力戦期の前まで続いた。モデル化すれば以下A、B、C、Dの四つの階梯になる。各階梯の間は、靖國神社のナショナルな性格（国家的総体性・代表性）を媒介とする、②「放散」→①再「吸収」の再帰的過程により結ばれている。

A　近代国家建設の〈基礎〉という象徴性を内包する招魂社が、官費交付を受けるようになる（官祭招魂社）

B　このAの上に、対外戦争に殉じた私祭祭神が持つ、帝国の〈拡大〉という象徴性が重ねられる（私祭合祀）

C　このBにより、戦死者祭祀の場としての位置を各地域的に確立した招魂社は、崇敬規模を拡大した（「府県規模」の招魂社）

D　このCは、総力戦期には「内務大臣指定護国神社」とされた（護国神社制度）

「官祭祭神」に「私祭合祀」が加わる過程は、近代世俗ナショナリズムに一般的な「非宗教」施設、即ち国父や革命志士記念施設と戦没者追悼施設の関係性と並行である。だが日本の事例を、国家が土着文化である神社の形式のみを利用して、遺族感情を数量的に寄せ集めた、と単純化することにも問題がある。神社形式での慰霊には、近代国家による戦死者追悼や記念一般に還元し得ない要素が存在すると考えられるからである。

「合祀」は、動的・多面的な存在である戦死者の霊が、祭神として特定の場に鎮まる、定着することを意味する。この祭神の前の同一の場で祭祀が反復され、死者が逆に生者側の動的状態を集約することになる。この意味で、②「放散」→①再「吸収」過程に、他形式の儀礼ではなく神社形式によって（のみ）期待し得る、土着主義的（土着的＋α）な神霊と人間の関わり方の要素が挿入されている。ここで「＋α」部分とされるのは、地域社会に対しては総体・普遍性を、国際社会に対しては個別・特殊性を（イデオロギー的または暴力的に）代表する国家の中間項的な両面性と、人々の個別具体的な生活とのかかわり、である。

ともあれ、こうしてA↓B↓Cと進んできた招魂社制度は、急増する戦死者数と精神総動員体制における再帰的過程を経て、総力戦期に至り六十五年ぶりに改正され、中央の靖國神社、地方の護国神社の双方とも、官祭私祭の区別、換言すれば旧藩意識の前提を外し、国民国家意識を基盤にした制度Dが、ようやく成立したのであった。[19]なお、未だ仮説ながら、敗戦・占領特に神社の私法人化を経てなお、靖國神社・護国神社の合祀業務が主に昭和三十年代まで厚生省との協力で進められたこと、そして靖國神社国家護持運動の発生については恐らく、戦後の社会政策、福祉政策を、総力戦・戦時総動員体制の延長と見る視点と関連付けて考察する必要があるだろう。またこれらの戦後の階梯においても、やはり②↓①の再帰的過程が重要な意味を持っていたと思われる。

ところで、高橋哲哉が「感情の錬金術[20]」と呼んだ「悲しみから喜びへ」の感情の転化は、確かにこの吸収／放散を生起せしめる、土着社会の宗教性と世俗国家の非宗教性の接合面を、遺族が心理的に通過することで起こり得る。付け加えると「喜び」だけではなく「疑い」「悩み」「悟り」…色々な感情が生み出されそうだが、ともあれそれらは単に心理現象の叙述である。ではこうした心理現象は無から生まれたのか。或いはこの心理現象を採り上げて「戦死者が顕彰され、遺族がそれを喜ぶことによって、他の国民が自ら進んで国家のために命を捧げようと希望することになる」カラクリ世界を創造し、息を吹き込んだ創造主は誰なのか。

「国家」ということになるのだろう。高橋は、河上肇の「国家教[21]」の言葉を参照し、「日本人の戦死の意味を、ひいては「お国のために」自らを捧げるすべての日本人の生と死の意味を、国家という神＝絶対者が保証する体制」と解釈する。従って「国家という神＝絶対者」が高橋の解答となるのだろうが、筆者はこれには全く賛同できない。なぜなら、国家が絶対者ではなく、存在世界内において国際社会との中間項であるからこそ、兵士たちは戦死したのである。戦友たちにも遺族たちにも、もちろん敵兵と対峙し命を失った戦死者たちにも、国家が中間項に過ぎないことは初めからわかり切っている。わかっていないのは、人倫の体系における近代国家のイデオロギー性を見抜きつつ、敢えて戦地に赴く兵士も送り出す家族も、近代日本には居なかった、と信じたい高橋だけではないか。(22)

筆者の言う「①→②→①→…の再帰的過程」は無の中に突如創造され動き始めたのではなく、東アジアと日本の宗教文化史の中に多様な源流を有しつつ、もちろん世俗近代の論理を持つ国家もそこに介入しながら、臨在する戦死者の霊を囲む装置としての形式を整えて行ったのである。筆者はこの神祇祭祀の形式を、土着主義的＝「土着的＋α」な神霊と人間の関わり方が様式化したものと見るが故に、戦没者慰霊の中心施設として一定の扱いがなされるべき、と考えるのである。

〈国家による戦没者追悼は必要か〉の「設問」をめぐる筆者の「歴史」理解を、地方招魂社と靖國神社の関係から説明するならば、以上の通りである。「神社形式での戦没者慰霊が必要」という筆者の立場は、「土着的＋α」な神霊と人間の関わり方として、遺族そして死者を含む日本の多くの人々がそれを求めたから、という理由で説明される。筆者の立場は、前節でみた諸論点に照らせば、ほぼ(6)の文化、とりわけ土着文化の評価を基盤にして、戦後においても政教分離の緩やかな運用を求める主張となっているので、その点で厳格分離主義からの批判もあり得よう。

また主に民俗宗教研究の分野で、戦死者へのイエやムラ次元の対応がクニのポリティクスにより囲い込まれる過程(23)や、やや別角度からの西村明の表現を借りれば「親密空間や無縁空間のシズメとフルイの領域に、どのような形で、権力空間のシズメとフルイが介入していったのか(24)」が、しばしば指摘されている。これも「設問」に直結する課題であるが、筆者は、国家の中間項的両面性が人々との間に持つ作用を「＋α」とし、政治・宗教・文化的な「土着主義」の不可欠な構成要素と捉えた。振り返れば、旧藩「クニ」意識を基盤にした官祭招魂社は、もともと村落社会と近代「クニ」国家の中間項としての性格を有していた訳だが、近世身分国家から国民国家への転換点で果たしたその役割は、あまり注目されているとは言い難い。

もちろんこの見解に対しても、国家(ステイト)管理下の神社という体制化された形式がそぎ落とし、「英霊」「忠霊」「殉国」という国家的(ナショナル)価値化が抑圧した、慰霊追悼の多様な可能性が問題とされていない、より直接的には権力関係が隠蔽されている、という批判はあるだろう。だが筆者が、今日において多様な慰霊・追悼の場の共存、交流が必要だと感じるのは、むしろこの点を補う必要があると感じるからである。その意味では、靖國神社を「戦没者慰霊の中心的施設」と位置付ける筆者の立場は、まずは土着主義的主張以前の、単なる消極的な現状追認であるだけかも知れない。ただし、死者の霊の存在を前提としない立場での、否、誤解されない表現を採れば、完全に生者の側の政治力学だけに関心を持つ「追悼」行為というものがもしあり得るとすれば、そのようなものは、少なくとも筆者自身の靖國信仰とは共存できない。

三、「国家は戦没者追悼をしてはならない」という考え方について

次に「設問」をめぐり筆者と対峙する形の、「いかなる形式でも国家による追悼は不要」との見解を紹介したい。ここで取り上げるのは、冒頭紹介した「国立追悼施設に反対する宗教者ネットワーク」の山本浄邦・事務局長が編著者となった書籍『国家と追悼――「靖国神社か、国立追悼施設か」を超えて――』(社会評論社、二〇一〇年　以下「該書」)である。該書には、真宗本願寺派の菅原龍憲や日本基督教団の千葉宣義と山本の座談会[25]「国立追悼施設論争とは何だったのか」も収められており、宗教的信念に基づく「反靖国」運動側から見た、この主題に関する総括的視点を確認することもできる。[26]

「戦争をはじめとして国家自身が加害主体となり、それによって多くの死者が生まれた事態における〈国家による追悼〉、あるいは追悼する〈国家〉そのものを問おうとする試み」（一二頁）この立場から該書は、軍事力を持たない国家による追悼施設を認め、「政治」の重要性を説く既述の高橋哲哉の論や、「謝罪施設」「靖国天皇制警告碑」ならば認めるが、現状の追悼施設構想は「靖国と変わらない国家神道という宗教」なので認めない、という菱木政晴の見解などにも批判的である。序章「追悼する国家を問う視点」によれば、高橋も菱木も靖国思想の問題点を、戦死者顕彰を通じて戦死者を再生産する軍事的機能「戦死者のサイクル」に見るが、山本はそれは論点の一つでしかない、と考える。子安宣邦の言葉「戦う国家とは祀る国家である」に「祀る国家とは戦う国家である」と付言した高橋の不十分さを指摘しつつ、山本は、「戦死者のサイクル」の軍事的機能を作動させるもの、そして菱木のいう「私の人格の中心をなす自己決定権」「人格権」を侵害するものこそが、国家による追悼の本質である、と述べる（一七頁）。

以下、山本論文「〈非宗教／無宗教〉のポリティクス」（該書第二章）を中心に、山本の「歴史」解釈や宗教・国家観を紹介しつつ筆者の視座から考察したい。先後するが、同論文の結論部では以下のように述べられている。

帝国憲法期に国家神道が「非宗教」とされることで、「宗教」に対する優越性を確保したのと同様、戦後の「無宗教の施設」論もまた、「無宗教」が「宗教」に対する優越性を確保することができるものである。（中略）〈非宗教／無宗教〉は近現代において「発見」され、さまざまな現実の諸関係によって構成される言説によってその範囲が規定されてきた。このようにして、政教分離を建前とする世俗国家としての日本国家がみずからの宗教性を発揮してその「暴力行使」の「正当さ」を認識せしめながら国民統合を実現する、統合のテクノロジーとして見出された概念が「非宗教」であり「無宗教」であるのだ。（一〇三頁）

山本は「近代国家は世俗国家でありながら、自らを神聖化するというある種の宗教性ももっていた」と指摘している（八二頁）。既述の筆者自身の学術的問題設定も、世俗を掲げる国家統合の宗教性に注目する点で、こうした山本の問題意識と重なる。ただ、聖なるものの超越的権威による社会の秩序づけや統合の機能は、宗教社会学の古典的理論としてはエミール・デュルケームの主張として知られているが、山本はデュルケームではなくマックス・ヴェーバーを参照しており、それも宗教論ではなく「一定領域における物理的暴力装置の独占」という著名な近代国家論を、自説の核として引用している。

ヴェーバーの国家論が登場する経緯は説明されておらず、やや唐突な印象を受ける。ともかく、宗教の社会変革機能に注目するヴェーバーの議論に即して筆者の視座から敷衍すれば、総力戦期の大日本帝国を、徹底して世俗主義的な戦時動員体制とみると同時に、天皇を頂点に日本民族全体を西欧近代に対する革命者、アジア主義的解放者、「救世主」とする、カリスマ支配に基づく宗教運動の様相があった、とみなすこともできるだろう。(27) こうした宗教的様相はいわば、世俗ナショナリズムの脱・脱呪術化とでも呼ぶべき現象である。山本は「ファシズム」の表現を用いていないが、「国家神道」の語は用いている。先に筆者は「国家神道」概念は解体もしくは分節化すべきとして二つの理由を掲げたが、山本の議論が歴史記述としては、明治初期の島地黙雷の神道非宗教論から帝国憲法第二十八条を経て、一挙に「戦前・戦中の国家神道の反省」に立つ日本国憲法第二十条に飛んでいる事実が、第二の理由となる問題を明確に示しているだろう。

もっとも山本論文の要点は「歴史」叙述ではなく、国立追悼施設を容認する人々すべてに対し、以下の主張を以て反論することにあると思われる。即ち「国家による追悼はその「目的」の如何を問わず、国家が「手段」とする「正当な暴力行使」という面からこそ本質的に語りうるのだ。その「正当な暴力行使」を否定する施設建設を国家が行うのは自己矛盾でしかなく、空想はできたとしても現実的にはあり得ない」（該書一〇〇頁）。山本の視野には危機感と共に、この「無宗教」国立追悼施設構想が、有事法制など「新たな戦死者」[28]発生に備える政府の戦争準備の一環であり、「非宗教」靖國神社と帝国憲法下日本の軍事行動の関係と並行するもの、より端的には「国家による追悼」の軍事的機能を新たに具体化する構想として映じている。従って「国家神道」概念についても歴史的実定性の云々ではなく、問題の析出に有効ならばよし、ということだろう。

ともあれ国家が追悼主体たることを否定する立場からは、死者の霊の存否の認識を問わない無宗教式の「追悼」も、明確に死者の霊の臨在を前提とする神社形式の「慰霊」も客体としては同列、と見なされていることを確認したい。菅原龍憲は、平成二十一年八月の民主党代表・鳩山由紀夫の発言「陛下が心安らかにお参りに行かれるような施設が好ましい」を挙げ、国立追悼施設も結局のところ、天皇を最高祭祀者とする意味で靖國神社と同じ、としており、千葉、山本もこれに賛同している（該書五五〜六頁、二一三頁）。戦没者祭祀の「②「放散」→①再「吸収」の再帰的過程」が「戦死者のサイクル」に相当することになろう。[29]しかし筆者の「再帰的過程」は、神社形式に特有の土着主義＝「土着的＋α」を問題にしているのだが、該書は靖國神社に準ずる国立追悼施設の「軍事的機能」、即ち「戦死者のサイクル」だけではなく、その根源を批判している。

この点は、終章でも「国家が行なう追悼はその動力源を死者への情念に求めていることが特徴である。国家が自己を実現するために、死者や死者に対する個々人のさまざまな情念をその動力として利用することは、死者の尊厳や生者の内面の自由に対する重大な人権侵害である。自己の生や死について考えることはプライバシー権に属することがらであり、それに国家が介入することは本来許されない。それを国家が一方的に意味づけて利用する、などということはあってはならない」（二二二頁）と強調されている。

国家による追悼一般の問題として指摘されるのは「①「史実」の選別とそれにもとづく「犠牲者」の選別による歴

史的事実や特定の死者グループについての歪曲や隠蔽　②本来多様であるはずの「犠牲者」の並列化による加害責任の曖昧化　③死者への情念を政治的エートスへと転化させる政治性とその媒介としての国家が宗教的救済者のような役割を演じること」の三点である。その克服のために「国家によって空間的に囲いこまれた追悼を脱空間化させる」議論が提起される。「国家に個人を内面から従属させ国家が正当性を獲得する、これこそが国家による追悼の本質である」。また、加害主体たる日本国家は「事実究明にかかわる国家所蔵の大量の未公開資料の全面公開、そして被害者への補償」を行うべきとする。「国がすべきことは預言者や救済者に化けて「追悼」することではない。すべきことは他にあるのだ」(二二九頁)。「追悼」は宗教の領分であり国家が介入すべきではない、軍事力を持つ持たないに拘らず、国家による介入は必ずや人の生や死の意味づけを国家が行うことにつながる――宗教私事化、政教分離論の徹底であり、結論としては実に明瞭である。

本稿の「設問」との関連で注目されるのは、右の三点の一般的問題に対する、これらは「国家の目的を人々に内面化させるため」のプロセスであり、「必ずしも過去の国家やその行為を正当化する必要はないのである。なぜなら、それは過去ではなく、現在の国家を正当化できればよいからである」(二二七頁)との山本の指摘であろう。

平成十三年八月十三日の靖國神社参拝に際し、小泉首相が発した談話の冒頭部に、以下のような一節がある。

わが国は明後八月十五日に、五十六回目の終戦記念日を迎えます。二十一世紀の初頭にあって先の大戦を回顧するとき、私は、粛然たる思いがこみ上げるのを抑えることができません。この大戦で、日本は、わが国民を含め世界の多くの人々に対して、大きな惨禍をもたらしました。とりわけ、アジア近隣諸国に対しては、過去の一時期、誤った国策にもとづく植民地支配と侵略を行い、計り知れぬ惨害と苦痛を強いたのです。それはいまだに、この地の多くの人々の間に、癒しがたい傷痕となって残っています。私はここに、こうしたわが国の悔恨の歴史

を虚心に受け止め、戦争犠牲者の方々すべてに対し、深い反省とともに、謹んで哀悼の意を捧げたいと思います。(30)

首相が「誤った国策にもとづく植民地支配と侵略」への反省を表明しつつ靖國神社に参拝したことを、矛盾した態度だと批判する声は、当時、靖國神社崇敬者側にも「反靖国」側にもあった。しかし行政府の長の関心からすれば、現実は恐らく山本が喝破する通り「過去を正当化するか、否定するかは、そのようなポリティクスがより効果的に発動するにはどちらがよいのか、という視点から政治的に決定されることがらにすぎない。最も中心的な課題は現在の国家の「暴力行使」の正当化」だった、のだと思われる。ここで一旦、右の引用部の「最も中心的な課題」まで山本の指摘を肯定した上で、筆者の視座とは何が異なるのか、更に考察を試みてみよう。

筆者を含め、靖國神社崇敬者はしばしば、第二次大戦後に極東国際軍事裁判の場で戦勝国側により示された判決に基づき、日本を一方的な侵略・加害国と断罪する、いわゆる「東京裁判史観」に批判的である。前掲の論点では「(4)外交的対応」に関わるところであろう。こうした立場は、しばしば戦勝国による「押し付け」「復讐劇」に対する反発と被害意識を前面に出して主張される。

肉親、親戚が長崎で被爆している筆者個人も、そうした反感と決して無縁な訳ではない。しかし筆者の東京裁判史観批判の主な理由は、それが東京裁判判決を受けて過度に単純化された政治的な歴史解釈であり、結果的に何を反省し、何を肯定すべきなのかを見えなくする、というところにある。国家間の政治力学と道義的問題を同次元で扱うことは必ずしも無用無意味ではないのだが、なるべく多様な政治的・文化的立場から賛同を得られるような遠近法に基づいて、和解に向けて諸事実が配列される必要がある、と考える。繰り返すように、国家は人々と国際社会の中間項の性格をも持っているからである。

筆者のこうした立場は、過去の日本国家の行為の「正当化」をめざすものと見られるかも知れないが、自身の認識としては必ずしもそうではない[31]。筆者の力点は「正当化」にあるのではなく、山本と同じく、現在の国家の「暴力行使」に及ぶに至るポリティクスから自由であろうとすることにある。ただし筆者のいう「現在の国家」は複数形で、日本および近隣諸国を中心とした諸国家の相互関係がつくり出す政治次元の環境を指している[32]。これに対し、山本は「暴力行使」を正当化する「現在の国家」として、ここで専ら自国である日本のみを想定している。筆者は、日本国家側からも他の国家側からも「暴力行使」の正当化が可能な限り起きないようにするには、加害者／被害者という過度の単純図式化およびその固着化は却って危険、と考える。いずれの国にもナショナリズムがあり、公正さの原則に配慮すれば、対立を恒久化することは避けねばならない。

筆者が専ら自国・日本を問題とするのは、土着主義を考える際である。神祇祭祀の場としての慰霊空間はこの意味で、英霊達が生前を過ごし、殉じた価値である「想像の共同体」の統合を、土着主義＝「土着性＋α」の形式で表徴する場、という認識になる。一方で新しい国立追悼施設はこうした土着主義と無関係であるため、筆者の観点からは意義を有しない。以上が、筆者が山本と全く発想を異にするところであろうか。

四、次なる議論へ——総力戦と戦没者追悼と和解——

靖國神社の社頭で、特定の戦没者を想起することなく、抽象化された戦没者との対面を通して自国の過去の戦争に向き合いつつ、不幸な過去を悲しみ平和を願う、という、崇敬者の行為はあり得る。あり得るどころか、戦没者家族の意味での「遺族」も高齢化が進んでいるので、近年はこうした参拝者もむしろ多いだろう。

国家による追悼への反対を主題とする該書では、山本はこうした崇敬者に一瞥もしていないものの、国家的な追悼の場に集う人々については以下のように論じている。

国家が加害主体である場合には、このような追悼が国家が加害責任に対するこれ以上の追及から逃れるための手段ともなる。このような国家による追悼の場はそれぞれが「悲しみ」を表明する場、あるいはせいぜい「たくさんの人が死んでしまって、多くの人々が「悲しみ」をかかえているんだ」という平板化された感情レベルの共同想起の場ではあっても、国家責任を究明し、それを追及することにはなりえない（二二七頁）

国家による、歴史的事実や死者の恣意的な選別／排除、序列化を盛んに問題にする山本は、一方であらゆる歴史的事件に対する国家責任の究明においては「被害者」の選別、序列化を要求する構えである。「大量の未公開資料の全面公開」を以て、恣意を排した事実究明が行われ、補償がなされるのか。疑問なのは、一体誰にかような究明作業が可能か、である。真実究明のためだけに存在する千年王国か、世の終わりの裁き手以外には、筆者には想像できない。それとも高橋のいう「国家という神＝絶対者」だろうか。

誤解無いように述べるが、筆者は（専論は未執筆だが）例えば南アフリカのアパルトヘイトに対する真実と和解委員会（Truth and Reconciliation Commission）などの「和解」プロセス形成活動に強い関心を持っており、こうした「和解」過程で宗教者が果たす役割にも注目している。しかし未だ多くの「和解」過程は内戦・テロ・虐殺などに対するもので、それこそ明治時代同様、国家再統合の枠内で図られており、国際政治への適用は困難なようである。また既述の通り、誰もが納得し得る歴史究明の努力は必要だが、その「納得」がしばしば政治力学の所産による現実も、日本政府が東京裁判の判決を受諾している事実のように、存在するのである。ともあれ、望ましかろうとなかろうと「平板化された感情レベルの共同想起」が、生者側の限界面として立ち現われざるを得ない現実は、確実に存在する。山本の言う、「加害主体」が責任追及を逃れるために持ち込む場合を含めて、である。その限界面を突破する契機は、死者の「霊」

の側にあるように筆者は思うが、その点は本稿の最後に触れる。

いずれにせよ山本は、日本／近隣諸国の加害／被害の構図は、日本敗戦の段階で完全に固着しており、日本国家が行う戦没者追悼は「過去を正当化するか、否定するか」に関係なく、どのように平和を希求しても「加害責任」の追及逃れになる、と考えるようである。だがこうした非現実的な「責任」論は、却って歴史事実の究明を妨げはしまいか。或いは永遠に和解をもたらさないのではないか。その原因は前半部分の、加害／被害の単純二分法は揺るぎない[33]、という、恐らく宗教的信念に基づく、やや硬直した発想にあるように思う。何より山本の論では、国家が追悼主体となることの問題性は明確に主張されるが、反面の事実究明の対象範囲については、日本敗戦が基点らしいというだけで今一つ判らない[34]。

しばしば「戦前」と呼ばれる近代日本史は、終わりが必ず「壊滅」であるため、ほぼ常に〈どこで、誰が、どのように〉道を誤ったか、が「歴史」解釈上の問題となる。近代初めから誤りとの解釈も含めて、終わりの「壊滅」に直結し最大規模の「先の大戦」が恒常的に象徴的意味合いを持つことになる。前掲の小泉首相談話を見れば、迎えるのは大東亜戦争停戦記念日だが、「誤った国策にもとづく植民地支配と侵略」には台湾領有や韓国併合等を含むと思われるので、「過去の一時期」には、「先の大戦」から突然数十年を遡る明治中後期が含まれることになる。この「先の大戦」の時期はほぼ、筆者のいう「総力戦期」にあたる。

政治家の談話などは「現在の国家を正当化できればよい」から、そうした曖昧さもあり得よう。だが「過去」を究明する側には厳密さが要求される。そして改めて、該書終章での山本のまとめを見ると、以下の一節が見出される。

国家による追悼は軍事をはじめとしたさまざまな国家の目的にその構成員を政治的に動員するための装置である、ということである。総力戦を前提とする近現代の戦争において、国家が構成員を動員するためにこれを活用することはもちろん、これ以外のさまざまな目的をもつ国家が、その目的を達成するべく構成員を動員するためにも国家による追悼が活用されるのである。（二一九〜二二〇頁）

一般に、第一次世界大戦以降が国家総力戦の時代と言われる。かつこれ以降、総力戦体制構築のための社会システム化が、全世界的に不可逆的な社会変容をもたらした、という見解がある。特に日本の場合は、「先の大戦」期の総動員体制が、戦後復興と高度経済成長システムに連続した、とされる。[35] 先述の通り、筆者は戦後の靖國神社合祀と国家護持運動の発生も、総力戦体制が生み出した福祉政策の継続の側面から説明可能だと考えている。[36]

「国家神道」の語を用いる山本の論では、殆ど全ての文脈で「国家」と呼ばれるものが総力戦国家の像を結ぶ。逆に言えば「歴史」検証としては、総力戦期に特異な事象を、近代日本国家を貫く問題の如く扱う誤りを犯している可能性がある。例えば明治初期の「非宗教」論理の発見は、むろん後の事態に接続するが、以後を「国家神道」として一挙に現行憲法制定時まで飛ぶのは、論の運びとして問題であろう。[37] 何よりも、総力戦国家は市民社会、宗教など他の系列をも取り込む形で、個人と世界の間の中間項の位置を独占しようとする点に特徴がある。国家が「預言者や救済者に化け」る問題も、列強が植民地帝国から総力戦国家へ変遷してゆく歴史に焦点を当て、更に「世俗化」等にも配慮しながら考えるならば、更に様々な視角を得ることができるだろう。

G・モッセの『英霊』*Fallen Soldiers* が日本語にも翻訳（原著一九九〇年、邦訳柏書房　二〇〇二年）されてからは今や常識化した事実だが、該書の問題視する国家的かつ大規模な戦没者追悼施設が大量に出現するのは、人間の行為による大量破壊と殺戮としては空前の規模で展開された、第一次世界大戦後の欧州を発信源とする。[38] もちろん靖國神社はそれ以前から存在している。国家による追悼がもたらす、個人内面への介入・収奪を議論の俎上に載せるにせよ、主な焦点を総力戦期及び以降に限定し、しかる後になぜそうした事態を招来したかを議論すべきであろう。特に、国家との関係で人間が組織化され、個人内面が規律化される問題については、総力戦体制における国民国家と市民社会のせめぎあい等への分析を経て、今や動員される側の主体性の問題など様々な議論が展開されつつあり、その中で改めて人間の自由とは何か、も問われている。振り返れば「臣民」とも訳せるSubjektの訳語としてこの「主体」という言葉が現れ、定着し広まってゆく過程と、東アジアにおける大日本帝国の拡大、地位向上、そして総動員の間にも、何がしかの相関があるのではなかったか。(39)

おわりに

結局のところ「国家は追悼してはならない」との立場が問題視するものの焦点が、この立場と構図的に対峙する筆者も考察対象としている、国家総力戦にあることが判明した。これ以上の議論は、筆者が現在取り組み続けている課題「総力戦と神道」の議論に持ち越したいが、以下では今後の課題に結びつく論点を提示しておきたい。

まず根本的問題であるが、しばしば言われる「どこの国にもある」国家的な戦没者追悼施設の列に、いつ靖國神社が加わったのか。欧米帰国者が諸外国の施設と靖國神社を同列視し始めたことも契機であろうが、未確認である。一方、『靖國神社百年史　事歴年表』(靖國神社編、昭和六十二年)によれば、外国要人や公人の靖國神社訪問の初例は、明治十七年四月八日の有栖川宮熾仁親王主催の晩餐会、遊就館にて開催「米・蘭・伊公使招待」であり、「参拝」の初例は明治二十年九月二十二日「シャム国王弟、外務大臣デヴァウォングセ」で、外国軍人の訪問初例は明治四十一年十月二十二日アメリカ太平洋艦隊の将校に対する能楽堂での慰安である。だが外国軍人の神社「参拝」となると、大正八年一月十九日の「フランス航空将校団四十一名」、同年七月三十一日の「ロシア将校チホプラゾフ中佐、ムイソニコフ中佐等十七名」から始まって、以下格段に頻度を増している。このことからも、靖國神社が諸国の追悼施設と並列化する過程が、第一次世界大戦という総力戦と関わっていることは明白であろう。

フランス軍人とロシア軍人が初例なのは偶然か。革命建国、国民国家、総動員そして市民宗教としての戦没者追悼施設ということを考えるとき、靖國神社が鎮座する約百年前に書かれた次の文章が想起される。

魂を古代の魂の調子にまで高めるには、いま起こっている事件（一七七〇年秋の、ポーランドのバール連合によるロシア軍要塞攻略のこと）の情況をつかまねばならない。バールの連合が息絶え絶えの祖国を救ったことは確かなのだ。この偉大な出来事を、神聖な文字であらゆるポーランド人の心に刻まなければならない。その思い出のために記念碑を建立して、連合派全員の名を、たとえのちには公の大義を裏切ることになった人の名前でも、刻みつけてほしいものだ。このように偉大な行為は生涯の過ちを帳消しにすべきなのである。定期的におごそかな祭典を創設して、けばけばしく軽薄な華やかさではなく、誇り高く共和主義的な華やかさをもって、十年ごとにそれを祝うことにしてはどうか、と私は思う。…隣接諸国とそれほど融解したことのかつてなかつた一巨大民族は、固有のそれ（習俗）を多々有しているはずであり、…そうした古くからの習慣を維持、再建し、そしてまたポーランド人に固有の恰好な習慣を導入しなければならない。…良き母なる祖国がその子供たちの遊ぶのを喜んで見ていられるような、多くの公的な競技。祖国の子供がつねに祖国に意を用いるようになるために、祖国自身がしばしばそれらを取り仕切るべきだ。（ルソー『ポーランド統治論』(40)（一七七一年）より）

ルソーが想起しているのは古代スパルタの祝祭空間である。そして国民国家の追悼と祝祭の機能は、靖國神社の境内空間にも継承されている。だがしかし戦没者を「名を刻む」ことで記念する行為は、神祇祭祀形式の慰霊（日本の「土着的＋α」）とは類似性も持っているものの、根本的には別の行為である。

あくまでも個人の信仰的関心として、であるが、筆者は今後、靖國の神学問題としてこの点に注目したいと考えている。即ち靖國神社や招魂社においては、一柱のご祭神は、単一の神名において祀られてきた。何を今さら当たり前のことを、と言われそうである。だが古来、神道の神においては、一柱の神格が複数の神名を持ち得るものの、祭神として神社の場に鎮まる場合は、一個の神名が一柱に相当すると観じられてきた、などの事実がある。

靖國神社や護国神社の祭神一柱が単一の神名で祀られる事実は、祭神名を呼ぶことで発揮される祭祀者側の力とかかわって、もともとは「名前」の持つ呪術性に対する土着信仰の延長にある、と思われる。ところが人神なるが故に、この一柱一神名の祭祀は、人格同一性という近代的前提、もっと言えば国民国家的な政治的前提、更に言えば国家総動員の前提が、死後の霊にも完全に及んでいる、との想定を、どうしても生者の側に持たせてしまう。

「せがれ来たぞや会いに来た」母は、息子の霊の実在をそこに感じている。だが「合祀取り下げを行うべき」「遺族に無断」「死後も動員される」などの発言は、ほとんどの場合、生前の人格的同一性が神霊側にも連続している、という「形式」を政治的に問題にしているのみで、実際は神社に戦没者の霊が鎮まると思わぬ立場から発せられているのではあるまいか。「敵側を祀っていない」に至っては、八百万の神々に加わりかつての敵との和解し和合した英霊を思い、憎しみや悲しみを平和の神徳により拭うこと、を祈る心の可能性は、想起されていないのであろう。

既にみたように靖國神社の問題は、殆どが政治に還元される。だが政治に還元し切れない領域も確実に存在している。「戦死者自身の意志・遺志」のリアリティが生者側の思惑を超え、生者が死者を資源として操作することが難しくなる場合、現実の政治領域から遠ざかることは勿論、世俗的な法治主義を超えるが故に、原理的には個別戦死者の霊を祀る権利を、遺族が排他的に有すること自体をも否定しかねない根源性を有している。(41) 靖國信仰に関する限り実際にはあまり想定できないものの、第一次大戦後の欧州における心霊主義大流行ではないが、大規模な憑霊状況の発生可能性も全くないとは言えない。
ともあれ繰り返すが、完全に生者の側の政治だけに関わる「追悼」行為がもしもあり得るなら、そのようなものは筆者自身の靖國信仰とは共存できない。

註（参考図書の発行年表記法（元号／西暦）は、当該書の奥付による）

（1）当日の議論の模様は、関連論考や資料と共に、国際宗教研究所編『新しい追悼施設は必要か』（ぺりかん社、二〇〇四年）に収められている。
（2）山本浄邦『国家と追悼――「靖国神社か、国立追悼施設か」を超えて――』（社会評論社、二〇一〇年）二三〇頁参照。
（3）菅原伸郎編『戦争と追悼――靖国問題への提言――』（八朔社、二〇〇三年）、田中伸尚編『国立追悼施設を考える――「国のための死」をくり返さないために――』（樹花舎、二〇〇三年）など参照。
（4）註（1）同書二九三頁参照。
（5）Louise Young, *Japan's Total Empire*, University of California Press, 1998（邦訳『総動員帝国』（岩波書店、二〇〇一年））参照。
（6）世俗化についてはKarel Dobbelaere, *Secularization*, P.I.E.-Peter Lang, 2002など参照。公共宗教については津城寛文『公共宗教の光と影』を参考とした。なお、筆者が総力戦期に特に注目することになった最初の契機は、朝鮮・台湾総督府下の神社の研究成果として、明らかにこの時期に、植民地を含む大日本帝国全体規模の社会的変容が、神社崇敬の意味を大きく変質させていることに気付いたためである。拙著『日本統治下の海外神社――朝鮮神宮・台湾神社と祭神――』（弘文堂、平成十六年）参照。
（7）津城寛文「公共宗教の観点から見た死者祭祀――靖国問題と葬祭問題に焦点を絞って――」（『社会的宗教と他界的宗教のあいだ――見え隠れする死者――』（世界思想社、二〇一一年）第五章）参照。
（8）本事業「招魂と慰霊の系譜に関する基礎的研究」は、できる限りそのような立場性から離れたところに、議論の土台を作るために試みられたものであった。

(9) 津城は「神道非宗教説」と言っているが、施設の宗教性について判断を中止し、とりあえず法制上の非宗教扱いにする、という意味では「神社非宗教」が近いのではないか。

(10) 三土修平『靖国問題の原点』(日本評論社、二〇〇五年)二四四頁参照。

(11) 菅浩二・福島栄寿・一色哲・大林浩治・幡鎌一弘『戦争と宗教』(天理大学出版部、二〇〇六年)および拙稿「神権政治と世俗的動員の間に――「国家神道」と総力戦――」(『國學院大學研究開発推進センター研究紀要』第二号、平成二〇年)参照。ただState Shintoという言葉には、内外の宗教研究者が意思疎通を図る際、近代日本の或る範囲の政治的・宗教的・文化的な現象を大きくとらえる上で、なお有効性があるかも知れない。

(12) 欧米からのオリエンタリズム的視線を受けていた日本が、「東洋」に対しオリエンタリズム的視線を向けていたことに関する業績としてStephan Tanaka, *Japan's Orient*, University of California Press, 1993がある。

(13) 拙稿「神権政治と世俗的動員の間に――「国家神道」と総力戦――」(註(11)同)参照。

(14) 久野収・鶴見俊輔『現代日本の思想』(岩波書店〈岩波新書〉、一九五六年)一三二頁参照。

(15) 拙稿「戦死者祭祀の場としての神社――栃木県と台湾の事例を中心に――」(國學院大學研究開発推進センター編『霊魂・慰霊・顕彰――死者への記憶装置――』(錦正社、平成二二年)所収)参照。

(16) 註(7)同書一五一頁参照。

(17) 筆者は、この「吸収」と「放散」よりも更に相応しい表現が可能ではないか検討し続けてはいるが、まずはこの動態を端的に表現するために、物理的な術語を用いている。高橋哲哉も「靖国神社は…より深層において、当時の日本人の生と死そのものの意味を吸収し尽くす機能を持っていた」と「吸収」の表現を用いている(註14同書　二九頁)。西村明が別の角度からではあるが分析軸に据える「シズメ」と「フルイ」(『戦後日本と戦争死者慰霊――シズメとフルイのダイナミズム――』(有志舎、二〇〇六年)の如き、宗教学的に魅力かつ説得力のある表現を想起できないところが、現在の筆者の能力的限界でもある。今後の課題としたい。

(18) 遺族による招魂社「私祭合祀」の申し出は、最前線＝国家性の外縁における死者の霊を、国家の中央における靖國神社を経て、更に身近な郷土に置こうとする心性と理解できる。
(19) 靖國神社祭神が自動的に地方招魂社祭神になるシステムが、明治期には完成し作用していたかのような記述を散見するが、主には「国家神道」の語に引きずられた、全くの思い込みに過ぎない。
(20) 高橋哲哉『靖国問題』(筑摩書房、二〇〇五年)四四頁参照。
(21) 河上の発言との影響関係は未調査だが、イタリアの作家 Enrico Corradini による日露戦争当時の日本評「日本の神は日本である」は、日本の国家統合に関するヨーロッパ知識人の認識が、より直接的に欧州全体主義運動に影響を与えた例を現している。拙稿註(11)同参照。
(22) この点は恐らく他の研究者により指摘されているだろうし、また「絶対者」があくまでも比喩であることは理解できる。ただ筆者は以前、哲学論における高橋の仕事に関心を持っていた。そのため本書『靖国問題』の底流に(恐らく高橋自身には無意識なのだろうが)近代日本人に対する愚民視とあまりにナイーブな他者認識を感じ、大変失望した、という個人的な逆「感情の錬金術」があり、些か感情的表現となっていることをお許し頂きたい。
(23) 田中丸勝彦『さまよえる英霊たち――国のみたま、家のほとけ――』(柏書房、二〇〇二年)、岩田重則『戦死者霊魂のゆくえ――戦争と民俗――』(吉川弘文館、二〇〇三年)、川村邦光編著『戦死者のゆくえ――語りと表象から――』(青弓社、二〇〇三年)ほか参照。
(24) 西村前掲書一九九～二〇一頁参照。
(25) 千葉の活動については「インタビュー　日本基督教団の戦後の歩みの中で――一人の牧師として――」(京都仏教会監修、洗建・田中滋編『国家と宗教』下巻(法蔵館、二〇〇八年)所収)参照。
(26) また該書には日本の事例の他に、統一ドイツにおける「戦争と暴力支配の犠牲者のため」の国立中央記念館「ノイエ・ヴァッヘ」に関する考察や、韓国・済州島における一九四八年四月三日の蜂起と武力弾圧に関する「過去清算」を目的とした「済州四・三平和公園」についての考察も収められている。

(27) こうした総力戦期の日本について、「ファシズム」の言葉で解釈する研究者も少なくないが、その場合「天皇制〜」「日本〜」「〜的〇〇」などの限定修辞を用いる場合が多い。原初形であるイタリア・ファシズムなど、主に欧州の、権威主義的な全体国家を志向する運動と政治体制については、「政治宗教」(political religion)という概念化を試みる政治史研究者等もあるが、それらの政治現象がどこまで宗教学的な意味で「宗教」と呼べるか、との議論もある。Emilio Gentile, *The Sacralization of Politics in Fascist Italy*, translated by Keith Botsford, Harvard University Press, 1996, Stephen R. Di Rienzo, The Non-Optional Basis of Religion, *Totalitarian Movements and Political Religions* 3-3, Frank Cass, 2002, Emilio Gentile, *Politics as Religion*, translated by George Staunton, Princeton University Press, 2006(2001) など参照。

　そして日本の総力戦期については、「国家神道のファシズム的国教期」(村上重良『国家神道』(岩波書店、一九七〇年))のような言葉はあるが、未だ深められていない。世俗統合様態の宗教化についても、例えば「顕教」「密教」論(註(14)参照)のような説明はあるものの、何か自明の事のように扱われることが多い。

(28) 「追悼懇」報告書の直後に、「国立追悼施設に反対する宗教者ネットワーク」が発表した緊急声明(二〇〇二年十二月二十七日付)に「この施設が検討された背景には、この度のイージス艦派遣に象徴されるように、アメリカ一極支配型多国家連合軍による〝武力による平和〟に日本が積極的に関与しようとして、有事法制整備や自衛隊の海外派兵を行っているといったことがある。追悼施設構想は「有事」やアメリカと一体となって日本が海外で「集団的自衛権」を行使することによる新たな戦死者を想定した、当初から政治的意図をもったものである。」という一節がある。註(2)同書二四二頁参照。

(29) 味気ない「放散」「吸収」よりは、「戦死者のサイクル」の方がより社会システム的な感覚が表現されているが、であれば尚のこと、これは主に総力戦期の問題ではないかとも思われる。

(30) 註(1)同書二九九頁参照。

(31) 例えば筆者は旧植民地の海外神社について、総力戦期に集団参拝、いわゆる「参拝の強要」が起きたことを、慎重な学術的作業を積み重ねた上で「神社非宗教」行政の限界点たる「神社否宗教」と判断した(註(6)拙著参照)。この宗教性と非宗教性の緊張関係に関する考察が、上述の私祭合祀の場における「吸収」と「放散」の考察につながっている。

(32) 明治維新から日華事変の間に匹敵する時間が、第二次大戦終結より流れ去ろうとしている。しかし昨平成二十四年に俄然加熱した、国境線をめぐる日本と近隣諸国との対立の中で、外交発言でもしばしば「敗戦国日本」が云々された事実は、歴史解釈をめぐる政治がこの長い時を経てなお続いている事実を示した。そこに見えるのは、戦勝国の正義化、敗戦国の不正義化という、歴史上繰り返されてきた単純かつ冷徹な政治現象である。

(33) 例えば、Miroslav Volf, *Exclusion and Embrace: A Theological Exploration of Identity, Otherness and Reconciliation*, Abingdon Press, 1996 など参照。なお、実際にはこうした政治的関係においては、しばしば「加害者」側にも「被害者化」という心理作用がみられることが指摘されている。

(34) この点「問題は政治」とする高橋哲哉は明確に「アジア太平洋戦争」「日中戦争」「植民地帝国確立のための無数の戦争」を問題にしている。ただし、抽象化された「アジアの人々」「アジア諸国」から唐突に、自身に都合の良い政治的態度だけを拾い「他者」の声として自らの政治論を補強する高橋の如き論法は、高橋が「日本の侵略」と単純化しているかつての大アジア主義運動の内側においてすら、しばしば激しい批判の対象だった。

(35) 山之内靖、ヴィクター・コシュマン、成田龍一編『総力戦と現代化』(柏書房、一九九五年)など参照。一方、植民地史研究の立場からの、こうした社会システム化論に対する批判として、方基中「「日本ファシズム」認識の混沌相と克服の方向」(弁納才一・鶴園裕編『東アジア共生の歴史的基礎』(御茶の水書房、二〇〇八年)所収)などがある。

(36) なお偶然かも知れないが、新保守主義を以てその総力戦遂行型システムの変更を訴えたのが中曽根康弘政権であり、新自由主義改革によりそのシステムに完全に終止符を打った、とされるのが、他ならぬ小泉政権である。

(37) 筆者の指摘する、戦没者祭祀の「②「放散」→①再「吸収」の再帰的過程」についても、これが顕著に「戦死者のサイクル」となるのは、やはり戦死者数の激増する総力戦期の特徴だろう。余談だが、味気ない「放散」「吸収」よりは「戦死者のサイクル」の方がより総力戦期の社会システム的感覚が表現されているように思う。

(38) 第一次大戦と戦没者慰霊を中心に、筆者はオーストラリアから英軍(ANZAC)に参加した人々を記念する施設の例について、メルボルンのShrine of Remembrance およびキャンベラの国立戦争記念館(Australian War Memorial)の訪問調査を行った。前者については拙稿「メルボルンのShrine of Remembrance（戦争記念堂）について」（『國學院大學研究開発推進センター研究紀要』第五号、平成二三年所収）参照。

オーストラリアの戦没者追悼施設の歴史等全般についてはK.S.Inglis, *Sacred Places: War Memorials in the Australian Landscape*, Melbourne University Press, 1998 ほか参照。

（39）「主体」の語の歴史については、小林敏明『〈主体〉のゆくえ――日本近代思想史への一視角――』（講談社、二〇一〇年）参照。筆者は、総力戦期の植民地台湾と国民党独裁とを経験した一人の台湾人女性霊能者が、戦後世代の日本人男性を神社跡地での慰霊儀式に駆り立てる現代の事例を、彼女が複数のナショナリティに引き裂かれた生涯を「前世」を持ちこみながら修復する主体化の過程、として解釈した事がある（拙稿「台湾と日本の狭間の、ある心霊主義的事例」（国際宗教研究所編『現代宗教2009　特集・変革期のアジアと宗教』（秋山書店、二〇〇九年）参照）。筆者の問題意識からすると、総力戦体制論から導かれる問題はやはり、政治と宗教の間で自由であろうとする「主体」の捉え方（個人・集団を問わず）となる。

（40）『ルソー全集』（白水社、一九七九年）第五巻　三七〇～一頁参照。

（41）こうした一例として、拙稿註（39）同参照。

「慰霊と追悼」研究会　研究発表一覧

（発表者敬称略。肩書は開催当時、初出に限り掲示）

第一回研究会　平成十八（二〇〇六）年九月十二日
藤田大誠（國學院大學二十一世紀研究教育計画ＰＤ研究員・日本文化研究所兼任講師）「日本における慰霊・追悼研究の現状と課題」

第二回研究会　平成十八年十月十七日
池上良正（駒澤大学教授）「靖國信仰の個人性」
コメンテーター：藤本頼生（神社本庁教学研究所録事・國學院大學日本文化研究所共同研究員）、菅浩二（國學院大學日本文化研究所共同研究員・ハーバード大学エドウィン・Ｏ・ライシャワー日本研究所客員研究員）
司会：藤田大誠

第三回研究会　平成十八年十月二十八日
シンポジウム「日本人の霊魂観と慰霊」（明治聖徳記念学会との共催）
新田　均（皇學館大学教授）「戦歿者の慰霊と公共性」
武田秀章（國學院大學教授）「神道の歴史と靖國神社」
コメンテーター：中山郁（國學院大學研究開発推進センター講師）
司会：阪本是丸（國學院大學教授・研究開発推進センター長）

第四～六回研究会　村上重良著『慰霊と招魂』検討会
第四回　平成十八年十一月十七日
第五回　平成十八年十二月七日

第六回　平成十九（二〇〇七）年一月十一日

第七回研究会　平成十九年二月十日
シンポジウム「慰霊と顕彰の間―近現代日本の戦死者観をめぐって―」
藤田大誠「国家神道と靖國神社に関する一考察―近代神道における慰霊・顕彰の意味―」
粟津賢太（創価大学講師・国立歴史民俗博物館共同研究員）「戦地巡礼と記憶の再構築：都市に組み込まれた死者の記憶―大連、奉天―」
西村　明（鹿児島大学助教授）「慰霊再考―「シズメ」と「フルイ」の視点から―」
コメンテーター：大谷栄一（南山大学南山宗教文化研究所研究員）
司会：中山　郁

第八～十回研究会　村上重良著『慰霊と招魂』検討会
第八回　平成十九年二月二十二日
第九回　平成十九年五月九日
第十回　平成十九年七月三十一日

第十一回研究会　平成十九年十一月二十一日
藤田大誠（國學院大學研究開発推進機構助教）「近代日本の戦歿者慰霊における敵と味方―「英霊」観と「怨親平等」観をめぐって―」

第十二回研究会　平成二十（二〇〇八）年二月十六日
シンポジウム「日本における霊魂観の変遷」
山田雄司（三重大学准教授）「怨霊と怨親平等との間」
武田秀章（國學院大學教授）「神道史における崇祖・慰霊・顕彰」
今井昭彦（埼玉県立川本高等学校教諭）「近代における賊軍戦死者の祭祀―会津戊辰戦争を事例として―」

コメンテーター：三土修平（東京理科大学教授）、中山郁（國學院大學研究開発推進機構専任講師）
司会：藤田大誠

第十三〜十四回研究会　黒田俊雄著『鎮魂の系譜―国家と宗教をめぐる点描―』検討会
第十三回　平成二十年三月十四日
第十四回　平成二十年三月二十一日

第十五回研究会　平成二十年四月十八日
藤本頼生（神社本庁教学研究所録事、國學院大學研究開発推進機構共同研究員）「公の救済を考える―社会事業史からみた慰霊と追悼―」

第十六回研究会　平成二十年五月十六日
濱田　陽（帝京大学准教授）「中外日報・神社新報・キリスト新聞にみる終戦認識―慰霊と追悼の周縁―」

第十七回研究会　平成二十年六月二十七日
阪本是丸「慰霊か、顕彰か―「靖國」の思想とは何か―」

第十八回研究会　平成二十年七月二十五日
中山　郁「慰霊巡拝にみる霊魂観念―東部ニューギニア地域の事例から―」

【関連研究発表】　日本宗教学会第六十七回大会　パネル発表　平成二十年九月十五日
「現代日本の戦死者慰霊」
西村　明（鹿児島大学准教授）「「隔たり」と「つなぎ」―戦地慰霊の時―空間的構成―」
中山　郁「慰霊巡拝にみる霊魂観念―東部ニューギニア地域の事例から―」
粟津賢太（創価大学講師）「沖縄における遺骨収集の展開―公文書資料から―」

土居　浩（ものつくり大学准教授）「遺骨との出会いを問わず―沖縄遺骨収集奉仕と金光教の信心―」
コメンテーター：村上興匡（大正大学教授）
司会：藤田大誠

第十九回研究会　平成二十年十一月一日
大原康男（國學院大學教授）「忠魂碑研究の回顧と課題」

【関連研究発表】　神道宗教学会第六十二回大会　テーマセッション　平成二十年十二月七日
「幕末期の神道と霊魂観」
小林威朗（國學院大學研究開発推進機構研究補助員）「岡熊臣の霊魂観」
星野光樹（國學院大學研究開発推進機構ＰＤ研究員）「六人部是香の霊魂観」
三ツ松誠（國學院大學研究開発推進機構研究補助員）「『幽界物語』の波紋」
松本　丘（皇學館大学准教授）「近世における霊魂観―儒家神道・水戸学を中心に―」
コメンテーター：遠藤潤（國學院大學研究開発推進機構助教）、中山郁
司会・コーディネーター：松本久史

第二十回研究会　平成二十年十二月二十日
佐藤一伯（明治神宮国際神道文化研究所主任研究員・國學院大學研究開発推進機構共同研究員）「近代東京の神社創建と慰霊・顕彰・崇敬―明治神宮・靖國神社を中心に―」

第二十一回研究会　平成二十一（二〇〇九）年一月三十一日
藤田大誠「近代日本の慰霊・追悼・顕彰と神仏両式―招魂祭・公葬を中心として―」

第二十二回研究会　平成二十一年二月十四日
シンポジウム「近代日本における慰霊・追悼・顕彰の〈場〉」

菅　浩二（國學院大學研究開発推進機構助教）「戦死者祭祀の場としての「神社」―栃木県と台湾の事例を中心に―」
本康宏史（石川県立歴史博物館学芸専門員）「軍都の「慰霊空間」と国民統合―石川県の事例を中心に―」
羽賀祥二（名古屋大学大学院教授）「戦争・災害の死者の〈慰霊〉〈供養〉―一八九〇年代の東海地域を中心として―」
コメンテーター：高木博志（京都大学人文科学研究所准教授）、大原康男
司会：藤田大誠

第二十三回研究会　平成二十一年二月二十八日
時枝　務（立正大学准教授）「招魂碑をめぐる時空―群馬県高崎市頼政神社境内の招魂碑の場合―」

第二十四回研究会　平成二十一年四月二十五日
中山　郁「戦争体験を書くこと、語ることと慰霊―あるビルマ戦線生還者の事例から―」

第二十五回研究会　平成二十一年五月二十三日
粟津賢太「媒介される記憶―沖縄における遺骨収集の展開を中心に―」

第二十六回研究会　平成二十一年八月一日
関　敦啓（愛知学院大学大学院研究員）「木曽御嶽信仰における霊神の存在形態―祭祀・供養―」

第二十七回研究会　平成二十一年八月二十一日
津田　勉（山口県護國神社禰宜・國學院大學研究開発推進機構共同研究員）「招魂社の発生とその信仰思想の系譜―幕末長州藩を起点として―」
村岡達也（國學院大學大学院博士課程前期）「近世以降長州藩に於ける宗教政策からみる慰霊・顕彰祭祀の系譜」

第二十八回研究会　平成二十一年十月三十日
喜多村理子（新鳥取県史編さん専門部会委員）「語りと記録にみる庶民の徴兵除け感情」

第二十九回研究会　平成二十一年十一月二十八日
坂井久能（神奈川県立神奈川総合高等学校教諭）「営内神社等の創建とその機能」

第三十回研究会　平成二十二（二〇一〇）年二月十三日
シンポジウム「霊魂・慰霊・顕彰の民俗」
川村邦光（大阪大学教授）「戦死者の霊、亡霊、そして弔いをめぐって」
白川哲夫（京都府立大学非常勤講師）「揺れ動く魂―慰霊施設に人々が求めたもの―」
中山　郁「戦没英霊との出会い、そして慰霊―ニューギニア慰霊巡拝にみる霊魂観―」
コメンテーター：新谷尚紀（国立歴史民俗博物館教授）
司会：阪本是丸

第三十一回研究会　平成二十二年七月三十一日
佐藤壮広（立教大学講師）「いたむ身体―沖縄の民間巫者の痛みと悼み―」
土居　浩「神様にも相済まぬ―金光教による沖縄での遺骨収集について―」

第三十二回研究会　平成二十二年十二月十七日
池　映任（東京大学次世代人文学開発センター研究員）「韓国における戦死者慰霊システムの成立と意味―日本の戦死者慰霊との比較の観点から―」

【関連研究発表】合同研究会　平成二十三（二〇一一）年五月二十八日
科学研究費補助金基盤研究（B）「戦争死者慰霊の関与と継承に関する国際比較研究」（研究代表者：西村明）／科学研究費補助金基盤研究（C）「帝都東京の神社境内と「公共空間」に関する基礎的研究」（研究代表者：藤田大誠）
「慰霊をめぐる人々とその空間」
藤田大誠（國學院大學准教授）「近代日本における慰霊の「公共空間」形成―靖國神社の祭祀と境内整備過程を中心に―」

グレッグ・ドボルザーク（一橋大学大学院准教授）「環礁の悲しみ―マーシャル諸島を巡る日本人の「慰霊」―」

飯高伸五（高知県立大学専任講師）「〈異郷の故郷〉における慰霊祭の実践―沖縄県出身の旧南洋群島移民の活動を事例として―」

司会：中山 郁（國學院大學教育開発推進機構准教授）

第三十三回研究会 平成二十三年九月十一日（「戦争死者慰霊の関与と継承に関する国際比較研究」、「宗教と社会」学会「戦争死者慰霊の関与と継承」プロジェクトとの合同）

ミヤツ・カラヤ（長崎短期大学准教授）「慰霊巡拝がもたらす日緬友好の現状」

M・G・シェフタル（静岡大学准教授）「Formal Kamikaze Memorialization in the Early Postwar Period」

第三十四回研究会 平成二十四（二〇一二）年八月二十九日

『招魂と慰霊の系譜』（本書）執筆者会議

謝辞

「慰霊と追悼」研究会は平成十八年、建学の精神「神道精神」に基づく研究教育事業の推進を図る、國學院大學研究開発推進センターの事業として発足しました。翌年四月の研究開発推進機構の発足と共に、研究開発推進センターはその機構長に直属する組織として、より多岐にわたる事業を担いながら、一方では独自の研究事業として、神社界からの外部資金を受けて「招魂と慰霊の系譜に関する基礎的研究」を進めることとなりました。

爾来今日まで、日本の戦没者慰霊について資料に依拠してその実像を明らかにする目的のもと、関連研究会等を含め、約四十回の大小研究会議を開催(別掲の一覧参照)したほか、招魂社資料調査、護国神社、軍人墓地等の現地調査と検討、文献収集、「靖國の絵巻」や「慰霊碑データベース」等ウェブサイトの構築などの活動を行ってきました。またそれら研究活動の成果を、書籍『慰霊と顕彰の間―近現代日本の戦死者観をめぐって―』(平成二十年)『霊魂・慰霊・顕彰―死者への記憶装置―』(平成二十二年)(いずれも錦正社刊)として世に問うてきました。

この間、研究の深化に伴って問題意識もさまざまに拡がり、また学内外の他の研究事業等との連携による新たな課題への取組みにもつながりました。このため、「招魂と慰霊の系譜に関する基礎的研究」事業は、特立した研究部門としては平成二十三年度をもって区切りとし、二十四年度以降は神道と国家・社会の関わりを問う試みとして、当センター研究事業一般の枠内において継続されることとなりました。

本書『招魂と慰霊の系譜―「靖國」の思想を問う―』は、当センターに所属する担当研究者の論集を以て「招魂と慰霊の系譜に関する基礎的研究」事業の綴目とするために刊行する報告書です。今般この区切りに臨み、これまで本事業の推進および「慰霊と追悼」研究会の活動に参加頂いた方々、そしてご支援下さった皆様方にあつく御礼申し上げます。

当然ながら、日本の戦没者慰霊とその歴史や展開について明らかにし、考察する私たちの取組みは、その使命を全て果たしてはおりません。隣接する研究課題や、関連諸分野の研究の進展を考慮しながら、私たちは今後も学術的な取組みを続けます。どうか一層のご指導ご鞭撻をお願い申し上げます。

平成二十五年二月

國學院大學研究開発推進センター「慰霊と追悼」研究会一同

藤本　頼生（ふじもと・よりお）
國學院大學神道文化学部専任講師、同研究開発推進機構兼担専任講師
昭和49年（1974）生まれ。國學院大學大学院文学研究科神道学専攻博士課程後期修了。博士（神道学）。主な著書･論文に『神道と社会事業の近代史』（単著､弘文堂、平成21年）、『地域社会をつくる宗教』（編著、明石書店、平成24年）、『宗教と福祉』（共著、皇學館大学出版部、平成18年）、「靖国神社―戦没者の慰霊・追悼・顕彰の聖地」『聖地巡礼ツーリズム』（山中弘･星野英紀･岡本亮輔編、弘文堂、平成24年）など。

中山　郁（なかやま・かおる）
國學院大學教育開発推進機構准教授、同研究開発推進機構兼担准教授
昭和42年（1967）生まれ。國學院大學大学院文学研究科神道学専攻博士課程後期単位取得退学。博士（宗教学）。主な著書・論文に『修験と神道のあいだ―木曽御嶽信仰の近世・近代―』（単著、弘文堂、平成19年）、『木曽のおんたけさん―その歴史と信仰―』（共著、岩田書院、平成21年）、「東部ニューギニア地域における遺骨収集と慰霊巡拝の展開」（『軍事史学』第187号、平成23年）など。

宮本　誉士（みやもと・たかし）
國學院大學研究開発推進機構助教
昭和45年（1970）生まれ。國學院大學大学院文学研究科神道学専攻博士課程後期修了。博士（神道学）。主な著書・論文に『御歌所と国学者』（単著、弘文堂、平成22年）、「御歌所長高崎正風の教育勅語実践運動―彰善会と一徳会―」（『明治聖徳記念学会紀要』復刊第46号、平成21年）、「「旧派」「新派」共存の背景―明治期和歌の伝統継承と革新運動―」（共著、『共存学：文化・社会の多様性』弘文堂、平成23年）など。

菅　浩二（すが・こうじ）
國學院大學研究開発推進機構准教授
昭和44年（1969）生まれ。大阪大学文学部哲学科卒業。國學院大學大学院文学研究科神道学専攻博士課程後期修了。博士（宗教学）。主な著書・論文に『日本統治下の海外神社―朝鮮神宮・台湾神社と祭神―』（単著、弘文堂、平成16年）、『戦争と宗教』（共著、天理大学出版部、平成18年）、「日本の領土拡大と「天照大神」崇敬の変遷―朝鮮の事例から―」（『日本學』31号、東國大學校文化學術院日本學研究所、2010年）など。

企画者・執筆者紹介（掲載順）

阪本　是丸（さかもと・これまる）
國學院大學神道文化学部教授、同研究開発推進機構長、同研究開発推進センター長
昭和25年（1950）生まれ。國學院大學大学院文学研究科神道学専攻修士課程修了。博士（神道学）。主な著書・論文に、『明治維新と国学者』（単著、大明堂、平成5年）、『国家神道形成過程の研究』（単著、岩波書店、平成6年）、『近世・近代神道論考』（単著、弘文堂、平成19年）、「「日本ファシズム」と神社・神道に関する素描」（『國學院大學研究開発推進センター研究紀要』第6号、平成24年）など。

赤澤　史朗（あかざわ・しろう）
立命館大学法学部教授、國學院大學研究開発推進機構客員教授
昭和23年（1948）生まれ。早稲田大学大学院文学研究科博士課程単位取得退学。文学博士。主な著書・論文に、『近代日本の思想動員と宗教統制』（単著、校倉書房、昭和60年）、『文化とファシズム』（共編著、日本経済評論社、平成5年）、『靖國神社―せめぎあう戦没者追悼のゆくえ』（単著、岩波書店、平成17年）など。

津田　勉（つだ・つとむ）
山口縣護國神社禰宜、國學院大學研究開発推進機構共同研究員
昭和31年（1956）生まれ。國學院大學文学部神道学科卒業。主な論文に「幕末長州藩に於ける招魂社の発生」（『神社本庁教学研究所紀要』第7号、平成14年）、「招魂社の発生―靖國神社・護国神社の源流を求めて―」（『國學院大學研究開発推進センター研究紀要』第3号、平成21年）、「幕末長州藩への水戸自葬式の伝播―桜山招魂社創建の信仰思想―」（『國學院大學研究開発推進センター研究紀要』第5号、平成23年）など。

坂井　久能（さかい・ひさよし）
神奈川大学外国語学部特任教授、國學院大學研究開発推進機構共同研究員
昭和24年（1949）生まれ。國學院大學大学院文学研究科日本史学専攻博士課程前期修了。主な著書・論文に『名誉の戦死―陸軍上等兵黒川梅吉の戦死資料―』（単著、岩田書院、平成18年）、「明治初期神奈川県の宗教政策とその受容―伊勢山皇大神宮を中心として―」（共著、『神奈川の歴史をよむ』山川出版社、平成19年）、「営内神社等の創建」（『国立歴史民俗博物館研究報告』第147集、平成20年）など。

藤田　大誠（ふぢた・ひろまさ）
國學院大學人間開発学部准教授、同研究開発推進機構兼担准教授
昭和49年（1974）生まれ。國學院大學法学部卒業。國學院大學大学院文学研究科神道学専攻博士課程後期修了。博士（神道学）。主な著書・論文に『近代国学の研究』（単著、弘文堂、平成19年）、「日清・日露戦争後の神仏合同招魂祭に関する一考察」（『國學院大學研究開発推進センター研究紀要』第4号、平成22年）、「慰霊の「公共空間」としての靖國神社」（『軍事史学』第187号、平成23年）など。

招魂《しょうこん》と慰霊《いれい》の系譜《けいふ》
――「靖國《やすくに》」の思想《しそう》を問《と》う――

平成25年2月18日 印刷
平成25年3月 2日 発行
※定価はカバー等に表示してあります

企画・編集
國學院大學研究開発推進センター

発行所
錦　正　社
〒162-0041 東京都新宿区早稲田鶴巻町544-6
TEL 03（5261）2891 FAX03（5261）2892
URL http://www.kinseisha.jp/

印刷 株式会社 平河工業社／製本 株式会社 ブロケード

ISBN978-4-7646-0296-0